JN249546

重度・重複障害児の
造形活動

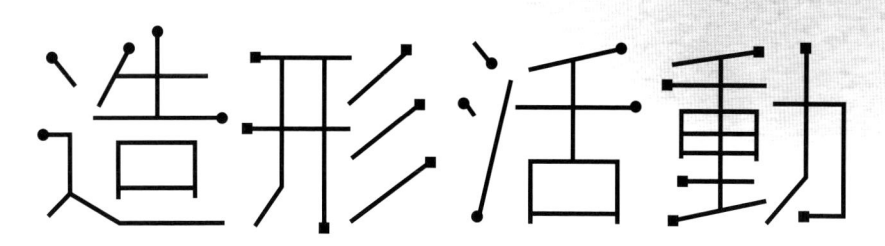

―QOL を高める指導理論―

池田 吏志

著

まえがき

　忘れられないエピソードがある。

　臨時講師として初めて勤務した特別支援学校（肢体不自由）でのある日、たまたま研究主任の先生と帰路が同じで、一緒に帰ることになった。その電車の中でのことである。何の話の流れだったのだろう。主任の先生から、「池田さん、あの子達（重度の子ども達）って、何もできない存在なんだろうか。」と問いかけられた。私は言葉に詰まり、「うーん、そうですね…そうとは言い切れないと思うんですが…。」と曖昧な返答しかできず、口ごもってしまった。しばらくの沈黙のあと、先生は、「僕はね、あの子達はすごい力を持っていると思っててね。それは何かというと、あの子達に関わる側の人達の人間観や、もっといえば人生そのものを変えてしまう力があると思ってるのよ。それがあの子達が持っているすごい力よ。」とおっしゃった。

　この言葉の通り、私はまさに、「彼らに出会って人生が変わった一人」だと言ってよい。特別支援教育のおもしろさに引き込まれた私はその後、教員採用試験を受け、特別支援学校で美術の教員として働くことになった。個別のニーズに応じた指導・支援を重視する特別支援教育と、一人ひとりの違いを“良さ”として肯定的に捉える美術科教育は親和性が高

く、大きな可能性を感じ、造形活動の授業では重い障害の子ども達が活動できる様々な題材を開発した。

　しかし、ずっとひっかかっていたことがある。それは、"造形活動は重い障害を持つ子ども達に対して何ができるのか"ということ、そして、"重い障害の子ども達に対して造形活動はなんのために行われるのか"ということである。このことは、私が教員をしている間、常に頭の片隅にひっかかり、明確な結論が出せなかった「問い」である。

　その後、大学で勤務することになり、研究ができる環境と時間が与えられた。本書は、長い間答えることができなかった問いに対する、現時点での、精一杯の「回答」である。

＊本書の目的

　本書では、次の2点を目指した。

　1点目は、重度・重複障害児を対象とした造形活動の指導に関して、特に人的環境に焦点を当て、「児童生徒と教員との関わり」、「教員による学習指導の方略」、「教員間の連携方法」について、それらがどのように関連し合っているのかを全体的に俯瞰し、構造的に示すことである。

　例えば、造形活動の授業中、ある先生に「（担当している児童生徒に対して）なぜそのような方法で支援するのですか。」と問うたとする。すると、その先生は、ポジショニングの重要性や当該児童生徒の障害特性、当日の体調、現在取り組んでいる課題、そして、使用している教材教具と児童生徒との相性等、多様な観点から支援に至った経緯や意図を語ってくれるだろう。さらに、児童生徒から発される非言語的なサインを読み取る方法や当該児童生徒との独自のコミュニケーションの取り方等も語ってくれるかもしれない。このように、重度・重複障害児を対象とした造形活動では、多くは目に見えない、けれども豊饒な児童生徒と教員とのやりとりが行われている。しかし、これらの内実は先行研究において充分に明らかにされてこなかった。そこで、本書では人的環境づくりに関する教員の実践知や暗黙知を言語化し、構造的に示すことで、特別支援学校の重複障害学級で行われる重度・重複障害児を対象とした

造形活動が"どのように行われているのか"を明らかにすることを試みた。この内容は、本書第2部で論じている。ただし、ともすると第2部の内容は特別支援学校に勤務する教員にとっては至極当然のことが述べられているかもしれない。しかし、そこに携わっていない人にとっては、重度・重複障害児を対象とした造形活動が含む多様で重層的な、そして人間味溢れる世界に触れていただけるのではないかと考えている。

2点目は、重度・重複障害児のQOL（Quality of Life）を高める造形活動の指導理論を提示することである。QOLは、「生活の質」、「生命の質」、「生活の満足度」等と邦訳され、一般的には生活者の幸福感や満足感の質を示す用語として解釈されている。ただし、QOLは非常に大きな概念であるため、本書では造形活動におけるQOLを、「周囲の人たちとの関わりを基盤とし、造形活動特有の教材教具の使用や制作工程を通して、児童生徒が意欲的に活動できると共に、自らが有する能力を最大限発揮できる状態」と定義した。このことを踏まえ、本書では、児童生徒と教員との双方向的・共同的な関係性を重視すること、そして、児童生徒の身体的能力の向上以上に、情緒的安寧の保持や楽しさを基盤とした意欲の向上と、最大限の能力発揮が可能となる指導理論の生成を目指した。理論とは、個々の現象を法則的、統一的に説明できるように筋道を立てて組み立てられた知識の体系であり、指導理論とは、ある目的・方向に向かって教え導くための知識の体系である。本書で提示した理論では、理論から理論を生み出すのではなく実践から理論を帰納的に生成すること、そして、学校の実情に応じて実際に活用できる指導理論を生成することを試みた。それゆえ、本書は学校現場で日々実践をされている先生方に使っていただくことを想定している。血の通った、温かさを感じられる理論になっていることを願うばかりである。

＊本書の構成

本書は、3部（全10章）で構成されている。

第1部では、国内外の重度・重複障害児を対象とした造形活動に関する先行研究を批判的に分析し、成果と課題を示した。これまで、運動機

能の補助を目的とする教材教具や制作方法の開発に関する研究の蓄積は
あったものの、課題として①重度・重複障害児と教員との関わり等の環
境要因に着目した学習指導の研究が不十分であること、②重度・重複障
害児を対象とした研究の多くが研究成果の汎用性に乏しいこと、③重度・
重複障害児を対象としたQOL評価の明確な方法が確立されていないこ
とを挙げた。

　第2部では、糸賀一雄の「共感」概念、及びVygotskyの社会文化的
アプローチを理論的枠組みとして、広島県内の特別支援学校2校を対象
とした参与観察、及び東京都、大阪府、広島県の3都府県の特別支援学
校に所属する専門教員を対象とした半構造化インタビューによる調査を
実施し、重度・重複障害児を対象とした造形活動の構造を示した。質的
データの収集、分析、解釈により、造形活動の学習指導を構成している
9項目のカテゴリー、25項目の下位カテゴリー、43項目の概念を抽出
し、それらの関係性を示した。9項目のカテゴリーとは、「教材教具を
介した支援」、「コミュニケーション」、「社会心理的環境づくり」、「実態
把握」、「題材開発」、「評価」、「主担当教員の役割」、「副担当教員の役割」、
「教員集団の役割」であり、これらのカテゴリーや下位カテゴリー、概
念が、重度・重複障害児を対象とした造形活動を成立させる際にどのよ
うに相関的に働き合うのかを構造化した。

　第3部では、第2部で示した造形活動の構造に基づく指導理論を仮説
として生成し、その学習効果を3期にわたるアクション・リサーチによっ
て検証した。検証に際しては、重度・重複障害児の「意欲」と「能力発
揮」に焦点を当てた6段階のルーブリックを用いたQOL評価法を開発
した。

　第1期アクション・リサーチは、A特別支援学校小学部3年1組（重
複障害学級）に在籍する2名の重度・重複障害児を対象に8時間の仮説
検証型の授業実践を行った。第1期では、第2部の研究成果で示した9
種類のカテゴリーを「実態把握」、「題材開発」、「児童生徒と教員との関
わり」、「評価」、「授業運営」の5項目に再編し、仮説、及びアクション・
プランを策定し、実施した。分析の結果、本研究で設定した造形活動の

指導に関する仮説には一定の有効性が認められた。第2期アクション・リサーチでは、第1期と同じ対象児童に対し、5時間の仮説検証型の授業実践を行った。第2期では、第1期アクション・リサーチの成果と課題を踏まえて、重度・重複障害児のQOLを高める「授業改善」の在り方を検討した。実践、及び分析結果に基づき、児童生徒の興味関心を中心とした造形活動の内容と指導方法を継続的に修正し発展させる方略、そして、教員の省察と効果的な学習指導の開発を促す授業改善の指標を開発した。第3期アクション・リサーチは、第1期、第2期アクション・リサーチで開発した学習指導の汎用性を検討するため、第1期、第2期とは異なるA特別支援学校小学部1年2組（重複障害学級）に在籍する重度・重複障害児2名を対象とし、4時間の仮説検証型の授業実践を行った。実践、検証の結果、第1期、第2期とは異なる重度・重複障害児に対しても学習指導の有効性が認められた。ただし、学習効果を高めるためには、事前のみでなく授業プロセスでも適時実態把握を行う必要があることを提案した。

　総合考察では、第1部、第2部、第3部の研究成果を踏まえ、重度・重複障害児のQOL向上をねらいとした造形活動の指導理論を構築した。

＊指導理論の要約

　本書で示す指導理論は、①「確定的実態の把握」、②「題材開発」、③「授業実践」、④「評価」、⑤「変動的実態の把握」、⑥「授業改善」の6項目で構成されている。

　①「確定的実態の把握」では、児童生徒の障害の重度・重複化、多様化に対応するため、クラスに在籍する児童生徒全員の実態の分散状況を、「静止・微弱運動型」、「衝動・不随意運動型」、「要身体的支援随意運動型」、「随意運動型」の4類型で把握する「クラス内実態把握表」を開発した。また、個別実態の把握では、児童生徒の現存機能と興味関心を基軸とした「個別実態把握表」を開発し、“把握すること”を目的とした実態把握から、“活用すること”を目的とした実態把握への転換を図った。

②「題材開発」では、重複障害学級で実施可能な題材の特質を、「微弱な力で変形・操作できる材料が用いられていること」や「作品制作のバリエーションが豊富であること」として整理した。また、個別実態に適合させるための教材教具作成の手順を、「興味関心の発見」、「要素の抽出」、「バリエーションの考案」、「アフォーダンスの予測」の４段階で示した。

③「授業実践」では、造形活動の授業運営における主担当教員、副担当教員、教員集団のそれぞれの役割や関係をモデル化した。また、児童生徒と教員との関わりでは、作成した教材教具の適合状況を確認しながら指導・支援が行えるよう、児童生徒の段階的な実態階層と、階層に連動した教員の役割を認識できる「実態階層・教員役割表」を開発した。

④「評価」では、学習目標に基づく評価のみならず「探索的評価」の導入が重度・重複障害児の新たな現存機能や興味関心の発見に繋がること、また、副担当教員が指導内容、支援方法を評価し、授業改善案を主担当教員に提案することが有効であることを示した。

⑤「変動的実態の把握」では、④の評価結果の中から、特に児童生徒が興味関心を持ち意欲的に取り組めた活動内容や教材教具を次回活動に活用できる情報として焦点化すると共に、蓄積・累加することが的確な授業改善に繋がることを示した。

⑥「授業改善」では、⑤で焦点化した活動内容や教材教具に対し、本研究で開発した「授業改善モデル」、「授業改善フローチャート」、「授業改善チェックリスト」を用いて授業ごとに改善を繰り返すことで児童生徒のQOL向上に繋がることを示した。

上記の通り、本理論は、①〜⑥の各項目が共有部分を含みながら順次展開する。さらに、同一の活動内容であれば③〜⑥が循環する構造となっている。

＊刊行にあたって

本書は、平成28年３月に広島大学大学院教育学研究科に提出した博士論文『重度・重複障害児のQOLを高める造形活動の指導理論に関す

る研究』を、平成29年度科学研究費補助金研究成果公開促進費「学術図書」（課題番号：17HP5235）の助成を受けて出版したものである。

　本書は、一部加筆・修正しているものの、博士論文の原文をほぼそのまま掲載している。そのため、聞き慣れない研究用語や概念が記述されていたり、執拗に詳細なデータが示されたりしている。もちろんこれらを再編集し、一般的な内容に改訂することも可能であった。しかし、文章はその時の気持ちの高まりや焦り、そして時代の雰囲気や問題意識等、置かれた状態からしか生まれ得ず、後に文章を修正してしまうとその時の活きた感覚が消えてしまうことが懸念された。また、研究方法等を含め、研究成果を広く衆目に晒すことにより、建設的批判を受けやすいのではないかと考えた。

　本書は、特別支援教育分野と美術科教育分野の複合領域を研究対象としている。両分野の発展や拡大に寄与できることを望むとともに、新たな研究分野として障害のある人達を対象にした美術科教育の研究がさらに蓄積され、探究されていくことを切望している。

目　次

序文

　近年、特別支援学校に在籍する児童生徒の障害の重度・重複化、多様化が指摘され、彼らへの教育的対応が求められている[1]。全国の特別支援学校の小・中学部では、在籍者の約4割が重複障害学級に在籍し、特に肢体不自由特別支援学校では約6割の児童生徒が重複障害学級に在籍している[2]。川住らが行った全国調査では、肢体不自由・病弱特別支援学校の約65％には、重度・重複障害児の中でも特に濃厚な医療的ケアを継続的に必要とする、いわゆる「超重症児」が在籍していることも報告されており[3]、問いかけに対する反応がほとんど無い子どもたちに対する指導の困難を、多くの教員が感じている現状がある[4]。

　本研究のテーマである造形活動は、特別支援学校の訪問学級、重複障害学級、単一学級、そして一般校の特別支援学級、通級学級、通常学級のすべてで実施されており[5]、本研究で対象とする重度・重複障害児が在籍する重複障害学級でも実施されている。しかし、国内における本分野の学術研究は進んでいるとは言い難く、1970年代後半に始まって以降、学術誌に掲載された論文はわずかである。また、海外でも自閉症、身体障害、発達障害等の障害児・者を対象とした美術科教育の研究が多く行われているのに対し、重度・重複障害児を対象とした造形活動の学術研究はほとんど行われていないのが現状である。このように、国内外

での研究の蓄積は少なく、重度・重複障害児を対象とした造形活動の体系的な指導理論は未だ示されていない。

　本研究は、このような背景のもとに実施され、中でも重度・重複障害児のQOL（Quality of Life）を高める造形活動の指導理論構築を目的とした。本研究により、特別支援学校の重複障害学級に在籍する重度・重複障害児にとってQOLが高まる状態とはどのような状態で、どのような造形活動の指導を行えば重度・重複障害児のQOLが高まるのか、その在り方を示したいと考えた。

　本研究は3部構成となっており、研究諸段階の概要は次の通りである。第1部では、美術科教育、及び特別支援教育両分野の先行研究の調査・分析により、本研究のテーマである重度・重複障害児の造形活動に関する研究動向と課題を明らかにし、研究目的を示した。第2部では、特別支援学校の重複障害学級でのフィールドワークを通したエスノメソドロジーによる質的研究を実施した。参与観察、教員へのインタビュー、ドキュメントやビジュアルデータの収集・分析を行い、特別支援学校の重複障害学級で行われる重度・重複障害児を対象とした造形活動の理論的構造を明確化した。第3部では、第2部の理論的構造に基づき重度・重複障害児の造形活動におけるQOLを高める指導仮説を考案し、アクション・リサーチによる実証的研究を行った。アクション・リサーチは合計3期実施し、第1期、第2期は同一集団を対象に実施した。そして、第3期アクション・リサーチでは第1期、第2期とは異なる集団を対象とし、第1期、第2期アクション・リサーチで新たに生成した仮説に基づく実践研究を行い、QOL向上の効果を検証した。最後に、第1部、第2部、第3部の研究成果を踏まえ、重度・重複障害児のQOLを高める造形活動の指導理論を提示した。

　図1に本研究全体の構成と手順を示す。

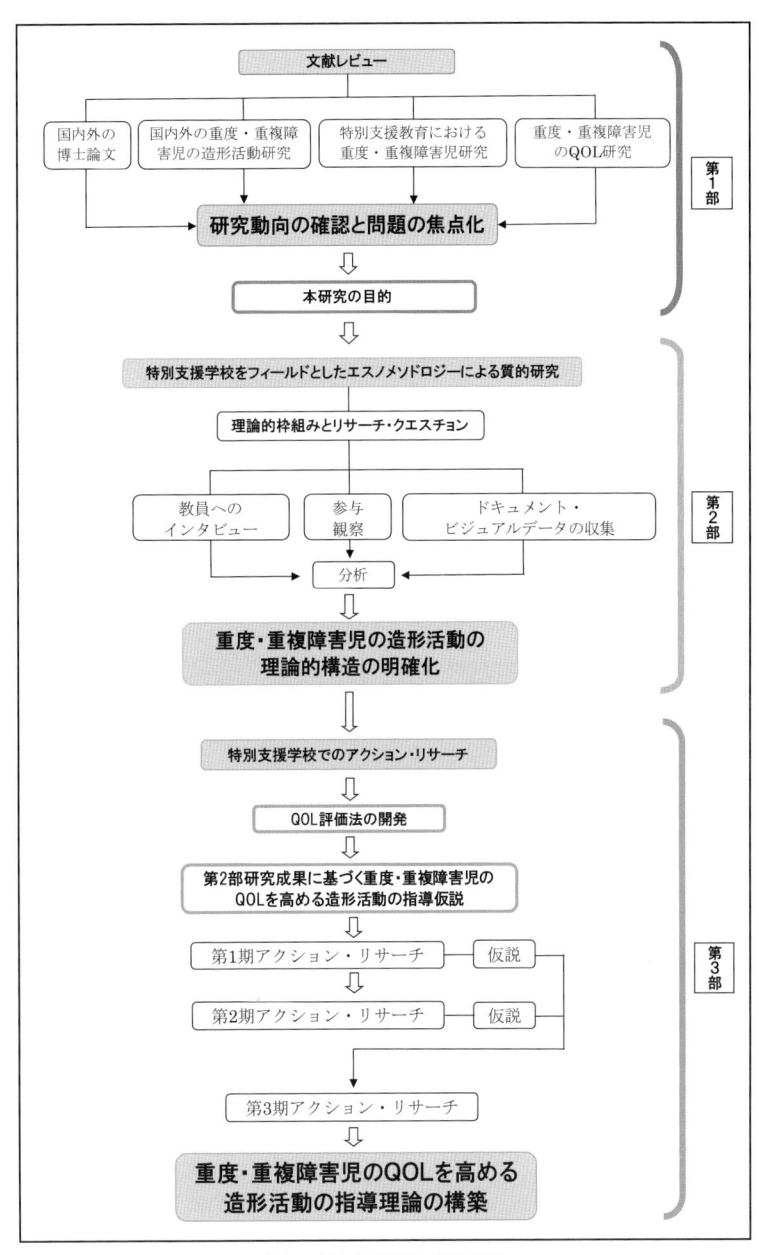

図1　研究手順の概略図

第1部：
先行研究の検討と研究目的

第Ⅰ章
文献レビュー

　本章における文献レビューの目的は以下の通りである。

1）重度・重複障害児を対象とした造形活動に関する国内外の博士論文、
　学術論文、書籍、実践報告を整理・分析し、研究動向と課題を明らか
　にする。
2）特別支援教育分野における重度・重複障害児の教育に関する先行研
　究の内容・方法を整理・分析し、研究動向と課題を明らかにする。
3）重度・重複障害児のQOL研究に関する学術論文を整理・分析し、
　研究動向と課題を明らかにする。

　本研究は、美術科教育と特別支援教育の複合領域の研究であるため、
文献レビューも双方の先行研究を対象とした。第1節、第2節、第3節
では、重度・重複障害児を対象とした造形活動に関する国内外の文献に
ついて、児童生徒と教員との関わりに焦点化したレビューを行ない、研
究動向、及び今後取り組むべき課題を明らかにした。次に、第4節では
重度・重複障害児と教員との関わりをトピックとした主に特別支援教育
を専門とする研究者と実践家による先行研究について文献レビューを行っ
た。第5節では、本研究のテーマである重度・重複障害児のQOLに関

する研究の文献レビューを行った。

　なお、文献レビューで「児童生徒と教員との関わり」に焦点化した理由として、近年の、障害のある人々を取り巻く社会環境や障害の考え方の大きな変化が挙げられる。障害の捉え方に関する国際的な動向として、1980年にWHOが発表したICIDH（International Classification of Impairments, Disabilities and Handicaps：国際障害分類）の改訂版として2001年5月にICF（International Classification of Functioning, Disability and Health：国際生活機能分類）が採択されたことが挙げられる[1]。ICFが画期的であったのは、障害の要因として環境因子を含んだことであり、生活機能は健康状態や個人因子のみならず、環境因子と相互に影響し合うものとして示された。このことから、ICFは「人間と環境の相互モデル」ともいわれている[2]。ICFの理念は、「その人を取り巻く環境面も含めて多面的・総合的にその人の生活上の困難さという点に焦点を置くこと」[3]とされる。現在この考え方は広く浸透し、特に子どもを取り巻く「人的・物的・社会的」環境に一層目を向けることが提言されている[4]。このことから、本研究では特に児童生徒と教員との関わりを観点として、文献レビューを行った。

第1節　美術科教育と特別支援教育の複合領域に関する研究の文献レビュー

　本節では、国内外の美術科教育と特別支援教育の複合領域をトピックとする博士論文のレビューを行った。博士論文の検索は、国内については、国立国会図書館・国立情報学研究所、学術研究データベース・リポジトリ、博士論文書誌データベース[1]を利用し、「造形」、「美術」、「図画工作」、「造形活動」、「障害」、「特別支援」、「教育」をキーワードとして検索を行った。また、海外の博士論文については、ProQuest[2]を利用し、「art education」と「disabilities」をキーワードとして検索を行った。表1は、検索結果の一覧である。

　国内の博士論文について、齋藤（2008）[3]は重複聴覚障害者を対象と

表1　関連する博士論文一覧

国内・海外	キーワード（and検索）	ヒット件数	直接関連論文件数	間接関連論文数	執筆者（発行年）	研究対象
国内	造形/障害	1	0	1	齋藤ユリ（2008）	重複聴覚障害者が対象
	美術/障害	1	0	1	卓展正（2000）	知的障害児が対象
	造形/特別支援	0	0	0		なし
	美術/特別支援	0	0	0		なし
	美術/教育	40	0	1	鄭梃甄（2010）	自閉症児が対象
	造形活動	1	0	0		健常児の造形活動が対象
	図画工作	2	0	0		いずれも健常児が対象
海外	art education/ disabilities	220	2	9	Baer, Beverly（1981）	重度・重複障害児が対象
					Clifford, Betty Troeger（1981）	身体障害と病弱の重複
					Witten, Susan Washam（1991）	オハイオ州の障害児に対する芸術教育の実態調査と提言
					Gerber, Beverly Levett(1993)	普通学級に在籍する障害児への教員の態度に関する調査研究
					Fedorenko, Janet Sue(1996)	大学と地域の学校のコラボレーションによる特別支援学級の美術プログラム開発
					Warne, Marcia Montrose(1998)	軽度から中度の認知障害者が対象
					Trollinger, Lorraine Christine（2002）	学習障害児が対象
					Bethards, Connie Mehl(2003)	重度・重複障害児が対象
					Batson, Robyne Diane Miles（2010）	高機能自閉症児が対象

し、卓（2000）[4]は知的障害者、そして鄭（2010）[5]は自閉症児を対象としている。まず、齋藤（2008）は、ろう重複障害者就労施設において心理的援助の一環として小グループでの造形表現活動を行い、経過と事例を振り返ることで造形表現活動の特質と活用法について検討している。研究の結果、造形表現活動の特質として、1）自己表出の契機となる、

　2）コミュニケーションツールとして有効である、3）達成感を得られる、4）他者をモデルとすることが可能である、5）自己の客観視と自己理解、他者理解に繋がる、6）アセスメントツールとなる、7）他職種との連携の際の資料となるという7点が成果として示されている。また、卓（2000）は、知的障害者を対象とした色彩表現教材の開発研究を行っている。日本と台湾における健常者と知的障害者との色彩嗜好の比較調査や養護学校の実態調査を踏まえ、自然素材を生かした色彩表現学習や対象者に応じた教材や遊具の開発を行っている。そして、鄭（2010）の研究では、自閉症児独自の造形法を理解し、自閉症児の作品における造形の美しさを生かして一般の人々と共有できるような美術制作を可能にするカリキュラムの構築が目指されている。台湾と日本で収集した約2000点の自閉症児の作品の分析と共に、12年にわたって行われた台湾と日本の美術教育の実践、子どもの反応と作品結果を通して、自閉症児・者の美的感覚と概念形成について考察している。研究の結果、個人に対応した有効な指導法として、例えば、描画において形が描けない子どもには、擬声語を用いたり油粘土で彫刻を作らせたりしてから描画活動に入る、また、絵具を用いた色塗りでは、色を色名との組み合わせに転換してから色塗りをさせるといった多様な次元の経験を踏まえた「次元の変換」による指導を行うことや、不完全な型を見本として制作させ、主題の求めに応じて造形を加えさせる、「一部固定、一部変化するパターン」による指導が有効であることが示されている。

　上記のように、美術科教育と特別支援教育の複合研究領域をトピックとする博士論文は国内において3編存在した。

　他方、海外では、上記キーワードを含む博士論文は全部で9編存在した。その中で、本研究と共通点を持つ重度・重複障害児・者を対象とした造形活動をトピックとした博士論文はBaer（1981）[6]、Bethards（2003）[7]の2編であった。まず、Baerの研究では、オハイオ州立大学血液腫瘍学クリニックにおいて、重度の慢性疾患と重い障害を持つ対象者に対してストレスを軽減することを目的とした研究が行われており、次の4つのことが目指されている。1）慢性の病気や障害（神経筋疾患、

心臓血管疾患、糖尿病、癌、腎不全等）を持つ人に対する非言語的な治療法を開発する、2）多様な表現方法・様式をリラクゼーション法に追加する、3）2）を臨床で実践するための担当者の教育プログラムを開発する、4）創造的な表現のリハビリ面における貢献を調査する。

　研究方法として66名の理学療法学部の学生を、1）アートセラピー（作品制作のための材料用具を用いる）、2）言語療法（言葉を用いる）、3）リラクゼーション（リラックスする）、4）ミュージックセラピー（音楽を聴く）の4つ実験群に分けてストレス状況の調査が行われている。その結果、「活動」グループ（言語療法とアートセラピー）は「受動的」グループ（リラクゼーションやミュージックセラピー）よりも多くの不安を示したことが示されている。

　次に、Bethards（2003）では、脳性麻痺による四肢麻痺患者で、なおかつ言語的コミュニケーションができない14歳の男児を対象とし、著者と対象児との関わり、そして他のスタッフと対象児の関わりをRicoeurの解釈学的手法[8]を用いて分析されている。記述は、出会いの場面におけるコミュニケーション困難な状況から作品づくりを通して徐々に対象者理解が進む過程がナラティブの手法で記述されている。結果として、Buberの「包擁」概念を基盤とした、障害を持つ児童生徒と教員との対話が豊かな可能性を開くとしている。この、「包擁」とは、2人が関わる共通の出来事を、少なくとも一方が自分自身の実感を損ねることなく同時に他者の側から具体的に体験すること[9]、また、一方が同時に自己と相手という両極に関わる「二極的な体験」をすることを意味する[10]。つまり、教員が児童の体験を自らの体験として具体的に感じ取り、対話を重ねていくことで関わりが深まることが示唆されている。

　以上の研究のうち、Bethards（2003）は本研究と共通の問題意識を持つ研究である。言語によるコミュニケーションが困難な対象児に対する、関わり手側の在り様がナラティブの手法を用いて詳細に記述され、両者の関係が深まる過程が時系列で示されている。しかし、Bethardsの関心はあくまでもコミュニケーションが中心であり、造形活動の指導については言及されていない。

第2節　国内における重度・重複障害児の造形活動に関する研究の文献レビュー

　本節では、国内における重度・重複障害児を対象とした造形活動に関する研究の文献をレビューし、研究動向と課題を明らかにする。

第1項　文献収集の方法

1．調査方法

1）学術情報データベースCiNiiによる検索

　検索では、「つくる」、「えがく」、「美術」、「図画工作」、「造形」を造形にかかわるキーワードとし、「重度・重複」、「重症心身障害」、「肢体不自由」を重度・重複障害にかかわるキーワードとして、関連文献を抽出した。

2）雑誌の調査

　学術誌

　①『大学美術教育学会誌』第1号〜第44号（1969〜2012）全頁

　②『美術科教育学会誌』第1号〜第33号（1979〜2012）全頁

　民間・研究団体が発行する美術教育系雑誌

　①『教育美術』Vol.10　NO.1〜NO.837（1949〜2012.3）全頁

　②『美育文化』Vol.1〜Vol.62、NO.3（1950〜2012.3）全頁

　③『子どもと美術』第1号〜第67号（1984〜2012.3）全頁

3）書籍の調査

　重度・重複障害児教育の造形活動に言及している文献

2．文献収集の範囲

　文献収集は、1949年以降に出版された文献を対象とした。その理由は、1949年に初めて公立の学校（山梨県立盲学校）で視覚障害と聴覚障害の重複障害児を対象とした教育が行われたためである[1]。障害児教育に関する法律の整備においては、1947年に学校教育法が制定され、「精神薄弱児、肢体不自由児、病弱・身体虚弱児」を対象とする「養護

学校」が、学校教育制度の一環として明確に位置づけられた[2]。しかし、実際には学校建設の予算配分もなされず、重複障害児[3]を受け入れる場所は、一部の施設や病院が中心であり[4]、当時の多くの子どもは就学免除、猶予という形で在宅での生活を送っていた。よって、文献においても1949年以前に重複障害児を対象とした造形活動の記録が存在する可能性が低いと判断した。

第2項　レビュー

1．文献の分類

　抽出された文献は、学術論文11稿、実践報告35稿、書籍6冊であった。これらの文献を年代別に整理したものが**図2**である。

2．関連文献の概観と歴史的背景

　以下、収集した文献と共に学習指導要領や関連する法律等も参照しながら歴史的背景を踏まえて概観を記す。

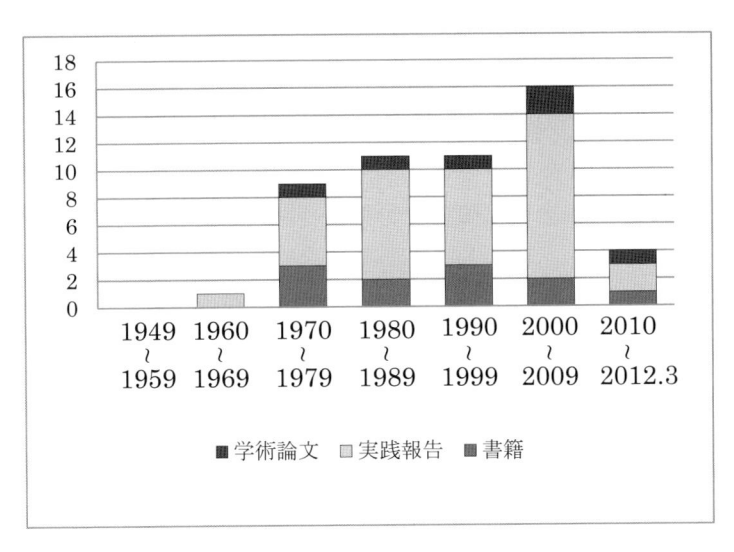

図2　重度・重複障害児の造形活動に関する文献（年代別）

　まず、当時の養護学校の在籍者数に大きな影響を与えたのが、1956年に制定された「公立養護学校整備特別措置法」である。この法律は、養護学校の建設費、及び教職員給与の2分の1を国が負担するというものである。この法律を境に、全国の養護学校数は増加し、在籍者数も増加している[5]。この状況の中、重複障害児の造形活動が書面で初めて紹介されたのは1960年代初頭である。美術教育系雑誌『教育美術』は、1961年10月号に「忘れられた子どもたち」と題した特集を組み、障害児の造形活動を知的障害、肢体不自由、聴覚障害等、障害種別に掲載している[6]。その中の「肢体不自由」の中で、脳性まひ児の造形活動についての記述がある。

　その後、1970年代に入ると文献数が増加する。その要因として、1971年の中央教育審議会答申『今後における学校教育の総合的な拡充整備のための基本的施策について』[7]が挙げられる。答申では、「心身の障害をもつ者に対し、それにふさわしい特殊教育の機会を確保する」[8]ことが示されている。そして、1973年には『学校教育法中養護学校における就学義務及び養護学校の設置義務に関する部分の施行期日を定める政令』[9]が制定され、養護学校の義務制が明示されている。また、同じく1973年には「重度・重複障害児教育の分野について、実験教育を行うための実験教育施設」[10]として、国立久里浜養護学校が設置されている。このような動きを受けて、1970年代初頭には、民間教育団体「美術教育を進める会」で障害児分科会が開設され、障害がある子ども達の造形活動について実践的な研究が始められている[11]。また、雑誌『教育美術』では、1972年7月号で「『美術教育の役割』－わが国の特殊教育について」[12]、1973年7月号の「障害児の心と表現」[13]という、障害児にスポットを当てた特集が組まれている。その後、1975年には文部省、「特殊教育の改善に関する調査委員会」から、いわゆる「辻村報告書」と呼ばれる『重度・重複障害児に対する学校教育の在り方について』[14]が報告され、この報告によって初めて重度・重複障害児の用語と概念が示される。そして、1974年から1981年には、東京教育大学附属桐ヶ丘養護学校の高橋晃によって、重度・重複障害児を対象とした造形

活動に関する学術研究が行われ、「脳性マヒ児と美術教育」と題した一連の仮説検証型実践研究論文が公表されている[15) 16) 17) 18) 19)]。また、この時期には、糸賀一雄によって開設された重症心身障害児施設「びわこ学園」で1960年代に行われた重度・重複障害児の造形活動に関する先駆的な実践を紹介した田村一二（1974）の『ちえおくれと歩く男』[20)]が刊行されている。

　その後、1979年には養護学校が義務制[21)]となり、これまで就学免除・猶予の対象であった重度・重複障害児が当時の肢体不自由養護学校に在籍することとなる。先述の「美術教育を進める会」でも、1980年から、研究課題として「発達年齢１歳以前の美術の課題」に取り組み始めている[22)]。また、美術教育系雑誌でも、『教育美術』1981年６月号で「『障害児教育の可能性』－美術教育の視点から」[23)]、『美育文化』でも1983年12月号で「障害児と美術教育」[24)]というタイトルで特集が組まれ、重度・重複障害児の造形活動についての実践報告や論考が掲載されている。

　しかし、1970年代以降、学術研究、実践研究は拡大・増加するわけではなく、1990年代は1980年代と同数、そして、2000年代に入り、実践報告の数が増加したものの、ほぼ横ばいで推移している。ただし、2000年代に入ると、文献の執筆者に変化が生じる。これまでの文献は、教科教育の立場から造形活動について論じたり報告したりしたものがほとんどであったが、2000年代に入ると、特別支援教育の立場から重度・重複障害児の造形活動を扱う文献が表れる。特別支援教育の立場から執筆された飯野ら（2005）[25)]や三木ら（2009）[26)]の中で、部分的にではあるが、重度・重複障害児を対象とした造形活動についての記述がある。また、特別支援教育系雑誌『みんなのねがい』でも「障害のある人の造形表現」[27)]というテーマで特集が組まれ、その中には重度・重複障害児の造形活動がトピックとして取り上げられている。このことは、それまでに無かった新しい動向といえる。

　以上、調査した文献の歴史的概観を示した。文献を調査して特徴的であったことは、学術論文と書籍の文献数が少なく、研究成果が蓄積されているとは言い難いという点である。特に、重度・重複障害児の造形活

動に関する書籍は極めて少なく、先述の田村（1974、1980）[28) 29)]の他には、美術教育を進める会（1991）[30)]や、新見（2010）[31)]が挙げられる程度である。ただし、これらの書籍は各種障害種別の中の一つとして重度・重複障害児を取り上げたものであり、部分的な紹介にとどまっている。

３．学術論文

　学術誌に掲載された重度・重複障害児の造形活動に関する論文11稿の中で、本研究が対象とする、特別支援学校に在籍する横地分類（**図3**）Ａ１〜Ａ4[32)]に該当する児童生徒を対象とした学術論文には、木代（1993）[33)]と池田（2012）[34)]の２稿がある。その他

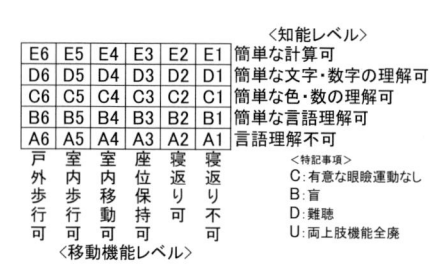

図3　横地分類（口分田、2009）

の９稿は、本研究の対象を部分的に含んでおり、以下のように分けられる。（［　］内には執筆者、文献の発表年、文献の合計数を示している。）

①　研究対象者が、身体障害と知的障害を併せ持つ点では共通しているが、知的障害の度合いが軽度である。［高橋（1974、1975、1979、1980、1981）[35)]、竹田（1997）[36)]、前芝（2005）[37)]、計7稿］

②　研究対象者の実態は一致しているが、実施場所が特別支援学校ではなく、重症心身障害児施設である。［金山（2000）[38)]、計1稿］

③　特別支援学校で造形活動を担当している教員への質問紙調査で、調査対象が、重度・重複障害児の造形活動を担当している教員のみならず、知的障害を主とする学校の教員も含んでいる。［岸田ら（2010）[39)]、計1稿］

　本節では、その他9稿も含めてレビューを行う。

　まず、重度・重複障害児の造形活動において特徴的なことは、身体面に関わる内容をトピックとした研究が多いことである。木代（1993）や池田（2012）では、造形活動において身体の感覚機能に直接働きかける活動を重視している。木代（1993）は人や物に「ふれる」ことを

活動の中心に据え、さらに、「ふれる」ことが含む意味内容を、触覚の
みならず、視覚、聴覚、嗅覚、味覚等の感覚も含む概念として捉えて実
践を行っている。木代（1993）では、「ふれる」ことが、手指の「調整
力」・「操作力」の育成、「外界の変化」を感じ取って「反応を示す」
力の育成、「物を媒介として人と楽しく遊べる関係を作る」力の育成に
繋がることが成果として示されている。また、池田（2012）は、「感触
遊び」を取り入れた題材の理論的視点を示すことを研究目的とし、造形
活動の素材に関する研究を中心とした題材開発を行っている。「感触遊
び」を取り入れた題材開発の理論的視点として、児童生徒が無理なく扱
える柔らかさと形状を持った材料を使用すること、一人ひとりの障害特
性やニーズに応じて活動の多様性が図れるように、形状、量、性質を柔
軟に調整できる素材を使用すること、そして、彼らの興味関心の伸長と
人間的な活動を深めることに役立つ美的要素を感触遊びの中に含めるこ
との3点が示されている。同様に、造形活動における感触を重視した文
献として、金山（2000）でも、粘土を用いた題材の研究が行われてい
る。金山は、研究成果として、重度・重複障害児を対象とした造形活動
においては、生活用品等を制作するといった「既成の活動内容」にとら
われず「粘土に触れる（摘む、投げる、転がす）などの原体験の保障」
が指導のポイントとなることを指摘している。

　また、身体面に関わる内容として、重度・重複障害児の動作性に着目
した研究も行われている。高橋（1980、1981）では、図画工作科、美
術科の学習内容である描画のレディネスとして「動作」の習得と改善が
重要であるとし、それを昭和54年版『盲学校、聾学校、及び養護学校
学習指導要領』で示された「養護・訓練」[40]で培うべき技能として位置
づけ、「教科」と「養護・訓練」の連関について検証・考察している。
方法として、2名の児童生徒を抽出し、各児童生徒の作品の内容変化を
1年間のスパンで分析し、「養護・訓練」での動作性の向上と描画の変
化との関係を検証している。研究成果として、「動作」の能力が向上す
ることで描画能力も質的な発達を遂げること、また、描画から発達段階
が把握できることを明らかにしている。ただし、高橋の一連の研究の対

象は、WISK知能検査の全IQが68以上の児童生徒であり、言語理解や応答が可能な児童生徒を対象としている。

　その他にも、身体面の支援をトピックとした研究として竹田（1997）は、知的障害を伴う肢体不自由児に適した描画用具の効果を検証するため、15名の小学部の児童を対象に、鉛筆、クレパス、マーカー、毛筆の４種類を用いた実践研究を行っている。検証の結果、肢体不自由児が使用する描画用具に適しているのは毛筆であるとしている。また、前芝（2005）は、造形活動時の環境設定や使用用具の工夫、また、言語障害や視知覚障害に対する配慮等、様々な身体機能に関わる支援の手立てを一覧表で示しており、実践を行う際の教員の配慮事項を整理している。

　先行研究の中で唯一、教員側の意識について触れているのが、岸田ら（2010）である。岸田らは、三重県の特別支援学校の美術主担当教員に対して質問紙調査を実施し、13校、65名から回答を得ている。この質問紙では、「図工・美術教育に関わって重視していること」が問われており、教員が授業づくりで重要視している項目として、「発達段階に見合った取り組み」、そして、「材料の体験を増やすこと」の２点が示されている。

　以上の研究を概観すると、岸田ら（2010）を除き、重度・重複障害児の造形活動においては、身体面に関わる内容が主要なトピックとなっている。しかし、中には、支援を行う教員の関わりの在り方を重視する内容も多く見られる。例えば、木代（1993）は、指導において「他の人との間にどのような触れ合いが見られたか」ということが重要であると述べ、池田（2012）でも、児童生徒と共同で作品を制作する教員の役割の重要性に言及している。そして、高橋（1979）でも、児童生徒と教員との関わりが「精神安定、ひいてはCP（cerebral palsy:脳性まひ）児の人間形成に大きな貢献をする」ことが指摘されている。

　このように、造形活動において、児童生徒と教員との関わりは重視されるべきものとして記述されていたが、児童生徒と教員との関わりを主要なテーマとして位置づけた先行研究はみあたらなかった。

　重度・重複障害児は、知的・身体的に重い障害を有するため、造形活

動を行う際には何らかの支援・介助が必要となる。もちろん、支援の中には身体面の支援が必要となる。しかし、重度・重複障害児が必要とする支援は単に身体面の支援、介助のみならず、児童生徒の気持ちや、教員の教育的意図を背景に持つ、児童生徒と教員の関わりにも留意する必要があり、この観点から重度・重複障害児の造形活動を捉え直す研究が必要である。

４．実践報告

　重度・重複障害児の造形活動に関する文献の多くは実践報告である。学術論文とは異なり、記述内容は執筆者が勤務する学校や施設で実施した題材の紹介、執筆者の思い、児童生徒とのやりとり等の報告が中心である。しかし、各文献の中には重度・重複障害児の造形活動を構成する諸要素についての重要な記述を見出すことができた。

⑴実践報告の分析方法

　本研究では、以下に示す３つの手順で実践報告の分析を行い、重度・重複障害児の造形活動を構成する諸要素を整理した。

１）文献に記載されている重度・重複障害児の造形活動を構成する要素を抽出する。
２）上述１）によって明らかになった諸要素を、同一の意味内容ごとに分類する。
３）上述２）を上位概念でまとめ、カテゴリー化する。

　本分析では、あくまでも今後検証すべき課題を明らかにすることを目的としている。そのため、文中で数行（２〜３行）の記述であっても、重要な内容を含む場合には、少数でもカテゴリー化した。

⑵分析結果

　収集した35稿の実践報告の分析結果は、**表 2** の通りである。分析の結果、実践報告の内容は 7 つのカテゴリーに分類できた。カテゴリーと下位項目は、**表 3** の通りである。

　実践報告に記載された内容には、学術研究がこれまで対象としていない内容が多く含まれていた。その中でも本研究では表 3 のカテゴリー 4 ＜児童生徒と教員との関わり＞についてレビューする。

表2　実践報告の分析結果[注1]

番号	執筆者(発表年)	実践題材	1 児童生徒の実態	2 題材の工夫	3 児童生徒の学びと評価	4 児童生徒と教員との関わり	5 指導上の問題点	6 作品の位置づけ	7 教員同士の関わり
1	福島(1961)	描画	○		○	○	○	○	
2	江渡(1971)	描画	○	○	○	○	○	○	○
3	井上(1974)	描画	○	○					
4	江渡(1974)	描画	○	○					
5	高橋(1974)	ぬたくり、粘土等	○	○					
6	高橋(1976)	描画	○	○					○
7	鳥居(1980)	新聞紙であそぶ	○	○					
8	山中(1980)	自助具の紹介	○	○					○
9	松浦(1980)	石膏を使った造形	○	○					
10	糸日谷(1980)	小麦粉のおもち	○	○		○			○
11	鳥居(1981)	新聞紙であそぶ	○	○	○		○		
12	玉野(1983)	造形リトミック	○	○					
13	上原(1988)	素材遊び	○	○		○			
14	澤井(1988)	花咲き山(素材遊び等)	○	○	○	○	○	○	
15	齋藤(1994)	トランスクリプション	○	○				○	
16	尾上(1996)	粘土を使った皿作り	○	○					
17	杉山(1996)	スチレン版画	○	○					
18	金山(1996)	描画	○	○	○	○		○	
19	大竹(1997)	トイレットペーパー等	○	○	○	○	○		
20	福田(1998)	引っ張る、倒す、流す	○	○	○	○	○	○	○
21	齋藤(1999)	スライム等	○	○	○	○	○		○
22	近藤(2003)	ローラーを使った描画	○	○	○			○	
23	齋藤(2003a)	ペーパードライポイント	○	○	○				○
24	齋藤(2003b)	ランプシェイド等	○	○	○	○			○
25	蒔苗(2004)	色のボクシング等	○	○	○	○			○
26	齋藤(2004)	糸版画	○	○	○				○
27	茂木(2004)	ワークショップ	○	○		○			○
28	池田(2006)	風船爆発ペインティング等	○	○	○		○		○
29	齋藤(2008)	カラーフロッタージュ	○	○	○				○
30	吉川(2009)	シャボン玉で描く	○	○	○				○
31	齋藤(2009)	モノプリント等	○	○	○				○
32	蒔苗(2009)	小麦粉絵の具	○	○	○			○	○
33	三木ら(2009)	ぬたくり	○	○	○				○
34	木澤(2010)	生け花	○	○	○				○
35	谷津(2010)	ローラー版画等	○	○				○	○

⑶カテゴリー4＜児童生徒と教員との関わり＞に関するレビュー
①4－1【関わりの意義】

　実践報告では、造形活動が作品制作だけを目的とするものではなく、造形活動を通した児童生徒と教員との関わりを重要視する記述が多く見られた。例えば、齋藤（2009）は「担任のやり取り。これが、本人の気持ちの効用と活動の持続性に大きく関わっていることは否定できません」[41]と述べ、澤井（1988）も造形活動においては、「作品を作る中での指導者との楽しいやりとりの過程が大切」[42]と述べている。両者の指摘は、児童生徒と教員との関わりが、作品を制作することと同様に

表3　実践報告の記載内容カテゴリー一覧

カテゴリー1　＜児童生徒の実態＞
1－1【造形活動における実態把握の方法】
1－2【発達年齢と生活年齢】
カテゴリー2　＜題材の工夫＞
2－1【感覚諸器官に直接訴えかける題材】
2－2【興味・関心、生活に密着した題材】
2－3【身体機能に合致した教材・教具】
カテゴリー3　＜児童生徒の学びと評価＞
3－1【操作性の向上】
3－2【外界への興味関心】
カテゴリー4　＜児童生徒と教員との関わり＞
4－1【関わりの意義】
4－2【関わりに関する指導上の留意点】
4－3【コミュニケーションの手段】
4－4【関わりの意味づけ】
カテゴリー5　＜指導上の問題点＞
5－1【造形活動の枠組みに関する問題】
5－2【障害特性に関わる問題】
カテゴリー6　＜作品の位置づけ＞
カテゴリー7　＜教員同士の関わり＞
7－1【教員同士のチームワーク】

重要な要素として活動に位置づけられていることを示している。

　児童生徒と教員との関わりを重要視する背景として、重度・重複障害児の多くが全介助を必要とすることが挙げられる。造形活動は教材教具に働きかけながら作品を制作する活動であるため、全介助を要する児童生徒に対して、教員による多種多様な支援が必要となる。この関係を高橋（1976）は、「指導者というよりも共同学習者の一員」[43]と述べている。この、共同学習者という立場は、教員が単に指導を行うだけではなく、共に考え、共に制作を行う体制であることを示している。この体制を取る、もしくは取らざるを得ないことから、多くの実践報告の中では、児童生徒と教員との関わりが重要視されていると考えられる。

　このことから、児童生徒と教員との関わりを深めていくことが造形活

動における意義として位置づけられている。例えば、齊藤（1999）は「単に触ることのみ、それをクリアしていくことだけを考えるのではなく、その背景にある大人（その子が大好きな人がいいです）と触って一緒に感じ取っていく」[44]ことを造形活動の意義として位置づけている。また、蒋苗（2009）も「様々な素材やそれを使った活動」の中で児童生徒と教員とが関わることは、「生徒の中にある『感じること、気づくこと』の芽を育てること」[45]に繋がる、という点に造形活動における関わりの意義を見出している。

②4－2【関わりに関する指導上の留意点】

　造形活動における児童生徒と教員との関わりの質を高めるために、多くの文献では関わりに関する指導上の留意点が述べられている。例えば、高橋（1976）は「児童生徒が『自ら…したがっていること』を尊重し、信頼して援助する」ことや、「おおらかな気持ちで児童生徒に接する」ことが大切であるとし[46]、木澤（2010）は、「『やってみたいな』という心の動きを感じたら手を添えて手伝ってあげる。そのためには子供たちの微細な変化も捉えていこうとする丁寧さが必要」[47]と指摘している。また、澤井（1988）も、児童生徒の心情面での変化や身体的な動きを「共感の輪の中に巻き込み、ヒトとの関係の中に意味づけていくことが大事なこと」[48]と述べている。

　多くの執筆者が指摘しているように、造形活動の指導ではまず、児童生徒の気持ちを敏感に感じ取ること、そして、感じ取ったことを児童生徒にフィードバックすること、そしてそれを1対1の関係に留めるのではなく、集団の中に位置づけ、他者との関係の中で社会的な意味づけを行っていくことが必要であると指摘している。

　また、重度・重複障害児の中には、行動の表れが微弱であるがゆえに、制作中に児童生徒の身体的、心理的変化を待つことを余儀なくされる状況がある。このことについて齋藤（2003b）[49]や蒋苗（2009）[50]は、指導において「待つ」ことを重要視し、待つことによって児童生徒の活動のペースを守ることや、何もしていないように見える状況の中から児童が

感じたり気づいたりしていることを見取ろうとすること等、待つことの多様な意味を見出している。また、待つことによって多くの教員が警戒する、指導における「やらせ」を防ぐことにも繋がることを指摘している。

③ 4 － 3 【コミュニケーションの手段】

　茂木（2004）は、「アーティスティックな表現活動は人と人をつなぐ働きがあり、多くの場合、非言語的活動であり、言葉の壁を越えられるコミュニケーションツールです」[51]と述べている。では、実際にどのようにしてコミュニケーションが行われているのだろうか。

　多くの重度・重複障害児は、言語的コミュニケーションが困難であり、主に非言語的コミュニケーションによってやり取りは行われる。しかし、その非言語的コミュニケーションも、児童生徒からの意図的な働きかけはほとんど無く、多くの場合、コミュニケーションは教員の読み取りによって行われる。齋藤（1999）が述べるように、彼らは、「外に向かって何らかのサインを出したいと思っているはずです。でも、実際には、その『手段』も布で覆われたような状態」[52]として教員は感じている。

　では、教員は児童生徒のどのような行動のどの部分を、どのように読み取っているのであろうか。ここでは、読み取りに関して記述されたものの中で、記述内容が多かったものを 3 種類示す。

　まず、最も多かったのは、谷津（2010）[53]、福田（1998）[54]、齋藤（2009）[55]、三木ら（2009）[56]で記載された視線の動きによる意思の読み取り、2 つ目は、尾上（1996）[57]、木澤（2010）[58]、上原（1988）[59]で記載された表情からの読み取り、そして 3 つ目に数が多かったものとして、大竹（1997）[60]、齋藤（1999）[61]の体の動きによる児童生徒の気持ちの読み取りであった。その他には、齋藤（2009）[62]の「呼吸の状態」から読み取りを行う記述もあった。

　以上のように、コミュニケーションは非言語的手段が中心であり、教員は表情、視線、体の動きと児童生徒の心情とを関連させて読み取りを行っているのである。

④ 4 － 4 【関わりの意味づけ】

　重度・重複障害児の造形活動において、何をもって作品とするのかという問題は、文献では、教員が関わりの中で児童生徒の行動や意思をどのように捉え、意味づけたのかということと同義で扱われていた。例えば、齋藤（2004）は、「数センチ数ミリ糸を持った指を移動させる。その『意志』の力が、ここでの造形活動のすべてであり、彼は自分の意志の力によって、身体表現を起こせた、それが彼の『表現活動』」[63]であると捉えている。つまり、重度・重複障害児の造形活動では健常児が絵を描き、作品をつくることと同じ価値をその数ミリに見出すことが必要であると述べている。

　他方、意図的ではない、表出レベルの行動によって外界に変化がもたらされたものも表現活動と捉える記述もある。金山（1996）は、造形活動の中で偶発的に描かれた描跡を「介助者とのコミュニケーションの結果生まれた活動の跡」[64]であるとし、そのように偶然生まれた描跡を、介助者からの働きかけとそれに対する園生の反応の力動跡として捉えている。つまり、関わりによって生まれた偶発的な描跡も作品として捉えていくべきであると金山は指摘しているのである。

　これらの捉え方に共通することは、いわゆる一般的に行われている、絵を描いたり彫刻を作ったりする活動に対する評価とは異なる枠組みを用いて児童生徒の活動の評価を行っているということである。このことは、齋藤（2003a）[65]や蒔苗（2004）[66]が指摘するように、既成の考え方に縛られることのない広い間口を持って彼らの表現を受け止める器量や金山（1996）[67]が指摘する、表出的ななぐりがきを表現作品と捉える介助側の姿勢や作品観が、重度・重複障害児に限らず障害児・者の表現活動に対して必要であるという指摘である。これらの指摘は、活動を見取る側の捉え方や評価の枠組みが活動や作品の意味内容を決定づけることを示している。

第3項　考察

　以上の文献検討を踏まえて、まとめと今後の課題を示す。本研究の対象となる重度・重複障害児の多くは、全介助もしくは部分介助を要し、活動を行う上では常に何らかの関わりが必要な児童生徒である。特に、造形活動では手や体全体を使って活動を行うため、児童生徒に対する働きかけや身体的・認知的支援を必要とする度合いが高い。先述したように、近年、障害を個人因子と環境因子の双方から捉え、その関連性について十分考慮することがこれまで以上に求められている[68]。学校教育では特に「人的環境」[69]が果たす役割が大きく、教員による関わりの質が問われている。このことは、すでに多くの実践家が文献の中で重要性を指摘していることである。

　しかしながら、本節で示した通り、重度・重複障害児の造形活動における学術研究では、児童生徒と教員との関わりに焦点化した研究が行われていない。このことから、今後進めていく研究の方向性として、関わりの実態を調査すると共に、関わりが持つ意味内容を明らかにする必要がある。

第3節　海外における重度・重複障害児の造形活動に関する研究の文献レビュー

　本節では、海外における重度・重複障害児を対象とした造形活動に関する研究の文献をレビューし、研究動向と課題を明らかにする。

第1項　文献収集の方法

　アメリカ精神医学会が2013年5月に公表した『DSM-5』（Diagnostic and Statistical Manual of Mental Disorders Fifth Edition）において、知的障害は、「神経発達症群/神経発達障害群」の中の知的能力障害群（Intellectual Disabilities）－知的能力障害（知的発達症／知的発達障害）に分類され、さらに程度別に「軽度（Mild）」、「中等度（Moderate）」、「重度（Severe）」、「最重度（Profound）」に細

分されている[1]。本研究が対象とする重度・重複障害児の知的障害の段階は、「最重度」に相当し、「日常的な身体の世話、健康、及び安全のすべての面において他者に依存する」[2]や「会話や身振りにおける記号的コミュニケーションの理解は非常に限られている」[3]に該当する。つまり、重度・重複障害児の知的段階は最重度知的障害（Profound Intellectual Disabilities）として位置づけることができる。

　ただし、重度・重複障害児は最重度知的障害と共に身体障害等他の障害が重複しており、「最重度知的障害」と「重複」の両方の記載が必要となる。現在、用語の記載方法は確定しておらず、多数の表記が用いられている。Nakken（2007）は、第12回IASSID（：International Association for the Scientific Study of Intellectual Disability）世界大会での発表41題目で使用された重度・重複障害児の表記を11種類に整理し、**表4**のようにまとめている[4]。

表4　重度・重複障害児を示す用語一覧（Nakken、2007）

Profound multiple disabilities	PMD
Profound and multiple disabilities	P(a)MD
Profound intellectual and multiple disabilities	PI(a)MD
Profound intellectual multiple disabilities	PIMD
Profound and complex disabilities	PCD
Severe intellectual and motor disabilities	SIMD
Severe and profound intellectual disabilities	SPID
Severe multiple disabilities	SMD
Complex intellectual and sensory disabilities	CISD
Children with complex needs	CCN
Intellectual disabilities	ID

　そこで、本研究では、これらの用語すべてを検索キーワードとして用い、文献データベースERICによる検索を行った。検索では、Art Educationをはじめ、美術全般を含む"Art"をキーワードとし、"Art and （上記の11種類の用語）"をキーワードとして文献収集を行った。

第2項　レビュー

1. 重度・重複障害児を対象とした造形活動に関する学術論文

　以下、収集した文献のレビューを示す。

　学校教育に関連する研究としてKontu & Pirttimaa（2009）[5]では、フィンランドのコンプリヘンシブ・スクール（統合学校）[6]に在籍する重度・重複障害児に対して実施されている教育内容・方法の傾向が示されている。フィンランドでは、1980年代前半から重度・重複障害児の教育カリキュラム開発が推進されており、Kontuらの調査は2009年時点で、どのようなカリキュラムが最も用いられているかを調査したものである。66学校、93名の教員からの質問紙調査の回答が得られ、分析された結果、「感覚」、「環境設定」、「刺激」、そして「行動分析を基盤とした教育方法」にカテゴライズされる教育内容が最も多く実施されていることが報告されている。また、Putten & Vlaskamp（2009）[7]によるオランダの報告では、1990年代から全国的に開発が始まった重度・重複障害児への教育プログラムに記載された教育目標が分析されている。本報告では、オランダにおいて重度・重複障害児・者145人の教育プログラムを対象に教育目標（約1年の長期目標）が分析されている。抽出された目標220項目を、AAMR（The American Association on Mental Retardation、近年AAID：The American Association Intellectual and Developmental Disabilityに改名）が示す5項目で分析した結果が**図4**のように示されている。

　分析結果の通り、長期目標では、「社会的役割と参加」に関する内容が全体の52%を占め、とりわけ重要視されており、これらは年齢とは関係しないことも示されている。

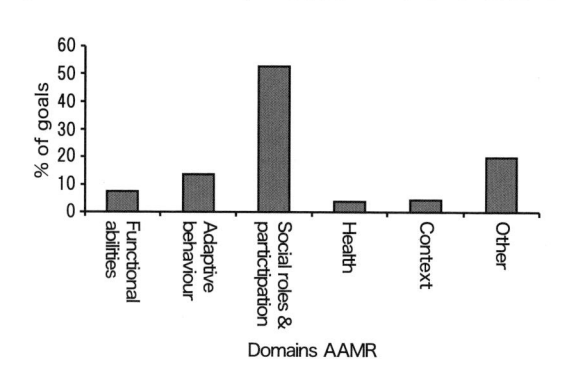

図4　長期目標(Annette, V. D. P. & Carila, V. 2009)

　この結果に対しPuttenらは「重度・重複障害児・者は彼らの持つ潜在的な能力や運動機能を最大限生かした活動」[8]が必要であると述べている。このことは、Vlaskamp, Hiemstra & Wiersma（2007）でも同様に、「重度・重複障害児が没頭して取り組める活動を設定することは高度な挑戦である」[9]と述べられており、相互性、社会性を持った参加型の活動を設定することの重要性が指摘されている。

　また、学校教育以外でも、近年、オランダでは重度・重複障害児に提供される活動の質的向上のために活動主題を組織化する動きがあり、期待される効果の中には、より多くの種類の活動が提供されることや一人ひとりに注意が向けられることが挙げられている（Putten & Vlaskamp, 2011）[10]。

　前記の、Kontu & Pirttimaa（2009）、Putten & Vlaskamp（2009）、Vlaskamp, Hiemstra & Wiersma（2007）、Putten & Vlaskamp（2011）に共通することは、重度・重複障害児が没頭でき、潜在的な能力や運動機能を最大限生かした活動を設定することが求められているという点である。この点において、造形活動は多くの貢献ができるのではないかと考える。しかし、重度・重複障害児を対象とした造形活動をトピックとした学術論文は見当たらなかった。

　ただし、重度・重複障害児以外の障害のある人たちを対象とした美術教育の学術論文は多く存在した。例えば、知的障害者を対象とした造形活動に関する文献には、Blandy（1993）[11]があり、身体障害児を対象とした文献にはMargaret（2005）[12]、Graham（2008）[13]がある。また、自閉症児を対象とした文献にはJulia（1998）[14]、学習障害児を対象とした文献にはSondra（1975）[15]、Edith（1982）[16]、McPhailら（2004）[17]、そして、注意欠陥多動性障害児についてはWalker（1980）[18]がある。また、Blandy（1991）[19]やDurby（2010）[20]では美術科教育学と特別支援教育学との融合・連携に関する歴史的、理論的考察が行われ、Jennifer（2007）[21]では障害者の差別、偏見、疎外等の社会政治的な問題に対して、障害者芸術運動の創設による解消が目指されている。また、教師教育に関する基礎研究として、Doris（1994）[22]では、NAEA（全米美術

教育学会）に所属する学校勤務1年目の教員212名へのアンケート調査が実施され、特別支援が必要な児童生徒に対する指導の準備がほとんどできていないことが示されている。さらに、近年の話題として、文献数が多いのがインクルージョンをトピックとした文献（Michelle & Karen, 2013; Maclean, 2008; Ho, 2010)[23][24][25]、そして、2010年のコモン・コア・ステート・スタンダード[26]導入に伴う特別支援教育や芸術科目軽視への危惧を表明する文献（Alice, 2014; Ryan, 2014; Alice & Kelly, 2014)[27][28][29]、J. F. Kennedy Centerのアクセシビリティ部門の一つであるVSA（Very Special Arts)[30]が主導するアーツ・インテグレーション[31]をトピックとした文献（Sharon & Lynne, 2014; Mason & Steedly, 2006a, 2006b; Corbett, Wilson & Morse 2002; Lynne & Sean, 2010)[32][33][34][35][36]がある。アーツ・インテグレーションについては、Alidaの編集により歴史的変遷や理論、そして実践的展望を総括的にまとめたAlida（2014)[37]も出版されており、発展可能性が模索されている。

　以上のように、美術科教育と特別支援教育の複合研究領域をトピックとした文献は多く存在していたが、重度・重複障害児を対象とした造形活動をトピックとした学術論文は見当たらなかった。

2．重度・重複障害児を対象とした造形活動に関する書籍

　書籍の中で重度・重複障害児を対象とした造形活動に関する記述があったのは、Nyman & Jenkins（1999)[38]、Beverly & Doris（2006)[39]、Anderson（1992)[40]、Henley（1992)[41]の4冊である。

　Nyman & Jenkins編著の『Issues and Approaches to Art for Students with Special Needs』では、Guay（1999）による第3章「特別な支援を必要とする児童生徒に対する美術教育指導の方略」で主に重度（severeレベル）の児童生徒に対する指導のガイドラインが次の6段階で示されている。1）障害の有無にかかわらず学習内容は興味を引くことや技能を学ぶことができることが目指されること、2）教育的環境において選択の機会が提供され、美術の技能や態度の育成が目指さ

れること、3）目標設定は、適切な年齢設定のもと、自立的な選択や自発性の習得につなげる必要があること、4）目標とするスキルの獲得は、児童生徒が必要とすることに基づき活動が組織されていることや多様な教材教具が用意されること等、日常的な制作場面に学習内容が含まれること、5）活動の中で部分的に参加可能な児童生徒が対象の場合は、必要とされる技能のアセスメントが求められる。その際、どれほどわずかなことであっても児童生徒が可能な活動に従事させること。そして、制作過程に選択の場面を設けることにより、補助は彼らが困難な活動に対してのみ提供されるべきであること。また、授業づくりの過程では、彼らにとって難しい制作工程や道具は取り除かれなければならないこと、6）児童生徒の活動と選択等の観察をすることによって、適切な教育目的への手がかりを得ること[42]、の6段階である。

　そして、同書の第5章、Pappalardo（1999）による「カリキュラムに関する問題－美術と障害のある児童生徒」では、視覚障害や聴覚障害、また、学習障害等、9種類の障害ごとに美術を行う上で必要となる各種障害の一般的な配慮事項が記載されている。重度・重複障害児は、知的障害児の中の障害程度別の「重度・最重度」の項目に記述があり、彼らが能力面において制限されていることや密接な管理が必要であり、最重度の児童生徒は時に完全な介助を必要とする場合があることが記されている。また、指導上の留意点として、十分な時間を確保すること、慣れ親しんだ用具を用いること、簡略化された手順で活動を行うこと等が記されている[43]。

　次に、Beverly & Doris（2006）である。本書は3部構成となっており、第1部では概要として、特別支援教育に関する法律である「障害者教育法」（PL101-476, The Individuals with Disabilities Education Act: IDEA）や「落ちこぼれ防止法」（PL107-110, No Child Left Behind Act: NCLB）等、関連法が8種類提示され、さらに、美術の授業を実施する上での問題の所在が「姿勢の検討」や「用いる教材教具」等の項目別に示されている。第2部では行動障害、知的障害、学習障害（LD）、身体障害、視覚障害、聴覚障害別に指導理論と方法が示されて

いる。そして第3部では「共同」と題し、ティームティーチングや教育資源の利用、美術教育とアートセラピーの定義、そして相違点や共通点等をトピックとした内容が記されている。

　その中で本研究と関連するのが第2部第7章で示された身体障害の児童生徒を対象とした指導の項である。本項の著者はミルウォーキー州の美術教師であるSuzan D. Loselが担当しており、約20ページに渡り、具体的な指導の方略が記されている[44]。

　Losel（2006）では、身体障害の児童に対する美術の指導準備に当たっては「必ずしもすべての子どもに同じ方法を提供すればよいわけではなく、一人ひとりに最善となるように指導の技術や方略を特別にあつらえる必要がある」[45]と述べ、使用する教材教具の修正や改良の必要性を提唱している。本文は4項で構成され、第1項には、身体障害のある児童の指導について、関わる児童の身体障害のタイプ、具体的な運動課題、教員の介入・非介入の在り方、専門的補助者の援助、コミュニケーション補助機器、IEP（Individualized Education Program）目標が示されている。そして、第2項にはクラスの学習環境に関する方略、第3項は制作のための方略としての教材教具の改良、そして第4項にドローイング、絵画、彫刻、織物等の領域ごとの指導方略が記されている。これらの内容はすべて学校現場の実態に即しており、実践的かつ方法論的な内容となっている。特に教材教具の項では、造形活動の基本となる接着、切断、描画に関して、身体障害のある児童生徒が把持・操作しやすい形状の工夫や補助、代替的手立てが示され、実践にそのまま転用可能な内容が記されている。また、これらの改良や特別な教材教具の作成は、ユニバーサルデザインとして障害の有無を問わず児童生徒の使いやすさと使用意欲を高め、障害がある児童がそれらを使用する際には、精神的な抵抗を感じずに使用できることが示されている[46]。

　Loselの研究では、コミュニケーション機器の項でVOCA （Voice Output Communication Aid）が紹介されているように、口話での伝達が困難であったとしても、知的に軽度で意思が明確な児童生徒が対象となっている。そのため、内容は主に運動機能面の補助や造形活動に特

化した活動環境の設定、そして、既存の造形活動の教材教具をカスタマイズし児童生徒により適合した教材教具を作成することが中心となっている。

　3冊目は、Henley（1992）『Exceptional Children: Exceptional Art: Teaching Art to Special Needs』である。Henley（1992）では、知的障害の段階を重度（IQ25~50）と最重度（IQ10~25）に分け、それぞれの指導の特質を解説している。Henleyは、重度・重複障害児に対する美術教育の可能性を次のように示している。

　　最重度の障害の子ども達は難治性の障害を持ち成長を見出すことが難しいが、指導に最もやりがいのある集団となる。彼らの行動を適切に調整し、彼らの成長を期待する教師はしばしば彼らの行動と作品制作の両方を変える驚くべき変化をさせることがある。これらの成長に重要な要素は子どもが引き出すことのできる能力の肯定的な面を見出すことである[47]

　その上で、学習に関して高い目標を設定しすぎず、彼らの実態に応じた目標設定を行うことにより、造形活動は感覚、認知、情動、そして作業能力の開発にとって理想的な教育手段になると述べている[48]。また、具体的な指導では、造形活動に参加するために、最重度の児童生徒はしばしばマンツーマンでの指導と最適化された教材教具を必要とし、教師は椅子やテーブルなどを調節して安全な環境を整えると共に近くで子どもの動きを見守る必要があることを示している[49]

　最後に、Anderson（1992）の『Art for All the Children』である。第1章では、知的障害、学習障害、身体障害、視覚障害、聴覚障害、そして一般校における小学校、中学校、高等学校の児童生徒に対する指導の在り方が示されている。本書では、知的障害が軽度、中度、重度・最重度と程度ごとに示され、「重度・最重度、及び重複障害児」に対する美術教育の指導における留意点が4点挙げられている。1点目の発達年齢と生活年齢への配慮では、発達年齢と共に生活年齢、つまり実年齢に

応じた題材提示を行うことが示され、2 点目の目標設定に関する留意点
では、長期的な目標設定は適しておらず、短期的・中期的な目標を設定
し、頻繁に再検討を行う必要性が指摘されている。3 点目は、スタッフ
の関わりに関する留意点について、彼らに対する生活全般を通した包括
的な指導と、相互的な関係作りの必要性[50]、そして、スタッフ間連携に
関して、行動療法等を専門とするスタッフとの密接な情報交換による指
導の一貫性維持の必要性が指摘されている[51]。4 点目は、ソーシャルス
キル形成のための留意点が述べられている。ここでは、小グループによ
る活動を行うプログラムを組織することや通常教育の中で部分的な役割
を担うために障害の無い児童生徒と共同で活動を行うこと、そして家族
が教育プログラムに入ることが強く推奨されている。また、造形活動が
もたらす教育的効果として、感覚統合、言語発達、社会性の涵養、そし
て自己決定力の涵養が挙げられている[52]。

第 3 項　考察

　上述のレビューを踏まえ、考察を行う。

　Anderson（1992）では、重度・重複障害児に対しては生活全般を通
した包括的な指導と、彼らに関わる全てのスタッフによる各生徒との相
互的な関係作りが必要であるとされ、Vlaskampら（2007）でも、重度・
重複障害児に対して相互性、社会性を持った参加型の活動を設定するこ
との重要性が指摘されていた。このように、重度・重複障害児に対して
は関わり手による綿密な関与と関わりを生み出す活動環境を設定するこ
とが重要視されていた。さらに、指導の在り方においても、Losel
（2006）は、一人ひとりに最善となるように指導の技術や方略を特別に
あつらえる必要があるとし、Henley（1992）も、彼らの成長に重要な
要素は子どもが引き出すことができる能力の肯定的な面を見出すことで
あるとしている。両者の記述は、個別の実態に応じた指導と肯定的評価
の重要性を指摘したものである。

　このように、海外における各文献では重い障害のある児童生徒を対象
とした造形活動における関わりの重要性や指導する上で個別的配慮の在

り方、そして実態に応じた評価方法が検討課題として示されている。この点は、本章第2節で検討した国内の文献で指摘された問題点とも共通し、今後の課題として位置づけられる。

第4節　特別支援教育分野における重度・重複障害児を対象とした関わりに関する文献レビュー

　本節では、特別支援教育分野における重度・重複障害児を対象とした関わりに関する研究の文献をレビューし、研究動向と課題を明らかにする。

第1項　文献収集の方法
　文献の収集範囲と方法は、博士論文については国立国会図書館蔵書検索システムNDL-OPACを利用した。また、学術論文等については、学術論文データベースCiNiiで検索を行った。挿入したキーワードは、「重度」、「重複」、「重症」「重症心身障害」、「重症児」、「肢体不自由」、「学校」、「教育」、「関わり」、「コミュニケーション」、「動向」、「研究時評」であり、その後、本研究と関連する文献を収集した。その結果、関連文献は56稿となった。以下、これらの文献をレビューする。

第2項　レビュー
1．博士論文
　調査の結果、「重度・重複障害児」、「重症心身障害児」、「重症児」が題目に含まれる教育学の博士論文は18稿存在した。時系列で列記すると、中田（1982）[1]、片桐（1992）[2]、進（1995）[3]、川住（1998）[4]、大平（1999）[5]、細渕（1999）[6]、小林（2000）[7]、寺田（2001）[8]、金（2002）[9]、雲井（2002）[10]、遠藤（2002）[11]、北島（2006）[12]、岡澤（2007）[13]、渡邉（2007）[14]、任（2011）[15]、笹原（2012）[16]、高橋（2012）[17]、野崎（2014）[18]である。
　トピックで整理すると、進（1995）は活動姿勢に特化した発達援助

法の開発、細渕（1999）、笹原（2012）は、対象児の定位・探索行動の発達、促進を目指す教育実践研究、中田（1982）、遠藤（2002）、金（2002）は、教育実践を現象学の手法を用いて分析し、実践場面での諸現象の解明を図る研究である。片桐（1992）、雲井（2002）、北島（2006）は、定位反応や期待反応の形成過程、援助者介入の効果を生理心理学的指標を用いて分析し、それらの成果を期待促進の援助方策とする研究、大平（1999）も同じく生理心理学的指標を用いて「ゆらし」の効果を構造化して示している。寺田（2001）は、重症心身障害児・者の視覚認知活動に関与する神経機構の機能状態を生理心理学的指標を用いて評価し、発達水準モデルを提案すると共に、そのモデルを用いた重症心身障害児・者の療育・指導方策を示している。また、川住（1998）、岡澤（2007）、野崎（2014）は濃密な医療的支援を必要とし、ほとんど自発的な動きが認められない超重症児・者を対象とし、対人相互交渉やコミュニケーション促進の方策を示す研究を行っている。そして、渡邉（2007）は、コミュニケーション形成に伴う言語関連領域の反応特性を近赤外線分光法（Near-infrared Spectroscopy: NIRS法）を用いて明らかにし、残存機能を活用したコミュニケーションを支援する手段について検討している。また、任（2011）はライフヒストリー法を用いた特別支援教育に携わる教員の職能成長の変容過程に関する研究、高橋（2012）は重度・重複障害者と地域住民との関係形成の促進のための意義と方略に関する研究、小林（2000）は運動遊びを通した心身の発育発達支援により、児童生徒のQOL向上を目指す研究である。

　上記の研究を研究方法の観点で整理すると、特徴を3点見出すことができる。1点目は、約半数が分析方法として生理心理学的指標[19]を用いていること、2点目は研究の実施場所が大学の研究室やプレイルーム、もしくは重症心身障害児施設が多く、個別事例研究が中心であること、3点目は研究対象児・者が学齢期の児童生徒という場合は少なく、就学前の乳幼児、もしくは成人を対象としている場合が多いことである。

2. "重度・重複障害児と教員との関わり"をトピックとした学術論文

次に、重度・重複障害児と教員との関わりをトピックとした学術論文のレビューを行う。

重度・重複障害児の教育と指導に関する先行研究では、重度・重複障害児と教員との関わりを主要なトピックとした文献が多く存在する。先行研究では、関わりの中でも特にコミュニケーションを主眼とした研究が多く行われている。このことについて、細渕（1996）[20] や柳本ら（1989）[21] は、重度・重複障害児の教育ではコミュニケーション関係の形成があらゆる指導の基盤となっており、対象となる児童生徒とのコミュニケーションが成立していなければ教授－学習が成立しないことを理由として挙げている。コミュニケーションを含む関わりの問題は、重度・重複障害児の教育活動を考える上で、非常に重要な内容として位置づけられているのである。

そこで、本項では重度・重複障害児と教員との関わりをトピックとした先行研究を、大きく2つに分類し、レビューする。1点目は、重度・重複障害児と教員との関わりに関する理論研究、及び理論実践化型研究、2点目は、重度・重複障害児に対する教員による関わりの在り方に焦点化した事例研究である。本項では、これら2つの観点で先行研究を整理し、最後に本研究の課題を示す。

⑴重度・重複障害児と教員との関わりに関する理論研究、及び理論実践化型研究

重度・重複障害児と教員との関わりをトピックとした先行研究では、理論研究、及び理論実践化型研究が行われている。代表的な理論研究として、鯨岡峻の「原初的コミュニケーション」理論[22]、Weissの「インリアル・アプローチ」理論[23]、そして、近年の動向として、DbI（Deafblind International）が主導する「共創コミュニケーション」に関する研究[24] も注目されている。

また、理論実践化型研究としては、鯨岡の「原初的コミュニケーション」理論を実践化した大沼（2008）[25]、関原（2008）[26]、Weissの「イン

リアル・アプローチ」理論を実践化した研究には、坂口（1994）[27]、吉川（2002）[28]、原（2002）[29]がある。そして、「共創コミュニケーション」は土谷（2011）[30]が紹介しており、岡澤（2012）[31]でも今後の発展可能性が指摘され、菅井ら（2012）[32]で実践化されている。また、その他の理論実践化型研究には、宮武（1990）[33]のecological psychologyの視点[34]を用いた研究、そして、中山ら（1997）[35]のバンデューク・プログラム（Van Dijk Program）[36]を用いた研究がある。

　そこで、本項では、複数の研究者が実践化している原初的コミュニケーション理論、インリアル・アプローチ理論、そして共創コミュニケーションを取り上げ、レビューを行う。

1）原初的コミュニケーション理論

　まず、鯨岡の「原初的コミュニケーション理論」である。この理論は、鯨岡（1990、1997、1998、2000）[37] [38] [39] [40]で提唱されている。原初的コミュニケーションとは、「主として対面する二者のあいだにおいて、その心理的距離が近い時に、一方または双方が気持ちや感情の繋がりや共有を目指しつつ、関係を取り結ぼうとする様々な営み」[41]と定義される。この理論の特徴は、**図5**で示す通り、コミュニケーション構造を、情報授受を目的・手段とした理性的コミュニケーションと、情報共有を目的・手段とした感性的コミュニケーションに分類した点にある。

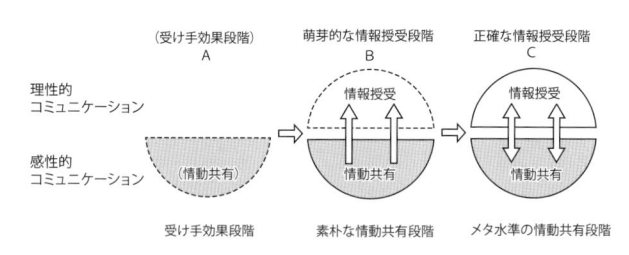

図5　コミュニケーションの発達モデル（鯨岡、2000）

　つまり、原初的コミュニケーション理論で用いられる「原初的」とは、

発達の初期段階に現れてくるという意味であると同時に、理性的コミュニケーションがそこから立ち現われてくる基盤という意味であり、さらには身近な二者間のコミュニケーションの基底をなすものという意味も重ねられている[42]。

　乳児や重度・重複障害児を対象として行われるコミュニケーションの段階は図5のA（受け手効果段階）に該当する。この段階におけるコミュニケーションでは、情報授受を主目的とした理性的コミュニケーションよりも、感性的コミュニケーションが主となる。この点について、鯨岡は以下のように述べている。

　　本来コミュニケーションと言われているものには、観念の伝え合いという意味ばかりでなく、広い意味での「働きかけ－応答」の構造があって、そこにおいて情感が通じる、情感を共有するという面を伴っている。（中略）そのような情動交流的、情動共有的な関係が築かれていくその原初の場面こそコミュニケーションの成り立ちを考える出発点にするべきではないだろうか[43]

　つまり、鯨岡はコミュニケーションが行われる出発点として原初的コミュニケーションを位置づけ、特に、乳児、そして重度・重複障害児を対象とした場合のコミュニケーションの主要な役割は、情報の授受よりも感情や情動の交流・共有であると指摘している。

　また、鯨岡は乳児の場合でも重度・重複障害児の場合でも、コミュニケーションが成り立つ際に優勢な人間関係は、「子ども－子どもの関係であるよりもむしろ、子ども－大人である」[44]と述べている。さらに、鯨岡は、コミュニケーションにおける教員の役割として、「繋合希求性」[45]、「成り込み」[46]の2点を挙げている。

　「繋合希求性」とは、療育者の関心が子どもに向けられていること、つまり、子どもを一個の主体として受け止め、尊重しようとする姿勢を持つことであり、この姿勢が子どもへの対応の"感度"を決めると鯨岡は述べている[47]。また、「子ども－大人」の関係に必要な条件として二

者が心理的に近い関係に立つことを挙げ、両者の間でポジティブな感情がはたらくかどうかが後のコミュニケーション関係の成り立ちに大きな意味を持つとも述べている[48]。

　2点目の「成り込み」とは、「子どもの位置に（大人が）わが身を重ね、わが身の『ここ』を子どもの『そこ』とすり替え、いわば（大人が）『子どもになって』子どもの『そこ』を生きること」[49]とされる。「成り込み」の概念図は図6の通りである。

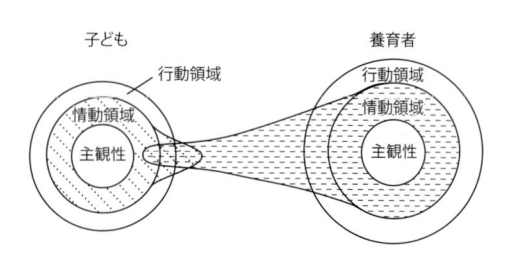

図6「成り込み」の概念図（鯨岡、2006）

　つまり、「成り込み」とは、大人（養育者）が子どもの側に気持ちを持ち出すことで、子どもの気持ちや感情を想像しようとする態度であるといえる。重度・重複障害児の多くは、自ら人やものに働きかけることがほとんど見られないか微弱である。そのため、鯨岡は、関わりの場面における教員の役割として、児童生徒の気持ちをくみ取りながらコミュニケーションを行う必要性を指摘しているのである。

　同様の指摘はPawlyn & Carnaby（2011）や、細渕（1996）でも見られる。Pawlyn & Carnabyは、重度・重複障害児の関わりの場面における「重要な他者（彼らに日常的に関わっている人々）が果たす役割」の存在の重要性を指摘し[50]、同じく細渕も、教員が重度・重複障害児とのコミュニケーションを成立させ、円滑に展開していくには、教員が子どもの行動を読み取れるだけの感受性を備えているかどうか、そして、教員が子どもの示す対象に向かう漠然とした能動性を、意味のあるものとして位置づけていくことができるかどうかにかかっていると述べている[51]。細渕が述べる「感受性」は、鯨岡が述べる「子どもへの対応の『感度』」と同義と考えられ、「子どもの漠然とした能動性」を捉えるための手段として「成り込み」が位置づくと考えられる。

　鯨岡によるコミュニケーション研究は、上記の通り、特別支援教育分

野、特に重度・重複障害児を対象とした教育で受け入れられ、大沼（2008）[52]や関原（2008）[53]によって、理論に基づく実践研究が行われている。さらには、近年、美術科教育分野でも鯨岡のコミュニケーション理論の援用がなされ、片岡（2009）[54]や笠原（2012）[55]は「情動の共有」や「感性的コミュニケーション」をトピックとした研究を行っている。

　鯨岡の「原初的コミュニケーション」理論では、重度・重複障害児と関わる場面において、関わり手側である教員が主要な役割を果たし、教員の意識や心持ちが関わりの質を変えること、そして、図6で示されるように教員が自らの情動領域を持ち出し、児童生徒の情動領域と重ね合わせて活動を行うことで、児童生徒と教員との心的な繋がりを作ることが示されている。しかし、鯨岡の「原初的コミュニケーション」理論は、重度・重複障害児と教員との関わりを深く理解し、関わりの在り方を考える上で大きな示唆を与えるものではあるが、一方で、実際の活動においてどのような活動を設定し、どのような活動を行なえば関わりが深まるのか、という点には言及していない。この点は今後検討すべき課題であると考える。

2）インリアル・アプローチ

　次に、インリアル・アプローチ（INREAL : Inter Reactive Learning and Communication）である。インリアル・アプローチは、1974年、米国コロラド大学のR. WeissとE. Heubleinによって開発された、言語発達遅滞幼児に対する言語指導法である[56]。インリアル・アプローチでは、大人の関わり方が重要視され、コミュニケーションの受け手と送り手のプロセスに着目し、子どもの課題を見つけるだけでなく、関わり手である大人の働きかけの在り方も検討し、改善を図ることで子どもの言語発達やコミュニケーション能力を伸ばすことが目指された指導理論である[57]。インリアル・アプローチでは、指導原理として、「環境」、「自発性」、「遊び」、「繰り返し」が挙げられている[58]。つまり、子どもは環境との相互作用において経験し、刺激を受けて成長・発達する立場に立ち、外から与えたり、詰め込んだりするのではなく、子どもか

ら生じる意欲を尊重すること、そして遊びにおける結果ではなく、過程そのものを対象とし、子どもが同一の行為を飽きるまで繰り返すこと、そして、異質なものを与えるのではなく、少しずつ変化、向上したものを周囲に準備することをインリアル・アプローチの指導原理としている[59]。

　この理論の特徴は、話しことばだけではなく、視線、表情、身振り等非言語行動もコミュニケーションとして捉えること、そして、人との豊かなコミュニケーションによって児童生徒の潜在能力の発揮が目指されている点である[60]。関わりを行う場合の原則として、「子どもの発達レベルに合わせる」、「ターンテーキング（やりとり）を行う」、「会話や遊びを共有し、コミュニケーションを楽しむ」[61]ことが挙げられ、さらに、関わり手側の基本姿勢として、「Silence（静かに見守ること）」、「Observation（よく観察すること）」、「Understanding（深く理解すること）」、「Listening（耳を傾けること）」が挙げられている[62]。さらに、用いる言葉かけの種類も、**表 5** で示す言語心理学的技法が取り入れられている。

表 5　言葉かけの分類（竹田、1994）

名称	解説
ミラリング	子どもの動作をそのまま真似ること。
モニタリング	子どもの声やことばをそのまま真似て返す。
パラレル・トーク	大人が、子どもがしている行動や気持ちを言語化する。
セルフ・トーク	大人自身の行動や気持ちを言語化するもの。大人の気持ちや態度を知らせていく。
リフレクテイング	発音や意味、文法、使い方などの間違いを、正しいことばに直して子どもに返していく。
エキスパンション	子どもの言ったことばを意味的、文法的に広げて返す。

　この指導理論はそもそも言語障害の人を対象としたものであるため、表中には「ことば」という文言が使用されているが、この「ことば」を「視線、表情、身振り」等に置き換えれば、重度・重複障害児との関わりにおける教員の言葉かけに応用できるものと考える。

　以上のように、インリアル・アプローチでは、子どもの活動全般をコミュニケーションの手段として捉えていることから、坂口（1994）[63]、吉川（2002）[64]、原（2002）[65]、関根（2012）[66]の研究にみられるように、重度・重複障害児の教育にも援用されている。

3）共創コミュニケーション

　最後に、共創コミュニケーションである。共創コミュニケーション（Co-creative Communication）は、欧州の盲ろう教育の専門家・当事者グループであるDbI（Deafblind International）のコミュニケーションネットワークであるDbICN（Deafblind International Communication Network）が提唱する概念である[67]。共創コミュニケーションとは、子どもの主体性、能動性を重んじ、子どもとのコンタクトと子どものイニシアティブを基に、相互性の高いインタラクションを共同で創りあげ、そのプロセスにおいて子どもと活動を共有しつつ、喜び等の情動の高まりを基盤として、子どもの表出を活性化させ、表出の意味を共有しつつ対話の流れを創りあげ、自然言語への移行を捉えることとされている[68]。

　DbIは、1960年代から欧州を中心とした、先天性の盲ろうの子どもの教育と研究に係わる教育者、実践者、研究者等の専門家からなる国際盲ろう協会（International Association for the Education of Deaf-Blind：IAEDB）として活動が始まり、1992年からは欧州以外の地域へ活動地域を広げるとともに、後天性の盲ろう者本人や家族にも範囲を広げ、1996年から1999年に活動内容と方針を改変してDbIと改め、現在も4年に1度世界大会が開催されている組織である[69]。DbIの教育方針が今日に至る大きな転換点は1980年代にあったとされる。それまでの教育の問題点として、"教育プログラムを盲ろう者に与えることが中心のアプローチであったこと"、"関わりが人工的で不自然な態度であったこと"、そして、"ほぼ完全に大人が子どもをコントロールすることになってしまっていたこと"がQOLの視点から批判された[70]。すなわち、盲ろうの子ども自身がつくり出す身体表出の持つ意味やその可能性

について専門家が重視してこなかったことが問題視されたのである。この反省に基づき、子どもが生み出す表出を基盤とした自然なプロセスのもとで、自ら意思を表出する能力を子ども達自身が取り戻す、あるいは構成できること、そして彼らが他者とかかわる中で喜びを得られることが求められるようになり[71]、そこから新たな「共創的コミュニケーション」という概念が生まれ、理論構築、そして実践を拡大するという一連の活動を展開することになった[72]。

　この、「共創コミュニケーション」概念は盲ろう児を対象としたものであるが、現在では盲ろう教育にとどまらず、障害の種別や程度、年齢を超えて初期的なコミュニケーションの促進や形成が課題となる子どもにも広がりを見せている[73]。例えば、超重症児教育において「共創コミュニケーション」は、子どもが自発する表出を確認し、関わり手がそれを子どもからの「提案」として解釈することにより、子どもがイニシアチブを持って表出できることが指摘されている[74]。

　この、子どもと関わり手との共創的関係については、用いる用語は異なれど、同一の問題意識で重要性を指摘する文献がある。具体的には、土谷（2006）[75]、北島（2006）[76]、高木（2006）[77]、細渕（2008）[78]の研究である。

　まず、土谷は論中で共同性と相互性を、周囲との関わりへの第1歩とすることを示している[79]。共同性とは、意味の共有、イメージの共有、意味・語彙の共有、活動の共有、情動の共有であり、相互性とは、重ね合い・響き合い、掛け合い、能動・受動の交代対話、交渉であるとしている[80]。また、土谷は、重度・重複障害児に関わる際の視点として、子どもを主格とすることの重要性についても触れている。土谷は、子どもを主格とするためには、子どもの能動性を認めること、そして、子どものイニシアティブを重視することが必要であると述べている[81]。同様に、北島もコミュニケーション指導における基本的視点として、子どもの悲しみや辛さ、痛みを共感することを挙げ[82]、「内面・人格をもつ主体者と対話しようとする構え」[83]が重要な視点であると述べている。また、高木も関わりにおいては相互交信が重要であるとし、特に伝わったこと

の確認を重視し、児童生徒の意思表示に応えることを重視すべきであると述べている[84]。これらの記述に共通する見解として、共同性と相互性が関わりにおいて重要な役割を果たしていることが挙げられる。また、細渕は本研究のトピックである造形活動に触れ、重症児が「ぬたくり遊び」や「粘土遊び」で外界に働きかけ、変化をつくり出し、その変化を楽しんでいる状況に対し、教師が子ども達の活動と外界の変化とを関係づけ、意味あるものとして子どもたちに返し、その活動をより子ども達自身の主体的な表現活動に展開させようと働きかけることの重要性を指摘している[85]。

　上記の土谷、北島、高木、細渕の記述は、「共創コミュニケーション」の文脈で語られたものではない。しかし、児童生徒に主体を置き、関わり手が一方的に与えるのではなく、相互交渉的に関わりが行われ、さらには両者でコミュニケーションを創造する過程が重視されている点では共通する問題意識を有している。

⑵事例研究

　次に、児童生徒と教員との関わりをトピックとした事例研究をレビューする。本項では、先述の博士論文のレビューで多く用いられていた生理心理学的指標を用いた事例研究ではなく、日常的に行われる授業や取組みに関する映像や資料等を分析し、教員の関わりの実態や効果的な関わりを示した事例研究、及び、教員の関わりの効果を実証的に明らかにすることを目的とした仮説検証型の事例研究をレビューの対象とした。

　まず、質的データを分析し、教員の関わりの実態や効果的な関わりを示した事例研究には、大西ら（2000）[86]、前田ら（2000）[87]がある。両者は教員の発話を分析し、発話のカテゴリーや効果的な発話を示している。また、川間ら（2001、2003）[88][89]は、指導記録を分析し、教員が評価を行う場合の視点を整理している。また、宮武ら（1985、1991）[90][91]は、連絡帳の記載内容を分析し、1年、3年といった長いスパンで児童生徒と教員との関わりの変容を時系列で捉えた研究である。また、坂本ら（1993）[92]も日常の指導場面を記録した観察記録ノートを行動分

析表を用いて量的に分析し、聴覚的、触覚的、運動的な関わりや感覚運動遊びによる関わりが有効であることを示している。他方、坂本ら（1998）[93]、姉崎（1997）[94]、笹原ら（2007）[95]はビデオ映像をトランスクリプト化し、詳細な分析によって教員の関わりの在り方を省察・分析している。これらの先行研究は、映像記録の分析により、教員の発話の在り方や支援内容・方法、また、実施題材の妥当性を検証している。また、芳野ら（2007）[96]は授業終了後に教員集団によるビデオ映像の視聴により「教員の読み誤り」について分析している。

　次に、後者の仮説検証型の事例研究を概観する。教員の関わりの指導効果を実証的に示した文献には、柳本ら（1989、1990）[97][98]、岡田ら（2010）[99]、堀越ら（1991）[100]、中山ら（2000）[101]がある。まず、柳本ら（1989、1990）では、重度・重複障害児に対して①子どもの視野への出現、②微笑、③接触、④話しかけ、⑤総合的働きかけという5種類の教員の働きかけを行い、注視、笑い、発声といった反応を引き出す効果的な働きかけの効果を検証している。また、岡田ら（2010）では、日常生活における子どもの行動の変容が目指され、チェックリストとビデオを用いた指導の記録、及び教員同士による協議会を設けることの効果が示されている。また、堀越（1991）では、事物操作習得を目的とした指導における大人によるコミュニケーションの役割について、2種類の仮説を設定し、実証実践を行っている。その結果、対象児の能動性に配慮しながら関わることが効果的であることを示している。また、中山ら（2000）は音楽に焦点化し、自傷行動のある幼児を対象とした適切な自発的行動の形成を目指すアクション・リサーチが行われ、活動に即興音楽及び既成音楽を取り入れることの有効性が行動分析により示されている。

第3項　考察

　以上のレビューを踏まえて、まとめと今後の研究課題を示す。

1．生理心理学的指標の課題

　先述の通り、重度・重複障害児・者、もしくは重症心身障害児・者を

対象とした教育学の博士論文では生理心理学的指標を用いた研究が多く行われていた。生理心理学的指標とは、パルスオキシメーターやMRI、そして、近年では近赤外線分光法等を利用し、心拍や脳波の変化を縦断的に測定し、関わりに対する変化により定位反応や期待反応を読み取り、関わりの妥当性や効果を検証する研究である。この研究方法が用いられるようになった歴史的背景について、片桐（1993）は以下のように記している。

　　1960年代当時、療育内容と方法に関して具体的な指針もなく、関係者の悪戦苦闘が続いた。特に、最重度の事例に典型的にみられる「反応がない、乏しい」という障害実態は、日常の療育活動を行う上で大きな障壁となっていた。（中略）この現実をうけ、初めての試みとして重症児の聴覚刺激に対する定位反射研究を開始し、それまで不明であった重症児の聞こえの状態をある程度把握することができた。（中略）これらの研究の積み重ねによって、「反応が無い、乏しい」と一括されてきた重症児の外的刺激に対する反応性や応答性の個人差を客観的に把握し、発達的に位置づけることが可能であることを示した。これらが、生理心理的アプローチの有効性が注目されるようになった背景である[102]

　このように、最重度の障害がある人たちを対象とした研究の初期段階において生理心理学的指標は大きな意義を有していたと考えられる。また、近年の医療の進歩・発展に伴う、超重症児・者の増加にも対応できる研究であると共に、教育的働きかけに対する反応が微弱で乏しく、外見上はほとんど変化が認められない児童生徒に対する教育成果の厳密な評価として大きな価値があることは言うまでもない。

　ただし、生理心理学的指標を用いた研究方法には問題点も指摘されている。問題点は、以下の4点としてまとめることができる。

　1点目は、心拍反応の変化と児童生徒の感情の変化との因果関係が認められるのかという点である。岡澤（2012）は生理心理学的指標を用

いた研究について次のように述べている。

　　生理的指標は、あくまで生理学的用語による対象児の記述であり、
　教育的対応との因果関係を示すものでもなく、感覚機能については一
　部を評価し得ても、そこで対象児が「どのように感じているか」、「何
　を考えているか」といった感覚や意識の内容について直接に言及しう
　るものではない[103]

　岡澤が述べるように、児童生徒の心拍の反応には関わりだけではなく、
生活上の様々な要因が多層的に働いている。また、児童生徒の障害特性
によっては、刺激と反応の因果関係の読み取りが困難である場合もあり、
例えばフラッシュバックなどは仮に心拍に変化があったとしても、外部
から本人に何が起こっているのか完全に読み取ることは困難であるとい
える。

　2点目は、研究成果の汎用性である。生理心理学的指標は、ある関わ
りを行ったり刺激を与えたりすることで対象児の定位反応や探索反応を
測定し、関わりとの因果関係を明らかにする研究方法である。また、近
年では「生態学的妥当性」[104]といわれる、生活実態に即した測定条件や
記録方法が重視され、データの多くは長期に渡り縦断的に収集され、綿
密な分析が行われる。しかし、そこで示される成果は、対象児童にとっ
てのみ効果的である「関わり」であって、他の児童生徒にとって有効と
は限らない。つまり、汎用性の面では極めて限られた範囲にのみ適用可
能な限定的な成果となってしまう。また、仮に成果が認められたとして
も、データ収集から分析に至るまで膨大な時間を要するため、活用の段
階に至って、児童生徒の実態が変化していれば、データは過去のものと
なり、その成果は活用不可能となる可能性もある。

　3点目は、「教育的かかわり」とされる内容が検討されているかどう
かという点である。生理心理学的指標を用いた研究で用いられる「教育
的かかわり」では、「呼名」や「イナイイナイバー」、「上半身の提示の
後に玩具の提示と言葉かけ」[105]、「ツリーチャイム」、「ボーリング」、

「アンパンマンロケット」[106]、「吸引時の声かけと接触」、「おもちゃ（既製品）で遊ぶ」[107]等がある。しかし、これらの「教育的かかわり」は、果たして子どもにとって魅力的なのだろうか。「教育的かかわり」とされる内容や質が「刺激」として位置づけられ、対象児の活動に対する興味関心や意欲について、それほど検討されていないのではないだろうか。子どもの実態把握に基づいて精錬された、魅力的な活動とは何かを再度検討する必要があると考える。

　4点目は研究方法が極めて専門的であるがゆえに、学校現場では実施が困難である点である。この点について細渕ら（2004）は、「心拍指標の即時活用を試みているが、教育現場の観点からは心拍反応のような生理学的指標をいつも確認しながら授業や療育を進めることは現実的ではない」[108]と指摘している。また、生理心理学的指標を用いた研究では心拍を常に計測・記録する機器が必要となり、分析にも専門的知識と膨大な時間を要する。このことは、任ら（2009）の文献調査において、筆頭執筆者が特別支援学校教員である論文147稿のうち、外部刺激に対する反応をトピックとした研究が12稿であったこと、さらに12稿のうち11稿は大学等の研究機関と特別支援学校教員との共同で行われており、教員のみで執筆された論文がわずか1稿であったことからも伺える[109]。

　また、上記4点の他にも、「対応する生理的指標の変化が見いだされない場合に教育的対応が『無意味』であるのか」[110]、さらに、「一定の刺激を対象児に与え、それに対する生理的反応を測定するという方法は、子どもを基本的に受け身的な状態にしてしまう」[111]ことや「受け身的な状態の中で得られたデータがどの程度対象児の日常生活における状態像を反映したものであるか」[112]等といった問題点も指摘されている。

2．事例研究の課題

　次に、事例研究のレビューを踏まえた課題を整理する。事例研究では今後解決すべき課題が2点あると考える。1点目は事例研究の成果の汎用性、2点目は学校生活の文脈で研究を行う必要性である。

　先述の文献レビューでも示した通り、これまでの重度・重複障害児に

対する関わりに関する学術研究では、事例研究の方法が多く用いられていた。事例研究とは、「特定の事例に対しある教育目標の下で計画的に働きかけを行い、発達的変化を促す中で、行動の成立過程と指導内容・方法を検討する」[113]研究方法である。しかし、この研究方法については多くの批判が加えられている。細渕（2003）は「事例研究の多くは事例自体の位置づけがあいまいで、研究の蓄積という視点がやや弱い。このため実におびただしい数の事例研究が行われてきたが、研究の到達点はあいまいである」[114]と述べている。そして、松田（2010）は、1987年から2008年までの20年間に公表された重度・重複障害児を対象とした実践研究56編の内容を次の3つの型に分類し、問題点を示している。

A：省察－背景型
　　実態を念頭に係わりの方針が立てられ、一定期間に生じた重度・重複障害児の変容が経過（結果）として整理され、その結果について考察が行われる研究。
B：省察－前景型
　　「係わり手の在り方に関する省察」が研究の前面に出ているもの。係わりの在り方に重点を置いた考察が行われるという構造の研究。
C：省察－発見型
　　重度・重複障害児の実態の適切なとらえ方や効果的な係わり方を発見しようという特徴を持った研究。[115]

　松田は、これまでの事例研究にAタイプの研究が多いことを指摘し、今後求められる研究として、B、C型に該当する長期にわたる実践研究の増加が大いに期待されるとしている[116]。つまり、対象児の変容そのものを分析、記載する研究と共に、関わり手の在り方に焦点化した省察を行う研究や、重度・重複障害児に対する有効な関わりを新たに発見、提案するタイプの研究が求められていることを示している。
　事例研究を概観すると、個別指導が多いことに気付く。たとえ、実践場所が特別支援学校であっても、個別指導におけるデータ収集・分析が

行われている研究がほとんどである。それぞれの事例研究では長期間にわたるデータ収集が行われ、精緻に分析が行われている。しかし、一方でそれが個別的で厳密であればあるほど「その子独特の」という要素が強まり、反比例する形で他の重度・重複障害児に対する理解や指導への汎用性は弱まってしまう現状がある。つまり、研究の結果示される指導原理や方法は、重度・重複障害児特有の個別性ゆえに、極めて限定的な対象に対してしか効果が期待できないものとなってしまうのである。この、汎用性に関する問題は、生理心理学的指標を用いた研究と共に、質的データを用いた事例研究でも同様に抱える問題であると考える。

　また、もう一つの問題は、教育分野の研究ではあるが学校現場での自然な流れが考慮されているとは言い難い点である。重度・重複障害児に対する指導は各学校が設定したカリキュラムに基づく日々の授業の連続性の中で行われる。この連続性の中で研究成果を活用するためには、研究のための特定の条件を設定するのではなく、学校現場で行われている授業の場面に入り込み、現在行われている指導の問題点や、その活動を行うために把握すべき児童生徒の実態、また、活動の組み立て方等、多様なチャンネルから活動内容を吟味し、有益な理論や方法をメタ的に導きだしていくことが求められる。

　このことに関連して、野崎ら（2012）では全国の特別支援学校で超重症児を担当する教員に対して質問紙調査を行い、教員が抱える困難さと、困難さを生む背景を調査している。野崎らは、263名の教員の回答を分析した結果、**図7** で示す通り、児童生徒の「実態把握」、「指導目標の設定」、「実際の授業の進め方」、「児童生徒の学習評価」、「自分自身の実践に対する評価」といったあらゆる側面において、6割以上の教員が困難さを抱えていることを明らかにしている[117]。

　このように、研究成果を学校教育での実践に適用するためには、野崎（2012）が示すように、現在学校現場が抱えている問題点を焦点化する必要がある。もちろん、学術研究は学校教育の枠組みの範囲内を対象とするだけではなく、学校教育のシステムが変わっても通用しうる、より普遍的な研究成果の産出を目指すべきである。ただし、時代や取り巻く

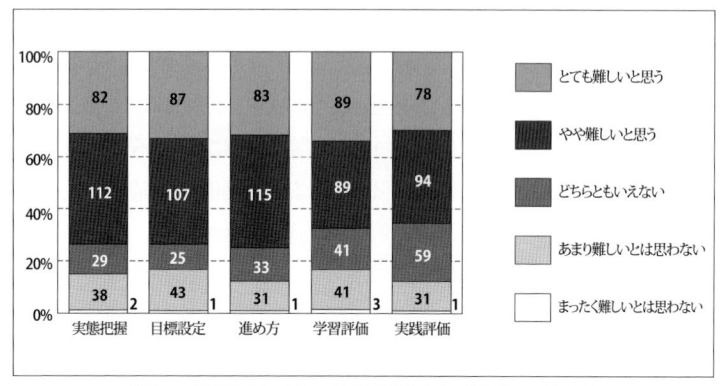

図7　各項目に対する評定結果（野崎、2012）

状況は刻々と変化しており、その変化に対応するためには、学術研究と実践とが往還を繰り返し、問題の所在を明らかにしながら常に研究目的や研究方法を省察、再検討し、研究プランを構想する必要がある。

　そこで、今後行うべき研究として、研究者が学校教育の実践現場に入り込み、フィールドワークを通して実態を探り、一つ一つの具体からより有益で汎用性のある指導理論を立ち上げていく研究が必要であると考える。

第5節　重度・重複障害児のQOLに関する研究の文献レビュー

　文献レビューの最後は、重度・重複障害児・者を対象としたQOLに関する研究をレビューし、研究動向と課題を明らかにする。

第1項　文献収集の方法

　文献検索データベースCiNiiを用い「QOL」「重度・重複障害」、「重症心身障害」、「重症児」をキーワードとして検索を行った。さらに、収集した文献に記載された参考文献の中から本研究に関連する文献を収集した。

第2項　レビュー

1．QOL研究の経緯と現状

　QOLの起源に関しては、「19世紀半ばのイギリスで芽生えた社会的概念」[1]、「1950年代にアメリカで政治的スローガンとして登場した」[2]、「20世紀半ばイギリスでの癌患者に対するホスピス活動を契機に始まった」[3]など、諸説ある。　一般的には1947年のWHOの健康憲章にある健康の概念がQOLの概念に相当するものとして用いられることが多い。これは、「（略）not merely the absence of disease, but physical, psychological and social well-being（単に疾病がないということではなく、身体的にも精神的にも社会的にも完全に満足のいく状態にあること）」[4]という概念である。日本においてQOL概念は1970年代に注目され始め、1980年代以降活発な研究が行われている[5]。QOLに関する研究は広がりをみせ、医療、看護、福祉、教育等、幅広い分野において行われている[6]。

　まず、医療分野におけるQOL研究の動向として漆崎（2001）は、「キュアよりもケアへの重点の移行が強調され、QOLに視点をおいた医療が重視されるようになってきた。多くの慢性疾患では個々の患者のQOLの維持、改善に努めることが医療の中心課題になっている」[7]と指摘している。これは、癌などの末期医療、慢性疾患、精神障害、リハビリテー

ションなどの分野で、それまでの治癒率、寛解率、生存率等を基準に行われていた医療の評価から、心理社会的影響までを考慮した患者本人の主観的意見を重視するように変化した医療のパラダイム転換であるといわれている[8]。

　また、本研究の対象となる重度・重複障害児の医療においてもQOL研究が進められている。長く重症児医療に携わってきた医師の藤岡は、「医療におけるQOLとは、闘病の主体である患者が、生き生きといのちを輝かせて生きること、毎日を快適に楽しく生活できること、また、その人が豊かで幸せと思えるような人生を送ることを、医療を行う上で最優先に考えていくこと」[9]であると述べている。先に示したキーワードによるCiNiiの検索でヒットした全93稿の約半数の58稿は医療分野の論文である。トピックとしては、QOLを高めるための手術方法、喉頭気管分離手術や胃ろう造設手術、噴門形成術等の手術が重度・重複障害児のQOLといかに関わるのか、また、手術後のQOLとの関わりについての研究が中心となっている。また、本人を対象にしたものだけではなく、手術後に介助の中心となる家族の支援について、医療的ケアの観点から検討を行い、家族のQOLについて調査した研究も報告されている[10]。

　また、福祉分野にもQOLの考え方が広がっている。厚生省大臣官房障害保健福祉部が2000年に公表した、『障害者・児施設のサービス共通評価基準』では、評価基準作成にあたって「人権の尊重」が重視され、そこに挙げられた5点の基本的方針の最後に「生活の質（QOL）の保障及び向上」が取り上げられている[11]。福祉分野におけるQOL研究の主要なトピックとしては、重症心身障害児・者施設における利用者のQOLをいかに測定するか、そのためにどのような尺度を用いるのか、という評価表の作成とその妥当性の検証に関する研究が挙げられる。

　そして、教育分野の学術研究の中で題目にQOLが含まれる文献としては、加藤（2002）[12]、村上（2004）[13]、郷間ら（2005）[14]、新開ら（2006）[15]が挙げられる。加藤らの研究は対象児の体調のリズムをつかむために曜日ごとの吸引回数に着目し、1週間の体調のリズムにあった学習計画を策定して、対象児のQOLを高めることを目指している。村

上の研究は特別支援教育への移行に伴い、インクルーシブ教育が進められる中で、重度・重複障害児の教育保障をいかに行い、培われたノウハウをどのように継承していくのか、子どものQOLがどう保証され、発展することが求められているのか、という点について論考されている。また、郷間ら、新開らの研究では、重度・重複障害児のQOL評価について検討されている。郷間らの研究では、微笑行動を尺度としてQOL評価を試みたものである。微笑が現れた場面を周囲の環境や関わりを含めたエピソードとして取り上げ、健常乳幼児の発達段階ごとの微笑行動を参考に、微笑の種類を選択し、評価を行ったものである。また、新開らは、言語・非言語によるコミュニケーションが可能な中度の知的障害児に対して、「文、単語、顔の表情（微笑、笑い、しかめっ面、視線）、動作（うなずく、頭を横に振る、手を振る、手、足、体の緊張）等の表れ」によって、QOL評価を行っている。

　教育分野におけるQOLの捉え方としては、ADL（activity of daily life：日常生活動作）の対比概念として用いられることが多い。村上（2004）は以下のように述べている。

　　現在養護学校において、何が大切にされているか。以前はADL（activity of daily life）の向上に主眼が置かれていたが、近年では特に重度・重複化が進んだ肢体不自由校において、QOLの向上という事が言われている。それは、もはやADLの向上を目的としないということではなく、ADLの向上を目指すにあたっても、QOLにとってそれぞれのADLがどういう意義を持つのかをまず検討する必要があるということである[16]

　同様に坂野（2005）も「最初からQOL思想を考えずに身体的訓練ばかりを行っていては、身体的には歩行可能という高いレベルにあっても人生を楽しむといった生活の質を高められない人もいる」[17]としている。つまり、ADLを主目的とするのではなく、QOLを目的とした手段としてADLが位置づけられているのである。

　しかし、教育分野においては、重度・重複障害児のQOLに関する文献が医療・福祉分野の文献に比して数が少ない。教育の本質的な目的として、人生の質を高める、豊かな人生を送る、といったQOLの理念が含まれるため、改めてこの用語を用いていないということも考えられる。

2．QOL評価について

⑴QOL評価の課題

　次に、QOL評価について検討する。1988年に執筆されたSailorら（1988）では、重度・重複障害児のQOL評価について次のように述べられている。「最重度の障害を持つ生徒の教育プログラムの諸結果を測定できる方法を基に、QOLを量的に表わすことが今後10年にわれわれが直面する最大の挑戦である。」[18]しかし、Sailorら（1988）から6年を経て著されたShalock（1994）でも、「QOLの教育的側面に関するこれらの議論は、いまだ決着がついていないことは明らかである」[19]とし、同様に、14年後のShalockら（2002）でも、「世界中のQOL研究者は、QOLは捉えどころがなく多面的で測定上の問題が多いため、測定が複雑な現象であることに同意している」[20]と述べている。さらに、近年の吉川（2008）でもQOL概念は「日常的に漠然と理解できたとしても実証的研究には耐えられるものではない」[21]とし、Katja ら（2011）でも以下のように述べられている。

　　一般に、この対象集団（PIMD児）のQOLを測定することは難しい挑戦であるといえる。「何を」測定するべきかを考える時、QOLの特別な操作を行う必要性が明らかとなる。しかしながら、この操作はどのようであるべきかについてはまだ未解決のままである[22]

　つまり、QOL評価の方法や評価の実証性については未だ多くの問題を抱えており、有効な解決策が示されていないのが現状である。

⑵QOL評価の概要

　QOL概念は、先述の通り「日常的に漠然と理解できたとしても実証的研究には耐えられるものではない」[23]との批判がある。このため、概念を構成する要素を分析して測定要素を明らかにし、QOL評価のための指標作りや尺度づくりの研究がこれまで盛んに行われてきた。医療分野においては、「ひとつの評価法ですべての疾患患者について満足する評価をうることは不可能である」[24]として、癌、糖尿病、人工透析、高脂血症等の疾病ごとに調査票が作成され、より実態に合致したQOL評価が試みられている。本研究の対象である重度・重複障害児の医療面におけるQOL研究においては、喉頭気管分離手術や胃ろう造設手術、噴門形成術等の手術が彼らのQOLといかに関わるのか、また、手術をすることが彼らのQOLの向上につながるのか、といった評価が行われている[25]。また、福祉関係では、障害児・者施設利用者のQOLをどのように評価するのか、その基準となる評価表の作成とその妥当性の検証に関する研究が中心となっている[26]。また、教育分野では、先述の郷間ら（2005）の重度・重複障害児を対象とした微笑を手掛かりとしたQOL評価[27]、新開ら（2006）の知的障害と肢体不自由を併せ持つ学齢障害児を対象としたQOL評価の研究[28]が挙げられる。

　これらのQOL評価の先行研究からは、以下に示す４点を指摘することができる。

　１点目は、研究トピックと合致したQOL評価方法が用いられていることである。先述の通り現在でも統一されたQOL評価項目表は無く、全般的な生活のQOLを問うものから、ある分野、領域に特化した評価まで、様々な調査方法が開発され、適宜用いられている。例えば、医療分野において、漆崎一朗監修の『新QOL調査と評価の手続き』には、国内用に作成されたQOL調査書８種類と海外の代表的な調査書２種類が紹介され、国内用の調査書に含まれる癌患者用調査書には癌の部位や治療方法別にさらに11種類の調査書が紹介されている[29]。同様に福祉分野においても、WHO/QOL-26を用いた評価[30]、Hughesら（1997）のQOL評価項目を元にして作成された評価表[31]など、さまざまな評価が

試みられている。これらは、研究の目的や方法、そして当該研究における QOL の概念と相関して、既存のものがそのまま用いられたり、改良されたりしている。

　2点目は、QOL 評価では複数の領域と下位項目で評価が行われていることである。QOL は単一の領域に関する質問だけで成り立っているものはなく、QOL 調査表を構成する領域・項目は、多いもので Hughes ら（1997）が作成した QOL チェックリストの 15 領域 224 項目[32]、最も項目数の少ない Euro QOL（EQ-5D）では 5 領域 5 項目[33]である（表6）。この 5 つの内容は領域と項目を同時に示しており、「移動、身の回りの管理、普段の活動、痛み/不快感、不安/ふさぎこみ」について質問項目が設定されている。その他の QOL 評価では、包括的尺度として用いられる SF-36 の 8 領域（身体的健康、心の健康、日常役割機能（身体）、日常役割機能（精神）、身体の痛み、全体的健康観、活力、社会生活機能）に関する 36 項目[34]、WHO/QOL-26 の 4 領域（身体的領域、心理的領域、社会関係、環境）に関する 26 項目[35]というように、QOL 評価は、

表6　Euro QOL（EQ-5D）の設問（岩屋、2005）

移動の程度	私は歩き回るのに問題はない
	私は歩き回るのにいくらか問題がある
	私はベッド（床）に寝たきりである
身の回りの管理	私は身の回りの管理に問題はない
	私は洗面や着替えを自分でするのにいくらか問題がある
	私は洗面や着替えを自分でできない
ふだんの活動 （仕事、勉強、家事、家族、余暇活動など）	私はふだんの活動を行うのに問題はない
	私はふだんの活動を行うのにいくらか問題がある
	私はふだんの活動を行うことができない
痛み/不快感	私は痛みや不快感はない
	私は中等度の痛みや不快感がある
	私はひどい痛みや不快感がある
不安/ふさぎ込み	私は不安でもふさぎ込んでもいない
	私は中等度に不安あるいはふさぎ込んでいる
	私は不安あるいはふさぎ込んでいる

複数の観点から行われている。

　3点目は、QOL評価は本人による主観的な評価を原則としている点である。このことは医療分野において石原が「（QOL評価に）共通していることは主観的なファクターを主体としている」[36]と述べ、福祉分野において古屋が「QOLをどのように定義するにせよ、その指標には必須要素として個人の主観的評価が組み込まれなければならない」[37]と述べ、教育分野において郷間が「QOLにおいて重視されるのは、個人の満足感や幸福感といったsubjective（主観的・主体的）QOLの評価である」[38]と述べていることからも伺える。この主観的評価をめぐる議論については次項で詳述する。

　4点目は、重度・重複障害児・者に関わる人に対して、関わりの在り方に関する評価を行うことで間接的に対象者のQOLを高めようとする評価方法が用いられていることである。QOL評価の対象児・者が重度の知的障害である場合、個人の直接的判断は困難となる。その際に本人に直接質問をするのではなく、周囲の人にQOL評価を行うことで、間接的に対象者のQOLを高めようとする方法である。この方法は主に福祉分野で行われており、末光ら（1997）や元田ら（2002）の研究はこれに該当する。末光ら（1997）の研究では、「日本重症児福祉協会」作成の「施設評価チェックリスト」の中から、QOLに関連する44項目を抽出し、重症心身障害児施設に勤務する職員に質問紙調査を実施している。この職員向けのチェックリストは施設の改善目標として機能させ、職員間の共通理解を図るものとして用いられている[39]。また、元田ら（2002）の研究では、コミュニケーションに焦点化した施設職員に対するセルフモニタリングチェックが行われ、この調査の実施が利用者、職員双方のQOLを向上させる可能性があることを示唆している。これらの方法は、施設職員がQOLを意識することで、間接的に利用者のQOLを高めることに繋げることを目的とした方法である[40]。

3．直接的評価と間接的評価

　先述の通り、QOL評価には2つの方向性がある。1つは、本人に対して行う直接的評価、もう1つは、関わり手側の在り方を問う間接的評価である。以下、それぞれについてレビューする。

⑴直接的評価

　重度・重複障害児のQOLを評価する場合には、いくつかの障壁がある。その1つは、QOL評価法の多くが根本的な理念として主観的評価を重視している点にある。石原（2001）は評価に関しては「QOLはあくまでも主観的なものであり、被験者本人にしか評価できないもので、第三者では測定が困難であるという事がQOL研究の進歩と共に明確化されようとしている」[41]と指摘し、Levine（1996）は「一般的QOLを確かめるには主観的評価が大切である」[42]と述べ、さらにBullinger（1996）は、QOLの測定は、「患者自身が主観的に感じる健康度や機能状態をいくつかの異なる構成概念にわたって測定したものであること」[43]が条件となることを示している。

　この主観的評価に関わる問題は、主観的評価の測定が自記形式であれインタビュー形式であれ、いずれの場合においても当事者の自己報告を求めることにある。この要求に応えるための前提条件として、回答者に一定水準の認知能力、コミュニケーション能力、情緒的安定が備わっていることが必要となる[44]。重度・重複障害児のQOLを測定しようとした場合には、彼ら自身による質問紙調査への回答、もしくは言語による回答が困難であるため、主観的評価という点で問題が生じる。この点について末光ら（2000）は、

　　重症心身障害者のQOLモデルは、障害を持たない人のQOLと本質的にはおなじであるが、特別の配慮を要すると思われる。例えば意志表現が制約されている重症心身障害者の判断を求めることは困難な場合が多いため、個人の主観的な判断を評価する際の困難さがある[45]

と述べ、郷間ら（2005）も

　　重度の身体的障害と知的障害を併せ持つ重症心身障害児・者は、多
　くはことばがないため感情や要求を表現する手段に乏しく、関わる人
　も彼らの意思や要求を理解したり共感したりすることが困難な場合が
　多い。したがって、本人のsubjective QOLを評価することは容易で
　はなく、重症児・者の評価では、保護者や介護者等、代理回答になら
　ざるをえない場合が多い[46]

と述べている。

　これらのことから、重度・重複障害児・者自身による主観的QOL評
価は困難であるとして、この問題を補完するために、当事者からの回答
の代わりに、ケア提供者や教員、家族等の近しい人に回答を求める代理
回答の方法が用いられている。

　先行研究で行われた直接的評価による重度・重複障害児のQOL評価
においても、代理回答が中心である。例えば、末光ら（2000）の研究
では日常的に直接介助する施設職員5名がそれぞれ2名の対象者につい
て直接観察を元に行う方法が用いられ[47]、同様に、鳥越ら（2001）の
研究においても直接処遇を行う児童指導員が直接観察にもとづいて行い、
1人の対象者について2名の児童指導員が評価し、異なる評価の場合は
協議のうえ決定する方法がとられている[48]。これに対して、極力重度・
重複障害児からの直接的回答を得ようとする郷間ら（2005）の研究で
は、微笑行動を手がかりとした重度・重複障害児のQOL評価が試みら
れている。郷間らが評価の対象とした反応は主に微笑や笑いであり、微
笑や笑いの中には、表情の和らぎなど微笑には至らない微かな表情変化
や身体の動き、注視が含まれ、さらには微笑の対極にある泣きの表情な
ども含まれている。それら、精神活動が表れていると捉えられたものを
対象とし、観察者の印象やVTR録画映像を基に評価が行われている[49]。
しかしながら、これらは微笑という尺度を用いた当事者自身の主観的評
価を重視しようとする姿勢はうかがえるものの、当事者自身の意図を読

み取って当事者以外の者が解釈し、回答する代理回答の範囲を超えられるものではないともいえる[50]。

　この、代理回答による評価方法については批判もある。吉川ら（2008）[51]や古屋ら（2005）[52]は、QOLにおいて重視されるのは、個人の満足度や幸福感といったsubjective（主観的・主体的）QOLの評価であり、当事者の回答と代理回答者の回答の間には信頼性や妥当性の点で多くの問題があることを指摘している。

　しかし、批判を加えたとしても、現実問題として、重度・重複障害児の主観的なQOL評価を行うことは極めて困難である。この対応策として中心となるのはやはり代理回答であり、吉川ら（2004）、Metzaら（2004）、末光ら（2000）では、認知機能やコミュニケーション能力に重い障害がある重度の知的障害がある者に対しては、できるだけ当事者の主観的評価を求める努力をしながらも、それが不可能である場合は、複数の近しい人からの情報を収集し総合的に判断することや[53]、本人と日常的に関わっている複数の人に判断を求めること[54]、また、当事者の意図を尊重できる代理者の回答をもって実施していくことが最良の方法であると結論づけている[55]。ただしこの方法でも、複数の回答者による報告の食い違いをどのように解釈し、誰の報告を優先的に扱うかといった判断を必要とすることや、時間がかかること等の問題が残されるとし、可能な方策の中から、条件、目的等に合わせて、何が最適であるかを慎重に選ぶしかないのが現状である。

⑵間接的評価

　QOL評価のもう一つの方法として、重度・重複障害児・者に直接、もしくは代理の読み取りによって評価項目に回答するのではなく、関わり手の在り方に着目した評価項目を設定して間接的に重度・重複障害児・者のQOL向上を目指す研究が行われている。末光ら（1997）では、重症心身障害児施設で職員を対象としたチェックリストによる間接的評価を行っている。この職員向けのチェックリストは施設の改善目標としても機能させ、職員間の共通理解を図ることを目的として用いられている。

末光らは、間接的評価の効果として次の3点を挙げている。①チェックリストの使用が重症心身障害児施設入所者のQOLの向上を図るために有効な道具であること。②職員自身がチェックを行うことにより問題の意識化をすすめること。③課題となる項目について、解決のルート及び到達点を明確にし、達成のためのプランを作ること[56]。同様に、元田らが重症心身障害児施設で職員に対して行った間接的評価においても、効果として「介助者と利用者とのコミュニケーションが以前よりも促進されたこと」を示している。元田ら（2002）が用いたチェック表では、施設職員と利用者とのコミュニケーションに焦点化し、項目が作成されている。質問の方法としては、関わり手側を対象として、自らの関わりの在り方をチェックする項目が設定されている。このチェック表は「Ⅰ　利用者の表出行動の有無」、「Ⅱ　共同行為の有無／利用者の意図の推測の有無」、「Ⅲ　利用者の感情の推測の有無」の3領域と50項目で構成され[57]、5件法で評価が行われている。元田らはこの研究で得られた成果として、介助者と利用者とのコミュニケーションが以前よりも促進されたことを示している。それは同時に「利用者と職員両方のQOLを向上させることに繋がる」[58]ことが示唆されている。

第3項　考察

　本節では、QOL研究の概要として、医療、福祉、教育の各分野の研究動向を概観し、QOL研究の現状について示した。これらを踏まえて課題と今後の指針を示す。

　まず、課題として、重度・重複障害児のQOL評価に関する明確な方法が確立していないことが挙げられる。重度・重複障害児や重症心身障害児と呼ばれる、言語、もしくは非言語を用いたコミュニケーションが困難な子どもの場合、彼らに主観的評価を求めることは困難である。そのため、吉川ら（2004）、Metzaら（2004）、末光ら（2000）が述べる通り、日常的に関わりを持つ、複数の関与者が評価を行うことが現実的な方法として示されている。しかし、検討すべきことは、"誰が"評価を行うのかという点だけではない。同時に、"どのように"評価を行う

のか、ということについても合わせて考えなければ、妥当な方法とはならない。仮に、重度・重複障害児を対象として喜びの感情を見取ることを想定した場合、その表れ方は一人ひとり異なり、なおかつ、極めて微弱であったり、一般的には喜びとは捉えられない方法で表出・表現がみられることがある。この場合、1つの指標ですべての子どもを評価することそのものに無理があると考える。評価内容が構造化され、なおかつ個人の特性に応じた評価項目の設定が可能な指標を開発していくことが求められる。

　検討すべき2点目の課題は、関わり手の在り方についてである。末光ら（1997）や元田ら（2000）の研究から、重度・重複障害児のQOL向上の促進には関与者の関わりの在り方が大きく関与していることが示されている。両者の研究では、関与者自らがチェックリストを用いてQOLに関連する内容の自己評価を行うことで、関わりの在り方を再確認し、入所者のQOL向上に繋げていく方法が用いられている。両者の研究は福祉施設をフィールドとして行われたものであるが、教育分野においても、対象者ではなく関わり手に対してQOLに対する意識化を促すことができる指導理論や方法を考案することが必要であると考える。

第 II 章
本研究の目的

第 1 節　問題の所在と研究目的

第 1 項　問題の所在

　第 I 章の文献レビューを踏まえ、重度・重複障害児を対象とした造形活動研究における問題点を以下の 3 点としてまとめる。

1 ）重度・重複障害児を対象とした造形活動に関する学術研究が充分に進展していないこと

　　近年、特別支援学校に在籍する児童生徒の障害の重度・重複化が進んでおり、その対応が求められている[1]。また、多くの特別支援学校の重複障害学級で造形活動が実践されているにもかかわらず、その実態は明らかになっていない。文献レビューでも示した通り、これまで障害のある児童生徒を対象とした美術科教育と特別支援教育の複合研究領域をトピックとした博士論文は国内において 3 編存在したものの、重度・重複障害児を対象とした博士論文は存在しなかった。また、海外の博士論文 2 編は、重度・重複障害児を対象としていたが、造形活動における指導の在り方を主なトピックとするものではなかった。また、学術論文では、本研究が対象とする最重度の知的障害と身体障害

を伴う児童生徒を対象とした造形活動をトピックとした論文は 2 稿存在し、海外では 4 冊の書籍で重度・重複障害児の造形活動に関する記述が見られた。このように、国内外で研究は進められているが、まだ充分とは言い難い。このことから、本研究では、重度・重複障害児の造形活動がどのように行われているのか、その実態を明らかにすることから始める必要がある。

2 ）重度・重複障害児の QOL を向上させる造形活動の指導理論が提示されていないこと

　前述 1 ）の通り、重度・重複障害児を対象とした造形活動に関する学術研究は、ほとんど行われていないのが現状である。指導に関しては、国内で35稿の実践報告が存在したが、これらは一つひとつの題材を紹介したものであるため、重度・重複障害児を対象とした造形活動をどのように行えばよいのかという理論や方法を体系的に示すものではない。このことから、重度・重複障害児の造形活動におけるQOL を高める汎用性の高い指導理論の構築が必要であると考える。

3 ）重度・重複障害児の QOL 向上が求められているが、重度・重複障害児を対象とした QOL 評価に関する明確な方法が確立していないこと

　本研究では、重度・重複障害児の造形活動における QOL が向上する方策を提示することを目指している。そのためには、重度・重複障害児の QOL の状態を測定するための指標が必要となる。しかし、QOL 研究に関する文献レビューでも示した通り、重度・重複障害児の QOL 評価法は未だ確立していない。よって、重度・重複障害児を対象とした造形活動における QOL 評価法を開発する必要がある。

第 2 項　本研究の目的

　先述の文献レビュー、及び問題の所在を踏まえた本研究の目的は以下の通りである。

【目的】

　重度・重複障害児の QOL を高める造形活動の指導理論を構築する。

　上記目的に基づき、以下の手順で研究を進める。

1）特別支援学校の重複障害学級においてエスノメソドロジーによる質的研究を実施し、造形活動における重度・重複障害児と教員との関わり、学習指導、そしてティーム・ティーチングにおける教員間の関わりの理論的構造を明らかにする。

2）上述1）で示した理論的構造に基づく指導仮説を設定し、重度・重複障害児の QOL を高める造形活動のアクション・リサーチを実施する。（第1期アクション・リサーチ）

3）上述2）の成果と課題を踏まえて指導仮説を修正し、第1期アクション・リサーチと同一学級、同一対象児に対しアクション・リサーチを実施する。（第2期アクション・リサーチ）

4）上述2）、3）の成果と課題を踏まえた指導仮説を設定し、上述2）、3）とは異なる児童生徒を対象としたアクション・リサーチを実施する。（第3期アクション・リサーチ）

5）上述1）〜4）の成果を踏まえ、重度・重複障害児の QOL を高める造形活動の指導理論を構築する。

第3項　QOL 向上を目指す理由

　造形活動における重度・重複障害児の QOL 向上を目的とする理由は次の2点である。

1）重度・重複障害児と教員との信頼関係を深め、重度・重複障害児が意欲的かつ能力発揮できる環境を教員が創設することに QOL 概念が深く関与していると考えるため

　重度・重複障害児は障害の重さゆえに常に誰かの何らかの支援が必要となる。その際、教員が重度・重複障害児に対してどのような方向性や枠組みで関わり、何を目指すのかが重要となる。極端にいえば、

身体的機能や認知的機能の向上のみを目指す指導の方向性も在り得るのである。本研究で取り上げる QOL の概念は一人ひとりの人生の質を向上させようとする概念であり、単に機能的な能力の向上のみを目指すものではない。QOL 概念には、教員と児童生徒との信頼関係の構築や児童生徒の精神的安定の実現、また児童生徒自身の意欲を高めること等も含まれる。つまり、本研究において重度・重複障害児の QOL 向上を目指す指導理論を構築しようとする理由は、QOL 概念を指針とする指導が、活動を通した人と人との関係を深めること、そして、児童生徒にとって最も制約が少なく、彼らの意欲を高めると共に、持てる能力を最大限発揮できる環境を設定する指導に有効に働くのではないかと考えたためである。

2）重度・重複障害児の生活世界をより良い形で拡大させるため

　　2 点目の理由は、重度・重複障害児の生活世界の拡大にある。重度・重複障害児の多くは重度の知的障害と身体障害を伴う。また、医療的ケアを必要とする児童生徒も多く存在する。そのため、生活上の制限や制約が多く、活動の種類や範囲が量的にも質的にも狭くなる傾向がある。この状況に対し、造形活動では多種多様な教材教具に直接触れ、全身を使った活動が行われる。そのため、児童の生活経験を拡大することに適した学習であると考える。ただし、指導によっては身体機能の訓練的意味合いが強まることも考えられる。そこで、本研究では造形活動において児童生徒の QOL 向上を念頭に置いた活動設定をすることで、児童生徒が意欲を維持しながら主体的に生活世界を広げることができるのではないかと考えた。

第 2 節　用語の定義

　本節では、本研究で使用する主な用語の概念を検討し、各用語の定義を示す。検討する用語は、「重度・重複障害児」、「造形活動、及び作品」、「関わり」、「QOL」の 4 種類である。以下、各項で詳細を記す。

第1項　重度・重複障害児の定義

1. 用語の歴史的経緯と現状

　重い障害の子ども達を表す用語として、現在、重度・重複障害児、重症心身障害児、重症児、重障児、重複障害者等が使用されている。また、近年濃厚な医療的ケアを必要とする子どもに対して超重障児という呼称も用いられている。これらは、用いられる分野、又は概念規定によって使い分けられる。また、時代によっても呼称は様々な変遷を遂げている[1]。

　学校教育では、一般的に「重度・重複障害児」という用語が使用される[2]。この用語が教育分野で用いられる契機となったのが、1975年3月に「特殊教育の改善に関する調査研究会」から報告された『重度・重複障害児に対する学校教育の在り方について（報告）』[3]である。この報告書はいわゆる「辻村報告書」として知られ、我が国の重度・重複障害児教育の出発点となった報告書である[4]。また、この報告書で初めて、「重度・重複障害児」という用語と概念が示された。

　学校教育では、もう一方で「重複障害者」[5]という用語が学習指導要領の文中で使用されている。この用語は、1969年5月15日に公布された「『公立義務教育諸学校の学級編成及び教職員定数の標準に関する法律』の改正」の中の、「文部大臣が定める心身の故障を二以上あわせ有する児童又は生徒で学級を編制する場合」[6]という文言に由来している。「重複障害学級」という用語は現在も『公立義務教育諸学校の学級編制及び教職員定数の標準に関する法律施行令』[7]において使用されている。つまり、教育では「重度・重複障害児」と「重複障害者」の2つの用語が用いられている。

　また、医療、福祉の分野では、「重度・重複障害児」ではなく、「重症心身障害児」の用語を用いるのが一般的である。これは「重症児」と略記されることもある[8]。医療、福祉系の学術論文の題目の多くはこの用語が使用されている。しかし、この「重症心身障害」とはそもそも福祉行政から生まれた用語であり、医学・心理学用語ではなく、重症心身障害児施設の名称に由来している。1967年、児童福祉法が一部改正され、

『昭和42年法律第111号』では「『し体不自由児施設』を『肢体不自由児施設、重症心身障害児施設』に改める」と記載され、『児童福祉法第三章　事業及び施設　第43条の４』が付加され、「重症心身障害児施設は、重度の精神薄弱及び重度の肢体不自由が重複している児童を入所させて、これを保護するとともに、治療及び日常生活の指導をすることを目的とする施設とする」[9]としている。このことにより、現在では医療、福祉の分野ではこの用語が一般的に用いられている。現行の児童福祉法においても、第7条に「重度の知的障害及び重度の肢体不自由が重複している児童（以下「重症心身障害児」という。）」[10]と記載されている。

　さらに、鈴木康之ら（1995）は生命維持上、生活の中で継続的に濃厚な医療介護を必要とする重度障害の子どもたちが増えていることを指摘し、これらの子どもたちが従来の重症心身障害児の概念を超えていることから、「超重度障害児（超重障児）」[11]という用語を用いている。その他にも障害の「害」の文字を「碍」と表記したり[12]、自治体によっては「害」を「がい」と平仮名表記で統一したりするところもある[13]。

　このように様々な呼称が用いられているが、その理由として、重度・重複障害児の一人ひとりが持つ障害の固有性ゆえに明確な類型化や概念規定が困難であることが考えられる。また、対象児を教育・福祉・医療等、どの枠組みで捉えるのかという違いでも異なった用語が用いられる。近年、自閉症児はその状態の多様性から「自閉症スペクトラム」、つまり、症状が連続性を持ちながら多様な現れ方をすることを表した言葉として用いられているが、これと同様に、いわゆる重い障害の子どもたちも一人ひとり障害の状態は全く異なる。「重度」の概念規定をどの基準で行うかによって、対象となる子どもの捉え方は大きく変わってくる。

　以上のことを踏まえ、本研究は教育分野を対象とするため、用いる用語は、「重度・重複障害児」とする。この用語には、後述するが、教育上の配慮も含まれた用語として用いられているからである。

２．重度・重複障害児の概念

　本研究で用いる用語の選択と共に、重度・重複障害児の概念について

も検討が必要である。この用語が公に用いられたのは先述のとおり、1975年に報告された『重度・重複障害児に対する学校教育の在り方について（報告)』である。この報告書では、重度・重複障害児を以下のように規定している。

　「公立義務教育諸学校の学級編成及び教職員定数の標準に関する法律」等で定められている重複障害児（学校教育法施行令第22条の2に規定する障害－盲・ろう・精神薄弱・肢体不自由・病弱－を2以上あわせ有する者）のほかに、発達的側面からみて、「精神発達の遅れが著しく、ほとんど言語を持たず、自他の意思の交換及び環境への適応が著しく困難であって、日常生活において常時介護を必要とする程度」の者、行動的側面からみて、「破壊的行動、多動傾向、異常な習慣、自傷行為、自閉性、その他の問題行動が著しく、常時介護を必要とする程度」の者[14]

　また、**図8**のように、本報告書では重度・重複障害児を判定するための検査項目も同時に示されている。判定に関する注意として、一時の審査だけでの判断によるのではなく、一定期間の観察や関係者からの意見聴取の必要性も同時に示し、判定に関して慎重に取り組むべきことも示されている[15]。

　この報告書の要点は、障害を「発達的な側面」のみならず、「行動的な側面」からも規定していること、さらには常時介護を必要とするという、関わり手の視点からも概念規定がなされているという点である[16]。図8の「重度・重複障害児の判定にあたっての検査項目例」では、「1．障害の状況」、「2．発達の状況」、「3．行動の状況」の3項目について、詳細な項目が設けられている。これらは生物学的に子どもの状態を捉えようとするのではなく、多分に教育現場を意識したものであり、子どもの障害や行動、症状などを包括的に捉えた概念規定であるといえる。よってこの中には重度の知的障害と社会適応上の行動障害を併せ持つ、いわゆる「動く重症心身障害児」[17]も含まれる。

（参考）　重度・重複障害児の判定にあたっての検査項目例

1.　障害の状況（学校教育法施行令第22条の2に規定する障害をもっているかどうか）

ア、盲	イ、聾	ウ、精神薄弱	エ、肢体不自由	オ、病弱	（疾病の状況）

2.　発達の状況（次に示すような身辺自立、運動機能、社会生活の程度は、どの程度か）

		（発達の状況をチェックする具体的行動の例—次のような行動ができるかどうか—）		
(1) 身辺自立	ア、食事	○スプーンで食物を運んでやると食べられる	○手でどうにかつかんで食べられる	○スプーン等を使ってどうにか一人で食べられる
	イ、排泄	○排泄の処理をしてもらう時静かにしている	○汚すと知らせる（おむつをしている）	○排泄の予告ができる
	ウ、衣服	○衣服を着せてもらう時静かにしている	○衣服を着せてもらう時手や足を出す	○衣服を一人でどうにか脱げるが、一人では着ることができない
(2) 運動機能	エ、大きな動作	○支えなしで座れる	○つかまり立ちできる	○5、6歩歩いて立ち止まれる
	オ、小さな動作	○手から手へ物を持ちかえられる	○指先でつまめる	○クレヨンなどでなぐり書きができる
(3) 社会生活	カ、言語	○人に向かって声を出そうとする	○意味のある単語が2、3個いえる	○意味のある単語が数個いえる
	キ、反応	○自分の名前を呼ばれると反応できる	○身近なものの名前がわかる	○簡単な指示が理解できる
	ク、対人関係	○知らない人にも関心を示す	○ひとの関心をひくような動作ができる	○特定の子供といっしょにいることができる

3.　行動の状況（次に示すような問題行動があるかどうか）

	（行動の状況をチェックする具体的行動の例—次のような問題行動が著しいかどうか—）
ア、破壊的行動	他人に暴力を加えたり、器物を破壊するなど破壊的傾向がある
イ、多動傾向	まったくじっとしていないで、走りまわったり、とびはねるなどの多動傾向がある
ウ、異常な習慣	異物を食べたり、ふん尿をもてあそぶなど異常な習慣がある
エ、自傷行為	自分を傷つかたり、着ている衣服を引きさくなど自傷行為がある
オ、自閉性	自閉的でコミュニケーションが成立しない
カ、反抗的行動	指示に従うことを拒んだり、指導者に敵意を示すなど反抗的行動がある
キ、その他	その他、特別の問題行動がある

上記の検査に従い、おおむね次のような者が重度・重複障害児と考えられる

a、「1. 障害の状況」において、2つ以上の障害をもっている者
b、「2. 発達の状況」からみて、精神発達が著しく遅れていると思われる者
c、「3. 行動の状況」からみて、特に著しい問題行動があると思われる者
d、「2. 発達の状況」、「3. 行動の状況」からみて、精神発達がかなりおくれており、かつ、かなりの問題行動があると思われる者

図8　重度・重複障害児の判定にあたっての検査項目例（文部省、1975）

　しかし、これらの規定にも問題はある。北島（2009）が指摘するように、例えば感覚障害を併せ持ち、知的障害をもたない「盲・ろう」なども重度・重複障害に含まれること、また、知的障害を主とする特別支援学校で「重度・重複」と呼ばれる児童には、併せ持つ障害は軽度の子どもが在籍している場合がある。例えば、軽い知的障害、及び軽い片まひがある子どもは、簡単な言葉の指示を理解でき、歩行も可能である。これらの子どもは教育分野における重度・重複障害には該当するが、医療・福祉分野の重症心身障害には含まれない[18]。この点について、遠藤（2006）は、重度・重複障害児の概念は学校教育における学級編成上の必要から生じてきた概念であり、そのため、学校生活を鑑みた障害の状況や能力不全の程度が重視されたことを指摘している[19]。

　また、障害の程度を示す指標として、各分野において多くの関係者に利用されてきたのが**図9**に示す、大島の分類[20]である。縦軸に知的障害の度合いを表す知能指数（IQ）を5段階取り、横軸には肢体不自由の度合いを「ねたきり」から「はしれる」まで5段階取り、計25の枠内

に１〜25までの数字が割り当てられている。大島の分類では、福祉分野で用いられる重症児は１から４に該当する。つまりIQ35以下の重度知的障害であり、なおかつ運動面においては「すわれる」ことまでが可能という子どもである。

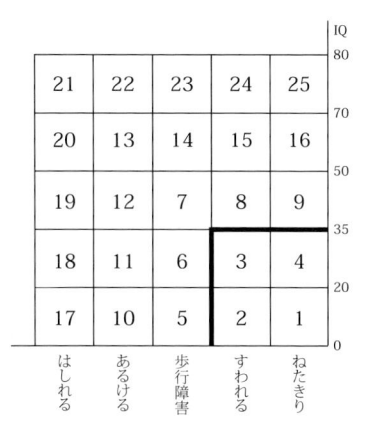

また、大島の分類の改訂版として、第１章第２節、図３で示した横地分類が開発され、当該分野で用いられている。横地分類では、知能レベルをIQではなく状態として表わしており、また、移動機能の段階も、大島の分類と比較して細分

図９　大島の分類（大島、1971）

化されている。また、大島の分類には無かった特記事項として知的障害及び身体障害以外の重複する障害についても記述され、より正確に子どもの状態を示す指標となっている[21]。

　しかしながら、これらの概念規定はすべてを網羅できるものではない。藤岡（2004）が指摘している通り、重度・重複障害児、もしくは重症心身障害児といわれる子どもたちは、重症の知的障害や身体障害のほかに、様々な程度のてんかんや行動障害などを合併している場合が多い[22]。ゆえに、「重度」、及び「重複」の概念が含む範囲を明確に示す必要があると考える。

３．本研究における「重度・重複」の定義

　では、本研究において「重度・重複」の概念をどのように捉えていけばよいのであろうか。本研究で着目するのは、知能レベルの中でも、特にコミュニケーションの度合いである。第１章第２節、図３の横地分類で示されたAの段階、つまり、「言語理解不可」と、Bの段階である「簡単な言語理解可」では、子どもと教員との関わりは質的に全く異なる。例えば、造形活動の場合、言語、もしくは写真やカード等を用いた非言語的手段を用いたコミュニケーションが可能であれば、仮に重度の

身体障害があったとしても、児童生徒は「どのように造りたいのか」、「何色が使いたいのか」、そして「どこに塗ったり貼ったりしたいのか」といったことを教員に伝えることで、児童生徒の意思は作品に反映でき、教員は物的、動作的支援に徹することができる。また、この場合には児童生徒との相互交信も可能である。しかし、横地分類が示すＡ１〜Ａ６の状態の場合、上記のようなやり取りは困難である。この場合、教員の関わりは児童生徒の表情や体の動き等から児童生徒の感情や意思を読み取ったり推測したりすることが中心となり、常に読み取りに関する不確実性が存在することとなる。このように、言語、もしくは非言語的手段を介したコミュニケーションが可能か否かということは、課題設定、活動内容設定、授業進行、評価等、活動の根幹に関わる重要な問題となる。

　以上のことから、重度・重複障害を捉える際に重要なのはコミュニケーション能力に関する度合いであり、実質的には、横地分類で示された＜知能レベル＞が関わっていると考える。これらのことを踏まえ、本研究では「重度・重複障害児」を以下のように定義する。

【重度・重複障害児の定義】
　コミュニケーションにおいて、言語、もしくは非言語的手段による意思疎通が困難な状態に、主として身体障害、それに加えて視覚障害、聴覚障害等他の障害を合わせ有する児童生徒

第 2 項　造形活動、及び作品の定義

　一般的に、重度・重複障害児の教育課程は図10のように示される。この教育課程が準拠する平成29年版『特別支援学校小学部・中学部学習指導要領』の「第８節　重複障害者等に関する教育課程の取り扱い」の４には、次のように記されている。

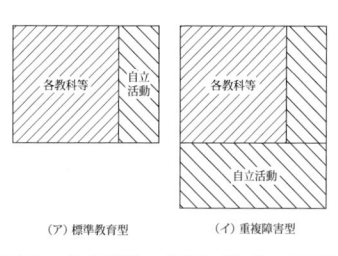

図10　自立活動の類型（柳本、2002）

　　重複障害者のうち、障害の状態により特に必要がある場合には、各教科、道徳、外国語活動若しくは特別活動の目標及び内容に関する事項の一部又は各教科、外国語活動若しくは総合的な学習の時間に替えて、自立活動を主として指導を行うことができるものとする。[23]

　このことから、上述の活動は自立活動におき替えることが可能であり、この教育課程を適用すれば、図10の（イ）のように各活動には自立活動が含む内容が根底に位置づくこととなる[24]。なお、土台の自立活動と右端の自立活動との違いは、教育課程上の領域としての自立活動（土台）と、各科目の内容としての自立活動（右端）という違いがある。

　自立活動は、広義の用いられ方と狭義の用いられ方がある。前者は、学校生活全般に及ぶものであり、大きく分けると「１　健康の保持」、「２　心理的な安定」、「３　人間関係の形成」、「４　環境の把握」、「５　身体の動き」、「６　コミュニケーション」[25]とされる。これらは、児童生徒の生活の基盤となる内容を包括するものであり、先述の特別支援学校学習指導要領の「自立活動を主として指導を行うことができるものとする」という記述は、主にこの範囲を示し、まさに重度・重複障害児の教育課程の中心的位置付けとなる。

　重度・重複障害児に適用される教育課程の多くは自立活動を中心としており、一般校で行われる図画工作科、美術科的な内容も、多くは自立活動を基盤として教育課程に位置付けられる。また、学習目標も先に挙げた自立活動の６つの内容の範囲に含まれることとなり、一般校に適用される学習指導要領の図画工作科、美術科の目標がそのまま適用されることは少ない。それは同時に、学習内容も当該学年の内容がそのまま適用されることがほとんど無いことを示している。このことから、本研究では教科名である「図画工作」や「美術」を用語として用いることはできない。重度・重複障害児の多くは教育課程上、自立活動を中心とした学習が適用されるため、この、自立活動の範囲で用語を用いる必要がある。そのため、肢体不自由を主とした特別支援学校の重複障害学級で用いられる授業名は、自治体や各学校によっても異なるが、「ふれる・つ

くる」・「さわる・えがく」・「ぞうけい」等、領域名として示されること
もある。

　また、一般校における図画工作科、美術科との違いは他にも 2 点ある。
1 点目は制作過程、2 点目は教員の役割の違いである。まず、制作過程
であるが、一般校では教員が課題を提示し、その後の作品制作や鑑賞活
動は基本的に児童生徒が自ら行う。しかし、重度・重複障害児の場合、
課題提示後、教員から何らかの働きかけを行うことで活動が進められる
場合がほとんどである。もちろん、知的レベルが高く、教材教具への関
心が高い児童生徒であれば、一般校で行われる造形遊びのように、教員
が造形材料を提示することで、児童生徒は提示された材料や用具を用い
て遊んだり働きかける過程で形態や様態を変化させ、試行錯誤を伴いな
がら活動を行うことができる。しかし、身体的、知的に重度の障害があ
る児童生徒の多くは、教員による直接的な関わりを介して教材教具と出
会い、微弱な反応を教員が読み取りながら順次用いる教材教具が選択、
提示される。つまり、重度・重複障害児の場合、制作活動が児童生徒単
独で行われることはほとんどなく、程度の違いはあるが、どの段階でも
何らかの形で教員が制作活動に関与し、試行錯誤の過程は教員と共に行
われる。このように、重度・重複障害児を対象とした造形活動における
制作過程では、常に教員によるコミュニケーション、補助、介助、支援
を伴って制作が行われる。この点が一般校における図画工作科、美術科
との 1 点目の違いである。

　次に 2 点目の違いである。肢体不自由を主とした特別支援学校では
ティーム・ティーチング（以後 TT と記す）の体制がとられ、児童生徒
に対してマンツーマンかそれに近い体制で指導や支援が行われる。教員
は主担当教員と副担当教員に分かれ、主担当教員はいわゆる一般校での
図画工作科、美術科の教員と同様、授業計画、授業進行等の役割を果た
す。この点では、一般校の教員の役割と基本的に変わらない。しかし、
副担当教員は児童生徒 1 人ないしは 2 人と “共同” で作品を制作する。
この点が、一般校における図画工作科、美術科との 2 点目の違いである。

　以上のことを踏まえ、本研究で用いる用語は、領域を示す「造形活動」

を用い、以下のように定義する。

【造形活動の定義】

　児童生徒の主体性を尊重しつつ、教員による関わりを介して共同的に行われる、教材教具に働きかける活動、作品制作活動、及び鑑賞活動

　また、特別支援学校の重複障害学級における造形活動の授業で制作される作品については以下のように定義する。

【重複障害学級の造形活動における作品の定義】

広義：教員との共同的な関わりを基盤として行われた造形活動による産
　　　物

狭義：児童生徒が教材教具と関わった過程が色や形で視覚化された造形
　　　物

第3項　関わりの定義

　本研究では、児童生徒と教員とのやりとりを「関わり」という語を用いて記す。造形活動の場合、言語的、非言語的手段によるやり取りのみならず、教材教具を介した身体的、認知的なやり取りを含む。この場合、情報伝達や心情的な交流を中心とするコミュニケーションという語では、造形活動におけるやり取りの全てを含む用語として相応しいとはいえない。そのため、本研究では、児童生徒の意思、要求、感情面のコミュニケーションや教材教具を介した身体的、認知的なやり取りも含む語として「関わり」という用語を用いる。ただし、「関わり」の中でも、児童生徒と教員との意思、要求、感情面のコミュニケーションは中心的な位置づけとなるため、本項ではまず、コミュニケーションの概念について整理する。

　特別支援教育においてコミュニケーションは重要視され、平成29年版『特別支援学校小学部・中学部学習指導要領』では、先述の通り、重度・重複障害児の教育課程で重視すべき「自立活動」の6つの内容の1つとして「コミュニケーション」が挙げられている[26]。

　重度・重複障害児の場合、コミュニケーションが含む内容は一般的な
コミュニケーションとは2つの点で異なる。まず、1点目は先述の通り、
重度・重複障害児の多くは言語、もしくは写真や絵カード等の非言語的
手段によるコミュニケーションが困難な場合が多いことである。特に重
度・重複障害児の場合には、語りかけに対して明確な答えが返ってくる
ことは少なく、多くの場合、表情の変化や体の緊張の度合い等の表出行
動や体温、顔色、脈拍、SPO_2値等のバイタルサインによって気持ちや
体調の変化を読み取ることが中心となる。また、この非言語的コミュニ
ケーションの中には、岩田（1987）が指摘する、「伝えようと意図して
いないのに伝わる」[27]コミュニケーションも含まれる。例えば、子ども
が鼻水を出していた場合、教員が風邪ではないかと心配して、おでこに
手をあてたりすることがある。鼻水は、何かを伝えようとするためのも
のではないが、結果として一つのコミュニケーションに繋がるサインに
なっている[28]。この場合でも教員側の読み取りが大きく関わる。松田
（1997）は、「障害の重い子どもとの係わり手とのコミュニケーション
を困難にしている要因は、係わり手の側にも数多くあると考えられる。
しかも、多少とも円滑なコミュニケーションへと改めるさしあたりの責
任は、すべて係わり手の側にある」[29]と述べ、同様に鯨岡（1990）も、
コミュニケーション障害を子どものコミュニケーション能力の問題に還
元するのではなく、むしろそれを子ども－大人の関係性の問題とみる必
要があることを指摘している[30]。両者に共通することは、重度・重複障
害児とのコミュニケーションにおいては、関わり手側が担う役割が大き
いことを指摘している点である。この点が、重度・重複障害児とのコミュ
ニケーションの特性の1つ目の違いである。芳野ら（2007）が関与者の
「読み誤り」をチェックし、改善に生かす研究を行っているのも、それ
だけ関与者の関わりが重要であることを示している[31]。
　2点目は、重度・重複障害児の指導では、事物操作に関する指導につ
いても対人的なコミュニケーションと切り離して考えられないという点
である。堀越（1991）は、「子どもは事物と一対一で相対している訳で
はなく、大人とのコミュニケーションを媒介としている。（中略）その

ため事物操作指導は指導者とのコミュニケーションとの関連で検討される必要があると考える」[32]と述べている。造形活動では、教材教具を用いて作品制作を行うため、活動の多くは事物操作に関わる内容となる。重度・重複障害児の制作活動は教員との共同による制作という形をとりながら行われ、教材教具の選択や描画の方法、経過確認等、制作過程の全般で事物を通した教員とのコミュニケーションが行われる。このように、何らかの目的を持った活動の中で、それを達成しようとする場合の児童生徒と教員とのコミュニケーションの実相を、鯨岡（2000）は次のように述べている。

　　発達の最早期や障害が重い場合には、子どもへの教師の対応は「受け入れる」枠組みを基調にせざるをえません。子どもの気持ちのありようを関わり手が掴み、受け入れて、必要な対応を援助・支援していくということになります。しかしそこにおいても、子どもの自発性を期待し、一個の人格として認めるからこそ、いまだ子どもにできないことであって実際には関わり手が援助した場合でも、「受け手効果」としてはあたかも子どもが自発的にやったかのごとくことを運ぶわけです[33]

　これを重度・重複障害児の造形活動に置き換えると、制作は教員の意図や指示によって行われるのではなく、あくまでも子どもの性格や特性を踏まえて、対象児であればどのように考えるだろう、という教員が捉えた児童生徒の意図や心情を考慮して制作方法を決め、作品づくりが行われる。一般校において作品づくりを行う場合には、主題の決定や教材教具の選択、表現方法の工夫などは基本的に作者の個人内で行われ、まさに対象物であるモチーフや教材教具との対話、そして自分自身の内部での対話を主として作品制作が行われる。しかし、重度・重複障害児の造形活動では、すべての制作工程に教員が関わる。つまり、重度・重複障害児の造形活動は、児童生徒と教員とのコミュニケーションと同時に行われるのである。この点について、徳永（2009）は重度・重複障害

児もしくは乳児等の発達初期の対人交渉の構造の中に「大人」の存在を位置づけ、**図11**に示すモデルとして示している[34]。

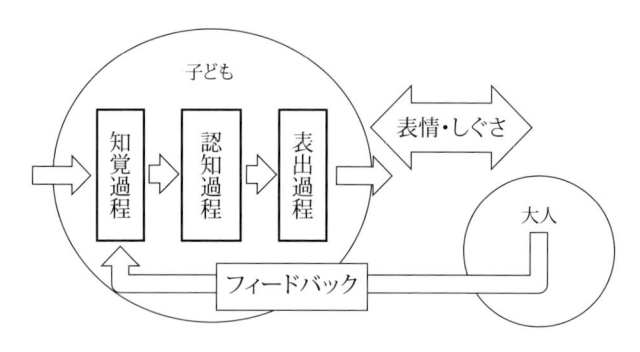

図11　対人相互交渉の構造（徳永、2009）

　以上の検討を踏まえ、本研究では関わりを次のように定義する。

【関わりの定義】
　関わり手側の情動的な共感を基盤とし、読み取りを中心として行われる言語的・非言語的コミュニケーション、心情面の交流、そして、教材教具を介した身体的、認知的支援とそれに対する反応・表出のすべて

第4項　QOL の定義

　QOL は、「生活の質」、「生命の質」、「生活の満足度」と邦訳され[35]、一般的には生活者の幸福感や満足感の質を指し示すものと解釈されている[36]。QOL の定義は、1947年の WHO の健康憲章にある健康の概念である、「単に疾病がないということではなく、身体的にも精神的にも社会的にも完全に満足のいく状態にあること」[37]として用いられることが多い。その後、1994年に WHO は QOL を「一個人が生活する文化や価値観の中で、目標や期待、基準、関心に関連した自分自身の人生の状況に対する認識」[38]と定義している。また、わが国における公の定義として、厚生省大臣官房障害保健福祉部（1999）の用語解説では、生活

の質（QOL）を「日常生活や社会生活の在り方を自らの意思で決定し、生活の目標や生活様式を選択できることであり、本人が身体的、精神的、社会的、文化的に満足できる豊かな生活を営めること」[39]としている。

　その他にも、QOL に関する研究の中では様々な定義がなされている。藤岡（2004）は「生き生きといのちを輝かせて生きること、毎日を快適に楽しく生活できること、また、その人が豊かで幸せと思えるような人生を送ること」[40]、村上（2004）は「生命の充実度」、「人生の中身の濃さ」[41]、漆崎（2001）は「人生経験から得られた個人的幸福感、人生観」[42]、中川ら（2005）は「すべての人間に共通する、生きていく上で自分に重要なものは何かを問いかけてくる語」とし、「人間が主体的、能動的に生きているか」、「日々の生活を快適に過ごしているか」、「人生の内容が自分なりに満足できるものか」[43]という意味があると述べている。また坂野（2005）は「生きいきと生きている」、「いのちが輝いている」、「その子らしい生き方ができている」[44]こととしている。

　以上のように、QOL についてはほぼ半世紀の研究の歴史があるものの、その定義は多種多様で一義的な定義はなく、いまだ活発な議論が交わされているのが現状である[45]。QOL は多くの要素から成り立ち、様々な立場の人を対象としている概念であるため、古屋ら（2005）が「QOL に関する研究にあたっては、個々の研究ごとに QOL の定義を確認する必要がある」[46]と指摘しているように、各分野、研究トピックごとに定義づけを行う必要がある。また、研究においては定義と研究目的・方法が相関していることも重要視されている。本研究でもこれらのことを踏まえて用語を定義する必要がある。

　本研究は、重度・重複障害児の造形活動を対象とした研究である。本研究の目的は、児童生徒と教員との関わりに焦点化して造形活動の構造を明らかにすること、また、児童生徒の QOL の向上に繋がる指導理論を構築することである。これらのことから、本研究では QOL を「周囲の人たちとの関わりを基盤とした、人生における幸福感、及び充実感」と定義し、造形活動における QOL を次のように定義する。

【造形活動における QOL の定義】
　周囲の人たちとの関わりを基盤とし、造形活動特有の教材教具の使用や制作工程を通して、児童生徒が意欲的に活動できると共に、自らが有する能力を最大限発揮できる状態

　なお、「造形活動特有の教材教具」とは、特別支援学校の重複障害学級で行われる造形活動において、作品を制作するために用意された教材教具のことを示す。

第2部：
重度・重複障害児を対象とした
　　　造形活動の理論的構造

第1部の文献レビュー、問題の所在、そして研究目的を踏まえ、第2部では特別支援学校の重複障害学級におけるフィールドワークを通したエスノメソドロジーによる質的研究を実施し、重度・重複障害児を対象とした造形活動の理論的構造を明確化する。第2部の構成は、次の通りである。

　第Ⅲ章：理論的枠組みとリサーチ・クエスチョン
　第Ⅳ章：研究デザイン
　第Ⅴ章：結果と考察

　上記の通り、第2部では最初にデータ収集や分析の基盤となる理論的枠組み、及びリサーチ・クエスチョンを示す。その後、研究デザインを検討し、データ収集、及び分析の方法を示す。そして最後に参与観察、教員へのインタビュー、ドキュメントやビジュアルデータの分析を行い、特別支援学校の重複障害学級で行われる重度・重複障害児を対象とした造形活動がどのように行われているのかを明らかにする。

第Ⅲ章
理論的枠組みと
リサーチ・クエスチョン

第 1 節　理論的枠組み

　本節では、国内外の思想の中から、第 2 部の主要なテーマである「教員（関与者）の関わりの在り方」を重要視し、なおかつ今日的にも重要と思われる思想を取り上げ、理論的枠組みを示す。本節では近江学園（現びわこ学園）の創始者である糸賀一雄と、旧ソ連の思想家 L. S. Vygotsky を取り上げ、本研究の理論的枠組みを示すと共に、彼らの思想の今日的意義を考察する。この 2 人を取り上げた理由は、両者とも障害がある人達を社会的存在として捉え、周囲の人たちとの関係の中に教育の可能性を見出し、子ども達の人格形成を目指したためである。

1．糸賀一雄の思想

　糸賀一雄は、1914年鳥取県に生まれ、1938年京都帝国大学文学部哲学科を卒業後、小学校の代用教員を経て滋賀県職員となり、1946年に池田太郎、田村一二と共に「近江学園」を創設し、園長となる。その後、糸賀は戦後の社会的混乱の中で、近江学園を拠点としながら、浮浪児や知的障害児の対策を出発点として様々な問題に取り組み、1963年には、重症心身障害児のための施設「びわこ学園」を創設している[1]。

　糸賀の思想のキーワードとして「共感」、「発達保障」、「自己実現」が挙げられる[2]。本研究において取り上げる糸賀の思想は、「共感」に基づく関与者（施設職員、教員等）と障害児との関係性の認識にある。糸賀は、

　　よく私たちは人間人間といいますけれども、それは社会的存在であることを意味しておる、関係的存在であるということを意味しておる。人間関係こそが人間の存在の根拠なんだということ、間柄を持っているということに人間の存在の理由があるんだということです[3]

と述べ、彼らの存在を周囲との関係の中で捉え、その関係が子どもの人格形成において大きな意味を持つという立場が示されている。糸賀の代表的な思想の一つである「共感」思想について、洪ら（2001）はその特質を次の3点にまとめている。「1．人間存在を相互性・関係性に基づいて把握していた。2．障害者と健常者の関係の在り方を主体と主体の関係と捉えていた。3．自己の内面を深く見つめ、また個々人が自分の内面を省察することを重視していた」[4]。糸賀自身も、「人と人との間柄というものが、この共感の世界であることは申すまでもありません」と記している。つまり、「共感」の本質は関係の在り方であるとし、障害がある子ども達の人間存在を「社会的存在・関係的存在」として捉えていたのである。

　その上で、教育においても、「人間が人と生れて人間になる。（中略）その社会的な存在になっていく道行というものを私たちは問題にしなければならない。これを教育というのです」[5]と述べ、障害児が社会的存在へと向かうために教育が果たすべき役割の重要性を示している。また、糸賀は支援するものとされるものの相互関係についても独自の考えを持ち、以下のように記している。

　　働いている人と世話されている人とが共感の世界を持っているのですね。感じあっている。育ちあっているということ、子どもが育つだ

けじゃなくて、それを世話している親ごさんが育ち、世話している先生が育ち、そして隣近所の人までもが、地域社会の人たちが、やはりこういう人たちを中核として育っていくのであります。子どもをどうしようとかということよりも、私たちが育つことの方が大事なんではないかという風な感じを受けさせられたのであります[6]

この子ども観に基づく教員との相互関係の捉え方は、指導における関わりの在り方に一石を投ずるものであるといえる。つまり、子どもの成長のためには周囲の関与者が成長すること、そして子どもたちに育てられている側面があることが指摘されている。

また、糸賀は造形教育の意義についても触れている。1955年、雑誌『美術手帖』に投稿された論考「精神薄弱児と美術教育」の中で、近江学園に茂山忠三郎が能狂言を演じに訪問されたことがエピソードとして紹介されている。その時の気持ちを糸賀は、「私たちは実のところ能狂言のような高尚な芸術は精神薄弱児には無理ではないかと多少の危惧を感じていた」[7]と述べている。しかし、実際には「精神薄弱児の内でも特に程度の低い重度の痴愚（ママ）や白痴（ママ）の子どもたちまでが、能狂言をとても喜ぶのである」[8]という反応だったという。これに対して糸賀は、

　　精神薄弱児が知能的に遅れていることはいろいろなテストの結果、かなり詳細に把握されるようになったが、情意の面でも同じように遅れているとは言えないのであって、特に美しいもの、心温まるものへの感受性は、場合によっては普通人よりもずっと鋭敏であることもある[9]

と考察している。このことから糸賀は、

　　知能と言っても一般知能のいわゆる読み書き算数といった三 R の面では（子供たちは）明らかな制限を持っているが、三 H 即ち手

（Hand）と健康（Health）と心情（Heart）の面では立派に伸びていける。ここに精神薄弱児教育の秘訣がある。そういう意味で造形的な作業は特殊教育の重要な位置を占めるものである[10]

と述べている。

　これらの糸賀の思想は、同じく近江学園の創設に関わった田村一二の実践にも影響を与えている。田村一二は1909年に京都府舞鶴市で生まれ、京都師範学校で絵画を学んだ後、専攻科に進み、1933年には京都市滋野小学校で特殊学級の担任として勤務している。その後障害児と起居を共にする場を求めて滋賀に移り、1944年に最重度知的障害児のための施設「石山学園」に勤務する。その後田村は、1946年に糸賀一雄、池田太郎らと「近江学園」を設立し、1961年から1975年まで一麦寮の寮長を務めている[11]。このように、近江学園では美術科教育の専門家が運営の一翼を担っていたのである。

　近江学園における糸賀の生産教育には2つの側面があり、1つは社会的自立に関わる生産活動による職業教育的側面、もう1つは造形活動による表現教育的側面であったと言われ、前者は池田太郎の分担であり、後者は田村一二の分担であったと言われている[12]。田村は、自身の造形活動の教育観を以下のように述べている。

　　皿とか壺とか動物とか使えるものやはっきりわかったもの以外のものを作るのは「あそび」であって教育でないと一部の大人は言うが、遊ぶということは子供にとっては「育つ」ということであって、それにちょっと大人が関わるのを「教育」という[13]

　　教育というのは、過程に値打ちがあるので、そこを大事に、日々思いっきり、思いっきりというのは、楽しんでということです[14]

　田村の実践について奈良らは、「彼がそこで重視せざるを得なかったのは、仕上げの良い作品ができたかどうかを問うことではなかった。問

わなければいけなかったのは、子どもがどれだけ制作過程に熱中し楽しむことができたかどうかであった」[15]と指摘している通り、田村の実践では、生産性や能力の向上を目指すものではなく、活動の過程が重視されていた。過程を重んじたことが伺える顕著な例として、施設の子どもたちが、粘土をなめる、頭に塗ったり顔に塗ったりする、粘土をちぎって土間に投げるなどといった行動をとってしまうことに対し、田村は「この子供たちは粘土をなめてみる、ぬってみる、落としてみる、投げ上げてみる、粘土には思いもかけぬ多くの効用があったことを教えてくれたのには驚嘆した」[16]という捉え方をしている。この捉え方には、製品を作る、きれいに仕上げるといった目的に子どもを添わせるのではなく、子どもを全体として受け入れ、行動の一つ一つを肯定的に捉えようとする姿勢がよく表れている。田村は、「教育というのは意欲の発生やともいうぐらいやから、粘土細工を楽しみ、これに打ち込んでいるという状態そのものが教育やないかと思うんですな」[17]とも述べている。これは、先に挙げた糸賀の思想を反映するものであり、単に教え諭す存在ではなく、子ども達を主体として捉え、活動の中で子ども達から学ぼうとする田村の姿勢が伺える。

　また、造形活動において子どもの動きが現れるのを待つことについても田村は、「子どもをよう観ることと、柔軟な気持ちで、子どもの動きに合わせるようにすることが大事やと思います。（中略）形こそ動きのないマイナスのように見えますけど、内面的には次の発動、跳躍への大事な積み上げとして『待つことの意義』を考えますね」[18]と述べている。この捉え方や姿勢は、現代においても造形活動を行う上での子どもと教員との関係の在り方、環境作り、造形活動の枠組みを考察する上で重要な視点であり、現代的な意味を十分に持ち得ると考える。

2．L. S. Vygotsky の思想

　Vygotsky には発達心理学者、学習心理学者、教育心理学者、障害児の発達と教育の専門的研究者等、多様な側面がある[19]。障害児の発達と教育については、Vygotsky が1924年にモスクワに出てきて本格的に心

理学の研究を始めたその時から晩年にいたるまで、終始一貫して熱心に取り組んだ研究分野であり[20]、障害児教育分野における論文は50点以上に上るといわれている[21]。Vygotsky は障害の構造を一次的障害（盲、聾等の器質的障害）と二次的障害（一次的障害を基礎として社会的・集団的生活の中で生じる障害）とに分け、教育の可能性が最も大きいのは一次的障害への対策ではなく、二次的な障害への対策であることを強調した[22]。つまり、集団生活の改善によって高次の精神機能の発達がもたらされるという考え方である[23]。これについて Vygotsky は、次のように述べている。

　　基本的機能の発達不全がしばしば、あれこれの障害の直接的結果であるとき（たとえば、視覚障害における運動生理過程の発達不全、聴覚障害における言葉の発達不全、知的障害における思考力の発達不全、等々）、障害児における高次機能の発達不全は、ふつう、彼の第一次的特質を基礎にして、それを上乗せされた付加的、二次的現象として生じる[24]

従来の障害児教育は、目が見えない、耳が聞こえないといった障害を保障するための感覚運動訓練や教育にもっぱら力を入れていて、より高次の精神活動[25]の教育を後回しにしており、Vygotsky はそれを逆転させている[26]。Vygotsky は、このことについて、

　　基礎的機能に発達不全があるとき、私たちは多くの場合、その発達不全を引き起こした原因を取り除くことには無力である。したがって、私たちは障害の原因と戦うのではなく、その発現形態と戦い、病気と闘うのではなく、症状と戦うのである。（中略）高次精神機能の発達不全の最も近い原因を除去する可能性は、障害児の集団活動の問題を前面に押し出す。まさにこの点で、それは教育学に対して、じつにはかりしれない可能性を切り拓く[27]

と述べている。それは、「精神活動の高次な形態の構築と形成は、子ど
もの社会的発達の過程、周囲の社会的環境と子どもとの相互関係や共同
の過程で、成し遂げられる」[28]との前提に立つものといえ、彼らの発達
の道は、他の人間の協力や社会的援助を経過すると述べている[29]。

　また、Vygotsky は視覚障害・聴覚障害・知的障害のみならず、重度
障害児の論考も行っている。Vygotsky は重度障害児の発達においても
同様に、「交流や共同が重要」であり、社会的教育＝集団教育は、伝統
的な「生理学的教育」の観点からすれば、「全くのユートピア」と思わ
れるような可能性を開くものだとして、「集団生活こそが障害児発達の
源泉である」という持論を展開している[30]。重度障害児の論考として代
表的なものとして、グラチョーワの著書『重度障害児の教育と教授』へ
の序文として書かれたものが挙げられる[31]。グラチョーワは重度障害児
の教育にあたったロシア最初の障害学者とされている。グラチョーワの
著作が、悲観主義的な最小限要求主義の理論を論破し重度障害児に対す
る教育学的楽観主義の思想を自らの実践の事実に基づいて提起している
ことに対して、Vygotsky は高く評価している[32]。Vygotsky は最小限要
求主義について以下のように分析している。

　　大きな努力の結果が、健常児が達成するものと比較してごく些細な
　ものにしか認められないとしても、重度障害児、とくに白痴（ママ）
　の教育と教授に多大な努力を払う意味があるかどうかということであ
　る。努力と仕事の結果との間のこのような不均衡は、この問題に実践
　の面からとりくんだ多くの研究者たちに、再三にわたり悲観的な結論
　を抱かせた。重度障害児に対するこのような悲観的な見解の影響のも
　とで、これらの子どもの教育について要求を低めたり、限界と範囲を
　わざと狭めたり縮めたりすることが通常行われている。当然、このよ
　うな見解の影響のもとで、これらの子どもに対する教育課題をできる
　限り最小限にし、もっとも必要なことだけに限定しようとする志向、
　つまり最小限要求主義の傾向が生じる[33]

　この最小限要求主義的志向に対して Vygotsky は以下のように反駁している。

　　素朴な見解では、子どもの能力が乏しければ乏しいほど、教育は必要でないと考えられているが、それは非常に誤っている。もし障害児を彼に相応した尺度で計ったとすれば、特別に組織された教育による彼の進歩は、正常児の教育よりも著しく明白な成果を実際に示すだろう[34]

　さらには、「特別に適切に組織された合理的な教育を受けた白痴（ママ）は、健常児よりも少なからず大きな可能性を得ると結論づけられよう」[35]と述べ、関わり手側の評価規準の設定いかんで、彼らは適正に評価されることを示している。このことは先に述べた田村一二の粘土の実践における子どもの評価に通じ、関わり手側の重度・重複障害児の行動・活動を捉える枠組みが教育内容に決定的に影響を及ぼしていることを示している。
　さらに Vygotsky は評価の実際にも言及している。「私たちは、特別に組織された教育の影響のもとで生じる重度障害児の発達上の進歩に、量的ではなく質的な意味と評価を与えている。この質的な評価がすべての問題を解決する」[36]つまり、検査や測定による機械的な数値を示すのではなく、関わりにおける関係の意味、価値を重視した質的な評価が重度障害児には必要であると述べているのである。

　以上に述べたように、糸賀、Vygotsky の両者に共通することは人間存在を相互性、関係性の中で捉えていたという点である。Vygotsky の文献は約70年前に、糸賀の文献は約40〜50年前に著されたものであるが、今なお輝きを放つ思想である。両者の思想は本研究の理論的枠組みの礎になると考えている。

第2節　リサーチ・クエスチョン

　第2部では、前節の理論的枠組みを踏まえ、本研究の目的に対応する以下3点のリサーチ・クエスチョンを設定した。

1）重度・重複障害児の造形活動における題材を介した児童生徒と教員との関わりはどのように行われているか。
2）重度・重複障害児の造形活動において、教員は実態把握、題材開発、評価をどのような意図や方法で行っているのか。
3）重度・重複障害児の造形活動でのTT（ティーム・ティーチング）における教員間の関わり、及び関わりがもたらす効果とはどのようなものか。

第Ⅳ章
研究デザイン

第1節　第2部で用いる研究方法

第1項　研究方法の検討

　第2部では先述のリサーチ・クエスチョンに基づき、主に質的研究を中心とした研究デザインを採用した。以下、質的研究を概説し、採用する理由を述べる。

1．質的研究の特性

　Flick（2011）は、質的研究とは「標準化されていないデータを集め、数字と統計ではなく、テクストとイメージ（図像）を分析することによって、主観的意味や対象、出来事、実践などの社会的産出を明らかにすることを目指す研究」[1]と定義している。また、Merriam（2004）は「質的調査法」について、「社会現象のしぜんな状態をできるだけこわさないようにして、その意味を理解し説明しようとする探求の形態を包括する概念」[2]、そして、木下（2007）は質的研究を「質的データを用いた研究」[3]とし、質的データを「研究しようとしている事柄について、現実の多様性や複雑さをできるだけ忠実に捉えたディティールの豊富なデータ」[4]としている。これらのことから、質的研究は実践現場の多様性や

複雑さを忠実に捉えたディティールの豊富なデータを分析することで、対象となる個人や集団の特性や相互作用、そして行為の意味内容を明らかにすることが目指された研究方法であるといえる。質的研究は目的に応じて様々な方法が用いられ、代表的なものとしてグラウンデッド・セオリー・アプローチ（GTA）、エスノグラフィー、アクション・リサーチ、ナラティブ・アプローチ、ケース・スタディー、KJ 法、エピソード分析、解釈学的現象学等がある[5]。これらは、アプローチは異なるが、基本的な性格として帰納的な理論生成を目的とする点で共通する。

　これら質的研究の中から、本研究ではエスノメソドロジーを採用した。エスノメソドロジーは、H.Garfinkel による造語であり[6]、「社会のメンバーがもつ、日常的な出来事やメンバー自身の組織的な企図をめぐる知識の体系的な研究」[7]とされる。Garfinkel は、「エスノ」を、「ある社会のメンバーが、彼の属する社会の常識的知識を『あらゆること』についての常識的知識として、何らかの仕方で利用することができること」[8]としている。また、エスノメソドロジーで特徴的なことは、「組織的な文脈」が重視されることである。Flick は、エスノメソドロジーについて、次のように述べている。

　　焦点は相互行為やその内容の関与者にとっての主観的意味にではなく、いかにその相互行為が組織化されているかという点に当てられる。エスノメソドロジー研究で取り上げられるのは、特別に目を引いたり意味付けされたりする特異な出来事よりも、日常生活におけるルーティーンである[9]

　エスノメソドロジーは、「約束、信頼、同意、交渉など、われわれが日常生活において当然視している相互行為を人々がいかにして達成（accomplish）しているか」[10]に関心を持ち、「生活世界の諸種の側面がいかに相互行為や談話を通じて産出され、経験され、達成されるか」[11]を明らかにする研究方法である。ある現象がまさに起こっているその現場へと接近し、社会構成員がその現象を組織だてて作り上げている方法

や組織の構造を分析し、記述する方法であるといえる。

　これらのことから、第2部でも特別に設定された環境ではなく、普段の授業場面を観察対象とすることで日常生活の文脈からの乖離を防いだ。そして、第2部の理論的枠組みとリサーチ・クエスチョンに基づくデータを収集し分析を行った。

2．第2部で質的研究法を採用する理由

　第2部で質的研究を採用した理由は、以下の3点である。

　1点目は、質的研究が児童生徒と教員との関わりの質を対象にできるためである。第2部の目的は、児童生徒と教員との間で行われる関わりがどのように行われ、関わりが行われることで両者にどのような変容が起こるのかという実態を明らかにすることである。そのため、本研究ではエスノメソドロジーを採用し、質的データの収集・分析を行った。

　2点目の理由は、動的連続性をモデル化することに質的研究が適しているためである。重複障害学級における指導は教員と児童生徒との関わりの連続性の中で行われる。この動的な連続性を捉えようとした場合には、戈木（2006）がグラウンデッド・セオリー・アプローチで用いる「ディメンションの動き」を矢印で示す「カテゴリー関連図」の作成方法を援用することが有効であると考えた[12]。

　3点目の理由は、質的研究が教育実践を基盤とした理論生成に適しているからである。先述の通り、質的研究は社会現象の自然な状態をできるだけこわさないようにして、その意味を理解し、説明しようとする探求の形態である[13]。このことから、研究室等の特定の条件下で行われる活動を対象とするのではなく、学校現場で行われている授業の場面に入り、フィールドワークを通して実状を体験・観察・記録すること、そして、一つ一つの具体から理論を立ち上げる研究方法を採用することが適切であると考えた。

　以上が本研究で質的研究を採用する理由である。

第 2 節　データ収集の方法

第 1 項　研究者の背景

　木下（2007）は、質的研究では「『どのように』の前に『誰が』を明確化し、その人間にとっての自明な部分を意識化、言語化することで、分析プロセス自体を他者に対して説明可能な形にしていく方が合理的である」[1]と述べている。さらに木下は「意味の選択的判断を行う人間を【研究する人間】」[2]として明確に位置づけ、その上で、「思考の言語化」を徹底することの重要性を指摘している。このことから、本研究でもデータ収集のデザインを項目として示すだけではなく、どのような人（研究者：筆者）が、どのような問題関心に基づき、どのような方法を用いて、サンプリングや分析を行ったのかという思考過程、及び手続きを含めて提示する。

1．研究者（筆者）の経歴

　筆者は、2011年4月から広島大学の教員として勤務している。これまでの経歴は、滋賀大学教育学部で美術科教育を学び、その後、筑波大学大学院に進学し彫刻を学んだ。そして、大学院修了後、武庫川女子大学文学部教育学科で5年間非常勤講師を勤め、保育士・幼稚園・小学校教員志望の学生に対して図画工作科、及び造形表現に関する講義を担当した。その後、1年間兵庫県の臨時任用教員として肢体不自由を主とする特別支援学校の高等部に勤務し、その翌年から現職に至るまでの6年間、大阪府の教員として同じく肢体不自由を主とする特別支援学校の中学部に勤務した。両特別支援学校では、造形活動の主担当教員として主に重度・重複障害児で構成される重複障害学級を担当し、年間を通して授業を立案・実施した。また、特別支援学校に勤務した7年間は、移動、排泄、摂食、自立活動、造形活動以外の授業の副担当、行事等、全生活を通して重度・重複障害児と関わっている。このような経験は、より的確な対象の理解と考察に繋がるものと考える。

２．研究の動機

　本研究の動機は以下の２点である。

　１点目は、造形活動における児童生徒と教員との関わりの意味世界を明らかにしたいためである。例えば、重複障害学級で行われる造形活動では、児童生徒一人ひとりに対して異なる介助・支援方法が用いられる。これらは、単に外側から眺めているだけではなぜそのような方法が用いられているのかを理解することが難しい。しかし、一つ一つの介助・支援方法の選択には、児童生徒の実態や教育目標等を背景とする様々な理由があり、その理由は教員が"あたりまえのこと"として行っている場合が多い。これらの暗黙知や実践知の中には、人と人とが関わる際の根幹となる豊かな意味世界が広がっているのではないかと考えた。そこで、活動を行う際のポジショニングや支援方法がどのように行われ、なぜそのように行われるのかという理由を明確化し、理論構造化することで、関わりの実態が明らかなるのではないかと考えた。

　２点目は、造形活動が有する教育的価値を明らかにしたいためである。特別支援学校の重複障害学級では、多くの学校・学級で造形活動が行われる。しかし、造形活動が重度・重複障害児に対してどのような効果を期待できるのか、また、何を目指していけばよいのかはこれまで示されてこなかった。そこで、重度・重複障害児を対象とした造形活動がどのような教育的価値を有するのかを明らかにしたいと考えた。

　以上が本研究を行う動機である。

第２項　研究対象校

　本研究では、Ａ特別支援学校とＢ特別支援学校の重複障害学級を参与観察の対象とした。対象校を絞る前には、Ｈ県の５校の特別支援学校を見学し、その中から２校に絞った。

　Ａ特別支援学校を対象とした理由は、Ａ特別支援学校が年に３回以上県内で開催される展覧会に児童生徒の作品を出品し、実践について高い評価を得ているためである。次に、Ｂ特別支援学校を選定した理由は、重複障害学級の授業観察を行った中でも、対象となるクラスでは非常に

きめ細やかな指導と配慮がなされており、本研究で明確化をめざす、題材を介した児童生徒と教員との関わりについて有用な情報を得ることができると考えたためである。これらのことから、2つの特別支援学校の重複障害学級で参与観察を行った。

1．対象校の概要

　以下、フィールドワークの対象であるA特別支援学校とB特別支援学校の概要、及び各校の訪問スケジュールを示す。

⑴A特別支援学校

　A特別支援学校があるZ市はY県の中央に位置し、人口約178,000人、面積約635km²と、Y県中央地域の中核都市である。

　A特別支援学校は1972年に開校した肢体不自由特別支援学校である。本校は県立障害者リハビリセンターに隣接しており、同じ敷地内にある関連施設の肢体不自由児施設、重症心身障害児施設の両施設とは廊下で繋がっている位置関係である。在籍している児童生徒の中には、施設に入所している子どもも多く、学校経営理念には、「特別支援学校として、保護者や併設の施設・病院との緊密な連携のもと、児童生徒の可能性を最大限に伸ばし、主体的に生きる力を育てる」とされている。フィールドワーク開始時の2011年5月1日時点で、児童生徒数は小・中・高等部合わせて72名、教員数は56名である。学級数は単一学級5クラス、重複障害学級21クラスであり、重度・重複障害児が多く在籍する肢体不自由特別支援学校である。教育課程は、小・中・高等部共に園生用、自宅生用の2種類が組まれており、園生は主に身体機能に関わるケアと昼食は所属の施設で行い、教科・領域・自立活動の学習は学校で行っている。よって、授業終了後に施設の職員が子どもを迎えにくるという場面が多く見られる。全校生に占める園生の割合は、約7割である。出身地も広範囲にわたり、県内全域、さらには近隣の県からの入所者もいる。また、検査入院等で一時的に学校に籍を置く児童生徒もいるため、全校生徒の人数は常時変動がある。

⑵ B特別支援学校

　B特別支援学校があるV市は、人口約118,000人、面積は489km²、海岸部に面した港町である。

　B特別支援学校は県内初の知的特別支援学校として1974年に開校している。フィールドワークを始めた2011年5月1日現在で、小・中・高等部を合わせた児童生徒数は181名、教員数は113名であり、中規模の知的特別支援学校である。在籍者数は1987年の247名を頂点に、以降は減少し、1994年から2003年にかけては100名に満たない児童生徒数で推移したが、2003年以降は再び増加傾向にあり、10年前の2001年の87名と比較すると、10年間で全校児童生徒数は約2倍に増加している。特に2006年からは年平均12〜13名ずつ純増し、現在に至っている。そのため校庭にはプレハブ校舎が建設され、一部の生徒はそこで学習している。

　B特別支援学校は知的特別支援学校であるが、重複障害の児童生徒も多く在籍している。その理由として、2点挙げられる。まず、当該地区近隣に肢体不自由特別支援学校がなく、最も近い特別支援学校でも、直線距離で約25km離れており、通学が困難であること、そして2点目は、近隣に重症心身障害児入所施設が2か所あり、そこに在園する児童生徒が本校に在籍しているためである。2011年時点での各学級の割合は、単一学級21学級（125名）、重複障害学級16学級（40名）、訪問学級7学級（16名）となっており、児童生徒の重複障害学級在籍者比率は約35％に上る。そのため、本校の特色として、多様な状態の児童生徒に対応した指導を行うことが挙げられている。

2．学校訪問の日程

　学校訪問に関するデータは**表7**にまとめている。

表7　学校訪問の日程

回	年月日	学校	見学学部・学年及び担当者等	調査・交流内容
	2011.7.8	A特別支援学校		アクセス（電話連絡）
1	2011.7.13	A特別支援学校	高等部2・3年	授業への参与観察
2	2011.7.19	A特別支援学校	高等部1年	授業への参与観察
3	2011.9.21	A特別支援学校	高等部3年	授業への参与観察
	2011.9.21	B特別支援学校	B特別支援学校	アクセス（電話連絡）
4	2011.10.4	A特別支援学校	中学部1年	授業への参与観察
5	2011.10.7	A特別支援学校	中学部3年	授業への参与観察
6	2012.1.18	B特別支援学校	小学部2年	児童の実態取材
7	2012.1.24	A特別支援学校	中学部1年	授業への参与観察
8	2012.2.20	A特別支援学校	中学部2年	授業への参与観察
			中学部美術主担当教員、中学部部主事	情報交換会①（題材について）
9	2012.2.21	B特別支援学校	小学部2年	授業への参与観察
			小学部2年、訪問学級担当教員	情報交換会②、③（児童観・題材観・指導観について）
10	2012.2.27	A特別支援学校	中学部2年	授業への参与観察
11	2012.3.15	A特別支援学校	中学部1年担任、中学部部主事	生徒作品写真撮影及び情報交換（題材観・指導観について）
12	2012.3.21	B特別支援学校	コーディネーター	児童作品写真撮影及び情報交換（実態把握・評価について）
13	2012.6.19	A特別支援学校	中学部・高等部部主事	記載内容確認文書受け取り
	2012.6.25	B特別支援学校	コーディネーター	記載内容確認文書受け取り（郵送にて）

＜学校訪問に関する補足事項＞
・筆者の訪問、参観については、教員、児童生徒共に事前の連絡で伝えられている。
・同一集団の授業では、1回目の授業で筆者の紹介があり、2回目以降

は通常通りの授業が行われた。

・教員へのインフォーマルインタビューは、主に授業終了後に5〜10
分程度、研究設問に基づき題材の意図や児童生徒の実態、作品の制作
過程に関する情報収集を行った。

第3項　データ収集の方法

本項では、第2部で収集するデータの詳細を記す。

1．記録ノート

以下に示す(1)〜(4)の方法でデータ収集を行い、記録ノートとしてまと
めた。

(1)参与観察

授業の参与観察では、ビデオカメラや IC レコーダは使用せず、主に
観察メモを記録の中心とした。その理由として、撮影・録音を行うこと
が集団に対して不必要な緊張を与えることに繋がり、普段とは異なる児
童生徒への対応・応答になることが懸念されたためである。観察メモは
時系列で記述し、教材教具を介した教員の支援の実態、児童生徒の表情
や体の動き、教員による児童生徒の様子の見取りと支援への繋がり、社
会心理的環境づくりといった、理論的枠組みやリサーチ・クエスチョン
に基づく児童生徒と教員との関わりについて記録した。さらに、特徴的
な発話についてはそのまま記録した。そして、参与観察の人数は児童生
徒が5〜6名（教員も含めると10〜12名）の集団であったとしても、
実質的な記録は教員も含めて1組、多くとも2組であり、すべての集団
の構成員についての記録は行わなかった。

観察対象児のサンプリングは、実年齢ではなく障害程度を基準とし、
横地分類[3]の A1〜A4、すなわち「言語理解不可」に該当する児童生徒
（以降 A1〜A4の児童生徒と記す）を主な観察の対象とした。その理由
として、重度・重複障害児は実年齢に関わらず検査等で示される発達年
齢は6か月未満、もしくは1歳未満でとどまっている場合がほとんどで
あり、教員が関わりを行う際の基盤となる身体的・情意的・認知的な配

慮は実年齢によってそれほど大きく変わるものではないためである。本研究では、A1〜A4の児童生徒が在籍する授業のみを分析の対象とした。

　筆者は教室の後方に位置し、極力目立たないように注意した。しかし、児童生徒の表情や動きが見えない場合には、教室の側面に回り込んで観察することもあった。観察は、移動できるように立った状態で行い、A4版のバインダーに観察メモを挟んだものを用いて記録した。また、授業時間内には筆者から話しかけることはせず、話しかけられたことに関しては授業の文脈に影響を与えない程度の簡単な応答にとどめた。活動の中で楽しい出来事が起こった時には同じように笑うことはあったが、それに対して発言は行わなかった。

　表8には、参与観察の対象授業を一覧で示し、表9には主な観察対象児のデータを示している。

表8　参与観察の対象授業

記録ノート記号	学校	学部・学年	校時	授業時間	題材	児童生徒数	教員数	主な観察対象児	観察年月日
A-1	A	高等部1年	2・3	9:50〜10:25	マーブリング	6	5	E	2011.7.19
A-2	A	中学部1年	5・6	13:30〜15:00	モザイク画	6	5	F、G	2011.10.4
A-3	A	中学部1年	5・6	13:30〜15:00	フェルト	7	5	F、G	2012.1.24
A-4	A	中学部2年	5・6	13:30〜15:00	掲示物制作	4(1)	4	H	2012.2.20
B-1	B	小学部2年	3	10:55〜11:40	小麦粉粘土の造形	3(1)	4	I、J	2012.2.21
A-5	A	中学部2年	6	14:20〜14:55	掲示物制作	4(1)	4	H	2012.2.27

※児童生徒数は、参与観察当日の出席者数を記載している。（　）内は欠席者数
※A-2からA-3で生徒数が1名増加しているのは、転入があったためである。

表9　観察対象児のデータ

対象児	性別	学校	学部	学年	学級	年齢	横地分類	実態
E	女	A	高等部	1年	重複	16	A1	動きは微弱。
F	女	A	中学部	1年	重複	13	A4	不随意運動がある。
G	男	A	中学部	1年	重複	13	A1	動きは微弱。
H	男	A	中学部	2年	重複	14	A4	視覚障害がある、上肢の動きは大きい。
I	女	B	小学部	2年	重複	8	A1	動きは微弱。
J	女	B	小学部	2年	重複	8	A2	リーチングできる。

⑵インフォーマルインタビュー

　休み時間や授業終了後、また作品の写真撮影等で学校を訪問した際には担任教員との情報交換を行い、筆者が参与観察で注目した関わりの意図、そして題材開発のポイント等を当該教員に確認した。その中で重要な意味を持つ内容を記録ノートに加えた。

⑶ドキュメント

　授業内容については可能な限り学習指導案を確認し、記載されている活動の流れ、意図、設定された子どもの活動、教員の指導上の留意点を記録ノート作成時に参照した。

⑷ビジュアルデータ

　制作された作品、授業で使用される掲示物、教室内の環境を図案化したスケッチ、介助の様子のスケッチ、途中段階の作品のスケッチも記録ノートに加えた。

２．インタビュー
⑴対象者とサンプリングの理由

　インタビューは、4名の教員に対して行った。うち2名は参与観察を行ったA特別支援学校中学部の美術主担当教員1名と副担当教員1名、そして、3人目は多くの美術教育系雑誌に実践報告を投稿するこの分野

での第一人者ともいえる教員、そして 4 人目は、筆者の特別支援学校教員時代の同僚教員である。この 4 名をサンプリングした理由は、肢体不自由特別支援学校に長く携わり、重度・重複障害児の障害特性に精通しており、子ども一人ひとりの特性に応じた題材開発や関わりができる教員だからである。

　また、インタビュー対象者をサンプリングする際の配慮事項として、各教員が勤務する学校の地域的な慣例や教育指針によって、教育内容や教育方針に違いがあることも考えられたため、インタビュー対象者は 1 つの自治体に絞らず、関東・近畿・中国の 3 都府県の自治体に在籍する教員を対象とした。また、授業担当者は大きく分けて授業の企画・立案を行う主担当教員と、授業の構成員となって個別の児童生徒の支援を担当する副担当教員に分かれる。このどちらの視点からも聞き取りを行う必要があるため、主担当教員と副担当教員の双方から 2 名ずつ、計 4 名に対してインタビューを行った。インタビューは半構造化面接[4]の手法を用い、主に関わりの背景となる実態把握の方法、児童生徒とのコミュニケーションや支援を行う際の留意点、そして社会心理的環境づくりについて質問した。

　なお、今回のインタビュー対象者の中には小学部の教員を含んでいない。小学部では小学校教諭免許状、及び特別支援教育免許状を有する教員を中心に教員集団が編成されるため、造形活動の授業の主担当教員であっても美術科の免許を有する教員が主担当教員であることはまれである。本論文は教科教育の立場で研究を進めているため、特に主担当教員のインタビュー対象者には美術科の免許状を有する教員をサンプリングした。

⑵インタビュー対象者、及びスケジュール

　インタビュー対象者の専門教科、及び特別支援教育に携わった期間等の詳細、及びインタビュースケジュールの詳細は、**表10**、**表11**の通りである。

表10　インタビュー対象者

教諭	性別	主・副	専門	自治体	教職歴	特別支援学校歴	特別支援学校校種
a 教諭	男	主担当	美術	東京都	25年	22年	肢体不自由21年
							知的1年
b 教諭	女	主担当	美術	広島県	24年	24年	肢体不自由5年
							知的19年
c 教諭	女	副担当	社会	広島県	31年	31年	肢体不自由5年
							知的26年
d 教諭	女	副担当	体育	大阪府	26年	13年	肢体不自由13年

表11　インタビューデータ

教諭	年月日	滞在時間	インタビュー録音時間	場所	逐語録文字数
a 教諭	2012.2.18	14：30〜17：50	2時間34分39秒	Q駅駅ビル8Ｆカフェ内	34631字
b 教諭	2012.3.28	9：30〜11：20	1時間27分23秒	A特別支援学校中学部1年ＨＲ教室	22136字
c 教諭	2012.3.28	11：25〜12：30	1時間12分00秒	A特別支援学校中学部1年ＨＲ教室	16524字
d 教諭	2012.8.21	15：20〜17：50	1時間51分30秒	C特別支援学校応接室	38994字

第3節　データ分析の方法

　第2部で分析の対象となるのは、表8で示した A‑1〜A‑5、及び B‑1の記録ノート、及び4名の教員に対して実施したインタビューの逐語録である。データ分析は、佐藤（2008）の質的データ分析法[1]を中心とし、これまで研究されてきた質的研究の方法を組み合わせて行った。分析手順は以下の通りである。

1）佐藤（2008）の質的データ分析法[2]、及び、木下康仁（2007）の M‑GTA[3]のワークシート[4]を用いた、記録ノート、及び、インタビュー逐語録の分析による仮概念の生成。
2）川喜田（1967）の KJ 法[5]を用いた仮概念の分類による下位概念と

概念の生成。

3）佐藤（2008）の継続的比較法[6]による下位カテゴリーとカテゴリーの生成。

4）各カテゴリーの理論的モデルの生成。

　本研究ではまず、記録ノート、及びインタビュー逐語録を用い、木下のM-GTAで用いられるワークシートを作成した。佐藤の定性的コーディングでは、文書セグメントと呼ばれる、各まとまりごとに小見出しを付け、その小見出しの抽象度を高めて定性的コード[7]を作成するが、本研究では、その工程を木下のワークシートで代用した。ただし、木下のM-GTAでは切片化は行わず1概念につき1ワークシートを用いることが原則となっており、1つのワークシートの中に具体例を複数個書き足す方法が用いられている[8]。しかし、本研究では佐藤の分析方法を中心として切片化による分析を行うため、1つのワークシートにつき、1つの概念と1つの具体例のみを記した。また、ワークシートの最下部に「記録ノート・逐語録」の項目を加えることで、切片化後に元データとなる記録ノートやインタビュー逐語録の参照を容易にした。このことで、元データと分析内容との往還、そして記録ノートやインタビューの文脈の再確認が円滑に行えるようにした。また、生成される概念名については、途中で変更する可能性もあるため、木下のワークシートの最上部の「概念名」を、本研究では「仮概念名」に変更した。その理由は、概念名を固定せず、仮概念同士を比較し、継続的に検討することで、より適切な概念名のラベリングが可能になると考えたためである。木下（2007）のワークシートを一部改変した、本研究で使用したワークシートは**表12**の通りである。

表12　本研究で用いたワークシート（木下、2007を一部改変）

仮概念名	
定義	
具体例	
理論メモ	
記録ノート・逐語録	

　次の段階として、ワークシートの各項目に必要事項や分析内容を書き込み、切片化してカードの状態となったワークシートを、川喜田（1967）の KJ 法によって分類した[9]。KJ 法を実施する際には、本研究の目的、理論的枠組み、そしてリサーチ・クエスチョンを念頭に置きつつ分類を行った。分類では仮概念名、及び意味内容が類似した項目をまとめ、ある程度のまとまりができた時点で概念を生成した。ただし、分類の過程では設定した理論的枠組みや研究設問に収まらない新たな気づきを含む仮概念、そして、少数であっても重要な意味を含む仮概念が存在する場合があった。そこで本研究では、重要な意味内容を含むと判断した場合には、仮概念が少数であったとしても取り上げた。

　分類手続きは、多くの質的研究の研究者が指摘するように、ワークシートが作成されてある程度蓄積された時点で概念生成を試みた。分類手続きは、参与観察4回分の記録ノート、及びワークシートが作成された時点で行い、KJ 法を用いた分類によって概念生成を試みた。5回目以降の分類では、ワークシートの作成が完了した時点で分類を行った。この段階からは、それまでに作られた概念をベースとしながら分類・組み換えを行い、新規にまとまりを作ったり、既存のまとまりの中に仮概念を加えたりする等の方法で分析を進めた。その後、佐藤（2008）の継続的比較法を用いて、生成した概念と記録ノートの内容、そしてインタビュー逐語録の内容との関係やまとまり、そして概念間の繋がりやまとまりを繰り返し検討し、下位カテゴリー生成、カテゴリー生成を試みた。分析過程の概念図は**図12**の通りである。

　なお、本節における用語の定義として、仮概念とは、佐藤（2008）

が示す「定性的コード」と同義であり、記録ノートやインタビュー逐語録の各部分に付された「小見出し」である[10]。そして、下位概念とは、「意味内容の共通する仮概念のまとまり」と定義し、概念を「記録ノートやインタビュー逐語録、そして仮概念や下位概念の相関を検討し、抽象化された概括的な意味内容のまとまり」と定義し、下位カテゴリーを「生成した概念を包含する上位の概念」と定義する。そして、カテゴリーを「生成した下位カテゴリーを包含する上位の概念であると共に、リサーチ・クエスチョンに基づく回答の最も基本的な分類」と定義する。

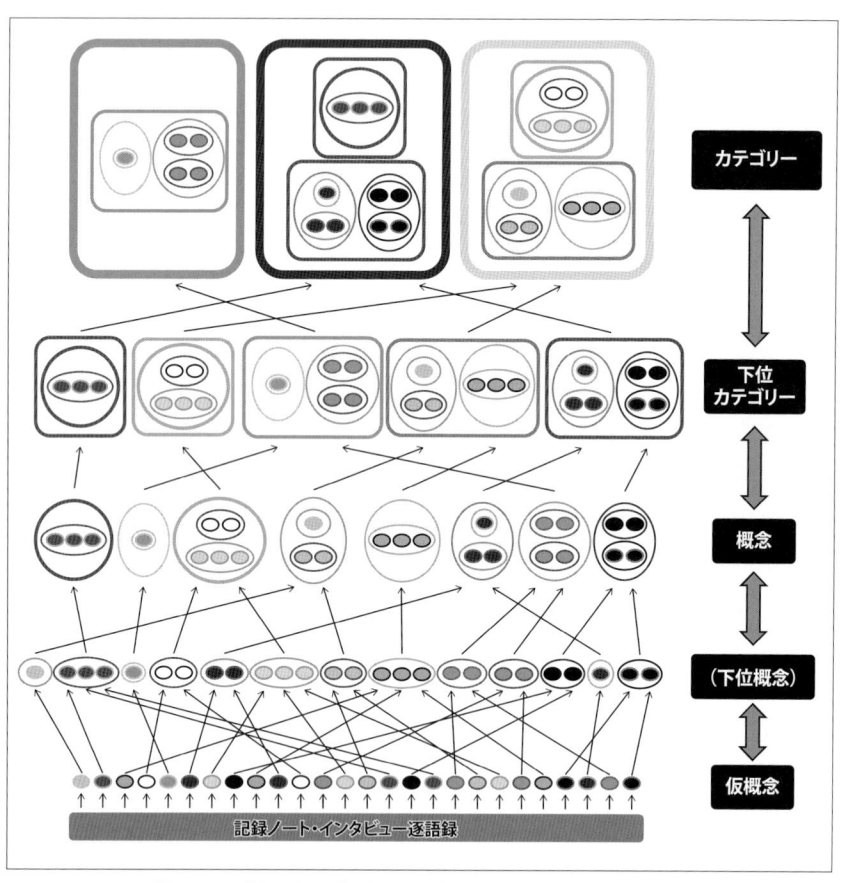

図12　分析過程の概念図（木下、2007を一部改変）

第4節　妥当性と信頼性

　第2部の研究方法の妥当性と信頼性を高めるために、以下の4点を実施した。

1）複数データの収集と分析

　第2部では、トライアンギュレーションの手法を用い、単一のデータのみを分析の対象とするのではなく、複数の学校、学級を対象に参与観察を行うと共に、4名の教員に対して約70分〜150分のインタビューを実施し、観察だけでは捉えられない指導や関わりの意図や背景を聞き取った。また、ドキュメントやビジュアルデータ、インフォーマルインタビュー等の種類の異なる複数のデータを加えることで複合的な視点から分析を行った。

2）収集データの確認・修正

　参与観察の内容やドキュメント等の内容をまとめた記録ノートは、解釈に誤りがある可能性がある。そのため、作成した記録ノートを参与観察を行ったクラスの教員に提示し、誤りや解釈の間違いが無いか意見を求めた[1]。その後、教員による指摘を受け、内容を修正、変更、削除した記録ノートを分析の対象とした。

3）研究手順の明示

　本研究では、筆者、つまり「研究する人間」の経歴や特徴を示し、その後、研究設問に基づくデータ収集の方法や分析方法等の研究過程を詳細に記述することで、「研究する人間」、つまり筆者が目の前に現れる授業場面の中から何を捉えようとしたのか、そしてどのように解釈をしたのかという視点や方法を明確化した。このように、分析結果に至る手順と過程を明示することで分析結果の妥当性や研究方法の反証可能性を示した。

4）汎用性に関する妥当性

　第 2 部では質的研究の手法を用いてデータ収集、及び分析を行った。本研究で採用するエスノメソドロジーは、対象となる集団もしくは環境に研究者自身が入り込み、参与観察やインタビューを通して対象集団で営まれるやり取りや組織の在り方、集団内の共通了解事項、暗黙のルールなど、いまだ明らかにされていない経験知や実践知を言語化、概念化して取り出し、一般性のある理論に昇華する研究方法である。つまり、データの分析によって重度・重複障害児の造形活動がどのように行われているのかという実態を、概念やカテゴリーとしてラベリングし、造形活動における題材を介した児童生徒と教員との質的な関わりの在り様の明確化を目指す研究方法である。本研究の成果は少数事例の分析から導かれる研究結果ではあるが、教員が持つ経験知や実践知を言語化、概念化しモデルとして提示することによって、重度・重複障害児の造形活動における児童生徒と教員との関わりのより明快な理解に繋がるものと考える。

第 5 節　研究倫理

　本研究の実施に際し、研究計画書を広島大学大学院教育学研究科倫理審査委員会に提出し、許可を得た。

　研究協力依頼の方法として、参与観察、及びインタビュー調査は、事前に研究協力者に了解を得た。具体的には、研究協力依頼書を作成し、研究の趣旨、方法、収集データの種類を記した文書を作成し、口頭で説明を行った。また、研究倫理に関する事項に関しては、収集データの保管方法、研究成果の発表方法、そして研究協力を途中で中止することが可能であること等を明記した文書を作成し、説明した。その上で承認の確認を行い、文書を研究協力者、及び研究代表者の両者で保管した。また研究成果の発表段階では、研究協力者に対して事前に論文等の成果物を提示し、内容確認と公表の承諾を得た。

第Ⅴ章
結果と考察

第1節　造形活動における児童生徒と教員との関わり

　本節では、第Ⅲ章第2節のリサーチ・クエスチョン1）に基づき、造形活動における児童生徒と教員との関わりの理論的構造を示す。

第1項　分析結果

　分析の結果、造形活動における児童生徒と教員との関わりは、仮概念数（＝ワークシートの枚数）：413個、概念数：18種類、下位カテゴリー数：9種類、カテゴリー数：3種類となり、理論的飽和[1]を迎えた。図12で示した分類手続きによる分析結果は、**表13**の通りである。表13には、KJ法による分類によって生成されたカテゴリー、下位カテゴリー、概念、ワークシートの実数、及び、全体に対する割合を記している。

　生成した3種類のカテゴリーとは、カテゴリーⅠが教員による「教材教具を介した支援」、カテゴリーⅡは声かけ等による児童生徒と教員との「コミュニケーション」、カテゴリーⅢは教員による「社会心理的環境づくり」である。

表13　造形活動における児童生徒と教員との関わりの理論的構造と集計結果一覧（小数第 3 位を四捨五入）

カテゴリー	下位カテゴリー	概念	記録ノート						インタビュー			概念		仮概念	
			A-1	A-2	A-3	B-1	A-4	A-5	a	b	c	実数 個	割合	実数 個	割合
Ⅰ 教材教具を介した支援	最優先事項	1 健康・安全の優位性	1	1	0	5	0	0	0	2	2	11	3%	134	32%
		2 姿勢の検討	1	1	1	1	1	1	2	3	0	11	3%		
		3 伝達方法の検討	2	2	2	2	3	0	0	0	1	12	3%		
	能力発揮のための適応環境の設定	4 教材教具の検討	1	0	1	3	2	2	3	4	3	19	5%		
		5 制作工程の構造化と精選	1	2	2	4	2	2	4	5	10	32	8%		
		6 特性の発揮	0	1	0	0	1	2	6	1	8	18	4%		
	望ましくない状況	7 支援方法の漸次的改善	1	0	1	0	1	2	8	1	4	18	4%		
		8 進行優位的状況	1	0	1	0	3	0	1	3	4	13	3%		
Ⅱ コミュニケーション	最優先事項	1 主体性の尊重	1	0	1	1	0	1	6	0	2	12	3%	141	34%
	実態把握と信頼関係の構築	2 全生活的関わり	0	1	0	0	1	1	3	8	6	20	5%		
		3 活動の意識化	1	0	2	3	2	2	6	0	3	19	5%		
	コミュニケーションの構造	4 表出・行動の洞察と言語化	2	2	2	0	2	2	14	6	25	55	13%		
		5 確認	0	2	1	0	0	0	2	5	11	24	6%		
		6 内省	0	0	0	0	0	0	1	6	4	11	3%		
Ⅲ 社会心理的環境づくり	活動の社会化	1 主体としての位置づけ	1	3	5	3	1	3	1	5	4	26	6%	138	34%
		2 寛容性	0	2	1	1	1	3	1	0	4	11	3%		
	情緒的安寧の保持	3 楽しさへの志向	0	0	3	3	3	6	13	10	10	48	12%		
	創造的枠組み	4 行為の価値づけ	0	1	0	4	3	1	27	11	6	53	13%		
		計	13	18	24	30	27	26	98	70	107	413	100%	413	100%

第2項　考察

　本項では、分類したⅠ～Ⅲの各カテゴリーそれぞれに含まれる概念の定義、及び解説を示す。その後、概念間の比較検討により下位カテゴリーを生成し、各カテゴリーの理論的構造、及び理論的モデルを示す。以後用いる記号は、以下の通りである。

　　≪　≫：下位カテゴリー
　　【　】：概念
　　［　］：下位概念

1．カテゴリーⅠ「教材教具を介した支援」

　カテゴリーⅠ「教材教具を介した支援」には、8種類の概念が含まれる。具体的には、1）【健康・安全の優位性】、2）【姿勢の検討】、3）【伝達方法の検討】、4）【教材教具の検討】、5）【制作工程の構造化と精選】、6）【特性の発揮】、7）【支援方法の漸次改善】、8）【進行優位的状況】である。この8種類の概念の定義、及び概念を解説した後、概念どうしの関係を考察し、下位カテゴリーを生成すると共にカテゴリー内の構造を理論的モデルで示す。

⑴生成概念と定義

教材教具を介した支援－1）　【健康・安全の優位性】
定義：児童生徒の健康面、安全面に関する対応が学習活動よりも優先されること。

　重度・重複障害児の中には、常に体調面での管理が必要な児童生徒がいる。教員は保護者からの情報や本人の表情・体の動き等の観察を通して、児童生徒の体調管理について常に配慮している。活動中に体調が芳しくないと判断した場合には即座に活動を中断し、姿勢を変える、しばらく様子を見る、保健室に行く等の対応を取っている。教員は、授業中の学習活動よりも安全性の確保を優先させているのである。このことは、題材の企画立案の段階でも同様である。より安全で健康状態に配慮した

教材教具が選択・準備されており、参与観察の中でも誤飲の危険ややけどの危険が回避されるような題材設定がなされていた。

教材教具を介した支援－2）【姿勢の検討】
定義：活動を行う上で最も適した姿勢を検討すること。
　造形活動では、授業開始前から教員による支援が始まっている。車いす、座位保持椅子、箱椅子、普通椅子、カットテーブル、特殊加工されたテーブル、車いす用テーブル、長机等、様々な什器を用い、高さの調整や傾きなど児童生徒一人ひとりが最も活動を行いやすい姿勢の保持が検討されている。また、教員が介助・支援等の関わりを行う位置も、対面、側面、背面等様々で、それらは活動内容や児童生徒の利き手などによって適宜選択される。さらに、車いすや座位保持椅子での長時間の姿勢保持が困難な場合や体調がすぐれない場合には、教員が背面から覆うように座位姿勢を取り、介助に入ることもある。このように、児童生徒の活動姿勢を決定する際には、児童生徒が造形材料や道具を見やすく、そして腕を動かしやすく、なおかつ過度の負担がかからない姿勢が検討されているのである。

教材教具を介した支援－3）【伝達方法の検討】
定義：活動を行う上で最も適した伝達方法を検討すること。
　教員が児童生徒に活動内容を伝える際には、［伝達距離］、［伝達時間］、［直接的体験］の3つが意識されている。まず、［伝達距離］とは児童生徒が対象物を捉えることが可能な距離の見極めである。重度・重複障害児の中には視野が限られていたり、場合によっては視覚障害を伴う児童生徒が含まれていたりする。よって、視覚的な資料を用いる場合には対象物を把握しやすくするために、顔の近くで示したり、ビデオで拡大して提示したりする等の工夫がなされている。次に、［伝達時間］とは対象物を認識するために必要と考えられる時間である。例えば、視覚的な資料を目の前で提示する際や複数の用具から1つを選択する際には、多くの教員が5秒から15秒程度静止した状態で児童生徒の前に対象物を

示している。これも、児童生徒が対象を認識しやすくするための配慮といえる。そして、3つ目の［直接的体験］とは、視覚、聴覚のみに働きかける方法による伝達が困難な場合に、触覚的な刺激や体験も加えて複合的な方法で内容の伝達を図ることである。これは個別の関わりの場面で多く見られる。例えば水を説明する場合に、水を見る、水の説明を聞く、実際に水に触ってみるという方法で水の説明が行われている。

教材教具を介した支援－4）【教材教具の検討】
定義：活動を行う上で最も適した教材教具を検討すること。
　造形活動は、教材教具を用いて作品を制作する。重複障害学級では、児童生徒に対して同一の教材教具を均一的に用意するのではなく、様々な可能性を考慮した準備が行われている。例えば、A-1の授業ではマーブリング液を落とす方法として、大きさの異なるスポイトやスポイトの使用が困難な児童生徒のための筆が用意され、制作では各生徒の実態に応じた教具の使用が副担当教員によって検討されていた。同様にA-4の授業でも、体育館に展示するための共同制作のために、綿、お花紙、カラービニール、ホログラムシール、フェルトボール等が用意され、生徒の好みや身体特性に応じた材料が使用されていた。また、教材教具は一般的に使用されるもののみならず、特別仕様の自助具が使用される場合もあった。例えば、A-3の授業では、フェルト用の羊毛を切る工程で、自助具が使用されていた。この自助具は、ハサミの片側が台に固定されており、生徒は握る動作を行わなくても上から押すだけで羊毛を切れる教具である。
　重度・重複障害児の実態は一人ひとり全く異なるため、各児童生徒の身体的特性に合致した教材教具の検討が必要となる。そのため、主担当教員は様々な状況を想定して教材教具を複数用意し、個別の介助・支援に入る副担当教員は、それらの中から担当する児童生徒の特性に最も合致した教材教具を選択している。

教材教具を介した支援－5）【制作工程の構造化と精選】
定義：制作工程を構造化して細かい工程に分け、その中で、児童生徒が
　　　能力を発揮できる工程に焦点化して活動設定を行うこと。

　重度・重複障害児は重い障害ゆえに、制作活動のすべての工程をまんべんなく行えるわけではない。そのため、児童生徒が得意な内容に集中して活動が選択されている。教員は制作工程を細かく構造化し、一歩一歩階段を上るようにスモールステップで活動設定を行っている。その中に児童生徒が可能な活動内容を見出し、児童生徒が得意な内容に集中できるよう配慮している。例えば、A-2の授業では、「紙片を貼りつける」活動は次の9つの工程に分けて支援が行われている。①活動内容を説明する。②複数の紙片を目の前で提示する。③生徒が紙片を握る。④握った中で最も強く握っているものを貼りつける紙片として採用する。⑤のりを一緒に握る。⑥生徒一人でのりを握る。⑦一緒にのりづけする。⑧選んだ紙片を教員が台紙に軽く貼る。⑨生徒が上からたたいてより強く貼りつける、という工程である。このように、活動を構造化し細分化することで、教員の支援を必要としない、生徒による自立的な活動を設定することが可能となる。⑥は実質的な制作工程には含まれないが、自ら物を持つという活動も造形活動の評価の対象になっている。また、⑧、⑨の貼りつける工程では、教員が最後まで貼ってしまわずに紙片を置く程度にとどめ、最後は生徒の叩く力で完成に至っている。これらのことは、児童生徒が最も活躍できる舞台を設定することに他ならず、換言すれば教員による活動内容の選択と集中ともいえる。

教材教具を介した支援－6）【特性の発揮】
定義：児童生徒の特性が最大限造形活動に生かされる支援を行うこと。

　例えば、選択の場面で身体的な運動が可能な児童生徒であれば、直接握ることを選択の意思として捉え、動きが微弱な児童生徒であれば、視線の動きで選択の意思を捉えるといった支援の方法である。これらは、児童生徒の特性の理解と適切な支援方法の選択とが関係し、両者が合致した時に児童生徒の特性が活動として発揮される。造形活動では、児童

生徒の特性は2つの領域で捉えられている。1つは［現存機能］、そしてもう1つは［興味関心］である。［現存機能］とは運動機能、認知機能を含む児童生徒が持っている能力、つまり児童生徒が自ら"できること"である。そしてもう一つは児童生徒が［興味関心］を持って取り組める内容、つまり児童生徒が"好きなこと"である。教員は、これらを把握した上で活動の中に取り込み、より主体的に、なおかつ児童生徒の特性が生かされるような支援を試みている。

教材教具を介した支援−7）【支援方法の漸次改善】
定義：児童生徒の状況に応じて支援方法を漸次変更・修正すること。
　参与観察では、児童生徒の状態を確認しながら、漸次支援方法を試行錯誤する教員の姿が見られた。例えば、A-4の授業では、生徒が使用する木工用ボンドの粘度が固すぎることに教員が気づき、少量の水を加えて柔らかくすることで、生徒が手でボンドを伸ばしやすいように調整していた。また、A-1の授業では、マーブリングに使用するスポイトを持つ腕を左右で変えてみる、用いる用具の大きさを変えてみる、水の入ったバットの位置を変えてみる、車椅子の傾きを変えてみる、車椅子のテーブルを使わず教室の大型のテーブルを使ってみる等、児童生徒の主体的な制作が可能な支援方法が教員によって継続的に模索され、活動途中で何度も修正が試みられていた。
　また、主担当教員が、授業開始時点での児童生徒の様子を見て、教具をカスタマイズすることもあった。このことについて、a教諭は次のように述べている。

　「今日は痰の絡みが多いんだよ」とか、「吸引が途中で入るし」とか、後は、SPO_2が低すぎ、とか、無理かな、っていう場合にはほんとに、本来は押して使うものを触ればいけるものにチェンジするとか、可動域が少しで済むようなものにチェンジするという。それはよくやってましたね。

　つまり、造形活動における支援は固定化されたものではなく、変更・修正が加えられながら漸次的に改善が図られているのである。

教材教具を介した支援－8）【進行優位的状況】
定義：児童生徒の実態が反映されておらず、活動の進行が優先されている状況。

　参与観察では、あまり好ましくない状況も見られた。それが進行優位的状況である。この状況が起こる要因として、題材と実態との不適合、作品の仕上がりの重視が挙げられる。まず、題材と実態との不適合は活動内容が高度で難易度が高い場合や、用いる教材教具の選択を誤った場合等に発生する。また、重度や軽度等異なる実態の児童生徒が同一集団に在籍している際にも起こりやすい。授業進行上、軽度の児童生徒に活動内容の照準を合わせた場合、重度の児童生徒が本来はできない活動であっても皆と同じ活動を行わざるを得ないことがあり、その際には不適合が起こる。活動内容の不適合が起こった場合、児童生徒の意図・意思に関係なく活動をさせられている状態になってしまい、結果的に児童生徒に無理を強いることになる。動きが微弱な児童生徒で不適合が起きた場合には、教員の意思で腕が動かされるという状態になり、逆に活発に腕や体を動かす児童生徒に不適合が起きた場合には、常に動きが制止された状態で制作が進むことになる。これらは児童生徒の気持ちや動きが反映されたとは言い難い作品となってしまう。

　もう1つの要因である、作品の仕上がりが重視される場合にも児童生徒不在の活動になりやすい。これは具象的な作品を作る際に発生しやすい。活動を支援する教員は形の成形に気を取られて児童生徒の表情や動きを見ていないことがある。

　もちろん、部分的にこのような状況が発生するのは仕方のない面もある。なぜなら、児童生徒が可能な活動の範囲は狭く、すべての工程をまんべんなく行えるわけではないためである。問題は1単位時間に占める進行優位的状況の割合である。仮に授業時間中終始進行優位的状況が続いたとしたら、児童生徒にとって造形活動は単に作業をさせられる活動

となってしまう。このことには、教員の意識が少なからず関係している。
1単位時間の中で、児童生徒が頑張る活動と、児童生徒と教員が共同で
行う活動、そして教員が代理で行う活動が明確に区分され、目的やビジョ
ンを持って活動計画が立てられていれば、その範囲の中で進行優位的状
況が起こることは致し方ない面がある。なぜなら先に述べたように、重
度・重複障害児には造形活動の中でどうしてもできないことも含まれる
からである。仮に活動の計画やビジョンが無いままに、児童生徒ができ
ないから代わりに教員が作品を制作するというスタンスで活動が続けら
れた場合、造形活動は児童生徒にとって魅力の無い活動になってしまう
のではないかと考える。

⑵児童生徒と教員との関わりにおける「教材教具を介した支援」の理論的構造

　以下、生成したカテゴリーの概念間の関係を考察すると共に、カテゴ
リー内の構造を理論的モデルとして示す。
　まず、【健康・安全の優位性】は、造形活動のみならずすべての活動
で最優先される概念である。重度・重複障害児の中には、重い障害ゆえ
にわずかな体調の変化から悪化し、最悪の結果に至る可能性が健常の児
童生徒に比べて高い。そのため、安全や体調管理に関して教員は細心の
注意を払い、すべてに優先すべきものとして位置づけている。よって、
これは独立したものとしてカテゴリー内の最上位に位置づけることが適
当であると考える。
　次に、【姿勢の検討】、【伝達方法の検討】、【教材教具の検討】、
【制作工程の構造化と精選】、【特性の発揮】、【支援方法の漸次改善】
の6つの概念は、児童生徒の能力を最大限発揮させるための支援の観点
であると考える。この場合の支援は、主に、児童生徒が活躍できるため
の制作環境を整えることであり、【姿勢の検討】、【伝達方法の検討】、
【教材教具の検討】、【制作工程の構造化と精選】、【特性の発揮】の
5つの概念は、教員が教材教具を介した支援を行う上で配慮すべき概念
として位置づけられる。ただし、これらの支援が効果を発揮するために

は、採用する支援の方法が児童生徒の実態と合致していることが条件となる。つまり、支援方法が有効に働くためには日々の観察や情報収集といった実態把握が重要となり、的確な実態把握によって支援の効果が上がるものと考える。

　次に、【支援方法の漸次改善】は、継続的な支援の検討と修正に関わっている。この概念には時間的要素が関わる。重度・重複障害児の造形活動は構造化され、時系列で段階的に内容を変えながら作品完成に向けて制作が進められる。また、児童生徒の状態は一定ではなく、体調の変化や活動内容によって児童生徒の能力が発揮できる度合いは異なる。そのため、先述の 5 つの概念、【姿勢の検討】、【伝達方法の検討】、【教材教具の検討】、【制作工程の構造化と精選】、【特性の発揮】に関係する支援の内容・方法は適宜変更・修正されている。つまり、重度・重複障害児の造形活動における教材教具を介した支援は動的な性格を持ち、変動する状態の中で最適な支援方法が常に模索されているのである。

　そして、最後の【進行優位的状況】は先述の 6 つの概念と対立するものとして位置づけられる。つまり、先の 6 つの概念が関わる、児童生徒の能力発揮のための制作環境が整わなかった場合に【進行優位的状況】は起こる。これについての要旨は先述の通りであるため説明を省略するが、非意図的に進行優位的状況が起こることが最も注意するべき状態であるといえる。

　以上のことから、カテゴリー I の「教材教具を介した支援」に関する理論的構造は以下のように示すことができる。用いる記号の意味内容は、≪　≫：下位カテゴリー、【　】：概念である。なお、本カテゴリーでは、分析の過程で概念と下位カテゴリーの中間に位置づく上位概念が生成されたため、＜　＞：上位概念として示す。

●造形活動における「教材教具を介した支援」の理論的
構造
　≪最優先事項≫
　　　【健康・安全の優位性】
　≪能力発揮のための制作環境の設定≫
　　＜児童生徒の実態と支援方法の合致＞
　　　【姿勢の検討】
　　　【伝達方法の検討】
　　　【教材教具の検討】
　　　【制作工程の構造化と精選】
　　　【特性の発揮】
　　＜継続的な支援の検討と修正＞
　　　【支援方法の漸次改善】
　≪望ましくない状況≫
　　　【進行優位的状況】

　これらの下位カテゴリー、及び、概念間の関係は**図13**のように示すことができる。

　造形活動において、重度・重複障害児は教員による教材教具を介した支援を必要とする。横地分類のＡ１～Ａ４に該当する児童生徒のほとんどは自分一人で制作工程のすべてを行うことは困難である。造形活動では、特に身体を使う活動であるため、より手厚い支援が必要となる。ただし、"手厚い支援"という言葉が含む意味内容は一人ひとりの児童生徒によって異なる。つまり、一人ひとりが必要としている支援の種類や内容、そして度合いは全く異なるのである。また、一人ひとりが必要とする支援は常に同じとは限らない。【支援方法の漸次改善】でも述べたとおり、重度・重複障害児は体調によってもパフォーマンスが異なる。生活リズムが乱れていたり、発作の回数が多かったり、風邪気味で痰の

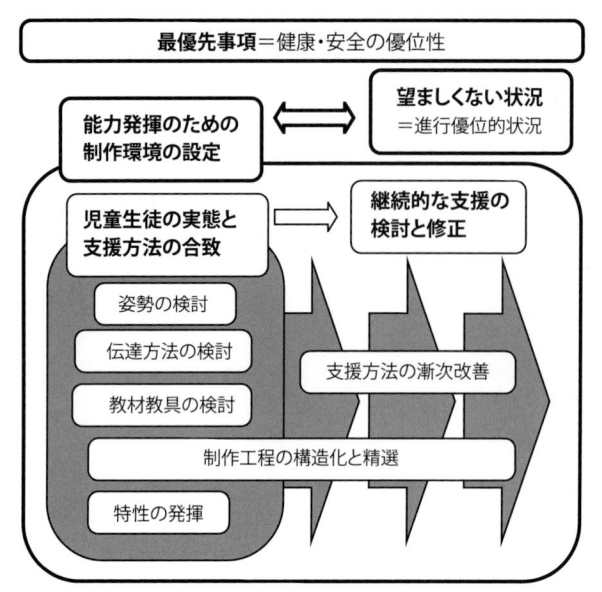

図13　児童生徒と教員との関わりにおける教材教具を介した支援の理論的モデル

量が多かったり、児童生徒によっては季節によって体調が変化したりも
する。よって、支援内容と方法は恒常的に同じことを繰り返せばよいの
ではなく、活動内容や児童生徒の実態、そしてその時々の体調とリンク
し、その時々に最も適した教材教具を介した支援が求められているので
ある。

　教材教具を介した支援の方法や度合
いは、単純に言えば、**図14**で示す通り、
児童生徒の身体能力や知的能力の高さ
と反比例している。つまり、児童生徒
の身体的・知的能力が低ければ、教員
による支援の量は増加し、児童生徒の
身体的・知的能力が高ければ、支援の
量は減少する。

　これらのことを踏まえて、教員が考

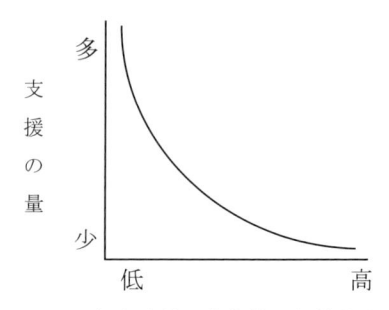

図14　支援と能力の相関図

えるべきことは2点ある。1点目は、題材開発の段階で、児童生徒が自力で活動することが可能な活動を設定することである。つまり、児童生徒が頑張ればできる活動を考案することが、児童生徒の自立的な活動を生み出すことにつながる。そして、2点目は、a教諭が「このお子さんには、7分までの介助をしてほしい。6分でもダメ、8分でもダメ、7分。そこをジャストミートしてほしい」と述べるように、児童生徒の能力を的確に見取り、多すぎず、少なすぎない支援を行うことである。そのためには、【制作工程の構造化と精選】で示した通り、支援を行う教員が、工程を構造化し、児童生徒が可能な活動に嚙み砕いた、スモールステップの多様な段階を考案する必要がある。先述の【進行優位的状況】とは、児童生徒が本来できない活動を設定してしまい、教員による介助・支援の割合が高くなる状態ともいえる。また、教員が児童生徒の実態を的確に把握できていない場合にも、必要以上の介助・支援が行われるため、結果的に児童生徒の能力が発揮されない状況となり、【進行優位的状況】が発生してしまう。この状況にならないよう、教員は、児童生徒が持っている力を最大限生かすべく、制作環境を整え、最終的には児童生徒の力で教材教具に働きかけられるように配慮する必要がある。さらに言えば、教員は黒子のような役割として極力目立たないように、児童生徒の能力を押し上げる形で支援を行うことが望ましい。これが、重度・重複障害児の造形活動における教材教具を介した支援のポイントではないかと考える。

⑶教材教具を介した支援における指導の観点

　前述の内容を踏まえて重度・重複障害児の造形活動における教材教具を介した教員の支援における指導の観点を示す。支援を行う上で留意すべきことは、【進行優位的状況】を極力少なくすることである。つまり、児童生徒の能力がほとんど発揮されない状況を少なくし、能力が最大限に生かされる制作環境を作り出すことが必要である。この環境を作り出すためには、前述の生成概念を指導の観点として用いることが有効であると考える。以下、教員が支援を行う上での指導の観点である。

≪最優先事項≫
　　●児童生徒の健康・安全は確保されているか。【健康・安全の優
　　　位性】
≪能力発揮のための制作環境の設定≫
　　●児童生徒にとって制作可能な姿勢であるか。【姿勢の検討】
　　●児童生徒に内容が伝わっているか。【伝達方法の検討】
　　●児童生徒が使用可能な教材教具が選択されているか。【教材教
　　　具の検討】
　　●児童生徒にとって可能な活動が含まれているか。【制作工程の
　　　構造化と精選】
　　●児童生徒の特性が生きる活動になっているか。【特性の発揮】
　　●変化する状況に対応できているか。【支援方法の漸次改善】

2．カテゴリーⅡ「コミュニケーション」

⑴生成概念と定義

　次に、カテゴリーⅡ「コミュニケーション」について述べる。カテゴリーⅡには、6種類の概念が含まれる。具体的には、1）【主体性の尊重】、2）【全生活的関わり】、3）【活動の意識化】、4）【表出・行動の洞察と言語化】、5）【確認】、6）【内省】である。この6種類の概念の定義及び概念を示したのち、概念間の関係を考察し、カテゴリー内の構造を理論的モデルとして示す。

コミュニケーション－1）【主体性の尊重】
定義：人権的配慮に基づく、主体性に配慮した関わり。
　重度・重複障害児は重い障害ゆえに明確な要求や意思表示を行うことが困難な場合が多い。それゆえ、ともすれば造形活動では児童生徒の主体性や意思が反映されないまま、教員主導の活動になりかねない。しかし、参与観察では教員が児童生徒一人ひとりの主体性を尊重しながら活動を行う様子が見られた。例えば、A-1の授業では、制作工程の中に、

用いる技法の難易度が高く、教員が行わざるを得ない工程が含まれていた。その際に、美術の主担当教員は生徒に向けて、「（児童Eの名前を呼び）、ちょっとこれは先生にしてもらってー」と声をかけている。児童Eの介助・支援を行う教員も同様に「ちょっと待っとってねー」と声をかけている。この場合、主担当教員、そして副担当教員から特に声かけをせず、教員が代理で制作を行っても構わない状況である。この状況で行われる声かけからは、生徒ができないから教員が代行して当たり前という姿勢ではなく、本来は生徒が行うはずの制作を教員がやってしまうことへの自省が感じられる。つまり、作品づくりに生徒の意思や能力が反映されないことへのお詫びの気持ちが言葉として伝えられているのである。重度・重複障害児の多くは重い障害ゆえに実態としては受動的な活動が中心となりやすい。その状況の中で、児童生徒の意思や要求、感情の存在が意識されている。

コミュニケーション－2）【全生活的関わり】
定義：学校生活全般を通した児童生徒との関係づくりが行われること。
　本研究が対象としている特別支援学校の重複障害学級では、各授業のみならず、教員による食事介助や車椅子での移動と乗降の支援、そして更衣や排泄の支援といった全生活を通した児童生徒と教員との濃密な関わりが行われる。また、学習集団は、より密度の高い関係作りのために安定した集団が編成される。重複障害学級ではTTの体制が取られ、授業では中学校、高等学校の教科担任制のように授業単位で教員が変わるのではなく、同一メンバー、もしくは部分的に入れ替わったTTによる教員集団の編成が基本となっている。多くは学年や学習集団といった枠組みで集団が編成される。
　このような集団編成にすることには理由がある。まず、一人ひとりの障害種や程度が全く異なる児童生徒に対して、個別の実態に対する深い理解が求められるためである。本研究の対象となる重度・重複障害児は、意思表示や体調の変化等を児童生徒から言葉として伝えることが困難である。そのため、表情、顔色、体温、体の動き等の変化を教員が読み取

ることによって児童生徒の意思や体調の把握が行われる。そのため、教員は連続した関わりの中で児童生徒の様子を確認・把握していくことを望んでいる。連続性のある安定した関係の中で、午前と午後、昨日と今日、そして、半年前と現在等を比較することで児童生徒の微細な変化が見いだせると教員は考えているのである。

　そのため、1つの授業は他の授業や活動から独立したものではなく、生活の繋がりの延長線上に位置づけられている。教員は、授業や休み時間、食事や更衣等の中で行われる学習内容を他の授業で繰り返したり、授業外の活動で児童生徒と積極的に関わったりすることで、児童生徒との関係作りを試みている。例えば、A-5では、虹を題材とした授業が造形活動の前に行われ、その後行われる造形活動でも同じく虹を題材に取り込み、生徒が学習活動の繋がりを意識できるよう指導計画が工夫されていた。

　また、連続性を意識した取り組みは、学習内容のみならず、個別の児童生徒が取り組む課題も複数の授業や活動で行われている。例えばA-4、A-5の授業では、児童Hに対して、活動の終わりを知らせる言葉かけの最後に生徒と教員が一緒に手をたたくということが行われていた。「虹」の模様が出来上がり、活動が終わったことを知らせる際に教員は、児童Hに対して「細長いひもになりまし…」と、言葉を残して伝え、最後の「た」の言葉に合わせて児童Hと教員が一緒に手をたたくという取り組みが行われていた。児童Hが手を叩く行動は、活動が終わった、もしくは一区切りついた、というサインになっているのである。

　このサインは造形活動時のみに行われているのではなく、休み時間にお茶を飲む場面でも同様に行われていた。児童Hがお茶を飲み終わると、教員はまた「お・し…」と声かけをして児童Hが手を叩くのを待ち、児童Hが手を叩いたのと同時に教員は「まい」と言葉を続けている。このように、日常の中で使われている合図を様々な場面で用いることで、生徒にとって継続性のある安心して使えるサインとして位置づけようと試みているのである。

　また、前述のように意図的に指導計画が設定されたり、活動の中に取

り入れられるサインが継続的に使用されたりするだけではなく、日常的に児童生徒と教員との関係作りは行われている。例えばA-1では、休み時間に一緒にダンスをしたり、ハンカチを落としたりして遊ぶ様子が見られた。つまり、児童生徒との関わりは授業の中だけで行われるのではなく、全生活的な関わりの中で行われるのであり、授業内での児童生徒と教員との関わりの背景には、このような何気ない遊びや関わりの中から、児童生徒の特性の把握や信頼関係の構築が試みられているのである。

コミュニケーション－3）【活動の意識化】
定義：児童生徒に活動を意識させるための教員による関わり。

　参与観察では、活動を意識化させる働きかけとして［確認的声かけ］、［発揚的声かけ］、［共時的声かけ］、［複合的関わり］の4種類を見出すことができた。

　まず、1点目の［確認的声かけ］とは、今から行う活動内容や具体的な作業工程の伝達を目的とした声かけである。これは自発的な動きや問いかけに対する明確な反応がほとんど認められない児童生徒に対して多くなされる。重度・重複障害児が造形活動で何らかの教材教具を用いて活動を行う場合、前段階としてこれから何が行われるのか、何に触れようとしているのかというアナウンスがなければ、児童生徒にとっては突然手が動かされたり、物に触らされたりするという状況になってしまう。よって、［確認的声かけ］にはこれから行う制作工程を伝えるという役割、児童生徒に気持ちの準備をさせるという役割、そして今から行う活動の見通しを持たせるという役割があると考える。

　次に、［発揚的声かけ］である。これは、児童生徒が活動に向かう意欲を高めることを目的とした声かけである。児童生徒の名前と共に「○○さん、やるよー」等の誘いかけの声かけをしたり、「どうやって造ろうか？」と問いかけたり、材料の印象について教員の感想を述べたり、歌を歌ったりして、児童生徒の意欲が活動に向かうように試みられている。

　3点目の［共時的声かけ］は、活動と同時に行われる声かけである。のりをぬる際には「ペタペタ」や「トントン」といった擬音語と共に活動が行われる。これらは現在行っている活動を意識させると共に、描く、塗るといった行為を他の行為から弁別したり、活動にリズムを持たせたりするために用いられている。

　そして、4点目の［複合的関わり］とは、声かけをしながら手を握ったり腕をさすったりして、聴覚のみならず身体感覚に訴えながら活動を意識させる方法である。

　これら4つの関わりはいずれも児童生徒に活動を意識させ、外界に対する興味関心を引き出そうとする働きかけであるといえる。

コミュニケーション−4）【表出・行動の洞察と言語化】
定義：児童生徒の表出や行動から気持ちを想像し、それを言語化して伝
　　　えること。

　教員は、児童生徒の［表情］、［発声］、［体の動き］、［視線］等の表出や行動に基づいて、児童生徒の意思、要求、感情を洞察し、授業や活動の文脈に応じて言語化している。例えば、A-3の授業では、フェルト作りでお湯に手をつけた生徒が「えへへへー」と声を出して笑う姿が見られた。笑い声に対して、教諭は「気持ちいいねー」と声をかけている。また、B-1でも、小麦粉がドロドロになって手にへばりつくようになったことで児童の表情が変化したことに対し、「なんか変な感じねー」と声がかけられている。

　ここには、鯨岡の「成り込み」[2]を見出すことができる。つまり、児童生徒の表情の変化に対し、教員自らの経験に基づいて児童生徒の行動や気持ちに思いを巡らせ、児童生徒が体験していることを教員自身の体験として捉え、それを言語化しているのである。これらのことは、感情を言葉で表せない児童生徒に対して、「あなたの様子はこのように見えますよ」という表出・行動から読み取れることを本人に伝える意味内容と共に、「あなたの気持ちを私（教員）はこのように感じ取っていますよ」というメッセージが含まれる。このことは、単に児童生徒が感じて

いるであろうことを言葉でフィードバックしているだけではなく、同じ感情を共有しようとする教員の姿も見出すことができる。つまり、言葉が用いられているが、その実態は感情を伝え合うことが目指されたコミュニケーションなのである。これは、児童生徒の表面上に現れる、［表情］、［発声］、［体の動き］、［視線］等の変化を言葉に置きかえることに他ならず、言葉が示す内容の背景には児童生徒と感情をリンクさせようとする教員の姿勢が伺える。これらは、造形活動の中で児童生徒の流動する気持ちの変化に教員が同調し、並走しながら児童生徒の気持ちを掴みとり、その流れに沿って言葉を投げかけようとする関わりであるといえる。

コミュニケーション－５）【確認】
定義：継続的に児童生徒の様子を確認し、それを改善に生かすこと。
　造形活動では、特に横地分類でA１～A４の児童生徒の支援を行う際に、教員の意識が作品もしくは作業を行っている手元ばかりに向いてしまい、児童生徒の様子を見ていないという場合もある。しかし、参与観察の中では、先ほどの声かけ同様、作業工程を細かく構造化し、一区切りがつくたびに児童生徒の様子を確認している場面が見られた。教員は、児童生徒が楽しんでいるのか、集中しているのか、不快なのかといった、児童生徒が何を感じているのかを継続的に確認しているのである。教員が確認するのは、先の【表出・行動の洞察と言語化】で挙げた、児童生徒の［表情］、［発声］、［体の動き］、［視線］等の変化である。カテゴリーⅠ「教材教具を介した支援」の【制作工程の構造化と精選】でも示した通り、造形活動では教員によって作業工程が構造化され、スモールステップで作品制作が行われている。この構造化された活動を一区切りとして、教員は、児童生徒の様子を継続的に確認し、次の活動への手がかりとしている。例えば、A-１では、用具として最初にマジックペンが用いられた。マジックペンのキャップを抜くと、生徒が少し顔をゆがめた。それに対して教員は「あれ、いやな顔したねー」とその変化に気付き、マジックペンのシンナーの匂いが原因であると考え、使用するのをやめて鉛筆に変更している。また、B-１でも、活動の中で小麦粉粘土を児童

生徒と教員が一緒に持ち上げるたびに、教員は児童の表情を確認し、笑顔が続いている間は同じ活動を続け、笑顔が見られなくなった時点で他の活動に変更している。この確認のスパンは児童によって異なり、同じくB-1の同じ小麦粉粘土の活動でも、他の児童では、小麦粉粘土を持ち上げる活動を3〜4回繰り返してから児童の表情を確認している。このように、B-1では、児童生徒一人ひとりの実態に応じて表情が確認されている。これら継続的に行われる確認は、児童生徒が中心となって活動を行うための配慮であると考える。換言すれば、教員主導となって、児童生徒不在の作品制作になることへの注意ともいえる。教員は児童生徒の様子によって介助・支援の方法を確認し、状況に応じて修正や改善を行っている。

　このように、教員は非常に短いスパンで児童生徒の様子を確認し、次の支援の指針としている。介助・支援の過程では、常に「評価⇒改善」が行われており、継続的に児童生徒の様子を確認することによって気持ちの変化や積極性を確認し、児童生徒の心的状況に応じた支援内容・方法の変更・修正・改善が行われている。

　ただし、活動においては、すぐに児童生徒の動きや反応が返ってくるわけではない。確認の中には、待つことが余儀なくされる場合がある。これを［積極的待ち］と呼びたい。［積極的待ち］とは、児童生徒の気持ちを想像して行動の表れを待つことである。支援の場面では、外見上は"何もしない"という手段がとられる場合がある。それが待つ行為である。児童生徒によっては、働きかけに対してすぐに変化が見とれる場合と、しばらく待たなければ変化が見とれない場合があるが、児童生徒の気持ちの表れを期待する行為であるという点で共通する。

　他方、不随意運動も含めた、動きが認められる児童生徒を対象とした場合の教員が待つ行為は少し異なる。この場合には、動きがおさまるのを待つ支援の姿が見られる。例えば、A-4では、ビニールやのりといった教材教具を提示すると、生徒がそれを振り回したり、揺らしたり、たたいたりする行動が現れた。これらは、制作活動とは関係の無い行動である。しかし、教員はその行動に対してすぐに制止せず、しばらくその

まま見守り、行動がおさまるのを待つという場面が見られた。また、A-2では、のりづけをするためのスティックのりを持った途端に生徒が振り回して遊び始めたが、教員は約20秒間、にこやかに見守っていた。この場合、生徒はのりづけをすることよりものりを振って遊びたいと考えていると教員は捉え、しばらくそのまま見守っていたのである。その後動きはおさまり、教員と一緒にのり付けをするのであるが、これは、生徒のペースに合わせること、そして、生徒が今何をしたいのかという生徒の気持ちを想像するという教員の指導であるといえる。しばらく見守ることで生徒にとっては自由な時間が生まれ、より主体的な活動に繋がっていると考えられる。

コミュニケーション－6）【内省】
定義：教員が児童生徒に対して行った洞察や支援内容・方法を省みること。
　c教諭が、「発語が無いものですから、本当にどう思っているのかなあ、というのがあるんですけど」と述べる通り、重度・重複障害児の多くは発語が無く、意思や要求、感情を言葉で表現することはほとんどない。また、非言語的なコミュニケーションも意思、要求、感情との関係は不明瞭な場合が多い。そのため、児童生徒とのコミュニケーションは教員による洞察が中心となる。そのため、c教諭が「こういう支援の仕方はありだったかな、というのはいつも反省材料にはしてるんですけど」と述べるように、教員は、児童生徒の本当の思いや考えと教員自身の洞察との齟齬について葛藤をしながらコミュニケーションを行っている。教員が考える「良い関わり」が、重度・重複障害児にとって本当に「良い関わり」となっているのか、我々が考える価値観が児童生徒に適合するのかという懸念は払しょくすることができない。このエンドレスに続くジレンマが教員の【内省】に繋がっているものと考えられる。

⑵児童生徒と教員との関わりにおける「コミュニケーション」の理論的構造

　生成したカテゴリー内の概念間の関係を考察すると共に、カテゴリー内の構造を理論的モデルとして示す。

　まず、【主体性の尊重】とは、人格を持つ一個人に対する人権的配慮に基づく、主体性に配慮した関わりである。重度・重複障害児は重い障害ゆえに造形活動では児童生徒の主体性や意思が反映されないまま教員主導の受動的な作品づくりになりかねない。そのため、児童生徒の意思や要求、感情の存在を意識し、主体性を尊重することが、特に重度・重複障害児とのコミュニケーションでは重要となる。これは、人権にも関わる内容であり、児童生徒と教員とのコミュニケーションを考える上では、優先すべき最上位に位置づけることが適当であると考える。

　次に、【全生活的関わり】である。【全生活的関わり】は児童生徒の実態把握と信頼関係の構築に関わっている。教員は日常的に行われる遊び、食事、更衣、排泄を通した観察や関わり、そして、連続性のある学習を行う事で、児童生徒の興味関心や性格、身体的特性や認知的特性等のより正確な理解を図っている。また、観察や関わり以外にも、保護者からの聞き取り、連絡帳での情報交換、個別の指導計画の作成、担任同士の情報交換によって、複合的に実態把握が試みられている。これらの継続的な関わりや情報収集によって得られ、蓄積された情報は、個別の活動での、児童生徒のより的確な把握のために活用されている。このことから、この概念は、児童生徒と教員がコミュニケーションを行う際の基盤として位置づけられる。また、インタビューでは、児童生徒との連続した関わりが信頼関係を醸成することが語られており、【全生活的関わり】は単に情報の収集、蓄積、活用という範囲を超えた、人間対人間の繋がりを育んでいるものとしても位置づけられる。

　先述の2つの概念を基盤として、【活動の意識化】、【表出・行動の洞察と言語化】、【確認】、【内省】が行われる。これらは、順序性を持ち、なおかつ循環性を持ちながら、コミュニケーションのサイクルを形作っている。1つのサイクルは、先述の、カテゴリーⅠの【制作工程の構造化と精選】で示した通り、細かく構造化された活動を単位として

行われている。

　特別支援学校の授業場面を参与観察して気づくことは、とにかく教員が児童生徒に対して声かけをしているということである。そこには、a教諭が述べる、「子どもに伝わっている、子どもが理解しているということを前提として関わっている（話をする）」という姿勢が感じられる。声かけには大きく分けて3種類の内容を見出すことができる。基本的には、活動の前、中、後に声掛けが行われている。これを1サイクルとして、継次的に行われる。例えば、のりを塗る場面では、まず、のりを塗ることが児童生徒に伝えられ、続いてのりを塗る時にも状況とリンクした声かけがなされる。そして最後に出来上がったものに対して声かけがなされる。それらの声かけは、3つの段階に分けることができる。その3段階が、【活動の意識化】、【表出・行動の洞察と言語化】、【確認】である。まず、活動を行う前には、【活動の意識化】がなされる。教員は［確認的声かけ］、［発揚的声かけ］、［共時的声かけ］、［複合的関わり］等を行い、児童生徒の外界に対する意識の向上、心情面の変化、そして、自発的行動の促進を目指している。これは、今から行う活動に対して児童生徒の意識が向かう事を目指して行われる、いわば活動の誘い掛けともいえる。

　その後、教材教具を用いて、児童生徒と教員との共同制作が行われる。実際に作業工程に入るとその際にも声かけが行われる。例えば「えいっ」と言いながら筆で塗ったり、「はい、べたべた、べたべた」と言いながらのりをぬったり、「せーの、きゅっ」と言いながらセロテープを止める等である。この声かけを行う理由も先述の理由と同じく、今現在行っている活動が意識できるように配慮されたものである。教員は児童生徒の視覚・触覚・聴覚に同時に訴えることで、児童生徒にとってより分かりやすい状況を作っている。声かけと共に教材教具を用いて活動を行うと、児童生徒の表情に変化が生じたり、視線の動きや発声、体の動きといった表出・行動が表れたりする場合がある。すると教員は、児童生徒の変化を元に、【表出・行動の洞察と言語化】を行い、児童生徒の意思、要求、感情に思いを巡らせ、感じ取ったことを言語化し、児童生徒にフィー

ドバックしている。この過程では、単に教員が読み取った児童生徒の意思、要求、感情等を言葉でフィードバックしているだけではなく、同じ感情を共有しようとする教員の姿が見出せる。

　そして、描く・塗る等の制作活動が行われ、児童生徒に変化が表れると、その行動・行為・児童生徒の変化に対して即座に「そうそう、いいよー」や「とってもいい感じ」等の声かけが行われる。これが【確認】である。これは、できたことに対して即時的に評価を行い、それを児童生徒に伝えることで、児童生徒自身が行ったことを再認識させる役割を果たしていると考える。自分ができたこと、もしくは教員と共同で行ったことを言葉として児童生徒に伝えることで、活動の１つの区切りを意識することができ、何よりも褒められることを通して児童生徒の意欲を高めることにも繋がると考えられる。

　このように、とにかく教員は多くの言葉を用いて児童生徒とのコミュニケーションを図っている。これには３つの理由が考えられる。１つ目は、活動を細かく構造化することによって、児童生徒にとって分かりやすい状況を作りだし、言葉かけによって活動内容をより強く意識化させるため、２つ目は行為・行動と共に児童生徒に対して声かけを行う事で、児童生徒の様子を適時確認するため、３つ目は状況を丁寧に説明し、共感的に作品制作を行う中で、共に活動しているという実感が持てるようにするためである。声かけで伝えられるのは言葉が持つ意味内容と共に、児童生徒と気持ちを通じ合わせながら活動を行いたいという教員の思いも含まれていると考える。活動内容と生成概念の関係は**図15**の通りである。

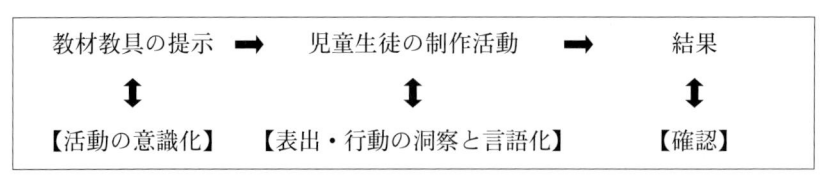

図15　活動と概念の関係

しかし、重度・重複障害児の中には、表情や体の動きなどに全く変化が表れず、読み取りのきっかけさえ見いだせない児童生徒も多く存在する。この状況と表裏一体をなす形で、教員の【内省】が位置づく。インタビューの中では、「自分たちの読み取りが果たして児童生徒の考えていることに迫れているのか」、という内省的発言が語られている。つまり、児童生徒の意思、要求、感情、そして、思考の真実は本人以外誰にも分からないという現実が、教員の【内省】的な発言に繋がっているものと考える。その際に拠り所となるのが、【全生活的関わり】である。先述の通り、様々な活動を通した相互の信頼関係の構築、また、多方面からの情報収集によって、エビデンスを持ちながら構築された児童生徒像を元に、身勝手な判断にならないように、節度を持ちながら関わりが行われているのである。

　以上のことから、カテゴリーⅡの「コミュニケーション」に関する理論的構造は以下のように示すことができる。用いる記号の意味内容は、≪　≫：下位カテゴリー、【　】：概念である。

●造形活動における「コミュニケーション」の理論的構造
　　≪最優先事項≫
　　　　【主体性の尊重】
　　≪実態把握と信頼関係の構築≫
　　　　【全生活的関わり】
　　≪コミュニケーションの構造≫
　　　　【活動の意識化】
　　　　【表出・行動の洞察と言語化】
　　　　【確認】
　　　　【内省】

　これらの下位カテゴリー、及び、概念間の関係は**図16**の通りである。

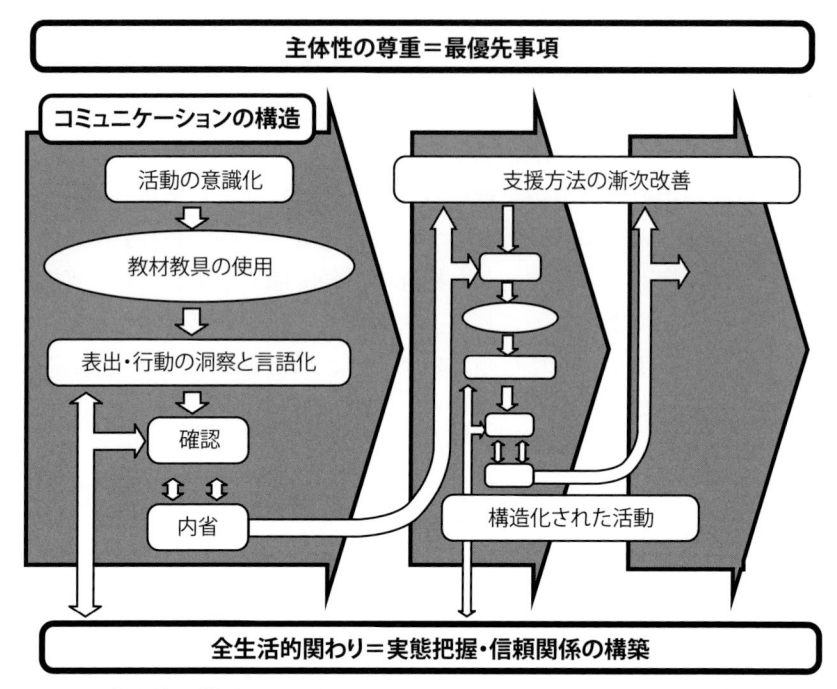

図16　児童生徒と教員との関わりにおけるコミュニケーションの理論的モデル

　齊藤（1999）は重度・重複障害児の造形活動について、彼らは「外に向かって何らかのサインを出したいと思っているはずです。でも、実際には、その『手段』も布で覆われたような状態」[3]であると述べている。つまり、重い障害ゆえに児童生徒の意思、要求、感情は、隠れて見えない状態といえる。この状態は**図17**のように示すことができる。つまり、濁った水の中に隠れるようにして重度・重複障害児の意思、要求、感情が存在し、障害ゆえに、その実態は明確に見えない状態である。

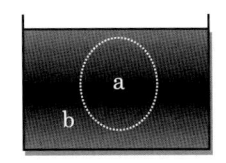

a:重度・重複障害児の意思、要求、感情
b:重度・重複障害児の外見上の意思、要求、感情の表れ

図17　重度・重複障害児の実態の概念図

　この状態に対して、【全生活的関わり】は、濁りを少しでもクリアにし、重度・重複障害児の実態がよりよく見えるようにするための手立てや努力である。日常的にコミュニケーションを図ったり、連続性、継続性のある学習を行ったりする事で、重度・重複障害児のより正確な実態把握が可能になると考えられる（**図18**）。

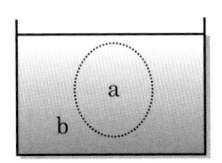

図18　重度・重複障害児の実態の概念図
（全生活的関わりによって実態把握が行われた状態）

　コミュニケーション面において、【全生活的関わり】によって捉えられた重度・重複障害児の実態を基盤として、【活動の意識化】が行われる。教員の働きかけは、重度・重複障害児の意識を造形活動に向けるための声かけであったり、教材教具との関わりによって重度・重複障害児の変化や反応を顕在化したり引き出したりするための働きかけであるといえる（**図19**）。

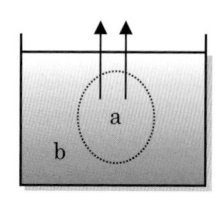

図19　【活動の意識化】によって期待される状態

　図19で示した【活動の意識化】によってa′が現れる場合がある（図20）。重度・重複障害児の場合、a′は［表情］、［発声］、［体の動き］、［視線］等として現れる。a′が現れたことにより、それをきっかけにして目に見えないaの部分、つまり、重度・重複障害児の意思、要求、感情に思いを巡らせることが【表出・行動の洞察と言語化】である。そして、即座に【確認】が行われ、重度・重複障害児の状況が評価され、次の手立てに活かされる。

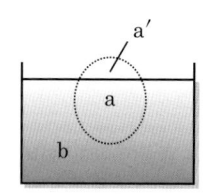

a′：表情、発声、体の動き、視線等

図20　【活動の意識化】によって顕在化した重度・重複障害児の変化

　しかし、重度・重複障害児によっては明確に変化として現れないこともある。この場合には、日常的な関わり、つまり、【全生活的関わり】が判断の拠り所となり、より妥当性の高い見取りや評価が目指されている。ただし、図20のa′の領域は教員の想像の域を出るものではない。重度・重複障害児の意思、要求、感情、そして、思考の真実は、本人以外、誰にも分からないのである。この現実が、教員の【内省】に繋がっ

ていると考えられる。

　重度・重複障害児を対象とした造形活動において、児童生徒と教員は上記のようなコミュニケーションを行っている。これらのコミュニケーションを作り出すことを可能にするのが、児童生徒と教員が共同で作品を制作するというシチュエーションである。全介助もしくは部分介助を必要とする重度・重複障害児が作品を制作する過程では、教員との共同体制を取りながら制作が行われる。作品制作の過程では、教員からの働きかけと児童生徒からの働きかけが相互に関連しあって活動が展開する。いわば、児童生徒を主体としながら、教員も常に児童生徒と共に作品づくりに同時進行で関わっているのである。ここには、両者が共同の目標を持ちながら、共同的に作品を生み出していくという、重度・重複障害児を対象とした造形活動の特性を見出すことができる。

⑶コミュニケーションに関する指導の観点

　前述の内容を踏まえ、重度・重複障害児の造形活動におけるコミュニケーションに関する指導の観点を示す。

　　≪最優先事項≫
　　　　●児童生徒の人権は保障されているか。【主体性の尊重】
　　≪実態把握と信頼関係の構築≫
　　　　●日常生活全般から実態把握が図られているか。【全生活的関わり】
　　　　●信頼関係の構築が図られているか。【全生活的関わり】
　　≪コミュニケーションの構造≫
　　　　●活動の前段階で声かけが行われているか。【活動の意識化】
　　　　●児童生徒の心情面に思いをはせ、共感的な対応ができているか。
　　　　　【表出・行動の洞察と言語化】
　　　　●児童生徒の変化を適切に評価できているか。【確認】
　　　　●身勝手な判断になっていないか。【内省】

3．カテゴリーⅢ「社会心理的環境づくり」

　次に、カテゴリーⅢ「社会心理的環境づくり」について述べる。このカテゴリーには、4種類の概念が含まれる。具体的には、1）【主体としての位置づけ】、2）【寛容性】、3）【楽しさへの志向】、4）【行為の価値づけ】である。この4種類の概念の定義及び概念を示した後、概念間の関係を考察すると共に、カテゴリー内の構造を理論的モデルとして示す。

(1)生成概念と定義

社会心理的環境づくり－1）【主体としての位置づけ】

定義：授業の中で児童生徒が活動・話題の中心となるように配慮されること。

　参与観察では、児童生徒を主体とするための方法として3点見出すことができた。1点目は、［児童生徒の実態の文脈化］、2点目は［非意図的行為の文脈化］、3点目は［個別活動の共有］である。

　1点目の［児童生徒の実態の文脈化］とは、授業の文脈の中に児童生徒の現在の状態や日常生活を代理回答によって関連づけ、児童生徒を活動の中心として位置づけることである。例えば、A-3では、冬をテーマに言葉を連想する活動が行われた。横地分類でA1〜A4の児童生徒にとって、連想する、言葉を発するということは難しい。その際に支援担当の教員は、生徒の隣に座って、「Fちゃん、冬と言えばー」といって手をさすると、生徒の手が冷たいことに気づき、「冬と言えば、手が冷たい」という回答をしている。また、その他にも、生徒が好きな活動である「足湯」や、生徒が身に着けていた「レッグウォーマー」等、生徒に深く関係する内容を回答として答えている。また、A-1でも、絵具の色を選択する際に、事前の情報収集や観察の中で教員が捉えている、生徒が好きな色である「赤」が選ばれている。このように、たとえ本人による明確な返答や行動ができなかったとしても、教員は、事前の観察や保護者からの情報で得た個人の興味関心、そして授業当日の体調や身に着けているもの、その他の授業で行った経験などを授業の中に位置づ

け、児童生徒を活動の中心に据えようとしている。

　2点目の［非意図的行為の文脈化］とは、非意図的行為・行動を児童生徒の意思として捉えることである。例えば、A-2の授業では、複数の紙片の中から台紙に貼り付けるための1枚を選ぶ場面があった。その際に、教員は両手いっぱいに紙片を持って生徒の前に提示し、生徒が複数枚握った中から最も強く握れている紙を、画用紙に貼り付ける紙片として採用していた。この場合、生徒が「握った行為」が「選んだ行為」として位置づけられている。このように、児童生徒の行動が仮に非意図的なものであったとしても、それを活動の文脈に位置づけ、児童生徒を主体として関わりの場に巻き込もうとする教員の配慮を見出すことができる。

　他方、A-1では、少し異なる視点から非意図的行為を捉えることができた。このケースでは、マーブリングを行う際に、道具として用いたスポイトの握り方を調整している間に、絵具が3滴落ちてしまった。もちろん生徒も教員も絵具が落ちたことに気づいていない。このように、意図していなかったが両者のやり取りの結果色がつく、形が変わるということはよく起こることである。金山（1996）は2者間で行われた関わりの結果、「なってしまった」ことも作品として認めるべきであると指摘している[4]。参与観察の中では、この非意図的行為は全く意識されることなく、自然に受け入れられ、作品として位置づけられていた。

　3点目の［個別活動の共有］とは、個別に行われている活動を集団に周知し、共有することで、個別の児童生徒に注意・関心を集中させることである。重複障害学級の造形活動における作品制作は、マンツーマンかそれに近い体制で行われることが多い。その場合、児童生徒と教員との個別のやりとりの中で見いだされた子どもの頑張りや変化が、その閉じられた関係の中だけで完結してしまう場合がある。そのため、個別に行われる非言語的なやり取りを言語化し、集団にアナウンスすることで、個別のやりとりを集団の中で共有することが試みられている。［個別活動の共有］は、意図的にプログラムとして設定されている場合と、自発的に行われる場合がある。例えばプログラムとして行われる代表的なも

のとして、授業の最後に行われる鑑賞会での発表が挙げられる。鑑賞会
では、作品の出来映え以上に、用いた制作方法や児童生徒が頑張ったこ
と、また、制作時の様子や経過が語られる。支援を行った教員が児童生
徒の活動や様子を言語化することで、個別の活動が集団に周知されるこ
とに繋がり、他の教員は作品の背景や制作過程を知ることになり、結果
的に、一人ひとりの児童生徒が話題の中心となる場面が生まれる。また、
個別の関わりの集団へのアナウンスは、授業途中に行われることもある。
例えばB-1では、活動の途中段階で、進捗状況や児童の様子を発表し
あう活動が設定されていた。これらも、先述の鑑賞会と同様に、授業計
画に含まれる形で実施され、個別の活動を集団に周知し、一人ひとりの
活動を集団の中に位置付けていくことが目指されている。

　これらの活動は、児童生徒に注意・関心が集まること、そして児童生
徒を中心とした話題が集団の中で形成されることが目指されているとい
える。

社会心理的環境づくり−2）【寛容性】
定義：児童生徒による不適切な行為・行動を許し、柔軟な姿勢で受け入
　　　れること。

　A-2では、衝動的な行動が多い生徒が制作途中の画用紙を破ってし
まうということがあった。一般的にそのような行動は叱責される。しか
し、支援を行っていた教員は「これも味わいよねー」と破ってしまった
ことを寛容的な姿勢で受け入れ、さらに冗談を交えて、主担当教員に
「Gさんここいらないそうですー」と伝えている。それを聞いた主担当
教員も、「あら、Gさん、いらないのー」と笑いながら返答している。

　寛容性が発揮されるケースには条件があり、参与観察の中では3点見
出すことができた。1点目は、児童生徒の行動が非意図的であるという
点である。児童生徒の行動は、悪意があって行っているのではなく、不
随意運動や行動特性の面で制御が困難であるため、結果的に不適切な行
動になっている。そのことが、教員の指導や対応に大きく影響している。
逆に、認知面でやりとりが可能な児童生徒が明らかにわがままや嫌がら

せで不適切な行動をとった場合には、厳しい指導が行われる。次に、2点目の条件は、自分自身の作品に対して行われるということである。認知面で所有の概念が未形成で、自己と他者の所有物の識別が困難な児童生徒であっても、他の児童生徒の作品に対して何らかの不適切な行動がとられた場合には、仮にそれが非意図的なものであっても指導がなされている。そして、3点目の条件は教員に気持ちの余裕があることである。何らかの不適切な行動であってもそれを穏やかに、かつおおらかに受け止め、児童生徒の活動を面白がれる気持ちの余裕があることが条件となる。また、それは教員の個人的な心がけのみならず集団の雰囲気も影響する。楽しい出来事を共有できるクラスの雰囲気があることも寛容性に関わっている。

社会心理的環境づくり－3）【楽しさへの志向】
定義：活動の中で、特に楽しさが求められること。

　特別支援学校の重複障害学級では、教員が授業内容や集団の雰囲気に楽しさを求めている。そのため、活動の中に遊びが取り入れられたり、集団の士気を高めるための発揚的な発言がなされたり、集団の一体感を醸成することを意識した働きかけが行われたりしている。このように、教員は児童生徒の能力が発揮できるために、より明るく楽しい授業の雰囲気を重要視しているのである。参与観察やインタビューからは、楽しさを作り出す方法として、［学習材提示の工夫］、［制作方法の工夫］、［擬音・リズム］の3種類を見出すことができた。

　まず、［学習材提示の工夫］である。教材教具は提示方法によって全く異なる効果を生むことがある。例えば、B-1の授業では、小麦粉を配る際に児童生徒に期待感を持たせながら、一人ずつ手に振りかけて配っていた。こうすることで、単に皿に小分けにして配る場合とは異なる材料との出会いを児童は経験できる。このように、教材教具の提示方法に一工夫加え、遊びの要素を取り入れることで、活動はより魅力的なものに変化すると考える。

　次に、［制作方法の工夫］である。制作方法の工夫では、見立て遊び

を行う姿が見られた。見立て遊びとは、制作工程を別のものになぞらえ、活動に新たな意味内容を付加することである。例えばB-1では、小麦粉粘土を伸ばしたものをピザに見立て、A-3では、フェルトのシートを作る際に、層状に羊毛を重ねていく状態を広島風お好み焼きに見立てて制作を進めていた。見立て遊びを導入することによって、単なる黄色い羊毛はお好み焼きに入れる「そば」となり、茶色い羊毛は「豚肉」となり、緑色の羊毛は「キャベツ」となる。このように、素材は新たな意味を持ち始め、活動にも新たな意味内容が付加される。つまり、生徒との関わりをより活性化させるための方法として「遊び」が用いられているのである。これは、制作工程が訓練的な作業にならないように配慮されたものであると考える。単純作業になりがちな、ちぎる、押さえる、丸める、といった工程も、料理作りという新たな意味内容を加えることで活動にストーリー性が生まれる。

　そして、最後に［擬音・リズムの活用］である。［擬音・リズムの活用］とは、擬音やリズムを活動に取り込んで制作することである。造形活動は体を動かして制作を行う。そのため、単に制作を行うだけではなく、擬音に合わせてリズムよく体を動かしながら制作を行う場面を参与観察では多く見かけた。例えば、のりを塗る時やフェルトを揉み込む時、また、感触遊びの時に「トントントン」や「ギュッ、ギュッ、ギュッ」、「ペッタン、ペッタン」等の声かけをしながらリズムに合わせて体を動かして制作するのである。その様子はまるでダンスをして遊んでいるようにも見える。この活動は、擬音が繰り返されることが多いため他の人も真似しやすい。例えばB-1では、あるペアが始めたかけ声が他のペアにも伝播し、みんなで声を合わせて同じかけ声をする場面も見られた。その他にも、A-4、A-5では、視覚障害のある生徒に対して、全ての活動について言葉かけと共に活動が行われている。そのほとんどは擬音を用いたものであり、活動内容、そして身体の動きを生徒自身が意識できるように配慮されていた。このように、［擬音・リズムの活用］では児童生徒一人ひとりの個性や興味関心に合致した内容・方法の選択も意識されている。

　作品づくりにおいて楽しさを志向することは、児童生徒の活動に活気を与え、コミュニケーションをより明るく前向きなものにし、児童生徒の動機づけや活動の見通し、そして、活動の意識化にも繋がっていると考える。

社会心理的環境づくり−４）【行為の価値づけ】
定義：作品の造形的なよさ、美しさと共に児童生徒の行為・行動の中にもよさ、美しさを見出し、鑑賞・評価すること。

　特別支援学校の重複障害学級で行われる相互鑑賞活動では、一般校で行われる相互鑑賞活動と同様、美術的視点でも作品を講評している。面白い表現や美しい色合い、塗り方や貼り付け方の工夫等が紹介され、児童生徒に賛辞が送られる。

　ただし、重複障害学級での相互鑑賞には特徴がある。まず、発表は教員が代理で行うこと、そして、発表の中では特に過程が重視されていることである。先述の通り、相互鑑賞活動での作品紹介の大部分は、用いた制作方法の説明や児童生徒の頑張った様子、制作時の児童生徒と教員の関わりに関するエピソードである。選択した色や造形上の工夫でも、児童生徒の好みの色が選ばれたことや、児童生徒の特性を生かした制作方法ができたこと等が語られる。このように、最終的な作品の仕上がりよりも制作の過程が重視されている。

　では、なぜ出来上がりの作品そのものと共に過程が重視されるのだろうか。先行研究において池田（2006）は「制作は作者自身のものであってほしいと思っている。介助者の意思で筆を動かし、それなりの体裁が保たれるよりはハチャメチャでもよいから生徒の力が100％反映されているものになってほしいと思う」[5]と記している。これはつまり、非意図的なものも含めて、作品の中に児童生徒が関わった痕跡がより多く残ることが望ましいと考えているのであり、さらには、出来上がった作品のみならず活動の中にも児童生徒の良さを見出そうとしているといえる。このことは、例えば、具体美術協会の白髪一雄や鷹見康夫、そして、PollockやKooningらが試みたアクション・ペインティングにも通じ、

行為・行動とその結果生まれた痕跡の中にも美を見出そうとする姿勢といえる。これは、批評家Rosenbergが述べる、「描く行為自体に重要性を与える」[6]ことに他ならず、教員も同様に、児童生徒の行為・行動そのものに価値を見出している。

このような見取りは、実践家の文献の中にも見出すことができる。蒋苗（2009）は、「感触遊びの時間は五感を通していろいろな刺激を味わうことを目的としている。その中でたとえかすかであっても痕跡として残ったものが生徒一人一人の作品」[7]と述べ、齋藤（2003b）は、「くしゃっとしたこのゆがみこそ生徒たちの力の証」[8]としている。これらは重度・重複障害児の全活動を作品として見出そうとしている視点といえる。

(2)児童生徒と教員との関わりにおける「社会心理的環境づくり」の理論的構造

カテゴリーⅢで示した4つの概念は、教員による「社会心理的環境づくり」に関わっている。「社会心理的環境づくり」とは、児童生徒の社会的、心理的環境を整備することである。これは、物質・空間に関わる環境というよりも、集団における関係の在り方や活動の雰囲気、そして創造的な価値を見出すことに関わる人的環境の整備である。

まず、【主体としての位置づけ】は、「社会心理的環境づくり」における、≪活動の社会化≫に関与している。Vygotsky（2006）は、「精神活動の高次な形態の構築と形成は、子どもの社会的発達の過程、周囲の社会的環境と子どもとの相互関係や共同の過程で、成し遂げられる」[9]とし、彼らの発達の道は、「他の人間の協力や社会的援助を経過する」[10]と述べている。重度・重複障害児は、障害ゆえに、社会発達の面で通常の発達を遂げていない場合がある。しかし、仮に精神活動の高次の形態が周囲の社会環境との相互関係や共同の過程で形成されるものであるならば、周囲の社会環境を担う学校、授業、教員は大きな役割を果たすこととなる。【主体としての位置づけ】は、まさにVygotskyが述べる社会的援助の役割を担う。これは、実践家の澤井らが、造形活動で行われる活動を「共感の輪の中に巻き込み、ヒトとの関係の中に意味づけてい

くことが大事なこと」[11]と述べたことにも通ずる。児童生徒の微細な変化を教員が読み取り、【主体としての位置づけ】で示した、[実態の文脈化]、[非意図的行為の文脈化]、[個別活動の共有化]を行うことは、児童生徒を社会的存在として位置づけることに繋がっていると考える。

　次に、【寛容性】、【楽しさへの志向】である。これらの概念は、「社会心理的環境づくり」における≪情緒的安寧の保持≫に関与している。情緒的安寧とは「活気、自信、寛大、喜び、幸福、平穏、思いやりという一連の感情がまじりあい、均衡が保たれる時に現れる包括的で主観的な状態」[12]と定義され、近年、重度・重複障害児の「（精神的）健康を支える重要な要素」[13]として注目されている。その状態をもたらす支援として、Nindは「集中的な交互作用」が効果的であると指摘している。「集中的な交互作用」とは、重度・重複障害児と関わる人達の「自然で療育的、定期的、かつ頻繁に行われる包括的な関わり」であり、ここで重要なことは、「課題や成果ではなく、交互作用そのものの質」[14]を重要視すること、そして「相互に楽しみあうこと」[15]とされている。つまり、Nindは社会性の発達やコミュニケーションの発達を促進するためには、児童生徒が教員と共に感じられる心地よさをいかに作り出すかということも関与していることを指摘しているのである。

　本研究で明らかになった【寛容性】、【楽しさへの志向】の概念は、いずれも集団の心理的安定を土台とした教員による≪情緒的安寧の保持≫と深く関わっている。まず、おおらかに、ゆとりを持って児童生徒の様々な活動を受け入れる【寛容性】を教員が持つことで、児童生徒は安心感をもって、落ち着いて活動を行うことができる。これは、集団への居心地の良さ、そして先述の「自然で療育的な関わり」、「寛大、平穏」と関わり合っている。また、【楽しさへの志向】で示した題材の提示の方法や声かけの工夫は、先述の「喜び、幸福」、「楽しみあうこと」と関わり、同時に児童生徒の活動に対する期待感を高めることにも繋がる。インタビューを行った4名の教員は造形活動における「楽しさ」を重要視しており、参与観察でも活動の中に遊びを取り入れるなど、児童生徒が楽しく興味を持って取り組めるよう活動が設定されていた。また、文中で示

したA-3の授業の教員は生徒との活動を共に楽しみ、受け入れ、そして教員同士でもその楽しさを共有していた。

　最後に【行為の価値づけ】である。これは、≪創造的枠組み≫に関与している。インタビューの中でa教諭は、「いわゆる健常の子達が作った折鶴と、重度の子達が紙をぐしゃりと握ったものには同等の価値がある」と語っている。つまり、教員は児童生徒の行為を創造的な枠組みで捉えることによって、児童生徒の、非意図的なものも含めた行為を創作として価値づけようとしているのである。仮に、これが作業学習であれば、鶴を折ることが目的となり、目的と行為とが一対一で対応することになる。その場合、ぐしゃりと紙を握る行為は不適切な行為となってしまう。しかし、a教諭が述べるように、ある行為が創造的な枠組みを背景として受け入れられたならば、児童生徒の“握る”という行為は、“形を変化させる”や“マチエールを変化させる”という創造的な意味を持つ活動として受け入れられることになる。

　一見、このような枠組みは、児童生徒の意思を無視した後付けのように思われるかもしれない。しかし、多様な価値観や表現の多様性を包含できる造形活動の特性は、重度・重複障害児の微弱な、または、不随意的な行為の中に、多種多様な可能性を見出すことに繋がる。つまり、≪創造的枠組み≫は、教員が児童生徒の可能性に着眼することに繋がり、この枠組みを持って活動を捉えることで、児童生徒の行為は肯定的に受け止められるのである。この≪創造的枠組み≫を教員が持つことは、児童生徒の行為を広く受け入れることに繋がり、造形活動における社会心理的環境づくりに大きな影響を及ぼすものと考えられる。

　以上のことから、カテゴリーⅢの「社会心理的環境づくり」に関する理論的構造は以下のように示すことができる。用いる記号の意味内容は、≪　≫：下位カテゴリー、【　】：概念である。

> ●造形活動における「社会心理的環境づくり」の理論的構造
> 　≪活動の社会化≫
> 　　　【主体としての位置づけ】
> 　≪情緒的安寧の保持≫
> 　　　【寛容性】
> 　　　【楽しさへの志向】
> 　≪創造的枠組み≫
> 　　　【行為の価値づけ】

　これらの下位カテゴリー、概念間の関係は**図21**のように示すことがで
きる。

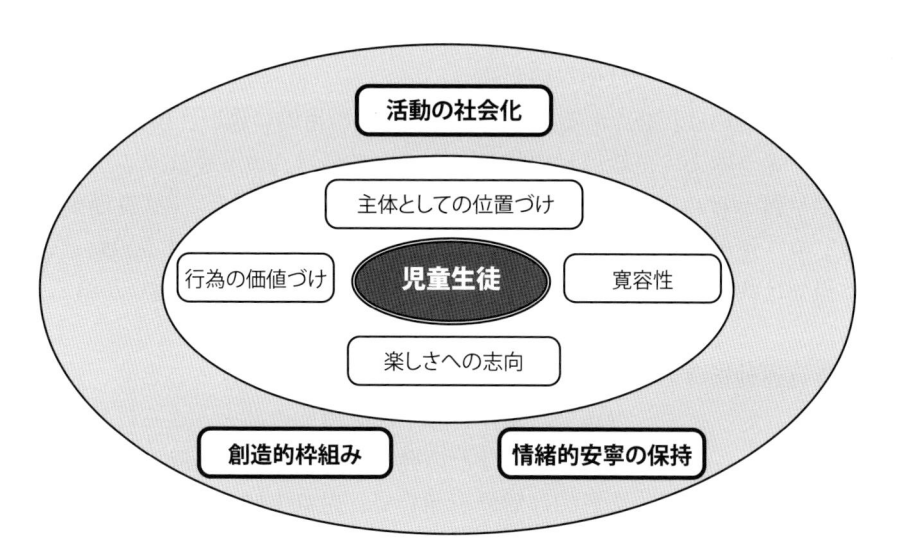

図21　児童生徒と教員との関わりにおける社会心理的環境づくりの理論的モデル

　先に、【行為の価値づけ】を行うことが≪創造的枠組み≫に繋がっていることを示した。では、同じくものに働きかける活動である感覚運動指導における行為・行動と、作品づくりにおける行為・行動とはどのように違うのだろうか。

　特別支援学校では、視覚、触覚、嗅覚、前庭覚等に直接働きかける感覚運動指導が多く行われている。例えば視覚であれば、暗室で様々な色のイルミネーションを見る、触覚では、米や大豆、泡などを触ったり、足湯をしたりする活動、嗅覚であれば、アロマオイルを用いた活動、そして前庭覚であれば、スイングボードやハンモック等を用いた活動である。これらの活動を行うことで児童生徒の感覚器官に直接働きかけ、児童生徒の定位を促すことや、ものや活動への興味関心の向上が目指されている。その中でも、特に触覚に焦点化した活動の場合、何らかのものに働きかけ、外界との接触や働きかけを通して学習を行うという点では「感覚運動指導」であっても「造形活動」であっても共通している。では、両者の相違点とは何なのだろう。

　両者の違いは、2点ある。1点目は、授業の目的の違い、換言すれば、カリキュラム上の位置づけの違いである。教員は、カリキュラム上の役割や位置づけによって活動内容や授業目的の設定を行う。「感覚運動指導」や「造形活動」はどちらも、児童生徒がものに働きかける活動という点では共通するが、両者の活動内容や目的は以下のような違いがある。

「感覚運動指導」：ものに働きかけ、諸感覚に働きかけることで、感覚
　　　　　　　　　の統合、身体意識や運動機能の拡大、さらには心理
　　　　　　　　　的情緒機能などの発達が目指される活動[16]。
「 造 形 活 動 」：造形的な活動を通して、児童生徒と教員が共同的に
　　　　　　　　　ものに働きかけ、ものを操作することで造形的活動
　　　　　　　　　の楽しさや喜びを味わう活動。

　このように、一見同じように見える活動であっても、目的は異なる。仮に、両者の授業で用いる教材として同じ小麦粉粘土を使用したとして

も、「感覚運動指導」では、小麦粉粘土に触れることで、触覚に関する生活経験を広げ、ものへの定位や操作能力の向上が目指される。他方、「造形活動」では、教員と共同的に行う作品づくりを通して造形的活動の楽しさや共につくり出す喜びを味わうことが目指される。前者であれば、授業名は「かんかく」や「動作」となり、後者であれば、「ふれる・つくる」、「造形活動」といった授業名となる。

　2点目の違いは、教員の位置づけと役割である。「感覚運動指導」においても、ものに働きかけることを教員と共に楽しむことが含まれるが、最終的には児童生徒の感覚運動機能の発達が目的とされているため、教員の役割は、指導や補助が中心となる。それに対して「造形活動」では、児童生徒と教員とが共同的に作品制作を行うため、児童生徒と教員との役割は明確に分けることはできず、渾然一体となって活動が行われる。つまり、教員は指導や補助の枠を超えて活動を“共同で”行う関係となる。この点が両者の相違点となる。

　このことから、教員には2つの異なる創造性が求められる。1点目は、作品の内容に関する創造性、2点目は環境設定についての創造性である。1点目の作品の内容に関する創造性について、重度・重複障害児の多くは、全介助を要し、発想、構想といったことが困難である。そのため、作品づくりを想定した場合、教員が作品づくりの多くの部分を担うことになる。つまり、教員は介助者・支援者としての役割と共に制作者としての役割も担う。この点が、一般校における教員と児童生徒の関係と、重度・重複障害児の造形活動における児童生徒と教員との関係の構造的な違いである。つまり、教え、教えられるという関係と同時に、両者が共に創造に向かう関係となり、作品を制作するという点において、教員と児童生徒は同列に位置づく。

　2点目は環境設定についての創造性である。前者の作品づくりにおける共同の体制において、教員と児童生徒は同列に位置づくことを示したが、すべての点で同列に位置づく訳ではない。あくまでも主役は児童生徒であり、児童生徒の制作活動を介助・支援することが教員には求められる。環境設定についての創造性とは、児童生徒の能力や特性が最大限

生かされる活動環境を考案・整備することであり、この場合に留意すべきことは、教員が向かう志向に児童生徒を合わせていくのではなく、あくまでも児童生徒が中心となり、児童生徒ができることが最大限生かされる形で環境を整備することである。つまり、どうすれば児童生徒らしさが発揮できるのかを熟慮し、環境を整えていく創造性が教員には求められている。

⑶社会心理的環境づくりにおける指導の観点

　前述の内容を踏まえて重度・重複障害児の造形活動における社会心理的環境づくりを行う上での指導の観点を示す。

≪活動の社会化≫
　●子どもが主体として集団の中に位置づけられているか。【主体としての位置づけ】
≪情緒的安寧の保持≫
　●気持ちの余裕を持ちながらおおらかな態度で子どもに接しているか。【寛容性】
　●楽しい雰囲気や活動が目指されているか。【楽しさへの志向】
≪創造的枠組み≫
　●子どもの行為・行動を積極的に価値づけているか。【行為の価値づけ】

第2節　造形活動における学習指導

　本節では、第Ⅲ章第2節リサーチ・クエスチョン2）に対応し、造形活動における学習指導の理論的構造を示す。

第1項　分析結果

　KJ法による分類・整理の結果、仮概念数（＝ワークシートの枚数）：445個、概念数：13種類、下位カテゴリー数：8種類、カテゴリー数：3種類となり、理論的飽和[1]を迎えた。**表14**には、KJ法による分類によって生成されたカテゴリー、概念、仮概念の実数、及び、全体に対する割合を記している。

　生成した3種類のカテゴリーとは、カテゴリーⅣが「実態把握」、カテゴリーⅤは「題材開発」、カテゴリーⅥは「評価」である。

表14　造形活動における学習指導の理論的構造と集計結果一覧（割合：小数第3位を四捨五入）

カテゴリー		下位カテゴリー	概念		仮概念										実数 個	割合	実数 個	割合
					記録ノート						インタビュー							
					A-1	A-2	A-3	B-1	A-4	A-5	a	b	c	d				
IV	実態把握	不明瞭的基盤	1	意思疎通の困難性	1	2	2	3	4	0	5	6	6	9	38	9%	125	28%
		内省	2	内省	2	1	1	2	0	1	3	1	10	10	31	7%		
		児童生徒像の修正																
		児童生徒像の確立	3	外部情報の収集	0	3	2	0	0	0	3	5	1	2	16	4%		
			4	実証的確認	0	0	0	3	0	0	1	10	7	12	33	7%		
		児童生徒像の修正	5	適時判断	2	0	0	0	1	0	3	0	0	1	7	2%		
V	題材開発	発想転換	1	可能性への着眼	0	1	1	0	0	0	11	2	0	7	22	5%	235	53%
			2	造形概念の拡大	1	2	0	0	0	1	12	8	2	8	34	8%		
		実態と題材の合致	3	把握実態の反映	0	1	1	1	3	4	12	10	0	13	45	10%		
			4	既存題材の活用	2	1	1	4	4	0	12	12	1	7	44	10%		
		具体的手立ての考案	5	楽しさへの志向	0	2	4	6	3	4	11	10	7	10	57	13%		
			6	個別的配慮	2	2	2	3	4	1	8	5	0	6	33	7%		
VI	評価	探索的評価	1	過程の重視	0	1	2	2	0	1	4	3	3	8	24	5%	85	19%
			2	積極的価値づけ	0	1	4	1	0	2	9	5	16	23	61	14%		
			計		10	17	20	25	19	14	94	77	53	116	445	100%	445	100%

第 2 項　考察

　本項では、分類したⅣ～Ⅵのカテゴリーそれぞれに含まれる概念の定義及び解説を示す。その後、概念間の比較検討により下位カテゴリーを生成し、各カテゴリーの理論的構造、及び理論的モデルを示す。以後用いる記号は、以下の通りである。

　≪　≫：下位カテゴリー
　【　】：概念
　［　］：下位概念

1．カテゴリーⅣ「実態把握」

　カテゴリーⅣ「実態把握」には、5 種類の概念が含まれる。具体的には、1）【意思疎通の困難性】、2）【内省】、3）【外部情報の収集】、4）【実証的確認】、5）【適時判断】である。この 5 種類の概念の定義及び概念を示した後、概念間の関係を考察すると共に、カテゴリー内の構造を理論的モデルで示す。

⑴生成概念と定義

実態把握－1）【意思疎通の困難性】
定義：言語、もしくは非言語による情報交換や意思疎通が困難な状態。
　大竹（1997）は、造形活動に関わる重度・重複障害児の実態を次のように記している。

　　（重度・重複障害児は、）言語による意思伝達は困難で、知的発達年齢が一歳に満たず生活全般において介助を必要とします。さらに、視覚障害・聴覚障害を伴う生徒もいます。美術の授業では色や形の弁別は困難で、「握る」「触れる」など造形活動の基本的能力の準備段階にあります。また、道具や素材に自ら触れようとする生徒は少なく、補助具を試みてみますが、生徒の心の動きを表現するには間接的であり介助者の意図に左右されてしまいます[2]　　　　　　　＜（　　）内は筆者による加筆＞

　児童生徒の意思表示と密接な関係を持つのが、児童生徒の知的障害の
度合いである。知的障害を伴わない視覚障害、聴覚障害、単一の身体障
害の児童生徒の場合、他者とのコミュニケーションは、言語・点字・手
話等を用いて健常者と同様に意思疎通や情報授受が可能である。また、
学習に関しても学年相当の内容習得が可能である。この場合、教員の支
援内容は非常に明確であり、教員は障害によって困難となった部分を補
助する役割を担うことが支援の中心となる。例えば、描画を行う際、身
体障害があって両手にまひがある場合には、絵具チューブを開ける、描
きやすいように画用紙の角度を調節する、混色を補助する、 筆を用い
る際に補助する等のことが支援内容となる。また、一つ一つの支援の方
法は本人に確認を取りながら判断、決定することが可能である。

　次に、知的障害がある場合でも、中・軽度の知的障害の場合、意思疎
通の面では拙くとも他者との情報授受は可能である。マカトン[3]や写真
カードといった視覚的支援を用いたり具体的な実例を用いた説明を行っ
たりする等、知的障害の段階に応じた支援が可能であり、多くは言語で
のやり取りも可能である。活動を行う上では、先述の知的障害を伴わな
い児童生徒と同様、彼らの意思を確認しながら進めることができる。

　しかし、横地分類でAの段階に属する重度の知的障害がある場合、働
きかけに対する反応がほとんど無かったり微弱であったりと、他者との
コミュニケーションが困難な場合が多い。児童生徒からの意思や要求が
言語、もしくは明確な意味を持つ非言語的手段によって伝達されること
はほとんど無く、児童生徒と教員とのコミュニケーションは、主に教員
の読み取りによって行われる。この場合、先述の大竹（1997）が指摘
する通り、必然的に教員の志向、意思、そして児童生徒理解の状態が読
み取りに反映されることになる。このように、重度の知的障害があり、
言語、もしくは非言語的手段による情報交換や意思疎通が困難である場
合には、単にコミュニケーション方法が変わるということに止まらず、
造形活動の在り方・構造も根本から変わることとなる。つまり、重い知
的障害を伴う児童生徒の場合、土台となるべき意思、要求、感情が不明
瞭な状態で造形活動が行われるため、教員による読み取りが、支援方法

のみならず作品の志向性をも決めることになるのである。このことは、"制作された作品は児童生徒によるものか、教員によるものか"、という造形活動の根幹に関わる問題に繋がる。文献やインタビューで語られた、教員の「児童生徒が本当はどのように考え、何を思っているのかを知りたい」という発言の背後には、コミュニケーション上の問題と共に、"誰が作品を制作し、完成した作品は誰のものなのか"という、根本的な問題に対する懸念が存在しているものと考える。これらのことは、重度・重複障害児の造形活動における実態把握に深く影響を及ぼしている。

実態把握−2）【内省】
定義：教員自身の判断の妥当性に関する疑義と、払拭できない不確実性に基づき、教員自身の判断や介助・支援方法を省みること。

　先述の通り、重度・重複障害児の多くは発語が無く、意思や要求、感情を言葉で表現することはほとんどない。また、非言語的な表出があったとしても、児童生徒の意思、要求、感情との関係は不明瞭な場合が多い。そのため、児童生徒とのコミュニケーションは教員による洞察が中心となる。a教諭が「（子どもがどう思っているのか）実際の所は分からないですけど」と述べる発言の背景には、3つの意味が含まれていると考えられる。1点目は、活動が本当に児童生徒のためになっているのかという自省。2点目は、児童生徒の意思について、明確な確認は取れないが最善を尽くすという心意気。3点目は、児童生徒にとってより良い活動であってほしいという希望である。

　【内省】に関する同様の発言は、インタビューを行った4名の教員全員に見られた。教員は、現行の学習指導要領が示す教科の目的・内容、自立活動の目的・内容、教員自身の専門性、そして、社会的規範、慣習、慣例、道徳観、倫理観等の枠組みから活動の価値を見出し、児童生徒に授業として提示し、指導を行っている。しかし、その反面、教員が考える「良いもの」が、重度・重複障害児にとって本当に良いものなのか、我々が考える価値観が児童生徒に適合するかどうかという懸念は払しょくすることができない。このジレンマが教員の内省的発言に繋がってい

ると考えられる。

実態把握－３）【外部情報の収集】
定義：児童生徒を取り巻く関係者や関連資料からもたらされる情報を収
　　　集すること。

　外部情報とは、保護者や旧担任からの聞き取り、連絡帳のやりとり、そして個別の指導計画や教育相談の記録等の関連文書である。教員は、聞き取りや個人資料から、当該児童生徒の障害種、障害特性、配慮事項、家庭の状況、成育歴、身体的能力、知的段階、興味関心など広範な情報を得ている。これらの情報の中には、観察のみでは得られない情報も含まれるため、医療、福祉も含めた多方面から情報は収集される。例えば障害種や障害特性については、医師の診断や専門的知識を必要とする。また、障害特性に基づく配慮事項についても、事前の確認が必須である。児童生徒によっては、大きい音が発作を誘引することがあったり、医療的ケア対象で定期的な水分補給が必要であったりする。その場合には、学校生活のリズムも含めて活動を設定することとなる。このような全般的な児童生徒の実態を把握した上で、各活動に特化した情報収集と整理が行われる。

　造形活動における情報収集について、文献では、高橋（1974）や池田（2006）がチェック表を用いて児童生徒の実態や外部情報を整理している。高橋（1974）のチェック項目は「１．過去の学習内容とその履修状況等、２．造形活動における動作能力の観察、３．興味、関心を示している学習領域」である[4]。池田（2006）は造形活動に関する、動作性、手指の巧緻性、知覚を項目としたチェック表と共に、制作をする際の姿勢、各生徒の興味関心、発作・パニックの有無等の配慮事項の項目を設け、記述によって各生徒の特性を記録している[5]。両者の実践は、造形活動に関わる詳細な項目によってチェックを行うことで、活動内容に応じたより明確な児童生徒の実態把握が図られている。また、高橋（1974）は作成の理由として「一般に、児童生徒の状況の理解が不十分なときは、独善的な、指導者中心の授業に陥りやすい傾向にある」[6]た

めであると述べている。

　このように、外部情報は客観的事実として、教員が児童生徒と関わる際に活用される基礎的知識として位置づけられている。

実態把握－４）【実証的確認】

定義：児童生徒と教員との直接的な関わりによって実態把握を試みること。

　先の概念【外部情報の収集】で示した外部情報は、児童生徒の実態のすべてを網羅できている訳ではない。活動のシチュエーションや支援者の違い、そして体調の違いによっても、児童生徒のパフォーマンスが全く異なる場合もある。そのため、教員は直接的な関わりを通して、児童生徒の実態を捉えようと試みている。実証的な実態把握を行う理由として、インタビューや文献の分析からは、［外部情報の確認］、［新たな一面の発見］、［支援方法の検討］の３点の理由を見出すことができた。

　１点目の［外部情報の確認］とは、資料や聞き取りによって得られた情報の妥当性や信憑性を、実際の活動を通して確認するものである。児童生徒の姿勢の状況や運動特性、得意な活動や苦手な活動等について、外部情報に記載された内容が、関わりを通して確認される。これはまさに「百聞は一見に如かず」となる。

　２点目の［新たな一面の発見］とは、外部情報では得られない児童生徒の実態を捉えることである。インタビューで、c教諭は「４月からの付き合いで、本人といろんな場面で、本人が楽しいことと、後どこまでいったら本人が嫌がるか、そういう見極めを持ちながらやっている」と述べ、同様に、b教諭も関わりや働きかけについて、「こっちも失敗しながらだと思うんですよ」と述べている。c教諭、そしてb教諭の発言に共通することは、関わりの中で“試みる”という側面が強いことである。そのため教員は、児童生徒ができること、そしてできないことも含めて、様々な活動を設定し、全生活を通した関わりの中から、外部情報には記載されていない児童生徒の新たな一面を探りつつ、実態把握を試みている。このような様々な関わりを通して、b教諭は「日常いろんな

関わりの中で（児童生徒のことが）わかってくる」と述べている。d 教諭も「一応、紙面上では、把握はするけども実際はやっぱり、近いところで言葉かけをしてどうとか、触ってみてどうとかっていうところの日常の活動の中で実態を拾い上げるっていうか、自分の中での引き出し、駒みたいなのを情報収集していることのほうが多くて」と語っている。これらは単に見ているだけで分かるものではなく、様々な働きかけが実態把握に繋がることを意味している。このように、教員は日常の関わりや授業での活動において、外部情報よりも実証的把握を重視している。それは、実感を伴った児童生徒理解を可能にする方法だからであると考えられる。自身の働きかけに対する児童生徒の応答や反応は、外部から与えられた情報以上のインパクトを持ち、経験として教員の記憶に刻みこまれる。この、経験を伴った実態把握が、児童生徒の理解にとって大きな意味を持つと考えられる。

　最後に、3 点目の［支援方法の検討］である。インタビューの中で、d 教諭は生徒が活動しやすいポジショニングを確認・調整すると共に、支援を行う自分自身のポジショニングも、実際に活動を行いながら調整、確認していることを語っている。支援を行う教員も、児童生徒同様、身長、体重、利き腕、介助しやすい立ち位置等が一人ひとり異なる。そのため、教員の特性と児童生徒の特性をすり合わせながら最も適した支援のポジショニングも探られている。このことは、書面では判断できず、直接的な関わりを通して行われる。また、支援の度合いについても、b 教諭は、「その子一人でできれば基本的にはやらせたい」と述べている。つまり、書面に「全介助」と記されていても、活動内容によっては支援を必要としなかったり、少しの支援が必要であったりと、支援の度合いはまさにケースバイケースである。そのため、直接的な関わりを通して教員は支援方法を検討しているのである。

実態把握－５）【適時判断】

定義：活動直前の体調の把握と把握実態に基づく判断を行うこと。

　藤岡（2000）が指摘するように、重度・重複障害児の特徴として、てんかんの合併率が高く、日常的に発作を起こす児童生徒が多いことが挙げられる[7]。特別支援学校の教諭である尾上（1996）は児童の実態として、「発作のため、一日の生活の中でも、うとうと眠りだしたり、ぼーっとすることが多い」や「その日の体調によって取り組む活動も意欲も違ってきます」[8]と述べている。また、生活のリズムが作りにくい、体温調節が難しい、服薬の関係で覚醒状態が低い等、重度・重複障害児が活動を行う上では、体調面で多くの問題が発生する。体調は一日の生活の中でも異なり、場合によっては時間単位で体調が変化することもある。また、体調の他にも心的な要因で不安定になる場合もある。自閉的傾向を有する生徒の中にはフラッシュバックで、突然泣き出したりパニックになったりすることがあり、授業前のコンディションは必ずしも一定ではない。よって、授業を行う直前の体調や心理状態に配慮することも、実態把握を行う上では重要となる。インタビューの中で、a教諭も「授業直前の児童生徒の状況に応じた支援の必要性」を指摘しているように、実態把握においては、事前に把握した全体像と共に、刻々と変わる児童生徒の実態の繊細な見取りを含めた、様々なレベルでの把握が必要となる。

⑵造形活動の学習指導における「実態把握」の理論的構造

　実態把握において、多くの教員が困惑しているのが【意思疎通の困難性】である。中でも知的に重い障害がある場合、言語による意思伝達や応答は困難となる。そのため、この概念は、児童生徒理解への≪不明瞭的基盤≫として位置づけられる。実態把握に関するインタビューでは、教員の【内省】的な発言が多く語られていた。つまり、自身の判断の妥当性に関する疑義と払拭できない不確実性が、内省的な発言を生み出しているものと思われる。これは、≪不明瞭的基盤≫に対応する形で位置づき、身勝手な判断に陥らないように自省する働きとして機能している

と考えられる。

　重度・重複障害児の実態が【意思疎通の困難性】に起因する極めて曖昧で不明瞭な状態を基盤としているため、教員は言語によるやりとり以外の多種多様な方法を用いて児童生徒の実態把握を試みている。実態把握の方法は大きく2つの方法に分類できる。1つは、【外部情報の収集】、もう1つは【実証的確認】である。1つ目の【外部情報の収集】とは、児童生徒を取り巻く関係者や関連資料からもたらされる情報を収集することである。その上で、教員は【実証的確認】を試みている。【実証的確認】とは、児童生徒と教員との直接的な関わりによって実態把握を試みることである。このように、教員は【外部情報の収集】で得た児童生徒の情報の理解のみならず、実際に児童生徒と関わる中で得られる知識や発見を加味して、実感を伴った児童生徒理解を目指している。また、【外部情報の収集】と【実証的確認】は、全生活を通し、かつ往還を繰り返すことで、相関関係を持ちながら、児童生徒の実態把握における、より適正なエビデンスになると考えられている。このエビデンスによって、先述の【意思疎通の困難性】に起因する疑義や不確実性は、完全に払拭されないまでも、減殺され、≪児童生徒像の確立≫がなされる。≪児童生徒像の確立≫とは、外部情報の収集による客観的なエビデンスと教員の実証的確認を通した主観性を伴う判断とを基盤として確立される、児童生徒の実態である。

　一般校に通う児童生徒でも、教員や保護者が100％実態を把握できているということは有り得ない。なぜなら児童生徒は環境に応じて様々な顔を持ち、状況によって対応や行動が異なることも有り得るからである。しかし、重度・重複障害児の実態において一般校の児童生徒と根本的に異なることは、自ら発言したり何らかの行動を起こしたりすることが、ほとんど無いという点である。そのため、彼らの性格や行動特性は、一般校の児童生徒のように、児童生徒自らが起こす行動や発言から児童生徒像が作り出されるというものではなく、児童生徒に関わる人達、つまり教員や保護者がこれまでの記録、そして目の前にいる児童生徒の微弱な行動や状況と表情の繋がりから「作り上げていく」という性質を持ち

ながら児童生徒像が確立されていく。その際、【外部情報の収集】と【実証的確認】は、児童生徒像が妥当性を持ち、関わる人が共通認識を持てるための手段になると考える。

　よくあることとして、年度始めに保護者と新担任との児童生徒像にずれがあり、見解が異なることがある。また、関わる人によって児童生徒像にずれがあることも、【外部情報の収集】と【実証的確認】の度合いが異なることによって生じるものと考えられる。このように、児童生徒像は極めて曖昧なものである。そのため、教員による【内省】は、この段階においても自身の主観的判断を振り返り、厳しくチェックする重要な役割として機能している。

　もう１つ、重度・重複障害児の実態把握には【適時判断】が含まれる。【適時判断】とは、活動直前の体調の把握と対応である。インタビューの中で、a教諭が「授業直前の児童生徒の状況に応じた支援の必要性」を指摘しているように、実態把握においては、先述の≪児童生徒像の確立≫で把握した全体像と共に、日々刻々と変わる児童生徒の実態の繊細な見取りを含めた様々なレベルでの把握が必要となる。よって、【適時判断】を行い、授業を行う今現在の実態を把握することで、より適切な実態把握が可能になると考える。

　このことから、【内省】と【適時判断】は≪児童生徒像の修正≫の役割を担っていると考える。つまり、【外部情報の収集】と【実証的確認】によって確立された児童生徒像はその時点で完結するものではなく、【内省】によって常にチェックされ続けることで、児童生徒の変化にも対応しながら、より的確、かつ適切な児童生徒像に近づく。さらに、児童生徒の体調の変化を【適時判断】することによって、今、目の前にいる児童生徒の状態を把握できることに繋がるのである。このように、情報収集と確認、そしてチェックの役割を同時に持ちながら、重度・重複障害児の実態把握は行われている。

　以上のことから、カテゴリーⅣ「実態把握」に関する理論的構造は以下のように示すことができる。用いる記号の意味内容は、≪　≫：下位カテゴリー、【　】：概念である。

●造形活動における「実態把握」の理論的構造
　　≪不明瞭的基盤≫
　　　　【意思疎通の困難性】
　　≪内省≫
　　　　【内省】
　　≪児童生徒像の確立≫
　　　　【外部情報の収集】
　　　　【実証的確認】
　　≪児童生徒像の修正≫
　　　　【適時判断】
　　　　【内省】

これらの下位カテゴリー、及び、概念間の関係は**図22**の通りである。

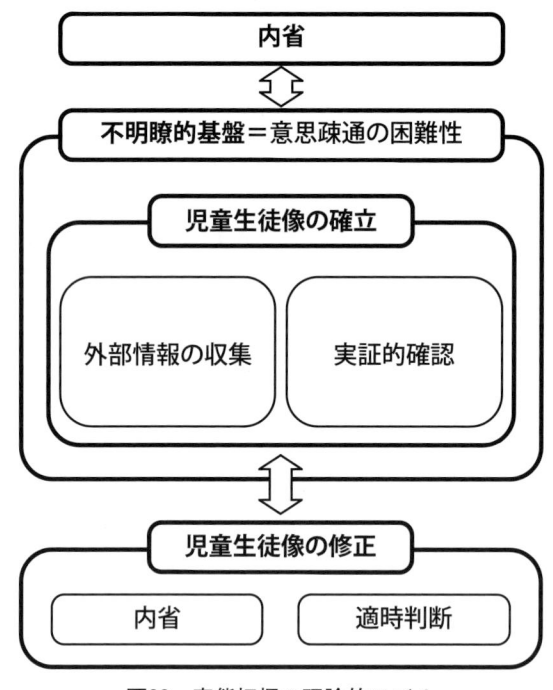

図22　実態把握の理論的モデル

⑶実態把握における指導の観点

　前述の内容を踏まえ、重度・重複障害児の造形活動における実態把握に関する指導の観点を示す。

　　≪児童生徒像の確立≫
　　　　●客観的事実に基づいた児童生徒の実態把握が行われているか。
　　　　　【外部情報の収集】
　　　　●多方面からの情報が得られているか。【外部情報の収集】
　　　　●実際に関わる中で児童生徒の実態が捉えられているか。【実証的確認】
　　　　●児童生徒の新たな一面を発見する気持ちで関われているか。【実証的確認】
　　　　●実態把握と共に、把握した実態に対する支援方法が考案されているか。【実証的確認】
　　　　●把握した実態に対して常に検証が加えられているか。【内省】
　　≪児童生徒像の修正≫
　　　　●変化する児童生徒の体調を把握できているか。【適時判断】

２．カテゴリーⅤ「題材開発」

　カテゴリーⅤ「題材開発」には、6種類の概念が含まれる。具体的には、1）【可能性への着眼】、2）【造形概念の拡大】、3）【把握実態の反映】、4）【既存題材の活用】、5）【楽しさへの志向】、6）【個別的配慮】である。この6種類の概念の定義、及び概念を示した後、概念間の関係を考察すると共に、カテゴリーの構造を理論的モデルで示す。

⑴生成概念と定義

題材開発－1）【可能性への着眼】
定義：題材開発時に児童生徒の"できないこと"ではなく"できること"に着目すること。

167

　Vygotsky（2006）は、「特別に適切に組織された合理的な教育を受けた白痴（ママ）は、健常児よりも少なからず大きな可能性を得ると結論づけられよう」と述べ、さらに、「重度障害児の教育において求められる多大な努力は、正しい尺度を基礎にすれば大きな成果によって報われるのである」[9]と述べている。この発言は、本概念の文脈において、児童生徒の"できること"を尺度とするのか、"できないこと"を尺度とするのか、という問題と関わる。どちらの尺度を基盤として児童生徒を捉えるかで、活動内容や目指すべき目標は全く異なる。この、児童生徒を捉える尺度と関連して、a教諭は次のように述べている。「何ができるってね、何もできないですよ。何もできないんだけど、何もできないっていう見方がある反面、何でもいけるじゃんという見方があるじゃないですか。で、これ、どっちとるかで子ども達の可能性は違うのかな。とは思ってるんですけど。」この発言は、重度・重複障害児を"できる"存在として捉え、可能性を見出そうとする立場といえる。

　しかし、現実として重度・重複障害児は活動を行う際に多くの支援を必要とし、児童生徒が自らの力で活動中終始ものや人に働きかけることは極めて困難である。そこで、重度・重複障害児の力が発揮された部分と支援との割合をどのように見取るか、という問題が横たわる。この点について、a教諭は以下のように述べている。

　（作品が完成した状態を）100％としたとき、その内90％が自助具とか介助の力に頼った場合、10％しか子どもの力が出てないですよね。そういった時に、それ（作品）を、本人のものと見るかどうかというのは意見が分かれると思います。ただ、自分は、（支援が）90％でもいいのかな。と思うんですよ。残りの10％でも本人の力が出てるんだとしたら。　　　　　　　　　　　　　　＜（　　　）内は筆者による加筆＞

　この発言からは、児童生徒が力を発揮できたことに価値を見出そうとする教員の姿勢が伺える。重度・重複障害児の立場に立った時、10％の発揮された力は、外見上はわずかな変化や動きであったとしても、彼

らにとっては持てる力を最大限発揮した状態である場合がある。つまり、10％に見える力は、彼らにとっては90％、100％の力が発揮された状態と読み取ることもできるのである。この捉え方は、児童生徒の立場に立ち、実態に応じた尺度で児童生徒の行為・行動の意味や価値を捉えようとする視点であるといえる。この視点で児童生徒を捉えることにより、外見上は“何もできない”とされる重度・重複障害児の中に、多様な可能性を発見することに繋がると考える。

題材開発－2）【造形概念の拡大】
定義：既存の造形活動の概念をより広い見地から捉えること。
　重度・重複障害児の造形活動において、既存の図画工作科、美術科の内容を行なおうとすると、たちまち行き詰まる。例えば、モチーフや風景を観察して描写する、発想・構想して作品を制作する、のこぎりや小刀等の道具を駆使して作品を制作する、粘土等を用いて大型の立体物を制作するといった、図画工作科、美術科で行われている一般的な活動が困難なのである。そのため、重度・重複障害児を対象とした造形活動では、活動そのものや作品の概念を拡大して捉える必要がある。
　重度・重複障害児の造形活動において、何をもって作品とするのかという問題は、第Ⅰ章第2節の文献レビューで示した通り、教員が関わりの中で児童生徒の行動や意思をどのように捉え、意味づけたのかということと同義で述べられている。また、意図的ではない、表出レベルの行動によって外界に変化がもたらされたものも表現活動と捉え、関わりによって生まれた偶発的な描跡も作品として捉える記述もあった。これらの捉え方に共通していることは、いわゆる一般的に行われている、絵を描いたり彫刻を造ったりする活動に対する評価とは異なる枠組みを用いて児童生徒の活動の評価を行っているということである。a教諭は、「既成の価値観にとらわれない広い間口を持って彼らの表現を受け止める器量が必要だと思う」と述べ、金山（2000）も、「『表出的ななぐりがき』を表現作品とする（捉える）介助側の姿勢（作品観）」[10)]によって活動が持つ意味内容が変容することを示している。これらの指摘は、活

動を見取る側の捉え方や評価の枠組みが児童生徒の活動の意味内容を決定づけることを示している。

　また、インタビューの中でも、造形活動の概念に関連する発言がある。美術の主担当教員であるb教諭は、Pollockらの現代美術の作品や制作方法や造形理論に「救われた」と述べている。また、同じく美術の主担当教員であるa教諭も、戸谷成雄の「竹やぶでのパフォーマンス（1975）」に着想を得た作品や、版画のローラーを用いた転写技法「トランスクリプション」等を実践している。また、池田（2006）は、嶋本昭三による絵具入りの瓶を割るパフォーマンスに着想を得た、「風船爆発ペインティング」[11]を行い、蒋苗（2004）は、ネオダダイズムオルガナイザーのメンバーであった篠原有司男のボクシング・ペインティングを模したと思われる題材、「色のボクシング」[12]を実践している。このように、教員は、アクション・ペインティングやコンセプチャル・アート、オートマチズム等の理論や技法を参考にすることで、一般的に行われている造形活動の概念を拡大し、重度・重複障害児がより活躍できる方策を模索しているのである。しかし、これらの現代美術の理論や方法は、美術を専門とする教員には理解されやすいが、他教科を専門とする教員には理解されにくい現実もインタビューで語られていた。

題材開発－3）【把握実態の反映】
定義：把握した児童生徒の実態を起点として題材開発を試みること。
　題材開発では、児童生徒の特性の発揮が目指され、把握した実態の中でも、特に［現存機能］と［興味関心］の2つが重視されていた。
　まず、［現存機能］とは運動機能、認知機能を含む児童生徒が持っている能力、つまり児童生徒が自ら“できること”である。このことについて、a教諭は「本人の動きを大事にする。だから、できる範囲のことをやる。もしほんとに極端な話、手が動かなくって全くノータッチだとしたら、足。足が動くのであれば、足で描いてもらえばいい」と述べている。同様に、尾上（1996）も「手の操作性が難しい生徒にとっても取り組み方を工夫すればものに向かい、作品が作れる」[13]と述べている。

両者の発言からは、児童生徒が活動可能な題材を開発しようとする教員の前向きな姿勢が伺える。

　次に把握実態の中の［興味関心］である。［興味関心］とは児童生徒が主体的・意欲的に取り組める内容、つまり児童生徒が"好きなこと"である。b教諭は「（題材に）生かせるのはやっぱりその子が好きなことですよね」と述べ、実践題材でフェルトを材料として用いた理由について、「（子どもが）手触りが好きだから。好きと言うか気持ちいというか、快い。それがだいたい中心になりますね」と述べている。同様にa教諭も、「（児童生徒が）やってみたいと思うものを用意すればいいんじゃないかというところでいろいろやってきた」と語っている。また、文献でも児童生徒の興味関心が重要視されている記述が多くある。大竹（1997）は「用いる素材は、日常見たり触れたりすることが多い身近な素材や道具の方が受け入れやすい」[14]と述べ、高橋（1974）は「とにかく彼らの興味・関心と動作能力を考慮しながら、学習しやすい題材を選ぶと共に扱いやすい素材・用具による学習活動の展開から出発すべきだと判断しました」[15]と述べている。このように、題材開発では重度・重複障害児の興味関心に基づく、子どもたちにとって必然性のある活動設定が重要視されている。［興味関心］には先述のb教諭が用いたフェルトのように、触感に関する興味関心を反映させたもののみならず、好きな動き、好きな教材教具、好きな先生等も含まれる。このように、教員は児童生徒の［興味関心］を題材開発の起点として位置づけ、積極的に教材教具や支援、活動内容に取り込んでいる。

　以上のように、教員は児童生徒の［現存機能］や［興味関心］が作品づくりに最大限反映される題材の開発を目指している。しかし、実態把握を行い、特性を理解するだけでは題材として成立しない。そのため、教員は児童生徒の特性を反映させるための教材研究を行い、題材化を試みている。文献において、池田（2006）は、AAC（Augmentative and Alternative Communication）[16]の概念を援用した、微弱な動きを拡大して制作活動に繋げる教材教具を作成し[17]、福田（1998）では、児童が好きな「ものを倒す行為」を活動に取り入れた題材を開発していた[18]。

これらの創意工夫を重ねる理由として、a教諭は、「なんかやってほしいなっていうのはあるんですよ。わずかな時間だけでもいいからなんかやってほしい」と述べている。つまり、教員は児童生徒が活動に［興味関心］を持ち、［現存機能］を発揮できることを期待し、児童が活躍できる場の創設を目指しているのである。

題材開発－4）【既存題材の活用】
定義：一般校で行われる図画工作科、美術科の題材を用いて、重度・重複障害児を対象とした題材の開発を試みること。

　教員が題材を選択する際には様々な方法が用いられている。例えば、b教諭は重複クラスの年間計画作成の際には、中学校の教科書を参考にしてカリキュラムを編成していると述べている。しかし、一般校で行われている図画工作科や美術科の題材や、一般的に用いられる技法が重度・重複障害児を対象とした造形活動にそのまま適用できる訳ではない。a教諭が「どう噛み砕いて彼らに提示しようかなと考える」、b教諭が「実態的に合わないから噛み砕いて、その子らに合わせる」と述べているように、既存の技法や題材を「噛み砕く」こと、つまり、何らかのアレンジを加えることの必要性を両者は指摘している。教科書題材や一般的に用いられる版画や絵画の技法は、重度・重複障害児が制作可能な状態に改変されなければ、題材として機能しない。つまり、既存の技法や題材から重度・重複障害児の造形活動で行う題材を開発することは可能であるが、この場合にも、対象児童生徒の実態把握と、把握した実態の反映が不可欠となる。

題材開発－5）【楽しさへの志向】
定義：題材開発において特に楽しさが求められること。

　カテゴリーⅢ「社会心理的環境づくり」でも述べたとおり、インタビューを行った4名の教員全員が造形活動における楽しさを重視していた。中でも美術の主担当教員であり、題材開発を行う立場であるa教諭は、「楽しいのは当たり前で、楽しいのが前提であって、楽しくなければ授

業じゃないし。だから子どもが楽しいなって思えるものを用意するのがうちらの仕事」と述べ、楽しさを必須条件として挙げている。

　参与観察で見出された題材における楽しさには、指導計画段階で児童生徒が楽しめるであろう活動が設定される場合がある。例えば、B-1では導入時にゲームが行われ、黒いボードの後ろから見え隠れする果物のおもちゃを当てるという活動が設定されていた。その後、小麦粉の感触を楽しむ、そしてそこに水、油、絵具を順次加え、感触の違いや色の変化、そして形を変形させることを存分に体験した後、最後に小麦粉粘土の作品を制作していた。これらの活動展開は指導計画段階で設定されており、児童が存分に材料と関われる活動となっていた。題材の中に楽しさを含む理由としてb教諭は、「力をつけようと思ったら、やっぱり楽しいことをしながら力をつけるのが一番近道」と語っている。つまり、楽しい活動を行うことが肯定的な雰囲気を作り、児童生徒の能力発揮にも繋がっていると考えられているのである。また、題材に楽しさが求められるもう一つの理由として、重度・重複障害児の生命観との関連が挙げられる。b教諭は次のように述べている。

　　（重い障害の子ども達は）なかなか生きていくのが精一杯なのでね。うん。ほんとに。で、一日一秒を大切にしないといけない子も多いじゃないですか。だから悔いが残らないようにね。ほんとにそれは、どこかで思いながら。うん。重複さんの子で言ったらね、そういう、こう、しんみりしたことにはなるんですけど、あの、どうしても裏腹なとこあるでしょう。　　　　　　　　　　＜（　　）内は筆者による加筆＞

　つまり、常に生命に対する懸念が教員には働いているのである。重複障害学級に在籍する児童生徒は、学齢期に亡くなってしまうことが少なくない。そのため、教員は充実した時間を過ごす中でQOLを高めていくことを目指している。このことは、造形活動が作品づくりのみを目的としたものではなく、楽しみながら活動を行うという経験そのものが重視されていることにも繋がっている。

題材開発− 6 ）【個別的配慮】
定義：児童生徒一人ひとりに対する教育的配慮を考案すること。

　岸田ら（2010）の調査では、教員が最も苦慮する問題点として、「集団内の障害の程度や発達段階や興味関心の差が大きい」ことを示している[19]。また、教員が目標設定において重視する項目でも、「個に応じた目標設定」が最も重要視されていることが示されている[20]。同様に、本研究のインタビューでもｂ教諭は「いつもクラスの生徒全員に当てはまるような題材というのは難しい」と述べている。特別支援学校の重複障害学級では、集団を形成する児童生徒の障害特性や状況が一人ひとり全く異なるため、同一の題材を提示したとしても、集団全員に適合する題材にはなりにくい。そのため、a教諭が「どうしても、個々で当たるしかない」と述べる通り、美術の主担当教員は、様々な工夫をして一人ひとりが活躍できる活動を設定しようと心がけている。個別的配慮の方法は、［教材教具の複数提示］、［学習指導案による個別的配慮］、［教材教具の吟味］としてまとめられる。

　まず、［教材教具の複数提示］とは、文字通り、複数の種類の異なる教材教具を準備することである。このことについてa教諭は、「出すものはたくさん用意しなきゃいけないだろうとは思うんです。メニュー自体をね。すごく用意しとかなきゃ彼らの答えは見つからない」と述べている。また、参与観察でもA- 4 の授業では、掲示物を制作するために綿、カラービニール、色紙、お花紙、フェルトボールなど、複数の教材が準備され、接着用の教具も、両面テープ、ふのり、スティックのり、木工用ボンドの 4 種類が準備されていた。このように、教材教具を複数用意することで、児童生徒の実態に最も適した制作環境の実現が目指されている。

　次の［学習指導案による個別的配慮］とは、学習指導案を作成する際に個別の目標や活動内容を検討することである。a教諭はインタビューの中で、「略案を出してたんですけど。一人ひとりの生徒の名前があって、ここ見てね。ここ見てねって書いてたんですよ」と述べている通り、学習指導案作成の際に個別の課題や目標を吟味し、TTの教員と共有す

ることの効果と有用性を語っている。このことは、造形活動の主担当教員ではないが、d教諭も、自身の専門である体育系の授業で、児童生徒一人ひとりの目標や活動を記した学習指導案を作成した際の効果の高さを語っている。

　3点目の［教材教具の吟味］は、個別対応が可能な教材教具を用いることである。参与観察で使用していた教材は、A-1ではマーブリング液、A-2では紙片、A-3ではフェルト、B-1では小麦粉粘土、A-4、A-5では、お花紙、綿、カラービニールであった。これらは、軽くて扱いやすく、容易に変形させることが可能な教材という点で共通する。同様に、近藤（2003）は、筆による描画表現が難しい生徒に対して、スポンジローラーを用いて、描画活動を可能にした実践を紹介している[21]。その他にも、池田（2012）[22]や齋藤（2003b）[23]は、泡やトイレットペーパー粘土、陶芸粘土といった、水を加えることで硬度や形体を自由に変化できる教材を用いて個別の実態に応じた活動を設定している。

　このように、教員は集団に在籍する一人ひとりの児童生徒の実態の違いに応じ、様々な方法を用いて個別的配慮を行っているのである。

⑵造形活動の学習指導における「題材開発」の理論的構造

　重度・重複障害児の造形活動を担当する主担当教員は、インタビューの中で、一般校で行われている図画工作科、美術科で用いる技法の方法的限界を指摘している。つまり、対象物を見て描写する、木版画をするといった内容、技法をそのまま用いることは困難であり、児童生徒に提示する題材としてふさわしくないと判断しているのである。そのため、教員は題材開発における≪発想転換≫を行っている。≪発想転換≫とは、題材開発に関する考え方の転換を行い、児童生徒の実態に合致した題材開発を行うことである。≪発想転換≫は、次の2つの概念を含んでいる。1つ目は、【可能性への着眼】である。これは、題材開発時に児童生徒の“できないこと”ではなく“できること”に着目することである。2つ目は【造形概念の拡大】である。これは、既存の造形活動の概念をより広い見地から捉えることである。両者の概念は造形活動を捉える際の

視点の変換と拡大に繋がっている。

　次に、題材開発を行う際のアプローチについて述べる。重度・重複障害児の造形活動における題材開発では、≪実態と題材の合致≫が図られている。そのために教員が用いる方法として、【把握実態の反映】と【既存題材の活用】の2種類のアプローチを見出すことができる。

　1点目の【把握実態の反映】とは、把握した児童生徒の実態を起点として題材開発を試みることである。題材開発では、児童生徒の特性の発揮が目指され、把握した実態の中でも、特に［現存機能］と［興味関心］の2つが重視されている。［現存機能］とは運動機能、認知機能を含む児童生徒が持っている能力であり、［興味関心］とは児童生徒が主体的・意欲的に取り組める内容である。教員は、これら児童生徒の特性が最大限に反映される題材の開発を目指している。しかし、実態を把握し、特性を理解するだけでは題材として成立しない。そのため、微弱な動きを拡大して制作活動に繋げる教材教具の作成[24]や、児童生徒が好きな「ものを倒す行為」を活動に取り入れる[25]等の方法で具体的な活動を設定し、題材化が図られている。

　題材開発の2点目のアプローチである【既存題材の活用】とは、一般校で行われている図画工作科、美術科で用いられる題材を援用し、重度・重複障害児を対象とした題材に改変することである。教員が題材を選択する際には、児童生徒の［生活年齢］を意識した、年齢相応のテーマや内容も意識されている。しかし、a教諭、b教諭が共に既存題材を「噛み砕く」ことの必要性を指摘しているように、一般校における教科書題材や一般的に用いられる版画や絵画等の技法は、児童生徒が制作可能な状態に改変されなければ、題材として機能しない。つまり、既存の技法や題材からアプローチした場合にも、対象児童生徒の実態把握と、把握した実態の反映が不可欠なのである。

　このように、【把握実態の反映】を起点として題材開発を進めたとしても、造形活動に繋がる題材化が必要となり、もう一方の、【既存題材の活用】を起点とした場合にも、対象児童生徒の実態に合致した、制作可能な状態への改変が必要となる。つまり、【把握実態の反映】と【既

存題材の活用】は表裏一体をなしており、両者が融合することで、≪実態と題材の合致≫がなされ、重度・重複障害児に適合する題材となり得ると考える。

　最後に、題材開発に関する3つ目の下位カテゴリーである、≪具体的手立ての考案≫について述べる。このカテゴリーには、【楽しさへの志向】、【個別的配慮】の2つの概念が含まれる。【楽しさへの志向】は、集団の肯定的な雰囲気を作り出し、活動を活性化するための方策、そして【個別的配慮】はクラスに在籍する一人ひとりの児童生徒の実態に応じた教育的配慮を示している。これらの概念は、下位カテゴリー名の通り、極めて現実的な教育的手立てとして位置づく。

　以上のことから、カテゴリーⅤの「題材開発」に関する理論的構造は以下のように示すことができる。用いる記号の意味内容は、≪　≫：下位カテゴリー、【　】：概念となっている。

●造形活動における「題材開発」の理論的構造
　≪発想転換≫
　　　　【可能性への着眼】
　　　　【造形概念の拡大】
　≪実態と題材の合致≫
　　　　【把握実態の反映】
　　　　【既存題材の活用】
　≪具体的手立ての考案≫
　　　　【楽しさへの志向】
　　　　【個別的配慮】

カテゴリーⅤ「題材開発」の概念図は**図23**の通りである。

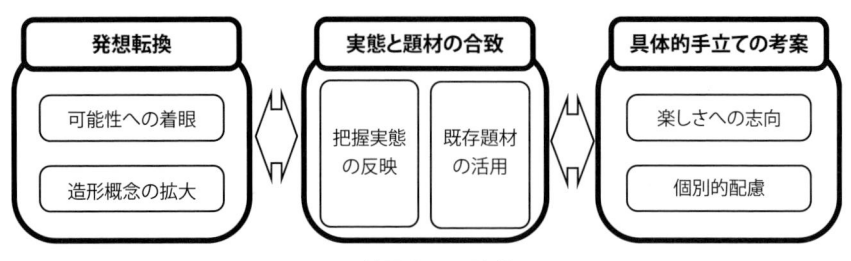

図23　題材開発の理論的モデル

　図23の通り、重度・重複障害児を対象とした造形活動の題材開発で活動内容を考案する際には、【既存題材の活用】と【個別的配慮】が行われている。題材開発においてこれらを実現するためには、教員は以下の2段階の工夫をする必要がある。
①　現在一般的に行われている健常児を対象とした造形活動の既存題材をそのまま用いることは困難であるため、教員はまず、重度・重複障害児が活動可能な改変を行う必要がある。
②　同一クラス内でも個別の実態が異なるため、①で開発した題材をさらに一人ひとりの実態に応じた内容に改変する必要がある。
　つまり、重度・重複障害児の造形活動において、仮に一般校で行われている既存題材を用いた題材開発を行おうとすれば、**図24**で示す2段階の問題を解決しなければならない。

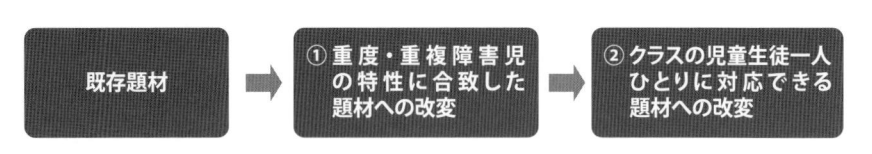

図24　特別支援学校の重複障害学級における【既存題材の活用】の手順

⑶題材開発における指導の観点

　前述の内容を踏まえ、重度・重複障害児の造形活動における題材開発に関する指導の観点を示す。

　≪発想転換≫
　　　●児童生徒の可能性に着目できているか。【可能性への着眼】
　　　●造形活動の概念を広く捉えることができているか。【造形概念の拡大】
　≪実態と題材の合致≫
　　　●把握した実態は造形活動で活かされているか。【把握実態の反映】
　　　●既存の題材には改変が加えられ、児童生徒の実態に合致したものになっているか。【既存題材の活用】
　≪具体的手立ての考案≫
　　　●児童生徒にとって楽しい活動になっているか。【楽しさへの志向】
　　　●クラスの児童生徒一人ひとりに応じた配慮がなされているか。【個別的配慮】

３．カテゴリーⅥ「評価」

　カテゴリーⅥ「評価」には、２種類の概念が含まれる。具体的には、１）【過程の重視】、２）【積極的価値付け】である。この２種類の概念の定義及び概念を示したのち、概念間の関係を考察する。

⑴生成概念と定義
評価－１）【過程の重視】
定義：出来上がった作品以上に制作過程を重視する評価。
　参与観察では、授業のまとめや授業途中に制作の様子や作品の出来栄えを発表する機会がすべての授業で設けられていた。発表内容は、主に制作過程の様子や児童生徒が頑張った活動等である。また、インタビュー

において、c教諭は「作品をつくる過程が一番大切」と述べ、b教諭も、「作品で評価っていうのはあまりないです。過程ですね。そこを評価っていうか、通知表に書いてます」と述べている。評価については、a教諭、d教諭も同様の発言をしている。このように、重度・重複障害児の造形活動における評価では、作品の出来栄えではなく制作過程が重視されている。

　ただし、重度・重複障害児は重い障害ゆえに造形活動が終始児童生徒単独で行われることは無く、制作過程では教員による多くの支援を必要とする。制作過程では、姿勢の保持や実態に応じた教材教具の使用等、教員の関与や支援が必須のものとして位置づき、造形活動は児童生徒と教員との密接な関わりを通して行われる。よって、重度・重複障害児の造形活動における「過程」とは、常に児童生徒と教員との関わりを前提としている。

　この、児童生徒と教員との関わりを前提として行われる評価について、a教諭は「うちらは教える側、子どもは学ぶ側っていうんじゃなくて、なんか、一緒になってくんずほぐれつ関わっていく中で、そういう選んだりする力とかね、拒否する力とかも感じ取れる」と述べている。この発言からは、教員が評価をする側としてのみ位置づくのではなく、児童生徒と共同で作品を制作する中で、同時に評価が行われていることを示している。つまり、教員は支援者、制作者、評価担当者の3つの役割を同時に担っているのである。この、共同による作品制作と支援、そして評価が同時に行われるということが、重度・重複障害児の造形活動における評価の特質といえる。また、支援、制作、評価を同時に行うことが可能な体制となることから、教員は制作過程における児童生徒の表情や体の動き、意欲の表れをより詳細に見取ることができる。このことも、教員が過程を重視する姿勢に繋がっていると考えられる。

　そしてもう1点、教員が過程を重視する間接的な理由として、作品の出来栄えに対する教員の造形活動に関するスキルの関与が挙げられる。重度・重複障害児が必要とする支援は、姿勢や教具の保持等身体的なもののみならず、作品の発想や構想についても同様に支援を必要とする。

主に作品の仕上がりに関わるアイデア、そして、アイデアを実現させるために使用する材料や色の選択、そして用いる技法は、多くの場合教員によって構想されたり提示されたりする。児童生徒は提示された材料や色の中から選択したり、教員の誘い掛けによって活動を行うことが中心となる。この時、作品には教員の意思や意図が多く反映される。つまり、制作された作品そのものの良し悪しを評価の中心とした場合、教員の図画工作科、美術科へのスキルを評価することとほぼ同義の状況となってしまうのである。このことも、造形活動において過程が重視される間接的な要因であると考える。

評価－2）【積極的価値づけ】

定義：関わりから生じる児童生徒の身体的、心理的、情緒的な変化を教員が見取り、それを児童生徒の主体的な活動として価値づけていくこと。

　重度・重複障害児は、重い障害ゆえに、行動の表れが微弱な児童生徒がいたり、逆に衝動的な行動が中心の児童生徒がいたりする。双方に共通することは、言語による表現が困難である点と、児童生徒が何らかの意図を持ち、自らの行動を制御して感情の表現や要求、そして活動を行うことが困難な点である。感情や行動の表れは、非意図的な表出段階にある場合がほとんどであるため、教員が児童生徒の様々な感情や要求の表れを見取ることは非常に困難である。

　では、教員はどのように児童生徒の活動を見取り、評価を行っているのだろうか。インタビュー、及び文献分析で明らかになった評価の観点は、［身体］、［伝達］、［意欲］、［共同］、［満足感］の5点である。以下、詳細を述べる。

［身体］

　まず、教員が評価を行う観点として、［身体］に関わる内容が挙げられる。［身体］とは、児童生徒が自らの身体的能力を発揮できたかどうかという評価の観点である。c教諭は、通知表に記載する内容の一つと

して、「素材に手をしっかり伸ばしてやっていたとか、元気よく手を動かすといった動かし方」を記載すると述べている。同様に、d教諭も「もし道具が使えるのであれば、自分でそれを何らかの形で使って活動できたかどうか」を評価すると述べている。これらは主に、教具の操作も含めた児童生徒の身体的能力に関係する観点である。つまり、児童生徒の持つ身体的能力が発揮されることが評価の対象となっているのである。また、身体的能力が含む範囲として、児童生徒の意図的な動きはもちろん、非意図的な動きも含めて評価しようとする姿勢が見られる。このことについて、c教諭は「手を伸ばしてたまたまとれたんじゃないかなあ、と思う色もあるんですけど、それは本人の活動で取った色だから、それを使うようにしています」と述べ、同様に、a教諭も「偶然も、本人の力だと思うんですよ。だって本人がやらなけりゃ偶然も出ないじゃないですか。偶然も本人の力ですよ」と述べている。これらの発言は、仮に児童生徒が意図しない行動であっても、腕を動かすことができた、ものに触ることができたという本人の能力の一環として受け止める捉え方であるといえる。児童生徒の真意は、【意思疎通の困難性】で述べた通り、分からないことがほとんどである。しかし、教員は教材教具、もしくは人に対して身体的な行動を起こせたことを抽出して評価している。これは、厳密に言えば、児童生徒の活動の意図と評価に齟齬が生じた状態かもしれない。しかし、児童生徒が自身の体を動かすことができた、操作できたという事実を評価することで、教員は児童生徒の活動に価値づけを行っているのである。このように、身体的能力の評価は、児童生徒の意図的、非意図的な行動の両者を含み、仮に非意図的であっても積極的に評価が行われている。この背景には、前項で述べた【可能性への着眼】が関与しており、児童生徒が見せるわずかな変化を見逃すまいとする教員の姿勢が感じられる。

［伝達］
　　［伝達］とは、児童生徒が自らの意思、要求、感情を教員に伝達できたかどうかを評価の観点としたものである。まず、意思表示が可能な児

童生徒の場合、選択や制作の際に材料を貼り付ける場所の決定等を教員に伝えられたかどうかが評価の観点となる。この場合、仮に本人が身体上の問題で選び取る、貼り付けるといったことができなかったとしても、伝達できたことが評価される。また、伝達が含む範囲は広く、伝えることを意図しない児童生徒の表出も対象となっている。d教諭は、「自分が何かアクションを起こしたことで他人が自分に関わる状況。それは笑顔じゃなくてもいいんです、変な話まるっきり真逆で泣きわめいててもいいんです。それだけ感情がでるということやから」と語っている。つまり、この評価の観点においても、意図的、非意図的な伝達の両者が評価の対象となっている。何らかの意思、要求、感情が読み取れるような働きかけが児童生徒からあった時、もしくはできた時、教員はそれを積極的に評価している。

［意欲］

　［意欲］とは、活動に関心を持ち、意欲的に取り組めたかどうかを評価の観点としたものである。インタビューの中でa教諭は、「できる・できないでは見ないようにしてる。やるか・やらないか。だから、『やろうかな』っていう気構えをみせれば評価しようと思っていたんです」と述べている。同様にb教諭も、「中学校なんかの観点別で言えば、態度とか、ああいう所の評価の方を通知表に書いてるって感じです」と述べている。つまり、児童生徒の評価における位置づけとして、［意欲］を見取っていくことは重要なこととして位置づけられている。一般的に意欲は、主体的な行動や取組みを表す言葉として用いられる。しかし、重度・重複障害児の造形活動において、児童の主体性を伴う行為や行動を見取ることは困難である。このことから、先述の２つの評価の観点と同じく、［意欲］は幅広い語として使用されている。例えばa教諭は、「粘土嫌いなんだけど、どうしようかな、どうしようかな、って。で、近づいてるんだけど今一歩いけないな、って。その時間がすべてじゃないですか。その時間を最大限評価するってことでいいかなと思ってやってきた」と述べている。また、活動の時間についても、「授業が30分あっ

183

たとしたら、本当にものの5分とか10分でも、何とかしようとしてい
る本人の動きがあったとしたら、そこは見ていこうという風には気を
つけていた」と述べている。また、参与観察でも、使用する教材を提示
した際に、児童生徒が教材を注視した場合、教員はそれを「ものへの関
心」や「選択」として価値づけ、評価を行なっている。このように、教
員はわずかな変化をも見取り、それを活動の文脈や実態に応じて位置づ
けることで積極的に評価を行っている。

　また、文献では、実体験を通して外界へ意識が向けられたかどうかを
意欲として見取ろうとする記述もある。外界への意識には、いくつかの
段階が存在し、文献からは3つの段階を見出すことができる。まず、第
1段階として、感触の違い、温度、また味等に対して快不快を感じ分け
る力が評価の対象となる[26]。これは児童生徒の内部で起こる感情の変化
である。そして第2段階として、児童生徒が外界に気持ちを向かわせる
力、つまり、児童生徒が主体的、積極的に行動しようとすることや[27]、
先のa教諭の発言のように、じっと悩んだり考えたり、躊躇したりする
ことも含めた外界に向かおうとする力が評価の対象となる。この時点で
は、意欲が行動として反映されているかどうかは評価の対象となってい
ない。そして、第3段階で外界を変化させていくことが位置づく[28]。こ
の時点で、意欲に基づく教材教具や人に対する行動が評価の対象となる。
このように、教員は意欲を快不快を表出する段階から操作の段階まで細
かく見取ろうとしている。

［共同］
　［共同］とは、教員と気持ちの交流を行い、協力して制作できたかを
評価の観点としたものである。重度・重複障害児の造形活動では、先述
の通り、児童生徒と教員との共同制作によって作品づくりが行われる。
そのため、教員は気持ちの交流や協力を重要視している。齊藤（1999）
は、「単に触ることのみ、それをクリアしていくことだけを考えるので
はなく、その背景にある大人（その子が大好きな人がいいです）と触っ
て一緒に感じ取っていく姿を重視していかなくては、と思っていま

す」[29)]と述べ、関わりの重要性を指摘している。インタビューの中でも、共同で行う制作を通して共感できたり、感情の共有ができたりすることが重視されている。d教諭は、はさみを使って紙を切る活動において、「（子どもが一人ではできないので）私がハサミを持って、生徒の手を上にのせて一緒に切る時に、その子の手が直接ハサミに触れていないんだけど、こう、ジョキッていう感触に対して、『あー、ハサミで切ってるの分かってるよね。』」と感じる時があると述べている。この、児童生徒が「共同制作を通して感じ取っている」ことも評価の対象となるのである。つまり、共同制作における［共同］は、身体的な協力を行うことのみならず、双方が気持ちを通わせることを含んでいる。

　［共同］を評価の観点とする背景として、教員は、児童生徒が他者とやり取りできることを学びとして重要視している。c教諭は、「（造形活動では）お互いのやり取りというかコミュニケーションなり、人との付き合い方なり、そういった面も学習できているんじゃないかなと思ってるんです」と述べ、蒋苗（2009）は「様々な素材やそれを使った活動を工夫し、指導者と生徒の間でやりとりすることは、生徒の中にある『感じること、気づくこと』の芽を育てることになるのだと思います」[30)]と述べている。このように、教員は活動における関わりを重要視し、［共同］を評価の観点にしている。

［満足感］

　［満足感］とは、活動を楽しめたかどうかを評価の観点としたものである。先述の通り、教員は題材開発の段階、そして授業を行なう際にも楽しさを志向している。そのため、評価においても児童生徒が楽しめていたかどうかということが必然的に観点として挙がることとなる。つまり、児童生徒が"できること"、そして"好きなこと"を中心として題材開発を行い、活動中のコミュニケーションを通して楽しさが求められた結果を見取る尺度として［満足感］は用いられている。b教諭は、評価の観点として「楽しめてたかどうかかな。やっぱり。楽しめてたとか、ちょっといやそうだったとか」と語っている。また、a教諭は、生徒

が楽しめた活動に対して、「あれはなんか、本人は満足そうでしたね」と述べている。このように、児童生徒が楽しめていたかどうかということは主要な観点として位置づけられているのである。

⑵造形活動の学習指導における「評価」の理論的構造

　重度・重複障害児を対象とした造形活動において、教員は児童生徒の実態に応じた独自の尺度による評価を行っている。評価とは、換言すれば、設定された活動のどこに注目し、何を重要視しているのかという、教員側の視点の提示ともいえる。つまり、教員が児童生徒の実態に基づいて重要視しているポイントが、評価を行う際の観点となる。

　インタビュー、及び文献分析で示した通り、重度・重複障害児の造形活動における評価は、【過程の重視】と【積極的価値づけ】の2つの概念で捉えることができる。

　まず、【過程の重視】とは、出来上がった作品そのものよりも、制作過程を重視する評価である。しかし、重度・重複障害児は重い障害ゆえに造形活動が終始児童生徒単独で行われることは無く、作品を制作するためには教員による多くの支援を必要とする。つまり、重度・重複障害児の造形活動における「過程」とは、常に児童生徒と教員との関わりを前提とした状態となる。

　そこで、教員は評価において【積極的価値づけ】を行っている。【積極的価値づけ】とは、関わりから生じる児童生徒の身体的、心理的、情緒的な変化を教員が見取り、それを、児童生徒の主体的な活動として価値づけていくことである。例えば、使用する材料を提示した際に、児童生徒が材料を注視した場合、教員は【全生活的関わり】で捉えた児童生徒の注視の様子と比較し、興味関心が読み取れるようであれば「意欲の表れ」や「選択」として価値づけ、逆に不快な様子を表すようであれば「拒否」として価値づけ、評価を行なっている。このように、教員はわずかな変化をも見取り、それを活動の文脈や実態に応じて児童生徒の主体的な活動として位置づけることで積極的に評価を行っている。

　本研究では、重度・重複障害児の造形活動における評価の観点を、**表**

15に示す通り［身体］、［伝達］、［意欲］、［共同］、［満足感］の 5 項目として示した。

表15　重度・重複障害児の造形活動における評価の観点

観点	趣旨
身体	自らの身体的能力を発揮できたか。
伝達	自らの意思、感情、要求を伝達できたか。
意欲	活動に関心を持ち、意欲的に取り組めたか。
共同	支援者と気持ちの交流を行い、協力して制作できたか。
満足感	活動を楽しめたか。

　表15の 5 項目は、いずれも関わりの中で生じる児童生徒の変化を期待し、積極的に価値付けることを目指して設定された評価の観点である。

　【過程の重視】と【積極的価値づけ】の 2 つの概念で示された重度・重複障害児の造形活動における評価は、いわば≪探索的評価≫といえる。つまり、何らかの課題を設定し、到達度を測定する評価ではなく、児童生徒のよりよい面を肯定的、かつ積極的に見出そうとする評価である。先述の≪発想転換≫で述べたとおり、教員は、【可能性への着眼】を行い、"できないこと"ではなく"できること"に目を向ける中で、児童生徒の身体的、認知的、情緒的変化を積極的に見出し、価値づけていくことで評価は行われている。この点が、重度・重複障害児の評価における特質であると考える。

　以上のことから、「評価」に関する理論的構造は次項のように示すことができる。用いる記号の意味内容は、≪　≫：下位カテゴリー、【　】：概念となっている。

●造形活動における「評価」の理論的構造
　　≪探索的評価≫
　　　　　【過程の重視】
　　　　　【積極的価値づけ】
　　　　　　・［身体］
　　　　　　・［伝達］
　　　　　　・［意欲］
　　　　　　・［共同］
　　　　　　・［満足感］

---

(3)評価における指導の観点

　前述の内容を踏まえて重度・重複障害児の造形活動における評価に関する指導の観点を示す。

　≪探索的評価≫
　　　●評価においては、結果ではなく過程が重視されているか。【過程の重視】
　　　●積極的に児童生徒のよさを見出す肯定的評価が行われているか。【積極的価値づけ】
　　　●評価では、［身体］、［伝達］、［意欲］、［共同］、［満足感］の5観点が意識されているか。【積極的価値づけ】

第3節　造形活動でのティーム・ティーチングにおける　教員間の関わり

　本節では、第Ⅲ章第2節リサーチ・クエスチョン3）に対応し、造形活動でのTTにおける教員間の関わりの理論的構造を示す。

第1項　用語の整理

　分析結果を示す前に、本研究で使用するTTに関連する用語を整理する。授業内の教員の役割を示す用語は、現在統一された呼称はない。一般的に、授業の計画・運営を行う教員は、主担、T1、MT、主担当教員等と呼ばれ、同一授業の構成メンバーである他の教員は副担、T2〜、ST、補助担当教員と呼ばれる。各文献で使用されている用語を整理したのが、**表16**である。

　これらの呼称は時代や地域によって異なる。そこで、本稿では、主担当教員−副担当教員という用語を使用し、主担当教員を、授業の計画・運営を行う教員として、副担当教員を、主担当教員が計画・運営する授業の構成メンバーの教員として用語を使用する。よって、副担当教員という用語を使用する場合には複数の場合も含めて使用する。この用語を使用する理由として、本研究では、3都府県の教員にインタビューを行ったが、そのうち2カ所で、主担、副担という用語を用いていたためである。ただし、主担、副担は、主担当教員、副担当教員の略称であるため、本研究では、「主担当教員」、「副担当教員」という用語を使用した。

表16　授業内の役割に関する呼称[注1]

文献	企画・立案・運営担当教員	同一授業に入る他の教員
渡辺（1982）	チーフ	サブ
飯田（1986）	CT（Chief Teacher）	ST（Sub Teacher）
上松（1996）	MT（Main Teacher）	ST（Sub Teacher）
太田（1998）	中心指導者	補助指導者
根市ら（2000）	MT（Main Teacher）	ST（Sub Teacher）
八巻（2004）	主担当教員	補助担当教員
長沼（2005a）	T1	Tn（n≧2）
森屋（2007）	MT（Main Teacher）	ST（Sub Teacher）
長谷川ら（2008）	中心指導者	補助指導者
高野ら（2010）	T1	Tn（n≧2）
安藤ら（2010）	MT（Main Teacher）	ST（Sub Teacher）

第2項　分析結果

　分析の結果、仮概念数（＝ワークシートの枚数）：269個、概念数：11種類、下位カテゴリー数：8種類、カテゴリー数：3種類となり、理論的飽和[1]を迎えた。**表17**には、KJ法による分類によって生成されたカテゴリー、下位カテゴリー、概念、ワークシートの実数、及び、全体に対する割合を記している。

　生成した3種類のカテゴリーとは、カテゴリーⅦが「副担当教員の役割」、カテゴリーⅧは「主担当教員の役割」、そして、カテゴリーⅨは「教員集団の役割」である。

表17　造形活動でのTTにおける教員間の関わりの理論的構造と集計結果一覧（小数第3位を四捨五入）

カテゴリー		下位カテゴリー	番号	概念	仮概念										実数個	割合	実数個	割合
					記録ノート						インタビュー							
					A-1	A-2	A-3	B-1	A-4	A-5	a	b	c	d				
VII	副担当教員の役割	変換的伝達	1	副担当教員による個別説明	1	4	3	4	5	1	0	0	0	0	18	7%	78	29%
		副担当教員の主担当性	2	副担当教員の主担当教員化	1	1	1	1	1	1	0	0	0	0	6	2%		
			3	個別実態の把握と支援方法の検討	1	6	3	2	4	4	2	2	0	8	32	12%		
		副担当教員の専門性	4	題材の理解と価値の付加	0	0	0	0	0	0	7	2	0	3	12	5%		
			5	個別実態と作品内容の合致	0	0	0	0	0	0	0	2	6	2	10	4%		
VIII	主担当教員の役割	間接的指導	1	副担当教員への伝達	2	2	3	2	3	2	8	7	7	6	42	16%	79	29%
			2	専門性の発揮	3	4	3	1	3	1	2	9	7	4	37	14%		
IX	教員集団の役割	適時対応	1	教員集団の柔軟性	4	4	1	3	2	0	0	4	13	0	31	12%	112	42%
		心的環境づくり	2	雰囲気づくり	0	2	4	4	2	3	1	0	2	0	18	7%		
		連係の促進	3	個別活動の言語化と集団での共有	1	3	4	4	2	5	0	0	0	2	21	8%		
		人間関係の構築	4	教員同士の全生活的関わり	0	0	0	0	0	0	4	9	8	21	42	16%		
				計	13	26	22	21	22	17	24	35	43	46	269	100%	269	100%

第3項　考察

　本項では、分類したⅦ〜Ⅸのカテゴリーそれぞれ含まれる概念の定義、及び解説を示す。その後、概念間の比較検討により下位カテゴリーを生成し、理論的構造、及び理論的モデルを示す。以後用いる記号は、以下の通りである。

　　　≪　≫：下位カテゴリー
　　　【　】：概念
　　　［　］：下位概念

1．カテゴリーⅦ「副担当教員の役割」

　カテゴリーⅦの、TTにおける「副担当教員の役割」には5種類の概念が含まれる。具体的には、1)【副担当教員による個別説明】、2)【副担当教員の主担当教員化】、3)【個別実態の把握と支援方法の検討】、4)【題材の理解と価値の付加】、5)【個別実態と作品内容の合致】である。以下、詳細を記す。

⑴生成概念と定義

副担当教員の役割−1)【副担当教員による個別説明】

定義：学習集団全体に対して行われている説明、指示、問いかけを、副
　　　担当教員が児童生徒の実態に応じて個別に説明、補足、確認する
　　　こと。

　【副担当教員による個別説明】は、授業導入時に行われる本時の内容説明や、授業中盤の展開時における全体への注意喚起、そして、授業後半のまとめの活動で行われる鑑賞会の場面に多く見られる。つまり、主担当教員が全体に向けて活動説明や指示、児童生徒への呼びかけをする際に、【副担当教員による個別説明】が行われている。

　授業では、主担当教員が授業運営を行い、副担当教員は個別の児童生徒に対して支援を行う。参与観察で特徴的であったのは、全体に向けて行われる主担当教員の説明に対して、副担当教員がその内容を復唱した

り、支援する児童生徒に同一内容を再度伝えたりする場面が多く見られたことである。例えば、B-1の授業では、授業開始時の挨拶の場面で当番の児童が「姿勢」と言うと、副担当教員が個別の介助に入る児童に対して、「○○くん、姿勢」と改めて声をかけている。同様に、A-1でも、主担当教員から授業内容が説明されると、同一内容を再度生徒に伝えている。これは説明のみならず、発問の場合でも同様である。一人の教員が全体に対して何らかのアナウンスを行った場合には、その内容は副担当教員によって、再度児童生徒に伝えられている。

　これには3つの理由があると考える。1点目は、全体に対する語りかけが児童生徒一人ひとりに伝わらないことへの危惧である。内容伝達のためには、児童生徒の実態に合致した距離や方法が考慮されなければならない。特に言葉でのコミュニケーションが困難な児童生徒に対してはなおさらである。そのため、主担当教員からの伝達内容がより正確に児童生徒に伝わるように、副担当教員は、体に触れる、児童生徒の顔の前で説明する、補足説明をするなどして、活動内容がより正確に児童生徒に伝わるように働きかけている。そして、2点目の理由は、児童生徒の参加意識を高めるためである。これも1点目と同様、児童に説明内容が伝わっていないことへの危惧と関わっている。個別に話しかけることで、当事者意識を高め、授業への積極的な参加を促している。3点目は児童生徒の様子の確認のためである。語りかける際に教員は、同時に児童生徒の表情を確認している。児童生徒の表情を頻繁に確認することで、児童生徒の意欲や体調の変化などを探り、教員が受け取った印象を元に、声かけの際の方法を変更・調整している。例えば、覚醒レベルが低い場合には、個別の語りかけの時に体をゆすったり少し大きな声で話したりする場面も見られた。また、説明に対して笑顔が見られた場合には、うれしさを共有するような声の調子で語りかけている。

　このように、副担当教員は担当する児童生徒の実態に合致した方法で個別に情報伝達を行う役割を果たしている。

副担当教員の役割 − 2 ）【副担当教員の主担当教員化】
定義：造形活動において、副担当教員が主担当教員の役割を担うこと。

　授業では、多くの場合導入時に主担当教員から授業内容の説明がなされる。この時点において、主担当教員は授業全体の運営を行い、題材の説明や発問、そして授業で用いる教材教具、技法の説明を行う。そして、副担当教員は、先述の【副担当教員による個別説明】で示した通り、主担当教員の説明を聞き児童生徒に適切な形で伝達を行う役割を担う。その後、導入時の説明が一通り終わり個別に行われる作品制作に入ると、マンツーマン、もしくは教員1名に対して児童生徒1〜2名の体制で作品制作が行われる。個別に行われる作品制作が始まった時点で、副担当教員の役割は導入時に比べて大きく変化する。個別の作品制作に入ると、担当の児童生徒が用いる教材教具の選択、作品の制作技法の選択、支援方法、展開方法はすべて副担当教員に委ねられることになる。この時点で副担当教員は当該児童生徒にとっての主担当教員となる。つまり、作品制作の工程に入った時点で副担当教員は主担当教員の役割を担うのである。

　副担当教員が担うのは個別の実態に応じた身体的、認知的配慮にとどまらず、作品づくりの根幹に関わる発想や構想、そして用いる技法についても副担当教員の裁量の範囲で判断し、選択され指導が行われる。これらの指導内容や方法は、一般校では主に美術を専門とする教員が果たす役割であるが、特別支援学校の重複障害学級で行われる重度・重複障害児を対象とした造形活動では副担当教員が担っている。

　このように、授業運営上の主担当教員、副担当教員という一応の位置づけはあるが、特別支援学校の重複障害学級では、必然的に児童生徒に最も近い位置で関わる副担当教員が主担当教員の役割を担うことになる。つまり、造形活動においては副担当教員の役割は決して補助的な役割ではなく、一人ひとりの教員が支援を担当する児童生徒にとっての主担当教員の役割を担うのである。

副担当教員の役割－3）【個別実態の把握と支援方法の検討】
定義：児童生徒の実態に応じた支援方法が選択されること。

　重度・重複障害児を対象とした造形活動で、先述の【副担当教員の主担当教員化】が起こることには理由がある。それは、一人ひとりの実態が異なるため、同一クラスで同一題材を設定したとしても、個別の児童生徒が必要とする支援は異なるからである。1つのクラスの中には自立的に絵を描くことが可能な児童生徒から、筆を握ることも困難な児童生徒まで様々な実態の児童生徒が在籍している。そのため、実態に合致したきめ細やかな支援が必要となり、造形活動では児童生徒に直接関わる副担当教員によって、一人ひとりの実態に応じた介助・支援方法が模索される。その結果、副担当教員が作品制作に関する指導、及び介助・支援の全般を担うことになる。

　主担当教員化した副担当教員の重要な役割が、ここで示す【個別実態の把握と支援方法の検討】である。例えば、B-1において主担当教員が示したことは、小麦粉に水や絵具を加え、カラー小麦粉粘土を作って遊ぶことであったが、副担当教員が選択した制作方法や作品制作に至る過程は一人ひとり異なっていた。ある教員は、小麦粉粘土を叩いて平たく伸ばしながら制作活動を行い、また、別の教員は、小麦粉粘土をちぎって遊びながら制作活動を行っていた。このように、個別の支援方法は副担当教員が児童生徒の実態に応じて判断し、実施している。

副担当教員の役割－4）【題材の理解と価値の付加】
定義：副担当教員が、題材のねらいや内容を理解した上で、自らの知識
　　　や技能を生かして題材の教育的価値を高めること。

　造形活動において、副担当教員の立場であるd教諭が、「何をさせたいかっていう、主担者のねらいを逸脱するのは、だめだと思う」や、「サブで入っている人が、授業のねらいは何か、っていうことを把握しておくことは大事なこと」と述べているように、副担当教員は、主担当教員が授業で目指す目標を理解し、その目標や内容に沿った指導となるように配慮している。また、美術の主担当教員であるa教諭も、副担当

教員に求めることの一つに、「自分の考えていることを理解してくれる人」であることを挙げ、同じく b 教諭も、「何か、一つ、こうやろうっていう提案をしたら、みんなが一斉にできる感じの教員集団がいい」と述べている。つまり、主担当教員を中心として、副担当教員が同一の目標や授業の方向性を共有することが望ましいと考えられているのである。

　しかし、副担当教員の役割は、単に主担当教員の意向を理解するだけではないと a 教諭は述べている。a 教諭は、授業前に副担当教員に作品づくりをしてもらうように働きかけている。すると、「こういうのあるといいんじゃないかしらって、こういうの作ってみたんだけど」といって、技術科を専門とする教員が、刻印のための焼きを入れる鉄製の教具を作成してくれ、より効果的な制作方法を助言してもらえたことを語っている。このことから、a 教諭は、次のように述べている。

　　自分の思ってること、考えてることは理解してほしいのと、プラス、さらにその先生独自の、その授業のラインにのっとった上でさらに枝葉を広げてくれる人が複数いるといい。対応者じゃなくて、さらに提案を勝手にやってくれる人。そういうのがベストかなって思いますね。

　このことは、同じく美術の主担当教員である b 教諭も同様のことを述べている。b 教諭は、「教員も得手不得手はあるので、みんながいい所を出し合って調和されてる。なんとかね、やろうとしてくださる人が多いのに甘えながらやっているって感じですね」や、題材開発の際に「いろんな教科の先生がいろんな角度から取り組まれているのを見てっていうのもありますね」と語っている。さらに、副担当教員である d 教諭も学年集団の中に自立活動を専門とする教員が在籍していることの有用性について語っている。つまり、副担当教員の役割として、まず題材の目標を理解すること、そしてその上で各副担当教員が持つ専門性を上乗せする形で生かしていくことが望ましいと考えられているのである。

副担当教員の役割−5）【個別実態と作品内容の合致】
定義：児童生徒の個性を作品内容として反映させること。

　インタビューでc教諭は、造形活動では「児童生徒の個性」が作品内容として反映されることが望ましいと述べている。このように、副担当教員は児童生徒の能力や特性、そしてその人らしさが作品内容と合致することを望んでいる。このことは、A-3の授業で、フェルトの色を選ぶ際に児童生徒が好きな赤が選択されたり、B-1の授業で児童が興味を持った引っ張る活動を多く取り入れて作品づくりが行われたりすることとも共通する。このように、副担当教員は単に見栄えの良い作品をつくることを目指しているのではなく、児童生徒の興味関心や嗜好、得意な体の動きなどといった個別の実態が作品に反映されるように配慮している。

　しかし、その一方で副担当教員は自身が選択した作品テーマや制作方法に関して不安も感じている。副担当教員であるc教諭は「全員美術の専門家ばかりではないので、やっぱり専門家の美術の先生にアドバイスをもらって作品をつくる」と述べ、d教諭も「主担当の先生は、形あるものが出来上がらないといけないとは思ってないと思うけど、どうしてもやっぱり何かそれに近づけるようなことになってしまう」と語っている。副担当教員の多くは美術の非専門であり、児童生徒の実態と作品内容の両者を合致させることを望みつつも、その方法を見出すことについて不安を感じている。この点については、主に図画工作科、美術科を専門とする教員の補完、補助、支援、そして題材のねらいを明確に示すことが必要となる。

⑵TTにおける「副担当教員の役割」の理論的構造

　カテゴリーⅦ「副担当教員の役割」で示した5種類の概念、【副担当教員による個別説明】、【副担当教員の主担当教員化】、【個別実態の把握と支援方法の検討】、【題材の理解と価値の付加】、【個別実態と作品内容の合致】は3つの下位カテゴリーとしてまとめることができる。
　まず、【副担当教員による個別説明】は、副担当教員の≪変換的伝達≫

として位置づけられる。「変換」とは、何かが 1 つの状態または段階からもう 1 つに通過するときに、変わり改まること、もしくは変え改めることである。この、≪変換的伝達≫が行われるのは、主に全体指導の場面である。主担当教員が集団全体に対して指導や説明を行う際に、副担当教員によって、≪変換的伝達≫が行われている。授業導入部やまとめの段階で全体に対して行われる説明や演示は、ある児童生徒には適した方法であっても、別の児童生徒ではあまり効果が無いということもある。極端な例で言えば、視覚障害を伴う重度・重複障害児であれば、視覚的な支援は効果が無く、主に触覚的・聴覚的支援が必要となる。あくまでもこれは極端な例ではあるが、知的障害の段階によって理解可能な内容や方法は異なり、一人ひとりの実態も表出行動の現れ方が異なったり、興味関心が異なったりする。さらには、当日の体調によっても効果的な伝達方法は異なる。そのため、副担当教員は、授業運営を行う主担当教員の説明や演示、そして、示された視覚的教材を、児童生徒に分かりやすく、児童生徒が理解可能、もしくは理解可能であろう最善の方法にアレンジして、児童生徒に内容や状況を伝達している。この介助・支援は、支援する児童生徒にとって、翻訳家のような役割として位置づく。副担当教員は、一人ひとりの違いに応じた伝達方法を瞬時に判断し、改変することで個別説明を行っているのである。

　次に、【副担当教員の主担当教員化】、【個別実態の把握と支援方法の検討】は、≪副担当教員の主担当性≫として位置づけられる。≪副担当教員の主担当性≫が最も顕著に表われるのが個別の制作段階である。集団全体に向けて行われる指導の段階から個別の制作を行う段階への移行に伴い、特別支援学校の重複障害学級における造形活動においては、副・主の転換が起こる。【個別実態の把握と支援方法の検討】でも示した通り、同一クラスで同一題材を設定したとしても、個別の児童生徒が必要とする支援は異なる。そのため、一人ひとりの実態に応じた介助・支援方法の検討が必要となる。この、個別の実態に応じた関わりを行うことが、副担当教員の役割となる。つまり、副担当教員が、作品制作に関する指導、及び介助・支援の全般を担い、支援を担当する児童生徒に

とっての主担当教員の役割を果たすのである。

　最後に、副担当教員の役割に関する残り2つの概念である【題材理解と価値の付加】、【個別実態と作品内容の合致】は、下位カテゴリーの≪副担当教員の専門性≫に含まれるが、意味内容としては2つの概念は相反する概念として位置づく。【題材理解と価値の付加】は、副担当教員が有する専門性を発揮する概念として、そして、【個別実態と作品内容の合致】は教員同士の専門性の補完や援助を必要とする概念として位置づく。

　まず、【題材理解と価値の付加】である。もし、仮に副担当教員がすべて主担当教員の指示通りに動くのであれば、一人ひとりの教員が持つ真価を発揮できている状況とは言い難い。なぜなら、教員は一人ひとりが独立した教育の専門家なのである。インタビューの中で、a教諭やb教諭が語っているように、主担当教員は題材の目標や目的から外れない範囲で、副担当教員が持つ知識、技能等の専門性を生かした、創造的な価値の付加を望んでいる。副担当教員の専門性には様々な内容が含まれ、a教諭は、教具作成時に他の教員が持つ専門性が発揮されたことでより充実した活動に展開したことを語り、d教諭は、自立活動の専門性を有する教員が集団に含まれることの有用性を語っている。つまり、造形活動の内容の充実、そして児童生徒理解や支援の充実等、副担当教員が専門性を発揮できる機会や場面は多様であり、これが、b教諭が述べる「得意なことを生かしてもらって」という発言が含む意味内容となる。例えば、児童生徒が筆を用いる場合の握り方、児童生徒の姿勢、教員のポジショニング等の支援方法に関しては、自立活動を専門とする教員の知識や技能が発揮される内容となる。副担当教員が持つ専門性とは、造形活動以外の各専門教科や自立活動の内容、そして障害特性の理解や個別の児童生徒理解等様々である。これらの、一人の教員では持ちえない幅広い知識や技能といった専門性を発揮し、集合させることが【題材理解と価値の付加】である。

　しかし、造形活動に限定すれば、授業中に行われる主な活動は作品制作となる。作品制作において副担当教員は、児童生徒が持つ能力や特性

を最大限発揮させるために、作品のテーマの決定、児童生徒に提示する教材・教具や色、形の選択を行うこととなる。しかし、【個別実態と作品内容の合致】でも示した通り、美術の非専門の教員は、児童生徒の実態と作品内容の両者を合致させる方法を見出すことについて不安を感じている現状もある。この点については、主に図画工作科、美術科を専門とする教員の補完、補助、支援が必要となる。

　このことから、≪副担当教員の専門性≫の中には、発揮されるべき専門性と、主担当教員の補完、補助、支援を必要とする専門性が含まれるといえる。これら、副担当教員が有する専門性の2つの相反する内容を理解することで、教員同士の連携はより円滑に行われるのではないだろうか。

　以上のことから、カテゴリーⅦの「副担当教員の役割」に関する理論的構造は以下のように示すことができる。用いる記号の意味内容は、≪　≫：下位カテゴリー、【　　】：概念となっている。

●造形活動のTTにおける「副担当教員の役割」の理論的構造
　　≪変換的伝達≫
　　　　【副担当教員による個別説明】
　　≪副担当教員の主担当性≫
　　　　【副担当教員の主担当教員化】
　　　　【個別実態の把握と支援方法の検討】
　　≪副担当教員の専門性≫
　　　　【題材の理解と価値の付加】
　　　　【個別実態と作品内容の合致】

---

(3)副担当教員の役割における指導の観点

　前述の内容を踏まえ重度・重複障害児の造形活動のTTにおける副担当教員の役割に関する指導の観点を示す。

≪変換的伝達≫

　●主担当教員から示された内容を適切な方法で児童生徒に伝達できているか。【副担当教員による個別説明】

≪副担当教員の主担当性≫

　●担当する児童生徒にとっての主担当教員であるという意識を持って指導を行なえているか。【副担当教員の主担当教員化】

　●担当する児童生徒の実態を的確に把握すると共に適切な支援が行えているか。【個別実態の把握と支援方法の検討】

≪副担当教員の専門性≫

　●示された題材に対して、副担当教員の持つ知識、技能などの専門性が付加されているか。【題材の理解と価値の付加】

　●児童生徒の実態が作品内容として反映されているか。【個別実態と作品内容の合致】

２．カテゴリーⅧ「主担当教員の役割」

　重度・重複障害児を対象とした造形活動を担当する主担当教員の役割は、指導計画の立案、題材開発、授業運営など、一般校と同様の役割がある。本節では、それらを網羅して示すのではなく、リサーチ・クエスチョン３）に基づき、教員間の関わりに特化した分析結果を示す。分析の結果、造形活動のTTにおける「主担当教員の役割」は、１）【副担当教員への伝達】、２）【専門性の発揮】の２つの概念で示すことができた。以下、詳細を記す。

⑴生成概念と定義

主担当教員の役割－１）【副担当教員への伝達】

定義：副担当教員の題材理解を深めるために説明、助言を行うこと。

　授業の進行は、一般校と同じく基本的には導入、展開、まとめの構造を持つ。授業の導入部では、本時の内容、技法、用いる教材教具、題材に関連する参考作品や制作方法、題材設定のねらいが提示される。重度・重複障害児を対象とした造形活動における導入部に特徴的なことは、児

童生徒が内容を認識できているという前提で進められていることである。説明の際には、画家が描いた作品の図録や雑誌の写真等、視覚的な教具が用いられ、児童生徒に分かりやすく説明することが図られている。しかし、多くの導入部の説明には高度な内容を含む場合が多い。例えば、制作工程の説明では、各工程で用いる教材教具の説明や単位時間の活動見通しが主担当教員から示される。これらの説明は、児童生徒の実態を鑑みた場合、児童生徒が理解するのは難しいのではないかと感じることが多い。

　このような説明を行う理由は、児童生徒に対して説明を行うことのみならず、個別の支援を行う副担当教員に対しても行われているためである。つまり、授業導入時に行われる説明は、個別の児童生徒の介助・支援を行う副担当教員の題材に対する理解の深化を促すためにも行われている。特別支援学校の重複障害学級では、先述の通り、【副担当教員の主担当教員化】が起こる。その際、副担当教員が、題材の意図や用いる教材教具、そして支援方法や制作手順について理解・把握していなければ、個別の制作を行う段階でたちまち行き詰ってしまう。先述の通り、副担当教員のほとんどは美術の非専門であり、造形活動において、特に個別実態を作品内容に反映させることに少なからず不安を感じている。そこで、主担当教員はその不安を解消し、作品づくりの方向性や題材設定の背景、具体的な制作手順や用いる教材教具、そして技法の様々な可能性を副担当教員に伝達することで、個別の制作段階における児童生徒のより充実した活動を実現しようとしている。逆に、導入段階での説明が不十分で、副担当教員が題材の特質や方法について理解できていなければ、追加説明が必要になったり、個別に行われる支援の質が高まらなかったりする可能性がある。そのため、主担当教員は、実質的に児童生徒が理解することが困難な内容であっても、導入部に高度な内容を含む説明をしている。このことについて、齋藤（2003a）は、副担当教員に対して、「生徒の表現は十人十色」であることや、「活動すべてを『作品』として捉える」ことなどを指導上の配慮事項として伝えている[2]。また、b教諭も指導案を早めに配ったり、朝の会で当日の授業内容の概要を連

絡したりする等、副担当教員への実践題材の周知を図っている。さらに、a教諭は実際に副担当教員に実施題材を先行体験してもらっていることを語り、「やってもらえると先生達も腑に落ちる。そうすると介助の時もね、どのくらい手を貸してどのくらい引くべきかっていうのは分かってもらえるような感じがして。それが一番大切だよね」と述べている。このように、主担当教員は、副担当教員に対して題材の意図や内容、配慮事項に関する理解を促している。

主担当教員の役割－2）【専門性の発揮】
定義：副担当教員に対して、美術の専門的知識や方法、技術に関する助
　　　言を行うこと。
　主担当教員の役割として、これは当然のことでもあるが、美術に関する専門性を発揮することが挙げられる。つまり、作品づくりにおける美術の専門的知識や方法、技術に関する助言である。副担当教員であるc教諭が、「b先生は専門家なので、こうしたらいい作品ができるんじゃないかという事をアドバイスして下さるので、そのアドバイスを大切にする」と述べている通り、主担当教員による、造形指導や制作方法に関する助言は、作品づくりの方向性や方法を示すものとして副担当教員から重視されている。
　また、専門性が発揮される範囲は、単に作品の造形的な良さや美しさに関わる内容だけではない。同じくc教諭が、「美術の主担当の先生が、『肢体不自由の生徒はこうしたら塗りやすいよ』とか言って下さるので助かりますよね」と述べている通り、【専門性の発揮】には、個別の児童生徒の実態に応じた支援方法を副担当教員に助言、提案することも含まれる。個別の児童生徒の実態と美術の専門性との両方に関わる助言の内容としては、授業の連続性や、これまでの活動の積み重ねを意識した助言が行われる。さらにb教諭は、支援の度合いに関する助言を行っていることも語っている。もちろん、各児童生徒の実態は副指導教員の方がより詳細に把握している場合が多い。しかし、把握している実態を造形活動に活かすためには、どのような方法や教材教具が最も適している

のかといった専門性に関わる知識や方法、技術も必要となる。その際に、主担当教員が持つ美術の専門的知識や技能が発揮されている。

　つまり、特別支援学校の重複障害学級における図画工作科、美術科の専門性とは、図画工作科、美術科の教科内容に関する知識、技能を有することのみならず、個別の児童生徒の身体的・知的障害の状況や実態に応じて主担当教員が有する知識、技能を適用させ、児童生徒の意欲を高めると共に、児童生徒が有する能力や個性を最大限発揮させることができる職能であるといえる。

(2)TTにおける 「主担当教員の役割」 の理論的構造

　カテゴリーⅧの「主担当教員の役割」には、先述の 2 種類の概念が含まれる。具体的には、【副担当教員への伝達】、【専門性の発揮】である。これら 2 つの概念は、≪間接的指導≫としてまとめることができる。≪間接的指導≫とは、児童生徒に対し副担当教員を介して間接的に行われる指導である。重度・重複障害児の造形活動では、主担当教員が行う図画工作科、美術科に関する知識、技能や方法に関する助言は児童生徒に直接行われるのではなく、主に副担当教員に対して行われている。なぜなら、まず重度・重複障害児の多くは言語による理解が困難であること、そして、個別の児童生徒に直接指導・支援を行うのは副担当教員だからである。つまり、主担当教員による児童生徒への指導は【副担当教員への伝達】を介して行われている。このことが、重度・重複障害児の造形活動における主担当教員の役割の特徴的な点である。

　そして、主担当教員の役割のもう一つの概念である、【専門性の発揮】も、≪間接的指導≫に関わる。【専門性の発揮】には指導法や制作方法、作品の方向性と合致した効果的な技法や色、材料の選択等、図画工作科、美術科の専門性に関わる内容の副担当教員への伝達、助言、さらには児童生徒の障害特性に応じた最適な支援の提案が含まれる。この、伝達や助言を通して、主担当教員は児童生徒への≪間接的指導≫を行っているのである。

　多くの教員は他の活動での経験や、個別の指導計画作成、保護者からの情報を通して、児童生徒の全般的な実態把握を行っている。しかし、

造形活動のような図画工作や美術の専門的な内容を含む活動を行う場合、把握した実態と作品制作をどのように結びつければよいのかということに困惑することがある。その際に主担当教員に必要な専門性とは、単に題材で用いる美術に関する知識・技法のみならず、どのように児童生徒が使用すれば活動がより楽しく、児童生徒の力が発揮され、そして児童生徒らしさが反映される作品を制作することができるのか、といった支援に関する知識・技能の範囲までを含んでいる。

　以上のことから、カテゴリーⅧの「主担当教員の役割」に関する理論的構造は以下のように示すことができる。用いる記号の意味内容は、≪　≫：下位カテゴリー、【　】：概念となっている。主担当教員が、これらのことを意識する事で、より有効な教員同士の関係と児童生徒への指導が可能になると考えられる。

> ●造形活動のTTにおける「主担当教員の役割」の理論的構造
>
> 　≪間接的指導≫
>
> 　　　【副担当教員への伝達】
>
> 　　　【専門性の発揮】

⑶主担当教員の役割における指導の観点

　前述の内容を踏まえて重度・重複障害児の造形活動のTTにおける主担当教員の役割に関する指導の観点を示す。

≪間接的指導≫

　　　●副担当教員に対して、個別の活動の際に有効な題材の内容・方法に関する伝達が行われているか。【副担当教員への伝達】

　　　●副担当教員に対して、造形活動に関する専門性を踏まえた助言が行われているか。【専門性の発揮】

3．カテゴリーIX「教員集団の役割」

　カテゴリーIXの、TTにおける「教員集団の役割」には4種類の概念が含まれる。具体的には、1）【教員集団の柔軟性】、2）【雰囲気づくり】、3）【個別活動の言語化と集団での共有】、4）【教員同士の全生活的関わり】である。以下、詳細を記す。

⑴生成概念と定義

教員集団の役割−1）【教員集団の柔軟性】

定義：活動の状況に応じて、最も適した集団編成や支援方法が適宜検討
　　　されること。

　特別支援学校の重複障害学級における教員集団は、固定化されたものではなく、常に流動的な性格を持ちながら状況に応じて変化している。この教員集団の組織的な変化は、分析の中で2点見出すことができた。1点目は［可変的集団構成］、2点目は［適時検討］である。これらについて以下、詳細を述べる。

　1点目の［可変的集団構成］とは、複数の教員が状況に応じて支援を行う人数や集団編成を検討・調整することである。例えば、A-3のフェルト作りの授業場面の中で、教員2名、生徒2名という状況があった。この場合、マンツーマンであるため、2名の生徒が同時に制作を行うことが可能である。しかし、教員同士で相談が行われ、生徒1名に対して教員2名が支援を行うという体制が組まれた。この体制を取った理由は、2名の内、1名の生徒が、衝動的な行動傾向の生徒であり、その生徒は手の動きが激しく、引っ張る、口に入れる等の行動がみられるためである。また、フェルトづくりではお湯（ぬるま湯）を使用し、本人や周囲が濡れてしまうということが懸念されたため、1名の教員がお湯の入った洗面器を持ち、もう1名の教員が生徒に手を添えてお湯につけ、羊毛をもみ込むという支援体制がとられた。当然、1名の生徒に対して2名の教員が介助についているため、もう一方の生徒は待つことになる。しかし、状況を鑑みて、より安全に、そして実態に合致した活動を行うため、上記のような体制がとられていた。

　また、この柔軟な集団編成は、上記のように組織的に行われるだけではなく、日常的にも個人レベルで行われている。例えばA-1では、1名の副担当教員（e）が、支援をしている生徒の制作が終了したため、その場を離れ、まだ制作が終わっていない別の生徒と副担当教員のペアにフォローに入る場面が見られた。覚醒レベルが落ちている生徒に対してフォローに入った副担当教員（e）が、顔を触りながら「おーい、寝るなー」と声をかけ、気持ちを制作に向けようと試み、主な担当である副担当教員（f）は生徒と一緒にスポイトを握り、「力入れてみようねー」と言いながらマーブリングの染料を落としていた。この場合に、副担当教員（e）がフォローに入ることができたのは、自身の担当している生徒の制作が終了していたこと、そして、その生徒が短時間なら離れても安全上問題が無いこと、そして離れた時に主担当教員等の別の教員がフォローして生徒を観察できる状況であることが条件となる。その条件を満たした場合には、このように2名の教員で1名の生徒に対して介助・支援を行うことができる。つまり、この事例は全体に対する状況判断のもとに、周りで困っている状況は無いか、そして、今この場を離れられる状況かといった現状を確認した上でフォローに入り、さらには、副担当教員（e）が移動したことで生じる変化に対しても他の教員が連鎖的に対応できているケースであるといえる。

　その他にも、配置を状況によって変更するパターンとして、障害程度の違いがある。教員の人数に対して児童生徒の人数の方が多い集団の場合、その中で知的レベルが高く、自立的な活動が可能な児童生徒であれば、全介助の児童生徒を組み合わせて対応する、もしくは知的レベルが高く、自立的な制作が可能な児童生徒が2〜3名いる場合には、その児童生徒全員に対して1名の教員が対応するなど、特別支援学校の重複障害学級では、常に状況に応じた体制が検討・実施されていた。

　このように、教員集団は流動的に変化しながら状況に応じて柔軟に構成されており、まさにケース・バイ・ケースで集団編成が行われている。集団編成では、教員の目がすべての児童生徒に行き渡るように配慮されている。これらは、事前の打ち合わせによる場合もあるが、刻々と変わ

る状況に応じて臨機応変に対応しているのである。さらに、c教諭は、適宜行われる臨機応変の対応が「あ・うんの呼吸」であることが望ましいと語っている。「あ・うんの呼吸」について、c教諭は、何も言わなくても、「こういう時は誰がどういう手を出すのかっていうのが分かっていること」、そしてそれが「期待通りのこと」であることと述べている。つまり、言葉を介さなくとも、暗黙の了解として教員集団が同一レベルで状況を判断し、最も効果的な支援や体制を実行できること、そして1人の教員の判断、行動に対して集団内の齟齬が無い状態が、教員集団の機能として望ましいと考えられているのである。

　次に、2点目の［適時検討］である。［適時検討］とは、複数の教員で支援方法を議論、決定することである。教員同士の関係で柔軟性が見られるのは、先に挙げた集団編成のみならず、個別の児童生徒の支援方法・制作方法についても適宜相談がなされる。制作は基本的にマンツーマンかそれに近い体制で行われるが、この1つのユニットは完全に独立したものではなく、より適した方法を模索していくために、教員同士で検討が行われる場合がある。A-4の授業では、制作に用いる素材の選択や制作方法に関して、主担当教員と副担当教員による相談が行われている。また、副担当教員同士でも話し合いや検討が適宜行われており、A-1では、制作の姿勢に関して副担当教員2名が相談をし、結果、車椅子のテーブルを外し、美術室のテーブルを使用するという方法が採用された。このように、教員は細やかな環境設定のために意見を出し合い、最も適した支援方法を検討している。支援方法については、c教諭も「つい私が手を出しすぎると、他の先生が『こうやった方がいいよ。』と言って下さるので、それを参考にしながらやっております」と述べている。また、［適時検討］は支援の方法のみならず、c教諭が「他の生徒さんの作品を見て、いいところは盗んで」や、「他の先生の取り組みを見ながら、いいところは私も真似しながら」と語っているように、作品制作の方法に関する情報交換も行われている。

教員集団の役割－2）【雰囲気づくり】

定義：活動場面において、児童生徒と教員の間にある気分、ムード、趣
　　　き、空気感といった、集団の感じに留意し、児童生徒が活動しや
　　　すい状況を作り出すこと。

　重複障害学級では、教員が明るい雰囲気づくりを心掛けている。例え
ばA-4の授業では、導入時の説明で、主担当教員が活動で用いる教材
教具や制作方法を説明すると、副担当教員が、「おー」や「なるほどー」
といった返答を行っている。また、B-1の授業ではある児童と教員の
ペアが歌い出したのをきっかけに、他のペアも同じ歌を一緒に歌いなが
ら制作を行っている。これらは集団の士気を高めるための発揚的な発言
であったり、集団の一体感を醸成することを意識したものであったりす
る。さらに、文献においても授業の雰囲気に関する記述があり、高橋
（1974）は「自由で創造的・個性的な学習活動を展開させていけるよう
な学級（教室）のふん囲気の醸成」[3]が重要であると述べている。これ
らの雰囲気づくりの中心は教員間で行われている。

　では、なぜ授業の雰囲気に留意する必要があるのだろうか。たしかに、
かけ声や発言に対する合いの手をいれることで活動は活性化する。また、
問いかけに対する応答が難しい児童生徒に代わって教員が応答すること
によって授業をスムーズに、かつ盛り上げながら進めることができる。
仮に、造形活動が作品制作だけを目指すものであるなら、このように集
団を盛り上げたり、雰囲気づくりに留意したりする必要はなく、静かな
状態でも構わないはずである。では、重度・重複障害児の造形活動は本
当に作品制作だけの活動なのだろうか。教員による集団の雰囲気づくり
に対する配慮について、B-1のインフォーマルインタビューで「何か
楽しいことが起こりそうな雰囲気を作ることを目指している」ことが語
られたように、造形活動では「意欲的に活動できるための雰囲気づくり」
が目指されている。つまり、児童生徒の力が発揮されるためには、より
明るく楽しい授業の雰囲気が重要であると考えられているのである。児
童生徒が楽しくリラックスしながら生き生きと活動できるために、活動
を行う環境要因として雰囲気づくりは重要視され、明るい雰囲気が目指

されている。これは、主に教員集団によって形成されるが、それは単に教員同士の関係ではなく、児童生徒が楽しくリラックスしながら、活動できるように配慮されたものであるといえる。

教員集団の役割－3）【個別活動の言語化と集団での共有】

定義：個別に行われている非言語的なやり取りや活動の内容を言語化して集団に周知し、共有することで児童生徒に注目させたり、集団活動に位置づけたりすること。

　この概念は、カテゴリーⅢ「社会心理的環境づくり」で示した【主体としての位置づけ】の概念と同様の内容を含む。重度・重複障害児を対象とした造形活動では、先述の通り、制作の体制としてマンツーマンで行われることが多い。その場合、児童生徒と教員との個別のやりとりの中で見いだされた児童生徒のがんばりや変化が、閉じられた関係の中だけで完結してしまうことが多々ある。そのため、個別に行われる非言語的なやり取りを言語化し、集団にアナウンスすることで、集団の中で個別の情報を共有することが試みられている。例えば、A-3では、授業の途中段階で、進捗状況や生徒の様子を発表しあう活動が設定されていた。これも、個別の活動を集団に周知して共有すること、また、個別に行われている活動を集団の中に位置付けていくことが目指されている。個別に見出される内容は、言語化されなければ、制作中に何が行われているのか、児童生徒はどのような様子であるのか、またその様子を教員はどう読み取っているのか、といったことを集団に伝えることができず、個別の支援を行う副担当教員のみが把握しているという状態を作り出してしまう。そのため、教員は【個別活動の言語化と集団での共有】を教員同士で行うことで、カテゴリーⅢ「社会心理的環境づくり」で示した児童生徒の≪活動の社会化≫を試みているのである。

教員集団の役割－4）【教員同士の全生活的関わり】
定義：日常生活全般での教員同士の関わりを重視し、より良い人間関係
　　　の形成が目指されること。

　教員同士の関係について、最も重要視されるのは、b教諭が述べる
「人間関係のよさ」である。この、「人間関係のよさ」について、b教諭
は「指摘はしあえてもギスギスしない」、「皆がいいところを出し合って
調和される」、「何か、一つ、こうやろうっていう提案をしたらみんなが
一斉にできる感じの教員集団」であると述べている。同様の発言として、
d教諭は「何でも言える関係」、そしてc教諭も「なんでも聞ける関係っ
ていうのがいいと思うんですよね」と述べている通り、活発な意見交換
が行える人間関係が望ましいと教員は考えている。しかし、実際には、
b教諭が「言えない時がある」やd教諭が「指摘のように取られるんじ
ないかと思ったら言いにくかったりする」と述べている通り、難しい問
題としても受け止められている。教員同士の意見交換を抑止している背
景として、他の教員に対して述べた意見はそのまま自分自身の実践に対
する批判性を帯びた意見としてはね返ってくると考えられている。

　この状況を打破する方法として、c教諭、d教諭が述べているのが、
「日々の雑談」の重要性である。もちろん、雑談であるため、他愛もな
い内容から児童生徒の課題に至るまで様々な話題を含むが、日々の生活
の中で教員同士のコミュニケーションがとられ、会話が行われることが
重要であると考えられている。その延長線上に授業内容や指導方法に関
する意見交換が日常的に行われることが望ましく、フランクな雰囲気の
中で、教員の専門性や意向に委ねられている領域に踏み込むことで、あ
る程度の緊張感を保ちながら教員の力量を向上させていくことに繋がる
と考えられているのである。

　そのために必要な教員の能力として、d教諭は、「幅広い年齢の中で
どの年齢層ともコミュニケーションが取れる」ことであると述べている。
特別支援学校の重複障害学級では、様々な経歴を持つ20代から50代ま
での幅広い年齢層の教員でTTが編成される。そのため、多様な教員と
のコミュニケーション能力が必要であるとd教諭は述べている。

　そして、もう 1 つ、教員が重視することとして、安定した集団であることが挙げられる。安定するとは、授業に入る教員の出入りが少ないということである。d 教諭は、「なかなか、授業に入る教員が固定されずにシャッフルになったり、入れ替わったりするような時には、やっぱり系統だてて授業運営するのが難しい」と述べ、同様に b 教諭は、「落ち着かない教育環境は学校の中では辛いなあっていうのはありますね」と述べている。逆に安定した集団であれば、c 教諭が「教員集団が昨年度と同じだったんですよ、4 人が。一人抜けて私が入っただけなので。雰囲気は昨年からの教員同士でできていたので」や a 教諭が「年数ですね。6 年間一緒に組んでる先生がいて。9 年間の内 6 年なので、もうツーカーで。ああいう先生がいてくれるといいよね」と述べている通り、安定した集団においては教員集団の関係が作りやすく、集団としての機能もより効果的に発揮されると考えられている。このことは、学校や自治体の実情とも関わり、すぐに改善できるものではなく、また、安定した集団がそのまま良い集団であるとは言い切れないが、教員が安定した集団を望む背景には、児童生徒の実態把握の難しさが横たわっていると考えられる。カテゴリーⅡ「コミュニケーション」で述べた通り、児童生徒の実態把握は【全生活的関わり】によって行われる。そのため、スポットで入った教員は、児童生徒の実態が把握しづらい状況となる。そのため、教員は安定した集団の中で日々関わる中で、児童生徒の感情や能力に関する微細な変化を見取っていくことを望んでいると考えられる。このように、教員は授業のみならず、休み時間や放課後も含めた日常生活全般での教員同士の関わりを重視し、より良い人間関係が形成されることを望んでいるのである。

⑵TTにおける「教員集団の役割」の理論的構造

　カテゴリーⅨ「教員集団の役割」に含まれた 4 種類の概念は、4 つの下位カテゴリーとしてまとめることができる。まず、【教員集団の柔軟性】は≪適時対応≫として、【雰囲気づくり】は≪心的環境づくり≫として、【個別活動の言語化と集団での共有】は≪連係の促進≫として、

そして、【教員同士の全生活的関わり】は、≪人間関係の構築≫として位置づけられる。以下、詳細を述べる。

　まず、【教員集団の柔軟性】は先述の通り教員集団の役割における≪適時対応≫として位置づけられる。重度・重複障害児の造形活動は、終始固定された体制で行われるわけではなく、活動内容や児童生徒の特性、突発的な出来事や制作スピードの違いに応じて、集団編成や人員の配分、また、得意分野の発揮等、柔軟性を保持しながら適宜、最も適した体制や支援が試みられている。この、≪適時対応≫が実現するためには、個別の活動を行うのと同時に、集団全体の状況把握がなされ、一人ひとりの教員がやるべきことが適切に判断され、実行に移されなければならない。この、適時対応は、主担当教員のみが采配するのではなく、２、３組の児童生徒と教員とのペアの範囲でも行われていた。このように、特別支援学校の重複障害学級における重度・重複障害児の造形活動では、教員集団による柔軟性のある≪適時対応≫が行われている。

　次に、【雰囲気づくり】と【個別活動の言語化と集団での共有】である。この両者は、カテゴリーⅢ「社会心理的環境づくり」と関わりを持つ。カテゴリーⅢでは、【主体としての位置づけ】、【寛容性】、【楽しさへの志向】、【行為の価値づけ】の４つの概念について、以下のように理論的構造を示した。

カテゴリーⅢ　社会心理的環境づくりの理論的構造（p.154）

　≪活動の社会化≫
　　　　【主体としての位置づけ】
　≪情緒的安寧の保持≫
　　　　【寛容性】
　　　　【楽しさへの志向】
　≪創造的枠組み≫
　　　　【行為の価値づけ】

この理論的構造は、児童生徒と教員との関わりの分析で明らかになっ

た概念と下位カテゴリーである。このことを踏まえ、本節で生成した概念である【雰囲気づくり】と【個別活動の言語化と集団での共有】を比較・対照すると、まず、教員集団の役割としての【雰囲気づくり】は、≪心的環境づくり≫として位置づき、カテゴリーⅢの≪情緒的安寧の保持≫に関わる。そして、【個別活動の言語化と集団での共有】は≪連係の促進≫として位置づき、カテゴリーⅢの≪活動の社会化≫に関わる。

　まず、【雰囲気づくり】が含まれる≪心的環境づくり≫とは情緒的安寧が実現する心理的な環境をつくり出すことである。情緒的安寧とは、本章第 1 節で示した通り、「活気、自信、寛大、喜び、幸福、平穏、思いやりという一連の感情が混じり合い、均衡が保たれる時に現れる包括的で主観的な状態」[4]である。本研究が対象とする重度・重複障害児は障害の重さゆえに、児童生徒自らが情緒的安寧をもたらす集団の雰囲気を作り出すことは極めて難しい。つまり、重度・重複障害児の集団活動における≪心的環境づくり≫は、専ら教員が担っており、教員がつくり出す雰囲気は、そのまま授業中の集団の雰囲気になるといっても過言ではない。もちろん、教員が雰囲気づくりのすべてを担う訳ではなく、児童生徒の発声や表情の変化等の表出が集団の雰囲気に影響を与えることはある。しかし、表出を読み取り、言語化するのは主に教員であり、児童生徒の表出や行動に対するリアクションや質問、そして対話の展開や児童生徒へのフィードバックは教員を介して行われる。このように、カテゴリーⅢの≪情緒的安寧の保持≫をもたらす≪心的環境づくり≫は主に教員集団が担っていると考えられる。

　次に、もう 1 つの下位カテゴリーである≪連係の促進≫も、カテゴリーⅢの≪活動の社会化≫と関連を持つ。≪連係の促進≫とは、児童生徒同士の繋がりや児童生徒と教員との繋がりを教員集団が積極的に作り出し、情報の共有を促すことである。参与観察において教員は、児童生徒を集団の中に位置づけるために、児童生徒が頑張っている様子や心身の変化を言語化し、他の教員に伝達することで情報を共有していた。つまり、複数の教員が対話を行うことによって、間接的にではあるが児童生徒同士、もしくは児童生徒と複数の教員が対話を行っているような状態を作

り出しているのである。

　最後に、教員集団の役割の４つ目の概念である【教員同士の全生活的関わり】は、≪人間関係の構築≫として教員同士の関係の基礎を築くものとして位置づけられる。カテゴリーⅡ「コミュニケーション」では、児童生徒と教員とのコミュニケーションの基礎を築く概念として【全生活的関わり】を示した。全生活的関わりは、児童生徒と教員との関係のみならず、教員同士でも、教員集団をより効果的に機能させるものとして重要視されていた。それは、雑談のレベルから、授業内容や指導方法に関するレベルまで、様々な程度を含む。教員は、日常的にコミュニケーションが図られることが集団の質の向上に関与し、人間関係作りの基礎として重要な役割を果たしていると考えているのである。

　以上のことから、カテゴリーⅨの「教員集団の役割」に関する理論的構造は以下のように示すことができる。用いる記号の意味内容は、≪　≫：下位カテゴリー、【　】：概念となっている。

●造形活動のTTにおける「教員集団の役割」の理論的構造
　　≪適時対応≫
　　　　【教員集団の柔軟性】
　　≪心的環境づくり≫
　　　　【雰囲気づくり】
　　≪連係の促進≫
　　　　【個別活動の言語化と集団での共有】
　　≪人間関係の構築≫
　　　　【教員同士の全生活的関わり】

⑶教員集団の役割における指導の観点

　前述の内容を踏まえて、重度・重複障害児の造形活動のTTにおける教員集団の役割に関する指導の観点を以下に示す。

≪適時対応≫

●教員間で連携して、状況に応じた臨機応変の対応ができているか。【教員集団の柔軟性】

≪心的環境づくり≫

●児童生徒が活動しやすい楽しく和やかな雰囲気を作れているか。【雰囲気づくり】

≪連係の促進≫

●個別に行われている活動での発見を集団に周知し、それを共有できているか。【個別活動の言語化と集団での共有】

≪人間関係の構築≫

●学校生活全般を通した教員同士のコミュニケーションが図られているか。【教員同士の全生活的関わり】

４．造形活動のTTにおける教員間の関わりの理論的モデル

カテゴリーⅦ、Ⅷ、Ⅸを踏まえた理論的モデルは**図25**の通りである。

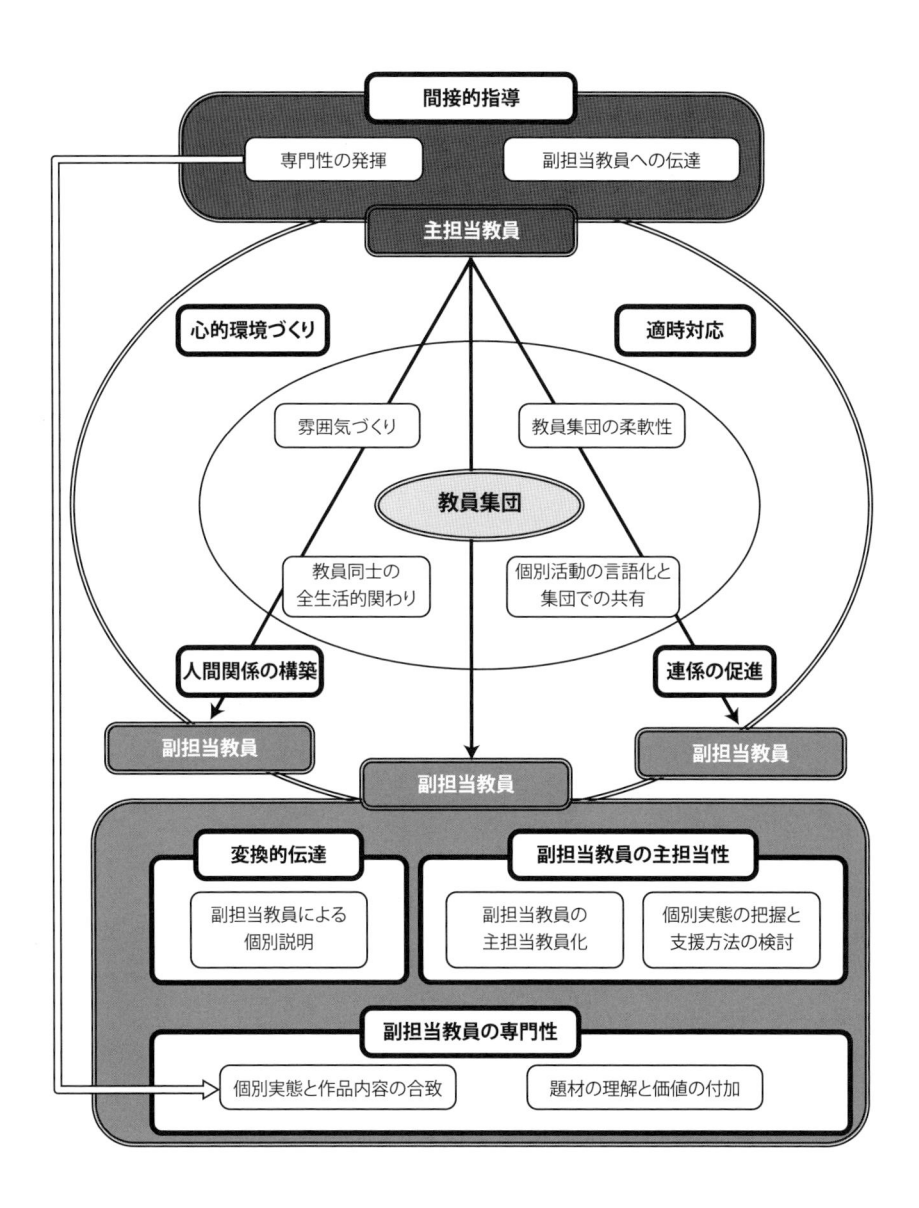

図25　造形活動でのティーム・ティーチングにおける教員間の関わりの理論的モデル

第 4 節　第 2 部の成果

　本節では、第 2 部で生成した 9 種類のカテゴリーの分析結果を要約して示す。

1. ＜カテゴリーⅠ＞「教材教具を介した支援」の分析結果の要約

○造形活動では、健康状態の管理と安全の確保が最優先されている。健康状態に不安が感じられる場合には、すべての活動に優先して健康状態の維持、回復が図られている。また、使用する教材教具についても使用上の安全が確保されている。

　　関連する概念：【健康・安全の優位性】

○児童生徒の実態と合致した支援を行うために、教員は制作する姿勢、児童生徒への伝達方法、制作に用いる教材教具の検討を行い、制作過程では、制作工程の構造化を行うと共に、スモールステップで構造化された各工程の中から児童生徒の得意な工程を精選し、児童生徒の特性が発揮されることを目指して支援が行われている。

　　関連する概念：【姿勢の検討】、【伝達方法の検討】、【教材教具の検討】、【制作工程の構造化と精選】、【特性の発揮】

○造形活動における支援は動的な性格を有し、活動内容や児童生徒の実態に応じつつ、状況に応じて最適な支援の度合いが見極められている。

　　関連する概念：【支援方法の漸次改善】

○題材の内容や支援方法が児童生徒の実態と合致しない場合には、児童生徒不在の、教員による制作となってしまったり、授業の進行が優先されたりする状況になってしまう。

　　関連する概念：【進行優位的状況】

2．＜カテゴリーⅡ＞「コミュニケーション」の分析結果の要約

○児童生徒とのコミュニケーションにおける最優先事項として、児童生徒の主体性の尊重を挙げることができる。これは、重度・重複障害児の主体性が、重い障害ゆえに反故にされやすいことの裏返しである。

　　関連する概念：【主体性の尊重】

○重度・重複障害児とのコミュニケーションは、一朝一夕に可能な訳ではなく、造形活動以外の関わりも含めた全生活を通した関わりを土台としている。また、全生活的関わりは実態把握の促進のみならず、児童生徒と教員との信頼関係の構築にも関わっている。

　　関連する概念：【全生活的関わり】

○造形活動におけるコミュニケーションは、制作活動の連続性の中で行われており、まず、声かけ等による教員による活動の意識化が行われ、次いで教材教具を用いた制作が行われ、その後、児童生徒に現れる［表情］、［発声］、［体の動き］、［視線］等の変化に基づいて表出・行動の洞察が行われ、そこで捉えたことが言語化されている。さらに、児童生徒の状態の確認・判断が行われると共に、教員は自身の確認・判断を内省的に振り返っている。

　　関連する概念：【活動の意識化】、【表出・行動の洞察と言語化】、
　　　　　　　　　【確認】、【内省】

○重度・重複障害児は、重い障害ゆえに、教員が彼らの意思、要求、感情を的確に把握することが困難である。教員は、児童生徒がどのように考えているのか、本当のことを知りたいと思っており、自身の支援方法がもしかすると児童生徒が望んでいるものと違っていたり、解釈が間違っているかもしれないと思っている。

　　関連する概念：【意思疎通の困難性】、【内省】

3．＜カテゴリーⅢ＞「社会心理的環境づくり」の分析結果の要約

○造形活動では、主にマンツーマンかそれに近い体制で制作が行われる。教員は、集団の中で児童生徒が活動・話題の中心となるように、

個別の活動を集団全体の活動の中に位置づけるための発言や働きかけをしている。

　　関連する概念：【主体としての位置づけ】

○造形活動では、児童生徒が情緒的に落ち着いて活動ができるように、おおらかな姿勢で児童生徒の行為・行動を受け入れる雰囲気を作り、活動内容は楽しさが志向されている。

　　関連する概念：【寛容性】、【楽しさへの志向】

○造形活動において、教員は作品の造形的なよさ、美しさと共に、制作過程で出現する児童生徒の行為・行動そのものに価値を見出そうとしている。創造的な枠組みで児童生徒の行為・行動を捉えることで、結果的に、造形活動は児童生徒の様々な行為・行動を受け入れられる許容範囲の広い活動となっている。

　　関連する概念：【行為の価値づけ】

○重度・重複障害児を対象とした造形活動では、教員との共同制作で作品制作が行われる。そのため、教員には作品制作のための創造性と、児童生徒が可能な制作方法を考案する創造性の2つの創造性が求められている。

　　関連する概念：【行為の価値づけ】

4．＜カテゴリーIV＞造形活動における「実態把握」の分析結果の要約

○重度・重複障害児は重い障害ゆえに、言語、もしくは非言語的手段による情報の授受や意思疎通が困難な場合が多い。重度・重複障害児の意思、要求、感情を明確に捉えることは困難であり、児童生徒の実態は常に不明瞭さを含んでいる。そのため、教員は自身の判断の妥当性に関する疑義と、払拭的できない不確実性を感じており、実態把握では、自身の主観的判断を内省的に振り返っている。

　　関連する概念：【意思疎通の困難性】、【内省】

○教員は、児童生徒を取り巻く関係者への聞き取りや関係資料の読み込み、そして直接的な関わりによって実態把握を行っている。教員による情報収集や直接的経験をエビデンスとして「児童生徒像」が

確立されている。

　　　関連する概念：【外部情報の収集】、【実証的確認】

○重度・重複障害児は体調によって時々刻々と体調が変化する場合が
　ある。よって、教員は通常時の実態のみを児童生徒の実態とするの
　ではなく、今、この場の児童生徒の実態についても的確に判断し、
　把握しようとしている。

　　　関連する概念：【適時判断】

5．＜カテゴリーⅤ＞造形活動における「題材開発」の分析結果の要約

○重度・重複障害児の造形活動における題材開発では、一般校におけ
　る造る、描く作品の概念とは異なる概念で活動が捉え直されている。

　　　関連する概念：【造形概念の拡大】

○題材開発を行う場合には、児童生徒が有する可能性に着目し、児童
　生徒の“できること”と“好きなこと”を生かす題材開発が行われ
　ている。

　　　関連する概念：【可能性への着眼】

○題材開発を行う方法は、把握した児童生徒の実態を起点として考え
　る方法と、既存の題材を改変する方法が用いられている。

　　　関連する概念：【把握実態の反映】、【既存題材の活用】

○題材開発で必要となる主な実態は、児童生徒の［現存機能］と［興
　味関心］である。

　　　関連する概念：【把握実態の反映】

○重度・重複障害児を対象とした造形活動の題材では、楽しさが特に
　求められている。

　　　関連する概念：【楽しさへの志向】

○特別支援学校の重複障害学級に在籍する児童生徒の実態は一人ひと
　り全く異なるため、題材開発では個別的な配慮が必要とされている。

　　　関連する概念：【個別的配慮】

6．＜カテゴリーⅥ＞造形活動における「評価」の分析結果の要約

○評価では、出来上がった作品そのものよりも、制作過程が重視されている。

　　　関連する概念：【過程の重視】

○評価は、到達度を測定する評価と共に、児童生徒のよりよい面を肯定的、かつ積極的に見出そうとする評価が行われている。

　　　関連する概念：【積極的価値づけ】

○評価は、［身体］、［伝達］、［意欲］、［共同］、［満足感］の5つの観点で行われている。まず、［身体］は自らの身体的能力を発揮できたかどうか、［伝達］は自らの意思、要求、感情を伝達できたかどうか、［意欲］は活動に関心を持ち、意欲的に取り組めたかどうか、［共同］は支援者と気持ちの交流を行い、協力して制作できたか、そして［満足感］は活動を楽しめたかどうかを評価の観点としている。

　　　関連する概念：【積極的価値づけ】

7．＜カテゴリーⅦ＞造形活動のTTにおける「副担当教員の役割」の分析結果の要約

○学習集団全体に対して説明、指示、問いかけが行われた場合、副担当教員は自身が担当している児童生徒の実態に応じて個別に説明、補足、確認をしている。

　　　関連する概念：【副担当教員による個別説明】

○授業導入部の学習集団全体に対する活動説明や指示が終わり、個別の制作活動が行われる段階になると、それまでは副担当教員であった役割が個別の児童生徒にとっての主担当教員となり、役割の転換が起こる。

　　　関連する概念：【副担当教員の主担当教員化】

○個別に行われる制作活動において、副担当教員は担当する児童生徒の運動特性、興味関心等の実態の把握と、把握した実態に合致した支援方法の検討が必要となる。

　関連する概念：【個別実態の把握と支援方法の検討】

○主担当教員によって提示された題材に対し、副担当教員は題材設定のねらいや内容を理解すると共に、副担当教員が持っている児童生徒や学習内容に関する知識や技能を付加することで、題材の価値を高めることが期待されている。

　関連する概念：【題材の理解と価値の付加】

○重度・重複障害児を対象とした造形活動の場合、作品テーマの決定、児童に提示する教材教具、色、形の選択の多くを副担当教員が担っており、重度・重複障害児の障害特性に応じた制作方法の検討が必要となる。

　関連する概念：【個別実態と作品内容の合致】

８．＜カテゴリーⅧ＞造形活動のTTにおける「主担当教員の役割」の分析結果の要約

○TTにおける主担当教員の役割は、活動内容の説明や指示を児童生徒に対して行うと共に、副担当教員の題材理解を深めるために行われている。

　関連する概念：【副担当教員への伝達】

○主担当教員には、図画工作科、美術科の教科内容に関する知識、技能のみならず、個別の児童生徒の身体的・知的障害の状況や実態に応じて主担当教員が有する知識、技能を適用させ、児童生徒の意欲を高めると共に、児童生徒が有する能力や個性を最大限発揮させることができる職能が求められている。

　関連する概念：【専門性の発揮】

９．＜カテゴリーⅨ＞造形活動のTTにおける「教員集団の役割」の分析結果の要約

○教員集団は、活動の状況に応じて最も適した集団編成や支援体制を適宜検討している。

　関連する概念：【教員集団の柔軟性】

○教員集団は、児童生徒と教員の間にある気分、ムード、趣き、空気感といった集団の感じに留意し、児童生徒が活動しやすい状況を作り出している。

　　関連する概念：【雰囲気づくり】

○教員は、個別に行われている非言語的なやり取りや活動の状況を言語化して集団に周知し、共有することで、児童生徒に注目させたり、児童生徒を集団活動の中に位置づけたりしている。

　　関連する概念：【個別活動の言語化と集団での共有】

○教員間では、日常生活全般の関わりも重要視されており、よりよい人間関係の形成が目指されている。

　　関連する概念：【教員同士の全生活的関わり】

第3部：
重度・重複障害児のQOLを高める造形活動の指導理論

第2部のエスノメソドロジーによる質的研究の成果を踏まえ、第3部では特別支援学校の重複障害学級におけるアクション・リサーチの成果を報告する。第3部の構成は次の通りである。

第Ⅵ章：重度・重複障害児を対象とした造形活動におけるQOL評
　　　　価法の開発
第Ⅶ章：第1期アクション・リサーチ
第Ⅷ章：第2期アクション・リサーチ
第Ⅸ章：第3期アクション・リサーチ
第Ⅹ章：総合考察

　上記の通り、第3部では、最初にアクション・リサーチで用いたQOL評価法を詳述する。その後、合計3期のアクション・リサーチについて、第1期アクション・リサーチでは、第2部で明らかにした造形活動の理論的構造を基に5種類の項目で仮説を設定し、実証的研究を行っている。そして、第2期アクション・リサーチでは、第1期アクション・リサーチの成果と課題を踏まえ、特に授業改善のあり方に焦点化した実証的研究を行っている。その後、第3期アクション・リサーチでは、第1期、第2期とは異なる集団を対象とした実践研究を行い、第1期、第2期アクション・リサーチで有効であった指導が他集団に対しても有効であるか検証している。
　総合考察では、本研究第1部、第2部、第3部の研究成果を統合し、重度・重複障害児のQOLを高める造形活動の指導理論を提示している。

第Ⅵ章
重度・重複障害児を対象とした
造形活動におけるQOL評価法の開発

　本章では、特別支援学校の重複障害学級でのアクション・リサーチに先立ち、造形活動における重度・重複障害児のQOLを測定するための方法を検討する。本研究の目的は、重度・重複障害児のQOLを高める造形活動の指導理論を提示することであり、そのためには、重度・重複障害児のQOLの高まりを見取るためのQOL評価法を示す必要がある。そこで、本章では、現在のQOL評価に関する課題を踏まえ、本研究のアクション・リサーチで用いるQOL評価法を提示する。

第１節　重度・重複障害児を対象としたQOL評価の課題

　文献レビューでも示した通り、重度・重複障害児のQOL評価の課題は、いかに主観的なQOLを測定するかという点である。このことは、重度・重複障害児のコミュニケーション能力と大きく関わる。つまり、主体である重度・重複障害児がアンケートやインタビュー等で自身の感情や幸福感、快・不快等を表現、表明、回答することが困難であるため、重度・重複障害児自身の主観的なQOLの測定が難しいのである。

　このことから、重度・重複障害児・者のQOL評価は、彼らに近い存在である保護者や教員、そして施設職員等による代理評価が中心となっ

ている。ただし、代理評価の妥当性については多くの批判が加えられている。Keith（1996）やGoode（1997）は、代理人がPIMD児のQOL測定に関わる際に問題となるのは、本人と代理人の間に考え方の相互関係が無いことであるとし[1][2]、Schalockら（2002）も、本人の評価と代理人の評価には大きな齟齬が生じる危険を孕んでいることを指摘している[3]。この、重度・重複障害児自身による主観的評価が困難であることが、QOL測定の方法や妥当性がいまだ結論付けられていない大きな要因となっている。

　このような状況の中、現在用いられているQOL評価には、大きく2つの方法を見出すことができる[4]。1つは、民族誌的アプローチである。これは、重度・重複障害児のQOLをより良く理解するために、主に参与観察によって彼らの生活を詳しく記述する方法である。2つ目は、幸福感の行動表出にのみ焦点を絞った測定方法である。これも観察を中心として行われ、微笑や発声など、重度・重複障害児の個別の快の状態を見取るものである。これら2つの測定方法に共通することは、観察による評価であること、そして個別の実態に対応したQOL評価の指標が用いられることである。本研究でも、この2つの共通点を活用した評価方法を開発した。

第2節　第3部で用いるQOL評価の方法

第1項　QOL評価の観点

　本研究では、造形活動におけるQOLを「周囲の人たちとの関わりを基盤とし、造形活動特有の教材教具の使用や制作工程を通して、重度・重複障害児が意欲的に活動できると共に、自らが有する能力を最大限発揮できる状態」と定義した。本研究で設定した造形活動におけるQOLの定義には、前提として周囲の人たちとの関わりを基盤としていること、そして、重度・重複障害児が「意欲的に活動できていること」と「自らが有する能力を最大限発揮できていること」が要素として含まれている。このことから、本研究ではQOLが高まった状態を、「重度・重複障害児

の意欲が高まり、自らが有する能力が最大限発揮できている状態」とした。

　この状態を測定するためには、重度・重複障害児の意欲の高まりの度合い、及び能力発揮の度合いを見極め、設定した度合いに基づく測定を行う必要がある。そこで、本研究では重度・重複障害児の造形活動における児童生徒の意欲に関する評価と能力発揮に関する評価の２つの要素を主軸とするルーブリックを作成し、QOL評価の指標とした。

　以下、①児童生徒の意欲を評価する方法、そして②児童生徒の能力発揮を評価する方法を記す。

①意欲の評価

　本研究における意欲の評価では、現時点で重度・重複障害児のQOL評価で妥当性が高いとされる[1]、Lyons（2005）の「Life Satisfaction Matrix」[2]を援用した（図26）。これは、重度・重複障害児の主観的QOLを測定するために考案された方法である。この評価方法は次の３つの手続きを経て行われる。

　第１段階では、対象者に最も親しいコミュニケーションパートナー（＝今回でいえば担任の教員）が、馴染みのない調査者（＝今回でいえば筆者）に対象者の情緒的なプロフィールを説明する。コミュニケーションパートナーはその後、対象者の最も調子のよいときに決まってみられる活動から10種類を抽出して定義づけをする。このうち５種類は本人が没頭できている状態（More engagement）、つまり意欲が高い状態、

２種類は自然な状態（Enhance preference）、つまり普段の状態、そして、残りの３種類は没頭できない状態（Less engagement）、つまり意欲が低い状態を選定する。これらの選定された活動を枠組みごとに３つの階層でランク付けする。

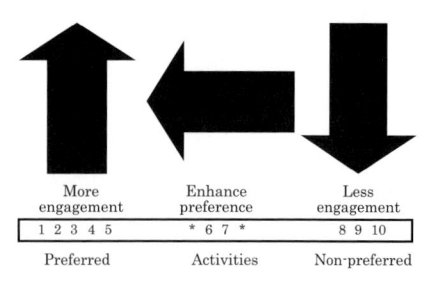

図26　Life Satisfaction Matrix（Lyons、2005）

　第2段階では、次に親しいコミュニケーションパートナー（例えばクラス担任が2名いる場合の副担当教員）が同様の手続きを行う。つまり、複数のコミュニケーションパートナーによって、活動のランク付けが確認され、設定される。

　第3段階では、調査者（今回でいえば筆者）が第1、第2段階の調査で作成した指標を用いて本人を観察し、活動に対する本人の志向を評価する。

　以上のように、「Life Satisfaction Matrix」は、コミュニケーションパートナーから提供された嗜好の階層を用いた対象児の観察により、対象児の内的な状態や活動に対する志向を測定する指標である。Katjaら（2011）は、Lyonsの評価方法について、「このような、コミュニケーションパートナーから提供された嗜好のランキングを用いた三方向の観察により、情緒的なプロフィールは本人の内的な状態や活動に対する嗜好に関するかなり合理的な指標として立証可能である」[3]と述べ、この方法を評価している。

　以上のことを踏まえ、本研究ではLyons（2005）の「Life Satisfaction Matrix」を援用し、重度・重複障害児の意欲に関する QOL評価項目を設定した。

②能力発揮の評価

　次に、能力発揮の評価である。能力発揮については、題材の内容によって、活動の範囲がある程度絞られる。例えば、活動で絵筆を使用した場合には、能力発揮の項目に「筆を握って描く」という内容が含まれることになるが、逆に絵筆を使用しなければ、この内容は含まれないことになる。よって、能力発揮に関する評価項目の内容は、題材に応じて予想される児童生徒の身体的、認知的能力が挙げられることとなる。このことから、本研究では能力発揮を見取るための規準となる項目の選択方法は、「Life Satisfaction Matrix」同様、教員に対して今回の題材の詳細と活動内容、そして用いる教材教具を説明し、個別の実態調査で把握する項目の中から児童生徒が発揮できるであろう能力を教員が選択した。

その後、選択した内容を**表18**のQOL評価観点表に記載した。

　以上で検討した通り、本研究で使用する評価の指標は、万人に共通する到達点を定めた評価方法ではなく、評価対象者の実態に応じて評価規準が変動する評価方法である。それゆえ、QOL評価のための実態把握が肝要となる。そこで、本研究ではLyons（2005）を援用し、以下に示す4つのステップで、QOL評価のための個別実態調査を行った。

1）児童生徒をよく知る複数の人（今回はクラス担任の教員）から、研究対象児の意欲が高い状態5項目、普段の状態2項目、意欲が低い状態3項目の計10項目を聞き取る。
2）題材の活動内容を教員に説明し、対象児童生徒が能力発揮できている状態（予測される行為・行動）を聞き取る。
3）1）、2）の調査結果を表18に記載する。
4）実践終了後に、表18の記載内容の再検討を行い、「意欲」、「能力発揮」の表出・行動の表れの項目を必要に応じて修正する。

表18　QOL評価観点表（児童の意欲の表れと能力発揮できている状態）

観点	項目	表出・行動の表れ
意欲	意欲高い（5項目）	
	普段（2項目）	
	意欲低い（3項目）	
能力発揮	能力発揮できている状態	

第2項　QOL評価のルーブリック

表18で示した対象児の「意欲」と「能力発揮」の各項目をマトリックス状にまとめたものが、**図27**で示すQOL評価ルーブリックである。

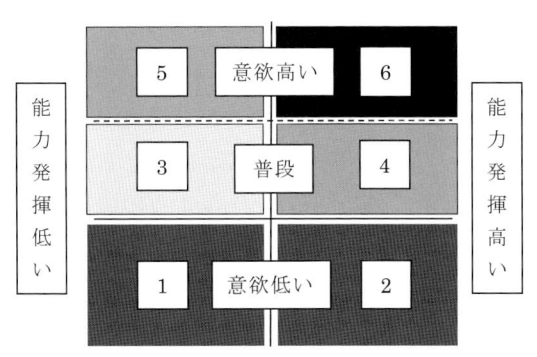

図27　QOL評価ルーブリック（割り当て番号）

QOL評価ルーブリックの縦軸には、「意欲」の段階を3段階で設定し、横軸には「能力発揮」の段階を2段階で設定した。図27で示す通り、本研究で使用するルーブリックは重度・重複障害児のQOLの状態を6段階で評価する構造となっている。図27のQOL評価ルーブリックの①〜⑥の詳細は以下の通りである。

　⑥意欲が高く、なおかつ能力が発揮されている状態。
　⑤意欲は高まっているが、能力が発揮されていない状態。
　④意欲は普段通りで、能力が発揮されている状態。
　③意欲は普段通りで、能力が発揮されていない状態。
　②意欲は低いが、能力が発揮されている状態。
　①意欲が低く、能力が発揮されていない状態。

次に問題となるのは、QOL評価ルーブリックのどの段階をQOLが高まった状態とするかということである。この点について、Clurman（1987）は「重度また最重度の知的障害を持つ生徒の教育効果はその生

徒の能力の範囲を拡大することではなく、能力の状態と安定したQOLを『維持』するだけでもあると見なす」[4]と述べている。つまり、ClurmanはQOL評価表の③以上の段階が見られた場合について、教育活動の効果を認めている。このことから、本研究においても、②と③の境界線を一つ目の区切りとする。

　次に③〜⑥の各段階である。これら4つの段階をひとまとまりに「QOLが高まっている状態」とすることには違和感がある。なぜなら、児童生徒の状態は③と⑥の段階では明らかに異なるからである。そこで、本研究で実施するQOL評価では、これら4つの段階を、3つの段階にまとめた。まとめ方は、⑥の段階を「QOLが特に高まった状態」、④・⑤の段階を「QOLが高まった状態」、そして③の段階を「QOLが維持できている状態」とした。

　まず、⑥と④・⑤を分けた理由は、⑥の段階が、意欲面、能力発揮面のQOL構成要素の2つを共に満たしているのに対し、④・⑤の段階ではQOL構成要素のうち、いずれか一方しか満たしていないためである。また、さらに④・⑤と③を分けた理由は、③についてはいわゆる普段通りの状態であり、活動を行う事で児童生徒の変化がみられる④・⑤の状態とは区別すべきであると考えたためである。

　そして①・②の段階であるが、本研究では①・②の段階をまとめて「QOLが低い状態」とした。その理由は、②の段階、つまり能力が発揮できている状態であっても、意欲が低ければ本人にとっては不快な、もしくは嫌な活動となっていると考えたためである。例えば、嫌がって払いのける行動が表れたとして、払いのける行動は行動だけを取り出せば能力発揮できている状態とも言えるが、本人にとっては喜ばしくない状況であると考えた。

　これらのことを踏まえ、本研究では図27のQOL評価ルーブリックで示した6段階をさらに4つに分類し、児童生徒のQOLの状態を次のように評価した。

■　⑥の段階を「QOLが特に高まった状態」とする。

■　④・⑤の段階を「QOLが高まった状態」とする。

□　③の段階を「QOLが維持できている状態」とする。

■　①・②の段階を「QOLが低い状態」とする。

第3項　QOL評価の手順

　本研究におけるQOL評価は信頼性と妥当性を高めることを目的として、以下に示す11段階の手順で行った。

①事前準備

　1）研究期間中に撮影したビデオ映像を、授業ごとに映像編集ソフトに取り込む。

　2）1）で取り込んだ各授業のビデオ映像の中から、始まりのあいさつや授業導入時に歌う歌の活動や、終わりのあいさつ等を削除し、本授業の内容に直接関わる児童生徒の活動を抽出する。具体的には、個別説明、制作活動、振り返りの部分のみを抽出し、分析の対象とする。（授業にもよるが、概ね25〜30分）

　3）ビデオ分析は、活動のまとまりごとに映像を一時停止し、活動内容、教員による支援方法、及び児童の様子を時系列で記述する。つまり、活動のまとまりごとに分割された授業トランスクリプトを作成する。

②研究者によるQOL評価

　4）個別の児童生徒ごとに作成したQOL評価ルーブリックに基づき、研究者が全授業のQOL評価を行う。QOL評価は、ビデオ映像の視聴と共に3）で作成した授業トランスクリプトを用い、授業トランスクリプトに記載された活動のまとまりごとに6段階の

評価を行う。また、この時点では研究者のみが評価を行うため、学習指導案に記載された教員による評価等の内容も合わせて判断する。

③評価結果の一致率算出

5）前述4）でQOL評価を行った全授業の3分の1以上の授業を抽出する（例えば、全8単位時間の題材であれば3単位時間分の授業を抽出する）。また、抽出はできる限り活動内容が異なる授業から抽出する（例えば、題材が3次の構成であれば各次から1単位時間ずつ合計3単位時間以上抽出することが望ましい）。

6）上述5）の授業映像の中から多様な児童の様子（できる限りQOL評価の1〜6の各段階）が含まれている場面の映像を抽出する。抽出の単位は、授業トランスクリプトで分割した活動のまとまりを単位とする。それらの抽出した活動のまとまりを編集ソフトで順番に並べたビデオ映像を作成する。

7）上述6）で作成したビデオ映像を、授業を行った教員が視聴し、個別に作成された表18の「QOL評価観点表」と図27の「QOL評価ルーブリック」を用いて、児童生徒の意欲と能力発揮の段階を6段階で評価する。評価は活動のまとまりごとに行う。

8）4）で行った研究者によるQOL評価と7）で行った教員（児童の支援を行った教員）のQOL評価の一致率を算出する。なお、一致率算出時は、QOLが低い状態（ $\boxed{1}$ ・ $\boxed{2}$ ）、QOLが維持できている状態（ $\boxed{3}$ ）、QOLが高い状態（ $\boxed{4}$ ・ $\boxed{5}$ ）、QOLが特に高まった状態（ $\boxed{6}$ ）の4段階で行う。

一致率は以下のように算出する。

$$一致率 = \frac{評価者双方の評価が一致した項目数}{トランスクリプトから抽出した全項目数（活動のまとまりの数）}$$

※一致率は小数第3位を四捨五入する。

236

9 ）Haroldら（2003)の「Quadratic Weights for 4 × 4 Table」[5] による「重みづけκ係数」を算出し、以下に示すLandisら（1977）の指標により一致率の評価を行う。

<0　　　　　全く一致していない
0 ‐ 0.20　極めて低い一致
0.21 ‐ 0.40　低い一致
0.41 ‐ 0.60　中等度の一致
0.61 ‐ 0.80　高い一致
0.81 ‐ 1.00　極めて高い一致[6]

④授業トランスクリプトにおけるQOL評価の修正と評定

10）8）で研究者と担任教員の評価が異なった場合には、特に当日直接支援を行った教員のQOL評価を優先しつつ、クラスの教員全員、及び研究者で授業トランスクリプトのQOL評価を修正し、各まとまりのQOL評価の評定を行う。

⑤QOL評価の集計

11）10）で評定したQOL評価の4段階ごとの時間の和を単位時間の総時間数で除し、単位時間当たりの対象児童生徒のQOLの状態を明らかにする。

12）アクション・リサーチで実施した全ての授業の分析を行い、一覧で示す。その際、同時に一致率を示し、妥当性の範囲を示す。

　以上が、重度・重複障害児を対象とした造形活動におけるQOL評価の手順である。上記のQOL評価法を用いて第3部ではアクション・リサーチを実施した。

第Ⅶ章
第1期アクション・リサーチ

第1節　目的

　本研究第2部では、特別支援学校の重複障害学級でのフィールドワークを通したエスノメソドロジーによる質的研究を実施し、重度・重複障害児を対象とした造形活動の理論的構造を9種類のカテゴリー、25種類の下位カテゴリー、42種類の概念で示した。

　そこで、第1期アクション・リサーチではこれらの成果を取り込んだ仮説とアクション・プランを策定・実施することで、生成した理論を活用した指導や支援が重度・重複障害児のQOL向上に有効であるかどうかを検証した。以下、第1期アクション・リサーチの目的、及びリサーチ・クエスチョンである。

【目的】
1）本研究第2部で生成した造形活動の理論的モデルを活用した仮説、及びアクション・プランが重度・重複障害児のQOL向上に有効であるかどうかを検証する。
2）上述1）の検証結果を踏まえて、造形活動における重度・重複障害児のQOLを高める指導・支援の方策を提示する。

【リサーチ・クエスチョン】

　造形活動において、教員はどのように重度・重複障害児の実態を把握し、実態に応じた活動内容や支援方法を設定すれば重度・重複障害児のQOLが高まるのか。

第2節　仮説

　本節では、造形活動における重度・重複障害児のQOLを高める指導仮説を示す。第1期アクション・リサーチでは、**表19**で示す通り、造形活動指導の考案単位として、第2部で生成した9種類のカテゴリーを「実態把握」、「題材開発」、「題材を介した児童生徒と教員との関わり」、「授業運営」、「評価」の5種類の項目に再編し、仮説を設定した。

表19　第2部研究成果と第1期アクション・リサーチでの造形活動指導の考案単位との関係

手順	第2部研究成果（生成カテゴリー）	造形活動指導の考案単位
1	カテゴリーⅣ：実態把握	実態把握
2	カテゴリーⅤ：題材開発	題材開発
3	カテゴリーⅠ：教材教具を介した支援 カテゴリーⅡ：コミュニケーション カテゴリーⅢ：社会心理的環境づくり	題材を介した児童生徒と教員との関わり
4	カテゴリーⅦ：副担当教員の役割 カテゴリーⅧ：主担当教員の役割 カテゴリーⅨ：教員集団の役割	授業運営
5	カテゴリーⅥ：評価	評価

　9種類の生成カテゴリーのうち、カテゴリーⅣ「実態把握」、カテゴリーⅤ「題材開発」は題材の立案・実施に関わる主担当教員の役割として独立した項目を設定した。そして、カテゴリーⅠ、Ⅱ、Ⅲは、児童生徒と教員との関わりに関する内容であるため、「題材を介した児童生徒と教員との関わり」として統合した。また、カテゴリーⅦ、Ⅷ、Ⅸは教員間の関わりに関する内容であり、授業進行や教員間連携に関係する内容であるため、「授業運営」として統合した。そして、カテゴリーⅥ

「評価」では、重度・重複障害児を対象とした造形活動特有の《探索的評価》が行われていたため、その成果を反映させるための独立した項目として設定した。

　以下、表19の手順で仮説を示す。

１．実態把握

　第２部カテゴリーⅣ「実態把握」では、重度・重複障害児の実態把握は重度の障害に起因する【意思疎通の困難性】ゆえに、主に【外部情報の収集】と【実証的確認】により行われること、そして、重度・重複障害児は体調によって時々刻々と体調が変化する場合があるため、通常時の実態のみならず授業が行われているその場の児童生徒の実態についても的確に把握し、判断する【適時判断】が行われていることを示した。

　しかし、実践を想定した場合、立ち上がる課題が２点ある。１点目は、多様な実態の児童生徒で構成される重複障害学級における対象学級全体の把握をどのように行うのか、そして２点目は、個別の指導計画や聞き取りによる【外部情報の収集】、そして直接的な観察や関わりによる【実証的確認】の中からどのような内容を把握することが効果的なのかという点である。

　１点目について、特別支援学校で実施される造形活動は概ね一斉指導で行われる。対象集団には一人ひとり全く異なる実態の児童生徒が在籍しているため、在籍する児童生徒の実態いかんで配慮すべき内容や範囲は異なる。例えば、対象集団の中に視覚障害の児童生徒が含まれれば、教員が授業で配慮すべき事項は、視覚障害の児童生徒が含まれない集団に対する配慮とは大きく異なる。よって、実態把握では対象集団の全体像を把握するための指標が必要となる。

　２点目の課題は、造形活動におけるQOL向上に繋がる実態把握の項目を焦点化する必要性である。例えば、運動能力、コミュニケーション能力、身体機能、健康状態、排泄、日常生活動作、興味関心等、収集する内容ごとに活用できる範囲は異なり、仮にすべてをまんべんなく収集したとしても、それらの内容が造形活動で効果的に活用できるとは限ら

ない。すなわち、造形活動の特性と児童生徒一人ひとりのQOL向上とを繋げる実態把握の項目を焦点化する必要がある。

　これらの課題を踏まえ、第1期アクション・リサーチでは、実態把握に関して以下の仮説を設定した。

仮説1：児童生徒のコミュニケーションレベルと上半身の運動機能レベルを同時に示し、なおかつクラスに在籍する児童生徒全員の実態の分散状況を把握できる指標を開発すれば、対象クラス全体で必要となる配慮事項の把握、及び児童生徒の実態の類型的把握が可能になるだろう。

仮説2：個別の児童生徒の「現存機能」と「興味関心」を把握する指標を開発すれば、題材開発に直接反映できる実態把握が可能になるだろう。

2．題材開発

　第2部カテゴリーⅤ「題材開発」の研究成果では、重度・重複障害児を対象とした造形活動の題材開発において既存の図画工作科、美術科の題材を実施しようとした場合には、「重度・重複障害児の特性に合致した題材への改変」と「クラスの児童生徒一人ひとりに対応できる題材への改変」の2段階の工程が必要であることを示した（図24）。また、題材開発では児童生徒一人ひとりに対する【個別的配慮】や【把握実態の反映】が試みられ、中でも児童生徒の現存機能と興味関心が活動内容や支援方法に反映されていることを示した。これらを踏まえ、第1期アクション・リサーチでは、題材開発に関して以下の仮説を設定した。

仮説3：図24の「重度・重複障害児の特性に合致した題材への改変」がすでに成立している題材を用いることで、主担当教員は第2段階の「クラスの児童生徒一人ひとりに対応できる題材への改変」に特化した題材開発が可能になるだろう。

仮説4：児童生徒の現存機能と興味関心とを活動内容、支援方法に反映

させれば、児童生徒の実態に合致した教材教具の作成が可能となり、造形活動における児童生徒のQOLが向上するだろう。

3．題材を介した児童生徒と教員との関わり

　第2部では、カテゴリーⅠ「教材教具を介した支援」、カテゴリーⅡ「コミュニケーション」、カテゴリーⅢ「社会心理的環境づくり」において、マンツーマン、もしくはそれに近い体制で行われる児童生徒と教員との関わりを理論的モデルで示した。これらの内容は、各教員が有する実践知としては認識されていたが、共有可能な知識として体系的に示されてこなかった。そこで、第1期アクション・リサーチでは、題材を介した児童生徒と教員との関わりに関して以下の仮説を設定した。

仮説5：第2部カテゴリーⅠ、Ⅱ、Ⅲで示した理論的モデルを教員が再認識することで、関わりに関する意識が高まり、児童生徒のQOL向上に繋がる関わりが実現するだろう。

4．授業運営

　第2部カテゴリーⅦ「副担当教員の役割」では、造形活動の授業中に【副担当教員の主担当教員化】が起こることで活動内容・支援方法に関する副担当教員の裁量の範囲が広がる一方、【個別実態と作品内容の合致】について、美術の非専門である副担当教員は困難を感じている現状を示した。また、この状況に対して主担当教員の役割はカテゴリーⅧ「主担当教員の役割」で示した通り、【副担当教員への伝達】と【専門性の発揮】が中心であり、主担当教員は図画工作科、美術科の教科内容に関する知識や技能のみならず、個別の児童生徒の身体的・知的障害の状況や実態に応じた手立てを考案することが求められていることを示した。

　これらの問題を解決するためには、主担当教員と副担当教員の役割を明確化すると共に、必要な情報を共有できる授業運営が求められる。そこで、第1期アクション・リサーチでは、授業運営に関して以下の仮説

を設定した。

仮説６：主担当教員が、個別の児童生徒の活動内容、支援方法、活動目
　　　　標を考案し、学習指導計画／評価表に記載すると共に、授業導
　　　　入時に提示・説明すれば、副担当教員の役割が明確化し、円滑
　　　　な授業運営が可能になるだろう。

５．評価

　第２部カテゴリーⅥ「評価」では、特別支援学校の重複障害学級で実
施される造形活動では、完成した作品そのものよりも制作過程が重視さ
れていること、そして、評価は到達度を測定する評価と共に児童生徒の
よりよい面を肯定的、かつ積極的に見出そうとする≪探索的評価≫が行
われていることを示した。さらに、評価は［身体］、［伝達］、［意欲］、
［共同］、［満足感］の５つの観点で行われていることも併せて示した。

　しかし、これまでの評価は主に個別に設定した目標の到達度を問う評
価が中心であった。そのため、第１期アクション・リサーチでは、以下
の仮説を設定し、≪探索的評価≫が促進される評価枠組みを用いた評価
を試行した。

仮説７：≪探索的評価≫を促す観点を評価に含むことで、児童生徒の新
　　　　たな身体的・認知的機能や興味関心の発見に繋がるだろう。

第３節　実践方法

１．対象学校、学年、クラス

　アクション・リサーチ実施にあたり、本研究第２部でフィールドワー
クを実施したA特別支援学校に引き続き研究協力の依頼をした。依頼方
法として、まず学校長に本研究の趣旨と方法、スケジュールを説明し、
その後、学校長を通して全学の教員に協力を依頼した。その結果、本研
究が対象とする障害程度の重度・重複障害児が在籍する小学部３年１組

の協力が得られた。小学部3年1組には、児童A、児童B、児童Cの3名（男児0名、女児3名）の児童が在籍し、X教諭、Y教諭、Z教諭の3名の教員が担任として配属されていた。

　本研究の実施にあたっては、対象児童の保護者、学校長、担任の教員（以後、担任教員と記す）に「研究協力依頼書」を配布し、学校長、担任教員には「共同研究の依頼」、「ロードマップの詳細」を配布・説明し、研究協力の承諾を得た。

2．担任教員の詳細

　小学部3年1組の担任教員の詳細は、**表20**の通りである。

表20　小学部3年1組の担任教員（2013年5月～7月）

担任教員	性別	年齢	専門	教職歴	特別支援学校教員歴	担当児童
X教諭	女	20代	○重度・重複障害 ○病弱	1年	1年	児童A
Y教諭	女	20代	○知的障害 ○教育学	6年	6年	児童B
Z教諭	女	40代	○視覚障害 ○中・高音楽	8年	3年	児童C

　このクラスは、20代2名、40代1名の若手の教員で編成されているクラスである。X教諭は小学部2年生から、そしてY教諭は小学部1年生からの持ち上がりである。そして、もう1名、W教諭（30代）が本来は担任として配属されていたが、アクション・リサーチの期間中（5月～7月）、他機関での研修のため、この期間のみ臨時的任用教員としてZ教諭が配属されていた。

3．指導体制

　通常、小学部3年1組で行われている造形活動の授業は、X教諭が主担当教員であり、児童3名と教員3名で実施される。しかし、アクション・リサーチでは筆者が主担当教員として参加したため、教員4名、児

童３名という体制となった。筆者以外の３名の教員は授業時間中、各児童にマンツーマンで支援を行なった。児童と各教員の組み合わせは、次の通りである。

　　［児童A － X教諭］　　　［児童B － Y教諭］　　　［児童C － Z教諭］

　第１期アクション・リサーチ実施期間中は、全授業上記の組み合わせで授業が行われた。教室の人的配置は**図28**に示す通りである。

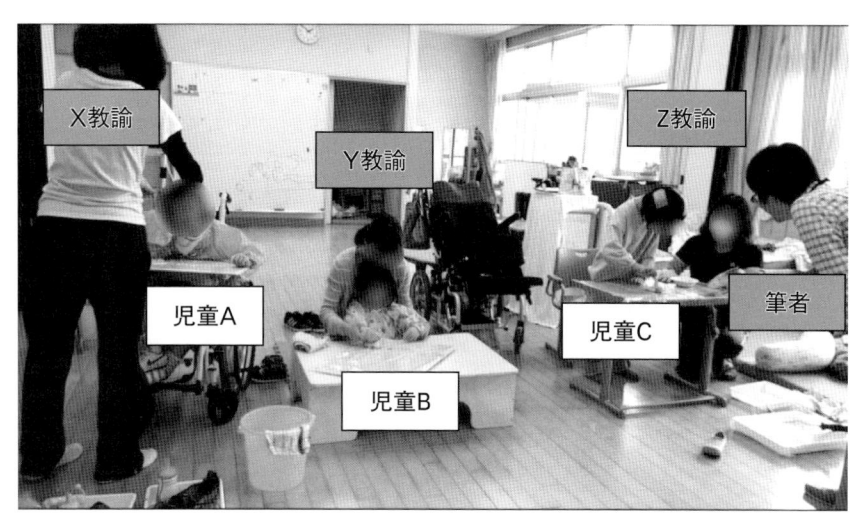

図28　教室の人的配置（A特別支援学校小学部3年1組）

４．実施スケジュール

　第１期アクション・リサーチの実施スケジュールは**表21**の通りである。

表21　第1期アクション・リサーチのスケジュール

年月日	曜日	滞在時間	内　容	作成資料等
2012年12月25日	火	11:00〜11:45	実践研究の協力依頼	・「共同研究の依頼」
2013年 1 月11日	金	15:00〜15:50	＜第1回打ち合わせ＞ ・研究計画の説明	・「共同研究の依頼」 ・「ロードマップの詳細」
2013年 3 月25日	月	10:00〜12:20	＜第2回打ち合わせ＞ 研究協力の依頼、スケジュール確認、第1次アンケート、子どもの実態の聞き取り、指標の検討	・「研究協力依頼書」 ・「困難に関するアンケート」 ・「実態把握一覧表」 ・「個別実態把握表」
2013年 4 月 3 日	水	13:30〜15:00	＜第3回打ち合わせ＞ ・研究協力依頼書(保護者配布)の依頼 ・スケジュールの確認 ・実態把握一覧表の検討 ・個別実態把握表の確認・検討 ・学習指導案の様式、及び記載内容の確認・検討 ・参考作品の提示	・「実態把握一覧表」 ・「個別実態把握表」 ・「学習指導計画/評価表」
2013年 4 月18日	木		・本研究の学習指導案の使用許可確認	
2013年 4 月19日	金	10:45〜11:25	・小学部3年「図画工作」授業参観 ・子どもの実態把握	
		14:45〜16:00	＜第4回打ち合わせ＞ ・学習指導案の検討 　(主に各児童の支援方法について) ・アクション・リサーチ実践日の確認 ・ビデオ撮影の確認	・「学習指導計画/評価表」 ・各種教材教具
2013年 5 月 7 日	火		教育委員会より学習指導案の様式の使用許可あり	
2013年 5 月 8 日	水	15:00〜16:00	＜第5回打ち合わせ＞ ・学習指導案の確認 ・アクション・リサーチの研究スケジュール確認 ・ビデオ撮影確認 ・担任の先生方のプロフィール作成 ・研究成果(カテゴリーⅠ〜Ⅲ)の説明	・「学習指導計画/評価表」 ・各種教材教具
2013年 5 月10日	金	10:30〜11:40	・第1回実践	・「学習指導計画/評価表」(第1回)
2013年 5 月14日	火	13:30〜14:30	・第2回実践	・「学習指導計画/評価表」(第2回)
2013年 5 月20日	月	13:30〜14:30	・第3回実践	・「学習指導計画/評価表」(第3回)
2013年 5 月22日	水	15:15〜16:00	＜第6回打ち合わせ＞ ・今後のスケジュールの確認 ・個別の「能力発揮」、「意欲の表れ」の確認 ・インタビュー(支援の意図について)	・第1回実践及び第2回実践に関する個別の児童のQOL評価表
2013年 5 月28日	火	10:30〜11:40	・第4回実践	・「学習指導計画/評価表」(第4回)
		13:30〜14:30	・第5回実践	・「学習指導計画/評価表」(第5回)
2013年 5 月31日	金	10:30〜11:40	・第6回実践	・「学習指導計画/評価表」(第6回)
		13:30〜14:30	・第7回実践	・「学習指導計画/評価表」(第7回)
2013年 6 月 4 日	火	14:15〜15:00	・第8回実践	・「学習指導計画/評価表」(第8回)
2013年 6 月 7 日	金	14:45〜16:00	＜第7回実践研究打ち合わせ＞ ・アクション・リサーチ総括 ・質問紙調査の配布	・「第1期アクション・リサーチ終了時質問紙調査」
2014年 3 月25日	火	10:30〜11:40	・一致率の算出	・映像資料 ・「一致率算出用紙」

5．本研究で対象とする児童

　本研究において、重度・重複障害児とは、「コミュケーションにおいて、言語、もしくは非言語的手段による意思疎通が困難な状態に、主として身体障害、それに加えて視覚障害、聴覚障害等の他の障害を併せ有する児童生徒」とした。この定義に合致する児童として、本研究では児童A、及び児童Bを対象とした。

　以下、児童A、児童Bの実態の概要である。

児童A（女）

　身体面では、自立歩行は困難であるが四つ這い移動は可能で、床面を自由に移動することができる。また、上肢は可動域が広く手指の操作性も高い。知的障害と自閉的傾向があるため、コミュニケーション面では、言語、もしくは非言語的手段を用いた双方向的やりとりは困難である。興味関心のある事物が明確で、でんでん太鼓を鳴らして遊んだり、バランスボールを使ってドリブルをするように遊んだりすることを好む。また、バランスボールの表面に施された凸状の横線をカリカリと指で触ることも好む。活動への参加には本人の意欲が大きく関わり、意欲が低ければ、能力的に可能な活動であってもしないことがある。

児童B（女）

　身体面では、まず視覚障害があり光を感じ取れる程度である。また、体調によっては緊張が強い場合がある。自立的に上肢を拳上したり旋回したりすることは難しいが、前腕を伸展させたり、内旋させたりすることはできる。コミュニケーション面では、すべての問いかけに対して明確に返答がある訳ではないが、問いかけに対して顔を上げたり、笑顔になったり、発声がみられることもある。体調が悪い場合は緊張が強く、コミュニケーションも難しくなるが、体調が良ければ、問いかけに対して返答がある場合もあり、意欲的に活動ができる。

6．仮説に基づくアクション・プラン

　以下、仮説で示した造形活動指導の5種類の考案単位である「実態把握」、「題材開発」、「題材を介した児童生徒と教員との関わり」、「授業運営」、「評価」の項目ごとにアクション・プランを示す。

⑴実態把握

　実態把握では、仮説1に基づき、児童生徒のコミュニケーションレベルと上半身の運動機能レベルを同時に示し、なおかつクラスに在籍する児童生徒全員の実態の分散状況を把握できる指標として、「クラス内実態把握表」を開発した。併せて、仮説2に基づき、個別の児童生徒の「現存機能」と「興味関心」を把握する指標として「個別実態把握表」を開発した。以下、詳細を記す。

1）クラス内実態把握表

　「クラス内実態把握表」では、「コミュニケーションレベル」と「上半身の運動機能レベル」の2つの座標軸を用いた指標を開発し、対象クラスに在籍する児童生徒の障害の分散状況と実態の類型を把握した。この指標において、コミュニケーションレベルは、大村（2004）[1]、細渕ら（1989）[2]、Coupeら（1985）[3]の先行研究を援用し、「昏睡⇒覚醒⇒反応⇒表出⇒非言語的手段による双方向的コミュニケーション可能⇒言語的手段による双方向的コミュニケーション可能」の6段階を配した（**表22**）。そして、上半身の運動機能レベルは、「動きなし⇒指⇒手首⇒肘⇒上肢⇒体幹」の6段階を配した（**表23**）。

　担任教員からの聞き取り、及び授業観察をもとに3年1組に在籍する3名の児童を「クラス内実態把握表」に配置した結果、**図29**のように位置づいた。本研究の対象である児童Aは「衝動・不随意運動型」に、児童Bは「静止・微弱運動型」に位置づいた。

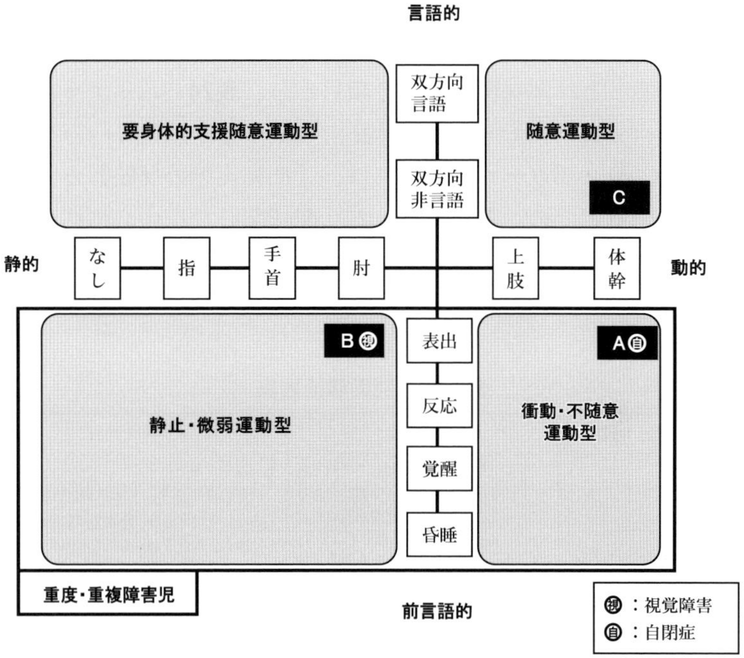

図29　クラス内実態把握表（A特別支援学校小学部3年1組）

表22　コミュニケーションレベルの用語の定義

コミュニケーションレベル（縦軸）	
双方向言語	言語による双方向的なコミュニケーションが可能
双方向非言語	動作、表情、絵カード、支援機器の利用等による双方的なコミュニケーションが可能
表出	動作、表情等で表出できるが、双方向的なコミュニケーションは困難
反応	刺激に対する反応は見られるが、双方向的なコミュニケーションは困難
覚醒	睡眠と覚醒の区別は可能であるが、刺激に対する反応は見られない
昏睡	昏睡状態、あるいは睡眠と覚醒の区別が困難

表23　運動機能レベルの用語の定義

運動機能レベル（横軸）	
体幹	上半身全体が動く
上肢	上肢が動く
肘	前腕が動く
手首	手部が動く
指	指が動く
なし	動きがみられない

2）個別実態把握表

　「個別実態把握表」では、児童生徒の運動機能と認知機能を中心とした「現存機能」と「興味関心」とを項目とし、**表24**で示すように記述による記載を行った。「個別実態把握表」でこれら2種類の内容を項目とした理由は、第2部カテゴリーVでは、【把握実態の反映】として、題材開発時に児童生徒の「現存機能」と「興味関心」を中心に活動内容に反映させることの効果が示されていたためである。

　児童A、児童Bの個別実態は表24の通りである。

表24　個別実態把握表

氏名	性別	年齢	姿勢		現存機能	興味関心
A	女	8歳	車椅子、テーブル	運動	1）筆や道具を持続して把持するが、意欲によって把持できる長さが異なる。意欲が無ければ2秒程度ですぐに離してしまう。 2）投げる。（ボールを両手で投げる。） 3）たたく。（手先をトントンと動かす。） 4）両手が使える。 5）つかむ。 6）はじく。 7）上肢の可動域が広い。	1）段ボールやハンマー、バランスボールの凸凹等のギザギザ、ガリガリした触感。（手にまとわりつくものは好きではない。） 2）ひも、垂れ下がっているもの。 3）こちらからの声かけですきなものはあまりないが、自分で声を出すのを楽しんでいる。 4）立ち上がりや膝立ち。 5）特定の人の好き嫌いは無い。ご飯も一緒に食べられるし、表情も変わらない。 6）ボール。（投げること、触感、転がっている様子。） 7）でんでん太鼓。 8）色が鮮やかなもの。 9）新聞紙。（やぶる、丸める等。）（4月3日追加）
				認知	1）活動内容への興味が大きく関わっている。 2）人に対して手を叩くと何かしてもらえると思っている。	
B	女	8歳	ベンチ座位後ろから補助	運動	1）筆や道具を持続して把持できる。 2）把持した用具を動かすことができる。 3）ゆっくり握ったものを離すことができる。 4）塊状のものであれば持てる。 5）手首が動く。 6）肘の前後の可動域は広い。 7）利き手はまだ明確ではない。	1）ヌルヌルが苦手だったが触れるようになった。 2）軟らかいものの方が好き。 3）温かいものの方がよい。 4）給食の匂い。 5）甘い匂い。 6）音楽が好き。ゆっくりめの歌、「さんぽ」等。 7）音楽と活動が結びつき、その活動が楽しければ音楽も好きになる。 8）何回も聞いている曲のほうが好き。 9）揺れ、振動あそび（マッサージ機）が好き。 10）手を持って揺らす。 11）トランポリン。 12）体を使った活動。 13）体操。（ストレッチ） 14）滑り台をすべる。 15）寝返りをする。
				認知	1）視覚障害あり－光覚は可能。 2）音はよく聞いている。 3）働きかけに対して口を開ける、声を出す、表情がゆるむ。	

　前記の２種類の実態把握表の作成は小学部３年１組の担任教員３名からのインタビュー、及び筆者による事前の授業観察により作成した。聞き取りは2013年３月26日、及び４月３日の２回行い、授業観察は2013年４月19日に実施された図画工作の授業で行った。

(2)題材開発
　題材開発では、仮説３で示した「重度・重複障害児の特性に合致した題材への改変」がすでに成立している題材として、過去に特別支援学校の重複障害学級で行われた造形活動の題材を活用した。また、仮説４に基づき、児童A、児童Bそれぞれの現存機能、興味関心を活動内容、及び支援方法に反映させた。以下、詳細を記す。

１）題材
　第１期アクション・リサーチでは、筆者が2009年に前任校の肢体不自由特別支援学校中学部の重複障害学級で実践し、一定の有効性が認められた題材である「ボンドシール」を活用した。図30の作品は、ビニール袋の中に木材用ボンドと絵具を入れ、そこに小さな穴を開けた後、絞って作品を制作して

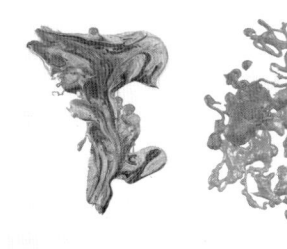

図30　「ボンドシール」（2009年に実施）

いる。アクション・リサーチで実施した題材の概要は以下の通りである。

●題材名：「ターラス・ボンド」
●実施時数：全８時間（単位時間40分）
●題材の概要：木材用ボンドに水性絵具を混ぜ、ビニール袋に入れる。
　　ビニール袋に穴を開け、絞り出したり下にたらしたりして遊びながら
　　模様をつくる。乾燥すれば作品は半立体状になる。用いる材料・用具、
　　及び制作手順は図31〜36の通りである。

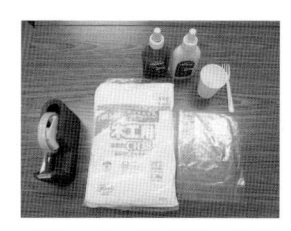

図31　用いる材料・用具

図32　手順1（着色）

図33　手順2（袋詰め）

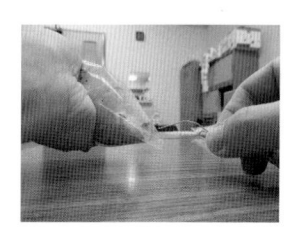

図34　手順3（穴を開ける）

図35　手順4（絞り出す）

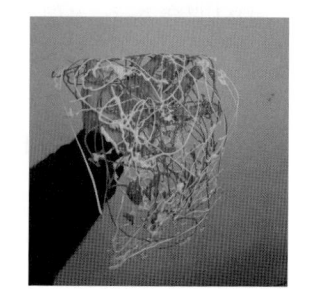

図36　完成作品

　なお、第１期アクション・リサーチでは、第２部カテゴリーⅠで示した【制作工程の構造化と精選】に基づき、上記制作手順の中から児童A、児童Bの双方が活動可能な工程として、「使用する絵具を選択する」、「絵具とボンドを混ぜる」、「袋からボンドを絞り出す」、「硬化したボンドを台紙に貼る」という４つの工程に活動内容を絞った。

●指導計画：第１期アクション・リサーチの指導計画は**表25**の通りである。

表25　第1期アクション・リサーチの指導計画

年月日	曜日	時限	授業時間	計画	活動内容
2013年5月10日	金	3限	10:45～11:25	第1次	ボンドの感触を知る・たらすためのボンド作り・ふりかえり
2013年5月14日	火	5限	13:30～14:10		ボンドの感触を感じる・たらすためのボンド作り・ふりかえり
2013年5月20日	月	5限	13:30～14:10		制作方法を知る・ボンドをたらして遊ぶ（制作）・ふりかえり
2013年5月28日	火	3限	10:45～11:25	第2次	ボンドをたらして遊ぶ（制作）・ふりかえり
		5限	13:30～14:10		ボンドをたらして遊ぶ（制作）・ふりかえり
2013年5月31日	金	3限	10:45～11:25	第1次	ボンドの感触を感じる・たらすためのボンド作り・ふりかえり
		5限	13:30～14:10	第2次	ボンドをたらして遊ぶ（制作）・ふりかえり
2013年6月4日	火	5限	13:30～14:10	第3次	ボンドをたらして遊ぶ（制作）・ふりかえり
		6限	14:15～15:00		ボンドをはがして画用紙に貼り付ける・ふりかえり

２）把握実態の反映による活動内容、及び支援方法

　仮説４を踏まえ、第１回実践（５月10日）では児童A、児童Bのそれぞれの現存機能、興味関心を以下のように活動内容、及び支援方法に反映させた。

○児童A
　・たたく、両手を使う、つかむという児童Aが可能な活動を最大限発揮できるように、ボンドを混ぜる工程で筆やパレットを使用せず、ビニール袋の中にボンドと絵具を入れ、密閉したビニール袋を投げたり叩いたりつかんだりして混ぜるようにした。
　・ひもや垂れ下がっているものが好きであるため、細長い形状の傘用のビニール袋（以後「傘用ビニール袋」と記載）を用いた教具を作成した。
　・「凸凹」、「ガリガリ」、「ギザギザ」といった触感が好きであるため、滑り止めシートやエアパッキンを用いてビニール袋を包む用具を作成した。

○児童B
　・児童Bは視覚障害があり、光覚程度の認知は可能であるが、物体の

アウトラインや形状の認知は難しいという実態の児童であったため、視覚以外の感覚である触覚、嗅覚等を用いて制作・鑑賞できるような活動内容にした。

- 塊状のものであれば持つことが可能であるということで、児童Bについても児童Aと同様、ビニール袋にボンドを入れて、ボンドを塊状にして使用した。大きさは手のひらにおさまる程度とした。また、塊状にすることで、視覚障害がある児童Bにとって、物体として把握しやすいようにした。
- ビニール袋の中にボンドを入れることで、児童Bの「現存機能」である、手首を動かしたり、肘を伸展させたりする動きを生かしてボンドを混ぜることができるようにした。
- 軟らかいものが好きということで、木材用ボンドを使用した。
- 温かいものの方がよいということで、児童Bには、事前にお湯で温めたボンドと、試みとして水で冷やしたボンドを用意した。
- 色の違いを識別することが困難であるため、2種類の異なるフレグランススプレーを用い、ビニール袋の中に吹き入れることで、両者の違いが分かるようにした。

(3)題材を介した児童生徒と教員との関わり

　題材を介した児童生徒と教員との関わりでは、仮説5に基づき、第2部で生成したカテゴリーⅠ「教材教具を介した支援」、Ⅱ「コミュニケーション」、Ⅲ「社会心理的環境づくり」の理論的モデルの構造、及び概念間の関係を担任教員3名に説明した。説明は第1回授業実践前の2013年5月8日、第5回アクション・リサーチ打ち合わせの約20分を用いて行い、パワーポイント資料を用いて上記3カテゴリーの理論的構造を説明した。説明時には、これまで教員が実践知として認識してきた関わりの内容や理論的構造の再認識を促し、指導への意識づけを試みた。

⑷授業運営

　授業運営では、仮説6に基づき、主担当教員が児童一人ひとりの詳細な活動内容や支援方法、活動目標を考案し、それを原案として学習指導計画／評価表に明記すると共に、授業導入時に副担当教員に提示・説明した。このことで、副担当教員が授業開始後から活動内容や支援方法を一から考え始める必要は無く、副担当教員は原案として提示された活動内容、支援方法を試行する過程で各児童の実態に応じた修正を加えながら指導・支援を行えるのではないかと考えた。

　また、**図37**の通り授業導入時には使用する教材教具を個別の児童ごとにトレイにまとめ、各児童と担当教員の前で2〜3分ずつ、本時の目標、活動内容、教材教具の使用方法、支援のポイントを実演を交えて説明した。このように、活動直前に副担当教員に対して支援のポイントや本時のねらいを伝達することで、的確な教員間の意思疎通と情報共有、個と集団の連携、各児童の活動の共感的な認識ができる授業運営を試みた。

図37　授業導入時の個別説明

⑸評価

　評価では、仮説7に基づき、≪探索的評価≫を促す観点を含む評価指標として学習指導計画／評価表（**図38**）を開発した。この様式がこれまでと異なる点は、評価の項目を2種類にした点である。1つは、従来から行われている、目標に基づく「評価」の項目、そしてもう1つは本研究で追加した「新たな一面の発見」の項目である（**図38**の太枠）。この「新たな一面の発見」は、これまで見出されていなかった児童生徒の興味関心や現存機能の発見を記載する項目であり、探索的な評価を促すことを目的として設定した。

図38　「学習指導計画／評価表」の様式

　これらの方法と内容は2013年4月3日の打ち合わせで担任教員に説明した。説明では、担任教員が授業終了後に「評価」、及び「新たな一面の発見」の項目を記載すること、そして、評価は［身体］、［伝達］、［意欲］、［共同］、［満足感］の5つの観点で行い、記述内容に反映することを確認した。

第４節　データ収集の方法

　第１期アクション・リサーチで収集するデータの種類と収集方法は、以下の通りである。

１．授業場面をビデオ撮影した映像
・撮影にはビデオカメラ１台と三脚を用いた。
・ビデオカメラは教室前方、黒板に向かって右隅に設置し、児童、教員の全員を撮影した。
・ビデオカメラは固定し、移動やクローズアップはしなかった。
・ビデオ撮影は、授業開始の挨拶から授業終了の挨拶までを撮影し、実践するすべての授業を撮影した。

２．担任教員への質問紙調査
・質問紙は記名式とし、アクション・プランの有効性を確認すると共に各教員が対象児童との関わりの中でどのようなことを考え、児童生徒の活動をどのように捉えていたのかを確認することを目的として質問紙調査を行った。
・質問紙調査は、仮説、及びアクション・プランに基づいて質問項目を構成した。調査項目は全43項目とし、４件法による質問項目及び、自由回答法による質問項目で構成した。（**表30**）
・質問紙調査は、第１期アクション・リサーチ終了後の2013年６月７日に配布し、７月９日に回収した。

３．学習指導計画／評価表
・学習指導計画／評価表は毎時間作成し、事前に担任教員にメール送付した。
・学習指導計画／評価表は、図38の「活動内容・支援方法の提案」、及び「個人目標」の項目は筆者が記入し、「評価」、「意思・感情・要求」、「新たな一面の発見」、「共同」の４項目は３名の担任教員が記入した。

- 各教員が記入する評価は、担当する児童のみとした。組み合わせは、先述の通り児童Aの評価をX教諭、児童Bの評価をY教諭、児童Cの評価をZ教諭が行った。
- 指導計画を遂行する過程で、学習指導計画／評価表の「活動内容・支援方法の提案」、「個人目標」の内容を更新する場合には、削除箇所に取り消し線を引き、新たに付加した内容は赤字で示した。その後、再び内容を更新する場合には青字で示し、変更した順番と場所を明確化した。
- 筆者が学習指導計画／評価表を送付する際には、学習指導計画／評価表の欄外に個別の教員に宛てて、活動内容設定、及び支援方法設定の意図、そして改善のポイントを記入した。

4．教員へのインタビュー

- インタビューは、X教諭とY教諭の2名を対象として半構造化面接を実施した。インタビューは集団面接の形態で行い、一人ずつ同じ質問をし、回答に応じて追加質問を行った。終了後、インタビュー内容は逐語録化した。インタビューの詳細は以下の通りである。
  ○実施日時：2013年5月22日㈬　15：45〜16：00
  ○主な質問：実践の中で印象に残った場面はどのような場面ですか。その時の児童の様子について先生はどのように思われましたか。
  ○逐語録文字数：3581字

5．児童が制作した作品

- 児童の作品をデジタルカメラで撮影した。

第５節　分析方法

　第１期アクション・リサーチの分析方法には、ミックスメソッドの１つである「並行的トライアンギュレーション戦略（Concurrent triangulation approach）」を用いた[1]。これは「１つの研究の中で結果を確認／相互評価／補強する目的で２つの異なる手法を用いる」[2]研究方法である。第１期アクション・リサーチでは、量的分析と質的分析を並行して実施した（**図39**）。具体的には、量的分析として第Ⅵ章で示したQOL評価と質問紙調査を行い、質的分析には、全授業の中から児童のQOL向上と低下がみられた特徴的な場面の抽出と、その場面に含まれる意味内容の分析を行った。その後、これら量的、質的分析による分析結果の比較検討を行い、仮説の有効性を検証した。最後に、検証結果を踏まえ、第１期アクション・リサーチの成果と課題を示した。以下、図39で第１期アクション・リサーチの研究デザインを示すと共に、分析方法の詳細を記す。

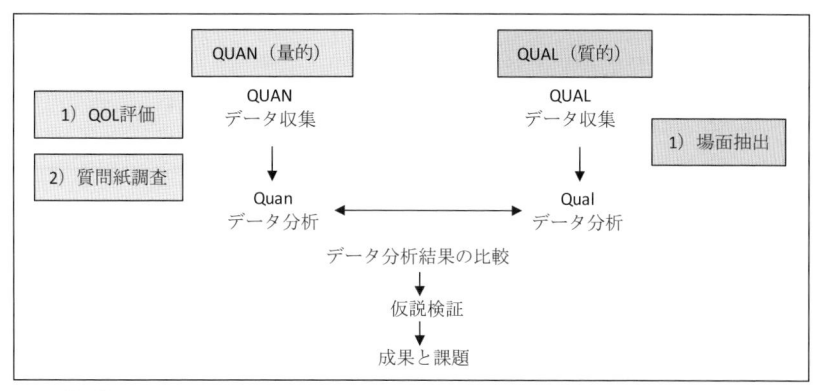

図39 第1期アクション・リサーチの研究デザイン(Creswell、2007を一部改変)

１．量的分析１）：QOL評価

　QOL評価の方法は、第Ⅵ章で提示した手順で行った。具体的には次の通りである。

⑴手順1：QOL評価ルーブリックの作成

　最初に、以下に示す2つのステップでQOL評価ルーブリック作成の前段階となる実態調査を行った。

1）担任教員3名から、児童A、児童Bの意欲が高い状態5項目、普段の状態2項目、意欲が低い状態3項目の計10項目を聞き取った。

2）担任教員3名に対して今回実践する題材を説明し、活動内容から想定される"児童の能力が発揮できている状態"を聞き取った。

　　上述1）、2）の内容をまとめたものが表26、表27である。そして、「意欲」と「能力発揮」の各項目をマトリックス状にまとめた図27（p.233）に表26、表27の内容をそれぞれ当てはめ、QOL評価ルーブリックを作成した。

表26　児童Aの意欲と能力発揮

意欲高い （5項目）	・注視・追視する ・目が輝く（大きく見える） ・ものに手をのばす（リーチング） ・もので遊ぶ ・笑顔
普段 （2項目）	・姿勢が伸びている ・手が口にいく（指をくわえる）
意欲低い （3項目）	・寝る（体が横に倒れる） ・はらいのける（投げる） ・対象（物）を見ない
能力発揮できている状態	・握る　　・押す　　・持ち上げる ・選択する　・投げる　・落とす ・はじく　　・揺らす

表27　児童Bの意欲と能力発揮

意欲高い （5項目）	・発声がある ・意識して力が入る ・目が見開く ・笑顔になる ・問いかけに答える
普段 （2項目）	・リラックスしている ・顔が上がる
意欲低い （3項目）	・あくびが出る ・眠る ・緊張が入る
能力発揮できている状態	・握る　　・押す　　・揺らす ・持ち上げる　・選択する　・落とす ・投げる

　ルーブリックは、最もパフォーマンスの低い①の「意欲が低く能力発揮ができていない状態」から、最も高い⑥の「意欲が高く能力発揮できている状態」の6段階とした。なお、表26、表27、及び、QOL評価ルーブリックの作成は2013年5月22日の第6回アクション・リサーチ打ち合わせ時に行い、担任教員3名に確認した。

⑵手順２：QOL評価ルーブリックを用いた評価

　以下、QOL評価ルーブリックを用いた評価の手続きを示す。

１）撮影したビデオ映像を活動のまとまりごとに分割し、担当教員による活動内容と支援方法、そして、その際の児童の様子を記した授業トランスクリプトを作成した。

２）分割したまとまりごとに、QOL評価ルーブリックを用いた６段階のQOL評価を筆者が行った。その後、ルーブリックの①・②の状態をQOLが低い状態、③の状態をQOLが維持できている状態、④・⑤の状態をQOLが高い状態、⑥をQOLが特に高い状態としてまとめた。

３）すべての授業トランスクリプトから、「QOLが低い状態」、「QOLが維持できている状態」、「QOLが高い状態」、「QOLが特に高い状態」の４段階すべてを含む複数個所（児童Aは18箇所、児童Bは11箇所）の活動のまとまりを抜粋した。

４）第１期アクション・リサーチ終了後、筆者が行ったQOL評価の妥当性検証のため、担任教員が同様のQOL評価を行い、筆者による評価結果との一致率を算出した。算出方法は、３）のビデオ映像を児童Aの担当教員であるX教諭、そして児童Bの担当教員であるY教諭に提示し、同様のQOL評価を行った。

　一致率の算出は、2014年３月25日にA特別支援学校小学部３年教室で実施した（**図40**）。一致率は児童Aが72％、児童Bは67％であった[3]。（小数第３位を四捨五入）

図40　一致率算出

５）Haroldら（2003）の「Quadratic Weights for 4 × 4 Table」による「重みづけκ係数」を算出し[4]、Landisら（1977）で一致率の評価を行った[5]。その結果、児童A、児童B共に「極めて高い一致」となった。

児童AのQOL評価一致率＝

$$\frac{（一致した項目）13項目}{（抽出した項目）18項目} = 72\% \quad 重みづけ\kappa係数：0.92（極めて高い一致）$$

児童BのQOL評価一致率＝

$$\frac{（一致した項目）8項目}{（抽出した項目）11項目} = 67\% \quad 重みづけ\kappa係数：0.93（極めて高い一致）$$

6）一致しなかった項目を担任教員3名と筆者の4名で協議し、4段階の評定を行った。

7）6）でまとめた4段階ごとの時間の和を単位時間の総時間数で除し、単位時間当たりの児童A、児童BのQOLの状態を明らかにした。

2．量的分析2）：質問紙調査

3名の担任教員の回答結果を一覧で示し、仮説の有効性を検証する資料の1つとした。

3．質的分析1）：場面抽出

質的分析で用いた場面抽出では、まずビデオ映像をトランスクリプト化し、その中から児童A、児童Bそれぞれに対する特徴的な教員の関わり、そして、それらの関わりに対する児童のQOLの状態を画像と共に時系列で抽出し、当該場面に含まれる意味内容を分析した。

抽出場面の記載方法は、鯨岡（2005）の「エピソード記述」[6]の手法を活用し、［背景］、［抽出場面］、［第1次分析］の手順で記載した。ただし、本研究で場面抽出を行う目的は事例検証と新たな仮説の生成であり、鯨岡（2005）の研究方法としての「エピソード記述」における“エピソード”とは役割が異なる。そこで、混乱を避けるため本研究では用語を一部変更して使用している[7]。

なお、第1期アクション・リサーチでは、児童Aは4場面、児童Bは3場面を抽出した。

第6節　結果

1．QOL評価
⑴児童AのQOL評価結果（第１期アクション・リサーチ）

　児童AのQOL評価結果は、以下の**図41**、**表28**の通りである。

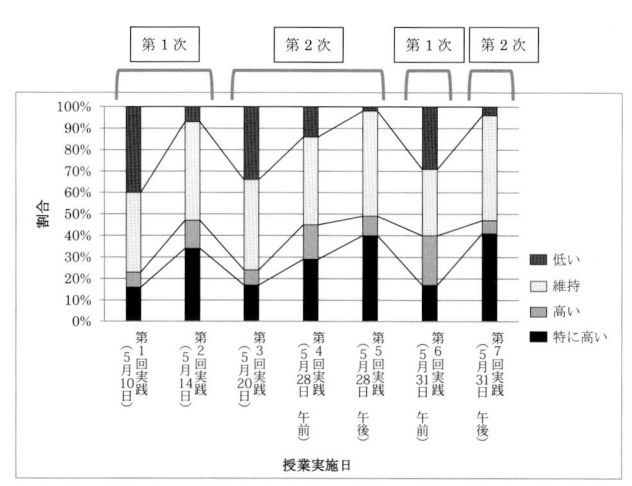

図41　児童AのQOL評価一覧（第１期）

表28　児童AのQOL評価（単位時間当たりの各段階の割合）（第1期）

割り当て番号	評価	第１回実践（５月10日）		第２回実践（５月14日）		第３回実践（５月20日）		第４回実践（５月28日午前）		第５回実践（５月28日午後）		第６回実践（５月31日午前）	第７回実践（５月31日午後）		(6月4日)
1	QOL低い状態	15%	40%	5%	6%	18%	34%	9%	14%	2%	2%	19%	17%	0%	4%
2		25%		1%		16%		5%		0%		10%	29%	4%	
3	QOL維持できている状態	37%	37%	47%	47%	42%	42%	41%	41%	49%	49%	31%	31%	49%	49%	欠席
4	QOL高まった状態	7%	7%	0%	13%	4%	7%	2%	16%	0%	9%	17%	31%	6%	6%
5		0%		13%		3%		14%		9%		6%	23%	0%	
6	QOL特に高まった状態	16%	16%	34%	34%	17%	17%	29%	29%	40%	40%	17%	17%	41%	41%	

⑵児童BのQOL評価結果（第1期アクション・リサーチ）

　児童BのQOL評価結果は、以下の**図42**、**表29**の通りである。

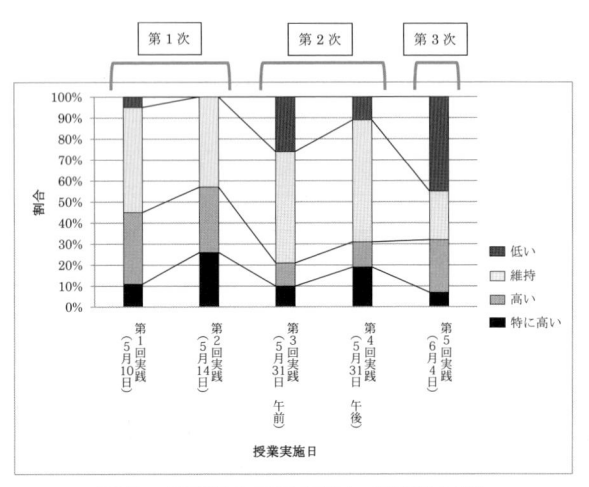

図42　児童BのQOL評価一覧（第1期）

表29　児童BのQOL評価（単位時間当たりの各段階の割合）（第1期）

割り当て番号	評価	第1回実践（5月10日）		第2回実践（5月14日）		(5月20日)	(5月28日午前)	(5月28日午後)	第3回実践（5月31日午前）		第4回実践（5月31日午前）		第5回実践（6月4日）	
1	QOL低い状態	5%	5%	0%	0%	欠席	欠席	欠席	16%	26%	11%		17%	45%
2		0%		0%					10%		0%	11%	7%	
3	QOL維持できている状態	50%	50%	43%	43%				53%	53%	58%	58%	23%	23%
4	QOL高まった状態	30%	34%	15%	31%				9%	11%	4%	12%	8%	25%
5		4%		16%					2%		8%		17%	
6	QOL特に高まった状態	11%	11%	26%	26%				10%	10%	19%	19%	7%	7%

２．質問紙調査結果

　質問紙調査の結果は、**表30**の通りである。

表30　質問紙調査結果一覧

質問内容	選択肢				担任教員の回答		
Ⅰ．今回の実践では、児童の「できること（現存機能）」、「好きなこと（興味関心）」の2つの観点を中心として実態把握を行いました。							
1．まず、造形活動において、児童の「できること」を把握することについてお伺いします。	4	3	2	1	X教諭	Y教諭	Z教諭
① 把握した児童の「できること」は、個別の活動内容の設定に反映されていましたか？	とてもできていた	できていた	あまりできていなかった	全くできていなかった	3	3	3
② 把握した児童の「できること」は、支援方法の設定に反映されていましたか？	とてもできていた	できていた	あまりできていなかった	全くできていなかった	3	3	3
③ 把握した児童の「できること」は、児童一人ひとりの目標設定に反映されていましたか？	とてもできていた	できていた	あまりできていなかった	全くできていなかった	3	3	3
④ 把握した児童の「できること」は、評価を行う際に役立ちましたか。	とても役立った	役立った	あまり役立たなかった	全く役立たなかった	3	3	3
⑤ 児童の「できること」を把握し、活動に反映させることは、児童の実態に合致した活動内容に繋がると思いますか？	とても繋がる	繋がる	あまり繋がらない	全く繋がらない	3	4	4
⑥ 児童の「できること」を把握し、活動に反映させることは、児童の実態に合致した活動内容に繋がると思いますか？	とても繋がる	繋がる	あまり繋がらない	全く繋がらない	3	4	4
⑦ 児童の「できること」を把握することは、造形活動を行う上で効果があると思いますか？	とても効果がある	効果がある	あまり効果が無い	全く効果が無い	4	4	4
2．次に、造形活動において、児童の「好きなこと」を把握することについてお伺いします。	4	3	2	1	X教諭	Y教諭	Z教諭
① 把握した児童の「好きなこと」は、個別の活動内容の設定に反映されていましたか？	とてもできていた	できていた	あまりできていなかった	全くできていなかった	4	4	3
② 把握した児童の「好きなこと」は、個別の支援方法の設定に反映されていましたか？	とてもできていた	できていた	あまりできていなかった	全くできていなかった	3	3	3
③ 把握した児童の「好きなこと」は、児童一人ひとりの目標設定に反映されていましたか？	とてもできていた	できていた	あまりできていなかった	全くできていなかった	3	3	3
④ 把握した児童の「好きなこと」は、評価を行う際に役立ちましたか。	とても役立った	役立った	あまり役立たなかった	全く役立たなかった	3	3	3
⑤ 児童の「好きなこと」を把握し、活動に反映させることは、児童の実態に合致した活動内容に繋がると思いますか？	とても繋がる	繋がる	あまり繋がらない	全く繋がらない	3	4	4
⑥ 児童の「好きなこと」を把握し、活動に反映させることは、児童の実態に合致した支援に繋がると思いますか？	とても繋がる	繋がる	あまり繋がらない	全く繋がらない	3	4	4
⑦ 児童の「好きなこと」を把握することは、造形活動を行う上で効果があると考えますか？	とても効果がある	効果がある	あまり効果が無い	全く効果が無い	4	4	4
Ⅱ．今回の題材（ターラス・ボンド）は、過去に実践された重度・重複障害児を対象とした造形活動の題材を、貴校小学部3年生の実態に応じて改変したものです。	4	3	2	1	X教諭	Y教諭	Z教諭
① この題材は、クラスの児童全員が活動可能な題材となっていましたか？	強くそう思う	そう思う	あまり思わない	全く思わない	3	3	3
Ⅲ．5月8日の第5回打ち合わせでは、造形活動における児童と教員との関わりの構造を、説明させていただきました。以下の問いにお答えください。	4	3	2	1	X教諭	Y教諭	Z教諭
① 説明させていただいた「関わりの理論的構造（3つの図）」は、造形活動における児童と教員との関わりの内実を考えるきっかけになりましたか？	とてもなった	なった	あまりならなかった	全くならなかった	3	3	3
② 説明させていただいた「関わりの理論的構造（3つの図）」は、児童と教員との関わりの在り方を意識することに繋がりましたか。	とても繋がった	まずまず繋がった	あまり繋がらなかった	全く繋がらなかった	3	3	3
Ⅳ．今回の実践では、授業開始時に各児童の活動内容や支援方法の詳細を個別に説明しました。このことについて、以下の質問にお答えください。	4	3	2	1	X教諭	Y教諭	Z教諭
① 授業の冒頭で個別の活動内容や支援方法の説明をすることは、本時の取り組みを明確に意識することに繋がりましたか？	強く意識できた	意識できた	あまり意識できなかった	意識できなかった	3	4	3
② 授業の冒頭で個別の活動内容や支援方法の説明をすることは効果的だと考えますか？	とても効果的	効果的	それほど効果的ではない	全く効果的ではない	3	4	3
③ 授業の冒頭に説明することは、教員より的確な支援に繋がると考えますか？	とても繋がる	繋がる	あまり繋がらない	全く繋がらない	4	4	3
④ 授業の冒頭に説明することは、TTにおける各教員の役割分担を明確にすることに繋がると思いますか。	とても繋がる	繋がる	あまり繋がらない	全く繋がらない	4	4	4
⑤ 教員同士の役割が明確になることは、機能的な授業運営に繋がると思いますか。	とても繋がる	繋がる	あまり繋がらない	全く繋がらない	4	4	4

⑥ 授業の冒頭で説明することについて、何かお気づきの点やご意見がございましたらお願いいたします。

・説明が長くて難しいので、児童A、児童Bには伝わりにくいな。と思った。また、児童Cも目の前に材料が置いてあると、触りたくて怒られる原因にもなるので、一番最後に説明するなどしたら良いかなと思った。（X教諭）

・児童は、一番に説明されると、すぐにでもしたくなって、他の人の説明の間待つことが難しい。できれば最後に説明して、説明後すぐ始められるようにしてほしい。「待つ」こと、立ち上がるのを止めることでやる気が無くなってしまう。不機嫌になってしまうといけないので。（Y教諭）

・集中が続かない子が多いので、できるだけ手短に分かりやすく説明することが大切だと思う。説明している間は児童の手の届く範囲に教材を置かない方がよいと思う。順番の待てる児童から順に説明する方がよいと思う。（Z教諭）

質問内容	選択肢				担任教員の回答		
V．今回使用した学習指導案についての質問です。							
1．今回使用した学習指導案では、クラスに在籍する児童一人ひとりの実態に応じた個別の活動内容を記載しました。以下の質問にお答えください。	4	3	2	1	X教諭	Y教諭	Z教諭
① 先生が担当された児童の実態と、今回の活動内容は合致していましたか？	とても合致していた	まずまず合致していた	あまり合致していなかった	全く合致していなかった	3	3	3
② 一人ひとりの活動内容を学習指導案に記載することで、児童が授業で行う活動を把握しやすかったですか？	とても把握しやすかった	把握しやすかった	あまり把握できなかった	全く把握できなかった	3	4	4
③ 一人ひとりの活動内容が学習指導案に記載されていることで、活動後に、自身が担当する児童の活動内容の改善案を考えることに繋がりましたか？	とても繋がった	繋がった	あまり繋がらなかった	全く繋がらなかった	4	4	4
2．今回使用した学習指導案では、クラスに在籍する児童一人ひとりの実態に応じた個別の支援方法を記載しました。以下の質問にお答えください。	4	3	2	1	X教諭	Y教諭	Z教諭
① 先生が担当された児童の実態と、今回学習指導案で設定した支援方法は合致していましたか？	とても合致していた	まずまず合致していた	あまり合致していなかった	全く合致していなかった	3	3	3
② 一人ひとりの支援方法を記載することで、授業で行うべき支援方法を把握しやすかったですか？	とても把握しやすかった	把握しやすかった	あまり把握できなかった	全く把握できなかった	3	3	4
③ 実際に、授業では児童の支援をしやすかったですか？	とてもしやすかった	しやすかった	あまり変わらなかった	全く変わらなかった	3	3	3
④ 一人ひとりの支援方法が記載されていることで、活動後に、自身が担当する児童の支援方法の改善案を考えることはありましたか？	たくさんあった	あった	あまり無かった	全くなかった	3	3	3
3．今回使用した学習指導案では、クラスに在籍する児童一人ひとりの実態に応じた個別の目標を記載しました。以下の質問にお答えください。	4	3	2	1	X教諭	Y教諭	Z教諭
① 先生が担当された児童の実態と、今回学習指導案で設定した目標は合致していましたか？	とても合致していた	まずまず合致していた	あまり合致していなかった	全く合致していなかった	3	3	3
② 学習指導案に一人ひとりの目標を記載することで、目指すべき目標を把握しやすかったですか？	とても把握しやすかった	把握しやすかった	あまり把握できなかった	全く把握できなかった	4	3	4
③ 一人ひとりの目標が記載されていることで、活動後に、自身が担当する児童の目標設定に関する改善案や修正案を考えることはありましたか？	たくさんあった	あった	あまり無かった	全くなかった	3	3	3
4．今回使用した学習指導案では、クラスに在籍する児童一人ひとりの「目標に準拠した評価」の項目を記載しました。以下の質問にお答えください。	4	3	2	1	X教諭	Y教諭	Z教諭
① 目標に準拠した評価の項目を設けることで、児童の能力発揮を適切に見取ることに繋がりましたか？	とても繋がった	繋がった	あまり繋がらなかった	全く繋がらなかった	3	3	3
② 目標に準拠した評価の項目を設けることで、次の活動の目標設定を考えることに繋がりましたか？	とても繋がった	繋がった	あまり繋がらなかった	全く繋がらなかった	3	3	3
5．今回の学習指導案では、目標に準拠した評価に加えて、児童の新たな行為・行動や表出等を見取るための「新たな一面の発見」という項目を評価に加えました。以下の質問にお答えください。					X教諭	Y教諭	Z教諭
	あった		なかった		あった	あった	あった

あった場合
- 児童Aの図工は、今までとても悩んでおり、「少しだけでも自分でやってみる」、「短い間だけでも取り組む」という目標のもと取り組むことが多かった。今回、好きなモノ（鈴、ひも）を取り入れて興味を惹きつけていて、徐々に関心を広げていくやり方がとても有効的だったなと思った。今までは「やらそう」とこちらが仕向けていたことが多かったことに反省している。また、ひも、鈴を用いると、こんなにも長い間活動してくれることに驚いた。今までひもは使ったことがあるが、ここまで長く活動していなかった。図工に対する苦手意識が減ったのかな。(X教諭)
- 教員のかけ声に合せて力を入れて絵具とボンドを混ぜる！(Y教諭)
- プラスティックのコップとスプーンを与え、ボンドと絵具を混ぜさせようとしたが、自分でコップを両手ではさみ、握ったり離したりして楽しそうに混ぜていた。教員の指示以外でも自ら活動を見せるのだと感じた。(Z教諭)

	選択肢						
② 評価の中に、「新たな一面の発見」を観点として加えたことで、児童の活動を評価する際の意識に何らかの変化はありましたか？	とても変化があった	変化があった	特に変わらなかった	全く変わらなかった	3	3	3

変化があった場合
- 授業の目標に関する評価以外に、授業で心に残った児童の様子をしっかりと振り返ることができた。(X教諭)
- 難しいなと思ったことに挑戦してみた。(Y教諭)
- 児童の手の動きや興味の方向などを意識するようになったと思う。(Z教諭)

	選択肢						
③ 「新たな一面の発見」は、次回の支援方法を考えるきっかけになりましたか？		なった		ならなかった	少なった	なった	なった
④ 新たな一面の発見を評価に加えることに意味があるとお考えですか？	とても意味がある	意味がある	あまり意味がない	全く意味がない	3	3	3

VI．児童の様子の中で、印象に残っている場面とその理由をご記入ください。
・ボンド絵具の入ったビニール袋を大胆に揺らして遊び、顔についたとたんに不快そうな表情になった場面。(とても大胆に遊んでおり、楽しそうにしていたのが、一瞬にして表情がくもり、言葉では気持ちを表現できない児童Aの気持ちが表情によって伝わってきたことが印象に残っている。「気持ち悪いよ（？）」ことが嬉しかった。)(X教諭)
・教員のかけ声に合せて力を入れたり、声を出していた場面。すごくタイミングがよく、今、やっていること、やってほしいことが伝わっているのか嬉しく思ったため。(Y教諭)
・ターラスボンドやおはじきを追加したこと、とても嬉しそうに生き生きと活動していた。各自の実態に合わせて新しい活動の題材(素材)を追加していくことで、児童の新たな発見もできると思う。乾いたターラスボンドを台紙からはがす時、すごい力を込めて一気にはがした時、その上ない笑顔であった。繊細な活動と大胆な活動とのメリハリも必要なのかなと感じた。(Z教諭)

VII．最後に、ご意見・ご感想をよろしくお願いいたします。
・今回、悩んでいた児童Aの図工に対する考え方がとても広がり、これからの授業づくりの糸口が見えてきたと思います。児童が楽しくなければこちらも楽しくない。子ども達と何かをするには、お互いが「楽しい」と思うこと、「できた」「がんばった」と思えること、お互いの信頼関係が大切だな、と改めて気づかされました。ありがとうございました。(X教諭)
・ターラスボンドほよかったです。でも、慣れていない児童Bとの活動で、H先生など支援が上手でなく、児童Bの動きを発揮させられなかったのではと少し不安。また、教員が揃ったタイミングでやってみたいなと思いました。(Y教諭)
・混ぜること、のばすこと、広げること、色々な活動場面で沢山の選択肢を準備して下さり、ありがとうございました。視覚、聴覚、触覚、あらゆる感覚を使って楽しむことができた活動だったと思います。(Z教諭)

３．場面抽出

　本項では、児童A、児童Bの抽出場面を記す。児童Aは全７回の授業実践から４場面を、児童Bは全５回の授業実践から３場面を抽出した。以下、児童ごとに場面抽出の理由を示し、その後授業トランスクリプト、抽出場面の詳細、そして第１次分析を記す。

⑴児童Aの抽出場面

①抽出場面A-１：事前の実態把握に基づき、児童Aの実態を考慮して試作した教材教具、及び活動設定とそれに対する児童AのQOLの低下。（第１回実践）

②抽出場面A-２：①に基づく改善によって現れた、児童AのQOLを高める活動展開の契機となった行為・行動。（第２回実践）

③抽出場面A-３：②に基づく活動展開を続けた結果現れた児童Aの質的変容。（第４回実践）

④抽出場面A-４：児童AのQOLの高まりと授業開始当初想定していなかった児童Aの変容。（第７回実践）

　これらの場面を抽出した理由は２点ある。１点目は、児童Aの活動時の意欲や能力発揮の質的変容を見取れる代表的な場面だからである。これらの４場面を時系列で提示することで、設定した仮説やアクション・プランの有効性を実証するデータの１つとなり得ると判断した。２点目の理由は、当初想定していた範囲を超える児童Aの行為・行動が表れた場面だからである。特に抽出場面A-３、A-４は、第２期アクション・リサーチに向けた新たな仮説生成に繋がると判断し、抽出した。

　以下、抽出場面ごとに詳細を記す。記述方法は、まず抽出した場面の［背景］を述べ、次に具体的場面を［抽出場面］として記す。その後、［抽出場面］に含まれる意味内容を分析し［第1次分析］を行う。なお、文中に使用している画像はパソコンのPrint Screen機能を用いてビデオ映像を画像化している。以下、時系列で児童Aの4つの抽出場面を記し、各場面の第1次分析を行う。

①抽出場面A-1：適合するはずの活動内容が適合しない
（第1回実践：5月10日）

● ［背景］
　題材の第1時間目は、ビニール袋の中にボンドと絵具を入れ、それをつかんだり叩いたりして混ぜる工程であった。そこで、聞き取りと観察による【外部情報の収集】によって作成した「個別実態把握表」の「現存機能」と「興味関心」に基づき、児童Aが可能で、なおかつ意欲的に活動できるよう形態や質感、色合いの異なるビニール袋、凸凹した触感の素材等、複数の教材教具を用意して授業に臨んだ。

● ［抽出場面］
　授業が始まり、児童Aの担当のX教諭は最初にボンドが入った傘用ビニール袋を提示した。すると、児童Aは**図43**のようにトントントントンと指で弾くように触り、30秒程度振り子のように動かして遊び始めた。その様子を見て、X教諭は「おっ、Aちゃん、これいけるんじゃない」と、児童Aが教具に興味を持ってくれたことへの手ごたえと今後の活動の期待とが感じられるような声をかけた。また、同様にボンドの入ったジッパー付ビニール袋を児童Aの顔の前に提示すると、同じようにトントンと指で弾き、前後に揺らして遊んだ。

　しかし、そのような活動は長くは続かなかった。その後、表面が凸凹した滑り止めシートを提示すると、**図44**の

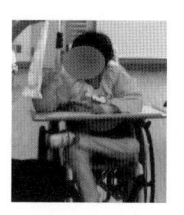
図43　傘用ビニール袋で遊ぶ

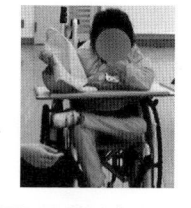
図44　滑り止めシートを握る

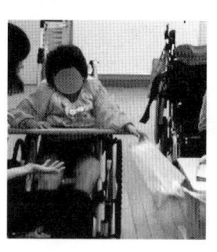
図45　パッキンを落とす

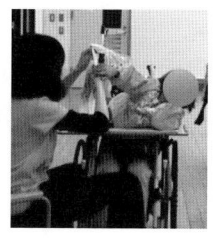
図46　ビニール袋を遠ざける

ようにしばらく把持する場面もあったが、それも束の間、すぐに滑り止めシートから手を離してしまった。他に準備していた教具も同様で、色違いの滑り止めシートやエアパッキンを用いた教具は、最初にわずかの時間触ったり握ったりするものの、すぐに離してしまい、授業の半ばからは**図45**のように机の下に投げたり落としたりし始めた。その後は、教材教具をどのように提示しても同じで、まず教具自体を見ない、渡してもすぐに落としてしまう、提示すると嫌がって遠ざけたり（**図46**）、体をねじったりした。さらには車いすのテーブルに上体を伏して目をつぶり、眠ってしまいそうになることもあった。このように、第1回実践ではうまくいかない状態をリカバリーする手立てが全く示せないまま授業を終えることとなった。

● ［第1次分析］

　第1回実践の活動内容は、筆者が【外部情報の収集】によって作成した「個別実態把握表」の「現存機能」と「興味関心」を元に【把握実態の反映】を試み、児童の様子を予測して活動を設定した。しかし、表28のQOL評価結果の通り、第1回実践では「QOLが低い状態」が授業全体の40％を占め、活動内容の多くは児童Aの実態に適合しなかった。活動の中には児童が「できなかったこと」や「それほど好きではなかったこと」が多く含まれ、結果として児童Aに適合しない活動となってしまった。つまり、【外部情報の収集】の方法、もしくは、【把握実態の反映】の方法に誤りがあったのである。

　実践を終え、児童Aの個別実態に、第1回実践で明らかになった児童Aの様子が最新の「実態」として加わった。第1回実践の【実証的確認】で判明した児童Aの実態は、次の通りである。

・傘用ビニール袋に対しては興味を持ち、それを用いて遊んでいたこと。
・児童Aは凸凹したものが好きということには間違いないが、あくまでも、バランスボールの表面の凸凹が好きなのであり、滑り止めシートやエアパッキン等、凸凹したもの全般が好きという訳ではないこと。
・興味関心が無ければ教材教具を注視しないこと。

②抽出場面A-2：今後の希望となる児童Aの活動
（第2回実践：5月14日）

● ［背景］

　第2回実践に向けて、第1回実践の【実証的確認】で明らかになった実態と、最初に【外部情報の収集】で把握した実態とを参照し、第2回実践の方策を検討した。第1回実践での【実証的確認】では、第2回実践に直接活用できる「現存機能」や「興味関心」がほとんど得られなかったため、第2回実践では主に【外部情報の収集】でまとめた個別実態把握表の「興味関心」の中から、児童Aが好きなものの範囲をさらに焦点化して【把握実態の反映】を試みた。

**図47　休み時間に
でんでん太鼓で遊ぶ**

　そこで、第2回目実践で使用する教具として、児童Aが好きなでんでん太鼓を模した教具を作成することにした。児童Aは休み時間中頻繁にでんでん太鼓で遊んでおり、器用に柄の部分を回し、音を出していた（**図47**）。でんでん太鼓は本体に2本糸が取り付けられ、それを動かすと音がする。そこで、第2回実践では、ドレッシング用のプラスチックボトルの外側に2本糸をたらした教具（以後、でんでん太鼓型教具と記す）を作成した。また、でんでん太鼓は振ると音が鳴るため、糸の先端には鈴を付けた。活動では、児童Aがボトルを振ったり動かしたりすることで、ボンドと絵具を混ぜることができるのではないかと考えた。

● ［抽出場面］

　5月14日、第2回実践で2つ目の教具として用いたのがでんでん太鼓型教具であった。X教諭は最初に児童の前でボトルを左右に振り、糸の先についた鈴を鳴らした。すると、児童Aは鈴の音に気づき、体を前のめりにして腕を伸ばし、でんでん太鼓型教具を取ろうとした。極めて高い意欲を示す児童Aの様子に筆者も思わず「おおおっ」と期待の声を上げた。児童Aの様子を見たX教諭は、ボトルのふたを開け、絵具を入れた。絵具を入れる間も児童Aは手を伸ばし、教具を取ろうとしていた。そして、絵具を入れ終わり、でんでん太鼓型教具を渡すと、まず児童Aはひもの先端に付いている鈴をはじいて遊び始めた。ただし、本体のボトル部分に興味を持った訳ではなかった。その後も児童Aの興味の対象は鈴であり、片手で鈴をはじいて鳴らしたり、本体のボトル部分を持ってひもをぶら下げて先端の鈴を鳴らしたりして、2分あまり鈴を使って遊んでいた。しかしその後、そのままボトルを下に落としてしまった。今日のでんでん太鼓型教具もボンドを混ぜるという活動に繋がらなかった。

　その後、他の教具を用いたが結果は芳しくなく、重苦しい雰囲気が漂った。そのような中、「もうおしまいですか？」とX教諭が尋ね、何気なく再びでんでん太鼓型教具を机の上に置いた。その時である。児童Aは**図48**のように右手ででんでん太鼓型教具のひもの部分を握り、目いっぱい腕を上げてボトルを持ち上げた。すると、ボトルの部分がちょうど児童Aの顔の前に位置し、児童Aは鈴ではなく、ボトルが小刻みに揺れる様子に興味を持ち、しばらく（５秒程度）眺めた。すると児童Aは**図49**のようにさらにもう片側の垂れ下がっているひもを持ち、ボトル部分を回して遊び始めた。この、わずか20秒程度の児童Aの活動は、今後の希望となった。

　ただし、この日の目的はボンドを混ぜることであり、ボンドの色が白から徐々に絵の具の色に変わっていく様子に気づき、その変化を楽しむことを目的としていたが、児童Aは、あくまでもでんでん太鼓型教具のひもをもってボトル部分を揺らしたり回したりすることに興味があるようだった。

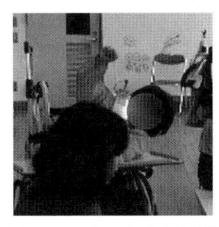

図48　でんでん太鼓型教具を持ち上げる

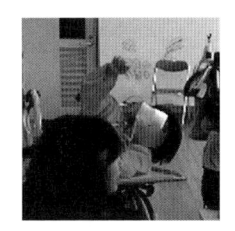

図49　でんでん太鼓型教具を回して遊ぶ

● ［第１次分析］

　この日児童Aに対して行った方法は、児童Aの「興味関心」をより直接的に活動に取り入れることであった。この日用意したのは、児童Aが普段から頻繁に遊んでいるおもちゃを模したでんでん太鼓型教具である。その結果、児童Aはこれらの教具を用いて操作したり遊んだりし始めた。つまり、前回のように提示された教材教具に対して全く興味を示さないという状況は改善され、少なくとも提示された教具に対して興味を持続しながら活動を行う状態が増加した。このことから、児童Aに対しては【把握実態の反映】において「興味関心」がある遊びを直接的に活動内容に反映させることにはある程度効果があることが分かる。つまり、でんでん太鼓型教具は、児童Aが興味関心を持ち、意欲的に活動に取り組め、なおかつ自らの能力が発揮される状態を安定的に一定時間保障できる教具なのである。

　また、この日はでんでん太鼓型教具の他にも児童Aが興味関心を持つ、打面が凸凹した木槌やビニールボールも活動にそのまま取り入れた。それらの活動を加えた結果、QOL評価の「QOLが特に高まった状態」は第１回実践の16％から第２回実践では34％へと増加した（表28）。

③抽出場面A-3：行動の様々な変化（第4回実践：5月28日午前）

・・・

● ［背景］

上記の第2回実践ででんでん太鼓型教具が児童
Aに適合したことが【実証的確認】で把握できた
ため、それを新たな実態とし、5月28日午前に行っ
た第4回実践では【把握実態の反映】として図50
に示すでんでん太鼓型教具のバージョンの異なる
もの（以後、でんでん太鼓型教具Ⅱと記す）を追
加し、さらに、でんでん太鼓が含む要素である、
鈴、ひもを取り入れた教具として、ボンドの入っ

図50　でんでん太鼓型教具Ⅱ

たビニール袋に直接ひもと鈴をつけた教具（以後、ひも付きビニール袋と記す）、さ
らにひもの両側に針金を丸めたものを取り付けた教具（以後、針金付き教具と記す）、
そして、第1回実践から継続して使用する傘用ビニール袋を用いて活動を行った。
以下の抽出場面は、これらの教具を用いた活動の様子である。

● ［抽出場面］

最初に、X教諭は第2回目実践から使用しているでんでん太鼓型教具を児童Aの前
に提示した。すると、児童Aはいつものように鈴に興味を持ち、指でつま弾くよう
に鈴の付いたひもを動かした。その後ボトルを握り、右手から左手に持ち替えたり

両手でひもを持ってボトルをブランコのように揺
らしたりして積極的に活動を行った。続けて、X
教諭が今回から新たに加わったでんでん太鼓型教
具Ⅱを提示すると、児童Aはもともと持っていた
ボトルを机の上に置き、新しい教具に持ち替えた。
持ち替えた後は同じく図51のようにボトルに取り
付けられたひもの先の鈴に注目し、鈴を鳴らして
遊んだ。また、時折ひもを持ってボトルを持ち上
げ、長時間教具に関わり、操作し、遊んでいた。
さらに、新たに作成した針金付き教具にも興味を
持ち、図52のように教具に取り付けられたひもの
部分を持って振り回したり持ち替えたり、持ち上
げて揺らしたりして遊んだ。

図51　でんでん太鼓型教具Ⅱで遊ぶ

第4回実践の児童Aの活動がこれまでと異なっ
たのは、教材教具を落としたり投げたりしなくなっ
たことである。これまでの児童Aは、全く興味を

図52　針金付き教具で遊ぶ

示さない教材教具が提示されたり、一通り遊び終わると、床に落としたり投げたりしていた。しかし、この日の児童Aは、提示された教材教具を即座に拒否すること無く、用意した全ての教材教具をまず触り、操作した。また、活動が一通り終わった後にも投げることなく静かに机の上に置いていた。ただし、この授業でも児童Aの興味の大半は教具そのものであった。この日の活動は、ボンドが入った容器を動かすことで、中のボンドをたらし、様々な模様をつくることであったが、児童Aの関心は、教具自体を操作することが中心であった。

　その中で１つだけ、興味関心の対象が異なることがあった。それが図53である。この場面では、X教諭が目の前で傘用ビニール袋を提示したところ、これまでのように揺らしたり回したりして楽しむことは無く、ビニール袋の穴の開いた部分からぽたぽたと滴り落ちるボンドを約45秒間見続けていたのである。この時、児童Aは一切傘用ビニール袋には触ろうとせず、ビニール袋に開けられた

図53　滴り落ちるボンドを注視する

穴から朱色のボンドがぽたぽたと一滴ずつ落ちる様子を注視していた。このことは、これまでの活動では見られなかったことであった。

● ［第１次分析］
　上記抽出場面A-３の【実証的確認】からは児童Aの質的変容を４点見取ることができた。
１）教具を用いた活動時間が増加したこと
　　児童Aは、２種類のでんでん太鼓型教具を用いた活動で合計175秒間、つまり、約３分間集中して教具を操作し、遊んだ。最初にでんでん太鼓型教具を提示した際に児童Aは20秒しか遊ばなかったことと比較すると約９倍、１つの教具に関わり、操作し、遊べるようになった。
２）教具を投げなくなったこと
　　X教諭が記載した第４回実践の学習指導計画／評価表の「新たな一面の発見」の項目には、【積極的評価】として「でんでん太鼓型の容器が好きで、手に取り、長く遊んでいた。その他の用具も今までのように、投げたり机から落としたりすることがなくなった」と記されている。このように、提示された教材教具をすぐに拒否し、払いのけたり放り投げたりすることがこの授業では１度も無かった。
３）でんでん太鼓型教具の要素を用いたひも付きビニール袋や針金付き教具でも、積極的に操作し、遊んでいたこと。
　　第２回実践以降、でんでん太鼓型教具は児童Aの現存機能が発揮され、興味関心を引き付けて意欲的に活動できる教具として活動を組み立てる１つの基軸となっ

た。そこで、第4回実践では、ボトル部分をビニール袋に変えた教具や、ひもの両端に針金を丸めたものをつけて画面上に落ちたボンドに模様をつけるための教具を作成した。その結果、児童Aは両方の教具に興味を持ち、でんでん太鼓型教具と同じく、教具を持ち上げたり振りまわしたり、指で弾いたりして教具を操作し、遊んでいた。このことは、新しく提示する教材教具の中に児童Aが興味関心を持つ要素が含まれていれば適合する可能性が高いこと、また、これまでの児童Aの活動経験が新しい教材教具でも生かせることを示している。

4）教具から滴り落ちるボンドを注視していたこと。

　これまでの活動での児童Aの興味関心の対象は主に教材教具そのものであった。もちろん、これまでの活動が、袋の中に入ったボンドと絵具を混ぜ合わせることであったため、変化が見取りにくかったことも影響していたとは思われるが、教材教具を操作して遊ぶことが活動の中心であった。それに対して第4回実践では、ボンドが滴り落ちる様子に注視するという新たな姿が見られた。これは、袋をぶら下げた行為の結果生じる現象であり、児童Aはその現象に注意を向けたこととなる。このことはこれまでの教材教具を操作し、遊ぶことから注意の対象の範囲が広がった場面であったといえる。

・・

④抽出場面A-4：視線の変化（第7回実践：5月31日午後）

・・

● ［背景］

　第7回実践は、ボンドをたらす工程であった。以下の抽出場面は、ひも付きビニール袋を用いてボンドをたらす活動の場面である。この場面では、児童Aの教材教具に対する明らかな変容があったため抽出した。

● ［抽出場面］

　この日、黄緑色のボンドが入ったひも付きビニール袋を児童Aに渡すと、しばらくは上を向いた状態のまま、指で鈴を握りながら音を鳴らしていた。この時点では児童Aの意欲は感じられず、「ああーーー」と状態がそれほど良くない時に表れる声がでていた。そのような状態が約40秒間続いた後、"急に"である。児童Aが片側のひもを右手でつかみ、ボンドの入った袋を持ち上げた。すると、袋に開けられた穴からボンドが勢いよく流れ落ちた。そして、児童Aはしばらく袋を左手で押したり、ひもを持った右手を左右に振ったりして教具を動かした。

　その時である。たれ下がっているボンドが児童Aの左手にかかった。冷たかったのか、すぐに児童Aは手元を見た。児童Aの左手には、**図54**で示すように手の甲の肌色を背景に、鮮やかなパステルカラーの黄緑色のボンドでできたラインが入ってい

た。児童Aはしばらく左手の様子を見ていた。すると今度は、**図55**のように袋の先端、つまりボンドがたれ下がっている部分を見始めたのである。

この様子に、X教諭も弾んだ声で「見よるねえ」と児童Aに声をかけた。私も、「すごーい」と思わず声が出た。その後も児童Aはビニール袋の穴からボンドが垂れ下がる様子を見続け、ひもを持った右手を上に上げたまま、前後左右に動かした。さらには再び、今度は意図的に自分の手や指にボンドをたらし、その様子を注視する場面があった。合計、この活動は４分強続き、これまでの活動に比べて児童Aの活動に対する態度が変化したことに若干の興奮を覚えながら、とても嬉しい気持ちになった。そして、すべての実践を終え、児童Aは自らの力で**図56**の作品を制作することができた。

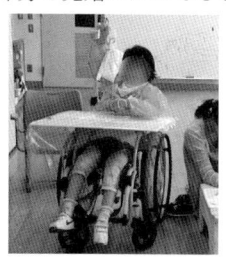 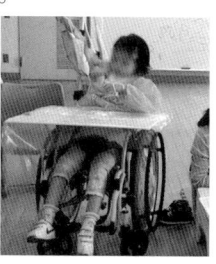

図54　ボンドが手についた様子を注視する　　図55　ボンドが垂れた箇所を注視する

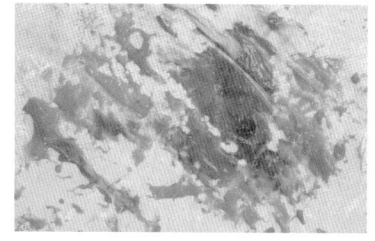

図56　児童Aの作品

● ［第１次分析］

このように、第７回実践の児童Aの活動は明らかにこれまでとは異なっていた。児童Aの興味の対象は糸状にたれるボンドであり、さらに、そのボンドは自分が袋を動かすことで変化することを児童Aは意識できていたと考えられる。また、この活動で児童Aは、でんでん太鼓型教具に装着された鈴をほとんど鳴らさず、あくまでも興味の中心はボンドがたれる様子であり、また、自らが袋を動かすことによって変化する黄緑色の線であった。結果、児童Aは袋の中に入ったボンドがほぼ無くなるまでひも付きビニール袋を動かし続けた。児童Aは手が汚れることや、ねばねばする触感が苦手であったが、この時、児童Aは手にボンドがかかっても一向に平気で、それどころか、自ら意識して自分の手にボンドをたらすことさえあった。X教諭も学習指導計画／評価表の評価で「ひもと鈴のついたビニール袋を触っているときに、垂れるボンドへ目が向いていたので、少し気づくことができたのではないかと思う」と記している。

児童Aにとって第１期アクション・リサーチの最後の活動となった第７回実践のQOL評価結果は、「QOLが特に高まった状態」が全体の41％となり、これまでで最も高い結果となった。

⑵児童Bの抽出場面

　本項では、児童Bの抽出場面、及び場面抽出の理由を記す。具体的には、全5回の授業実践から、以下に示す3場面を抽出した。

①抽出場面B-1：静止・微弱運動型の児童Bの微弱な意思や情動の表れを丁寧に見取ろうとするY教諭の関わり。（第2回実践）
②抽出場面B-2：児童Bの活動を活性化させ、QOL向上を促進するY教諭の関わり。（第2回実践）
③抽出場面B-3：題材で用いる教材教具、活動内容、児童Bの知的・身体的実態、授業時の体調の4要素の融合を模索するY教諭の関わり。（第3回実践）

　これらの場面を抽出した理由は、静止・微弱運動型の児童生徒特有のQOLを高めるための教員による多様な関わりが見出せたためである。また、これら3場面は仮説検証、及び新仮説生成に繋がる特徴的な場面であった。このことから、上記3場面を抽出した。

①抽出場面B-１：選択場面での意思の見分け方
（第２回実践：５月14日）

● ［背景］

　児童Bは視覚障害があり、光覚程度の視力である。そのため、視覚的に形態の違いを見分けることが困難である。しかし、児童Bに少しでも主体的な活動をしてほしいという思いから、【伝達方法の検討】の一つとして選択肢に、人肌よりも温かくやけどしない程度に温めたボンドと、水道水で冷やしたボンドの２種類を用意し、より違いが分かりやすい状態で提示した。下に示す場面は、それら２つのボンドの選択場面でのY教諭の関わりである。

● ［抽出場面］

　Y教諭は、「じゃあ、Bちゃん、どっちにする？ここに（ボンドが）置いてあるよ」と言って、まず児童Bの右手を温かいボンドの上にのせた。すると、児童Bの目が２回見開いた。Y教諭はその様子を確認した後、児童Bの頬にもボンドを当て、児童Bの表情の変化を確認した。その後、ボンドの入った袋を手から離し、次に、冷たいボンドの上に児童Bの手をのせた。すると、児童Bに緊張が入ってしまった。そこで、Y教諭は、児童Bの明らかな反応の違いと緊張させてしまったことへのお詫びをするように足の位置を直し、児童Bの姿勢を整えた。そして再び温かいボンドを触り、さらにもう一度冷たいボンドを触った。

　その後、これら一連の活動で体に緊張が入っていることに気付いたY教諭は児童Bの活動を一旦中断し、どちらを選択するかを問う前にストレッチを始めた（**図57**）。

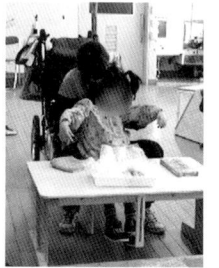 

図57　選択の前にストレッチ　　**図58　問いかけに対して笑顔になる**

　そして、姿勢が整うと、児童Bの顔をのぞき込みながら、「じゃあBちゃん、今日は『あったかーい』のか、『つめたーい』のか、どっちがいい？」と問い、児童Bの手をまず温かいボンドの上にのせた。しかし、児童Bにそれほど変化はなかった。そのため、次に冷たいボンドに取り換えて児童Bの手をボンドの上にのせた。すると、顔が上がり目が見開いたが、返答なのか体の緊張なのか判断がつきにくかったため、Y教諭はそこで、『（やっぱり）『あったかーい』の方がいいの？」と問うた。すると児童Bは首を動かし、目を見開き、**図58**のように笑顔になった。それを見たY教諭は、それではもう一度、といった様子で、再び温かいボンドを用意し、児童Bの右手をビニール袋の上にのせた。

しばらく温かいボンドを触った後、「これで合っとる？」と聞き、「『あったかーい』でいい？」と聞くと、児童Bは目を見開き、体全体にも力が入った。また、この時、同時に足も少しだけ上がった。その様子を見て、Y教諭はうれしそうに、「うーんっ」と、児童Bが返事をしてくれたことへの喜びが感じられる返事をした。

● ［第1次分析］

　このやりとりは特別支援学校の造形活動では日常的に見られる場面である。Y教諭が児童Bの意思を確認する過程では、まず【制作工程の構造化と精選】が行われ、児童Bの活動は"ボンドを触って温度の違いを認識する"活動と"好きな方を選択する"活動という2つの工程に絞られている。また、手で触るだけではなく頬にもあてて違いを感じ取らせる【伝達方法の検討】も行われており、コミュニケーションにおいても、Y教諭は児童の視線や体の緊張から【表出・行動の洞察と言語化】や【確認】を行い、児童Bに過度の緊張が入った場合には活動を一旦中断してストレッチを行う【健康・安全の優位性】も見出せる。

　しかし、活動で使用するボンドを選択するだけであれば、上記の場面のように児童Bに温冷両方のボンドに直接触れさせたり、複数回同じ教具に触れさせたりする等、多くの時間を使ってボンドの温度の違いを体感させる必要はなく、単に温かいボンドと冷たいボンドのどちらを使いたいかを問えばよい。この場面でY教諭が、ボンドを選択する活動に用いた時間は、最初の温かいボンドと冷たいボンドの触り比べの活動249秒、選択の確認をする前に呼吸と姿勢を整える支援31秒、そして、選択の意思を問う活動137秒の合計417秒間、なんと約7分間をボンドの選択に充てている。この場面からは、使用する教材教具の選択に至る3つの段階を見出すことができる。

　1点目は、そもそも教員が提示した教材教具を児童が感知できているかどうかを見取る段階である。児童Bには視覚障害があり、光覚程度の感知が可能な児童である。よって、児童Bが教材教具を感じ取るのは主に触覚や聴覚が中心となる。また、児童Bには重い知的障害があるため、我々が教材教具を認識する早さや方法が異なることも在り得る。そのため、Y教諭は児童Bがこれから用いる教材教具そのものを感知できるようにゆっくり時間をかけて触ったり、頬にボンドを当てたり、繰り返し同じ教材教具に触れたり、丁寧な声かけをしたりする中で、児童Bが教材教具を感知できているかどうかを児童Bの反応の微妙な違いから読み取ろうとしている。

　2点目は、提示された教材教具に対する児童Bの反応や表出の特性を見取る段階である。例えば、児童Bは教材教具に触れることで緊張が入ったり笑顔になったり、目を見開いたりするという反応や表出が見られ、Y教諭はそのような児童Bの変化を判断材料として支援を行っていた。つまり、対象児童が興味関心を持った時、意欲が高まった時にどのような反応や表出が表われるのか、逆に、意欲が低い時、提示

されたものがそれほど気に入らなかった時にどのような反応や表出が表れるのかといった、提示した教材教具に対する表出の種類や表れ方を見取ることが、選択に至る２つ目の段階となる。

　３点目は、選択の場面での児童Bの認識の度合いを見取る観点である。選択の意思が明確に表われる場合には「表出」ではなく、相手に伝えようとする意思が存在する「表現」となるが、これらは知的障害が重ければ重いほど明確ではないのが現状であり、表出（表現）の方法も一人ひとり異なる。選択の場面で教員は、日常的な関わりの中で把握している児童の表出（表現）行動、つまり、【全生活的関わり】で見出している表出（表現）行動と、今目の前で表れている表出（表現）行動を比較しながら、児童が発する表出（表現）の意味を判断し、それを児童の意思として選択が行われている。

　以上のようにY教諭は、活動の初期段階において、まず、児童Bが教材教具を感知できているかどうかを確認すること、そして、提示した教材教具に対してどのような反応や表出が認められるかを確認すること、そして選択の場面において問いかけに対する表出（表現）があるか、またその方法や提示した教材教具による違いを、長時間対象児童を観察し続けることで確認している。

・・

②抽出場面B-２：Y教諭の声かけと共に活動を行う児童B
（第２回実践：５月14日）

・・

● ［背景］

　児童Bに対して、Y教諭は積極的に声かけを行っていた。Y教諭は、児童Bがボンドと絵具を混ぜる時、また、ビニール袋に入ったボンドを絞り出す時にも、共に「せーの、ぎゅーーー」（長音１つは約0.5秒）といった擬音を用いて児童に活動を促している。下に示す場面は、第２回実践で、ビニール袋に入ったボンドと絵具を混ぜる工程における児童BとY教諭の様子である。

● ［抽出場面］

　Y教諭は、ボンドと絵具を混ぜるため、ビニール袋の上に児童Bの両手をのせ、誘いかけるように「ぎゅーー」と声をかけた。すると、児童Bはその声に反応するように、顔が上がり、両腕を前に伸ばし、ビニール袋を押し出した。その様子に、Y教諭は少しの驚きと嬉しさが入り混じったように「上手ー」と声をかけた。確かに、児童Bは腕を伸展させ、そのことで体幹や足も含めて力が入る様子がよく分かった（図59）。声かけと同じタイミングで児童Bの腕が動いたことにY教諭も私も驚き、喜びもあったが、その反面、児童Bが意識的に力を入れたかどうかはこの時点では半

信半疑であった。

　そして、Y教諭が再び児童Bの姿勢を整え、先ほどよりも少し大きな声で長めに「せーの、ぎゅーーーー」と声をかけた。すると再び、かけ声に合わせて児童Bの両腕に力が入り、連動して全身にも力が入るのである。その様子を感じ取ったY教諭は、児童Bの健気さと頑張りに喜びを隠しきれないように、笑顔で、「上手ーー」と賞賛の声をかけた。同じく３回目にも、児童BはY教諭の声かけに反応するように両手でボンドを押した。

図59　声かけに合わせて腕を伸ばす児童B

　この、「せーの、ぎゅーーーー」は、本題材で行われた活動全般で用いられ、児童Bは体調が良い時にはY教諭の声かけに合わせて腕を伸ばしたり、腕を内側に巻き込むように動かしてボンドを混ぜたり絞り出したりしていた。

● ［第１次分析］

　まず、上記抽出場面の「せーの、ぎゅーーー」という声かけは、第２部カテゴリーⅡ「コミュニケーション」で示した概念【活動の意識化】の下位概念である［発揚的声かけ］やカテゴリーⅢ「社会心理的環境づくり」における【楽しさへの志向】に該当する。

　抽出場面で示した通り、Y教諭は関わりの中から、この声かけが児童Bの意欲を喚起し、活動の起点になっていることを発見している。つまり、児童Bが活動を行う過程に欠かせないものとしてこの声かけは位置づけられている。これは相互交信的に行われる共同制作であるといえ、児童と教員とが造形活動を通して気持ちを合わせ、連動しながら活動を行っている状態を見出すことができる。Y教諭のかけ声は、活動を楽しいものにすると共に児童Bの自立的な活動の契機となり、さらには意欲の向上や能力発揮に繋がっていると考えられる。

・・

②抽出場面B-3：児童が最も制作しやすいポジショニングの模索
（第3回実践：5月31日午前）

● ［背景］

　この場面は、第3回実践の様子である。この日は、着色したボンドが入ったビニール袋に穴を開け、中のボンドを絞り出す工程の最初の授業である。筆者は授業導入部の説明で、図60のように網状の金属製の台を使用し、その上にボンドが入ったビニール袋をのせ、そこからボンドを押し出してたらす方法を提案した。以下に示す場面は、ボンドをたらす方法を検討するY教諭の様子である。

図60　台を使って絞り出す方法

● ［抽出場面］

　授業の前半に本時で使用する絵具を選択した後、後半からボンドを絞る工程に入った。しかし、この日は児童Bの緊張が強かったため、腕を伸展させて活動を行うことが難しかったこと、さらに児童Bにとっては用意した台の高さが高すぎたこともあり、Y教諭は金属製の網の使用を見送った。そして、少し考えた後、Y教諭はいつものようにボンドを机の上に置き、児童Bの手をのせて絞る方法で活動を行った。しかし、この日は絞る活動を行うと、同時に児童Bの体全体に緊張が入ってしまった。そのため、Y教諭は、図61のように児童Bにビニール袋を持たせ、半分をY教諭が持つ支援の方法をとり、ボンドを上からたらそうとした。

　しかし、児童Bの様子をみたY教諭は、再び困った様子で「うーん、これ難しいね」と声をかけ、すぐにボンドを児童Bの手から離した。その後Y教諭は、ナイロン袋を持ち上げてたらす方法をやめ、図62のように再びボンドの入ったビニール袋を机

図61　ボンドを持って絞り出す方法

図62　ボンドを置いて絞り出す方法

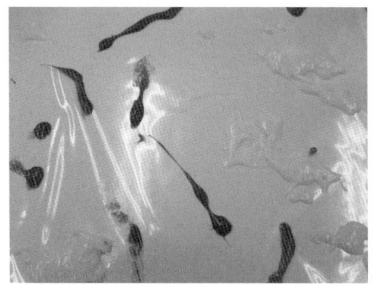

図63　児童Bが絞り出した形

の上に置き、児童Bがそれを押したり動かしたりすることでボンドを絞り出す活動に切り替えた。

　金属製の網を使用しなかったこと、また、持ち上げた状態でボンドをたらす方法を試み、状況を見て再び元の方法に変更したこと等はいずれも即座の判断であった。これらの試行錯誤の後、児童Bは腕を内側に動かし、弧を描くようにして机の上に置かれたボンドを上手に絞り出すことができた（**図63**）。

● ［第1次分析］

　上記の抽出場面の通り、教材教具の置き場所を変えるだけで、教員による代替的支援の割合が減ると共に、児童Bの最も負担の少ない姿勢での活動が可能となった。ここには、Y教諭による的確な【適時判断】と、【姿勢の検討】（＝袋を持つ位置）、【教材教具の検討】（＝金網の使用の有無）、【特性の発揮】（＝児童Bが可能な腕の動きによる制作）、【支援の漸次改善】（＝金網の上で絞る〜持ち上げて絞る〜机上に置いて絞る、への変化）といった支援の工夫を見出すことができる。これらの概念が連動することでY教諭の支援が最小限に抑えられ、児童Bの意欲的かつ能力発揮できる活動環境が実現していた。

　造形活動では、題材によって活動内容や用いる教材教具が異なる。よって、児童生徒の身体的特性と用いる教材教具とをどのように合致させるかをその都度検討し、見極める必要がある。特に児童Bのような重度の身体障害により様々な制約がある静止・微弱運動型の児童生徒に対して、無理なく活動できるポジショニングの検討と試行を行うことは造形活動における支援の基盤となる。仮に、ポジショニングが対象児童に合致しなければ、児童生徒に無理を強いることとなり、意欲の高まりにも影響を及ぼすことが予想される。

....

第７節　仮説検証

　前節の結果を踏まえ、本節では設定した仮説、及びアクション・プランの有効性を検証する。ただし、本研究では仮説１の「クラス内実態把握表」で示した通り、重度・重複障害児の実態を衝動・不随意運動型と静止・微弱運動型に分類した。そこで、本章では重度・重複障害児の類型に応じた活動内容、支援方法の質的相違を明らかにするため、検証は児童（児童A：衝動・不随意運動型、児童B：静止・微弱運動型）ごとに行う。

１．実態把握：仮説１、仮説２の検証
⑴児童A

　仮説１について、当該クラスには３名の児童が在籍し、図29「クラス内実態把握表」で示した通り、コミュニケーションレベルでは表出段階の児童２名と非言語的手段を用いたコミュニケーションが可能な児童１名、そして運動機能レベルでは、前腕を動かすことが可能な児童１名と、上半身全体を使った運動が可能な児童２名が在籍していることを確認できた。また、当該クラスでは随意運動型、衝動・不随意運動型、静止・微弱運動型にそれぞれ１名の児童が位置づき、児童Aは衝動・不随意運動型に位置づくことを確認できた。このように、「クラス内実態把握表」は対象集団に在籍する児童生徒全員の実態の分散状況を構造的に把握できる点で有効であった。また、類型の違いやその他の合わせ有する障害を一覧で示すことにより、題材開発で配慮すべき内容の範囲を確認できたことも有効であった。

　また、個別の実態把握では、仮説２に基づき対象児童の現存機能と興味関心を中心に情報を収集した。その結果、抽出場面A-２、A-３で示した通り、児童Aが意欲的に取り組めた「でんでん太鼓型教具」や「ひも」を用いた教具の作成に繋がった。また、表30で示す質問紙調査の質問内容「Ⅰ－１－⑦」や「Ⅰ－２－⑦」でも、担当のX教諭は児童の「できること（現存機能）」や「好きなこと（興味関心）」を把握するこ

とは、造形活動を行う上で「効果がある」と回答している。このことから、実態把握で児童の現存機能と興味関心を中心に情報収集することには児童AのQOL向上に一定の妥当性が認められる。

　ただし、本研究で用いた実態把握の方法には課題が2点ある。1点目は、実態把握で収集する情報の範囲である。本研究で用いた「個別実態把握表」（表24）の「興味関心」の項目には、把握した実態を「ギザギザ、ガリガリした触感が好き」と記載した。しかし、抽出場面A-1で示した通り、児童Aはギザギザ、ガリガリした触感全般を好む訳ではなかった。このことから、実態把握では、児童の意欲的な行動が起こる状況をより詳細に把握する必要がある。つまり、児童が興味関心を有する事物と共に活動が起こる環境や条件を含めて情報収集を行う必要があることを確認できた。

　2点目は、実践過程の【実証的確認】で現れる一回性の実態を的確に把握することの重要性である。まず、【外部情報の収集】で把握した児童生徒の現存機能や興味関心は、これまでの全生活の中で複数回現れたいわば再現性の高い実態である。それに対し、実態には活動の過程で現れる一回性の実態がある。例えば、抽出場面A-2のでんでん太鼓型教具を持ち上げた時間は45分の授業のうちわずか20秒であった。しかし、児童Aのこの活動は、第3回実践以降に大きな影響をもたらすものとなった。このような活動の過程で現れる一回性の行動や活動を的確に捉え、それを次の活動に即座に反映させる即時的な改善が児童Aに対しては必要であった。つまり、児童Aのような衝動・不随意運動型の児童生徒に対しては、実態把握は題材実施前に行うだけではなく、活動過程でも行うこと、そして把握した実態を即座に活用することが求められているといえる。

⑵児童B

　仮説1で示した図29「クラス内実態把握表」の通り、児童Bは静止・微弱運動型に位置づくことを確認できた。さらに視覚障害を併せ有するため、当該クラスの中で最も配慮を要し、題材開発では触覚や嗅覚等を

中心とする材料・用具の選択や活動内容の設定が必須であることも確認できた。また、児童Bのコミュニケーションレベル、運動機能レベルの実態から、活動では濃密な支援が必要であることも確認できた。このように、児童Bの対象クラスにおける相対的位置づけや支援の度合いを即座に確認でき、教員集団で共有できた点で「クラス内実態把握表」は有効であった。

　また、仮説２で示した「個別実態把握表」では、児童Bの現存機能として運動機能６項目、認知機能３項目、そして興味関心15項目を記載し（表24）、これらを活動内容、支援方法に反映させた。その結果、Y教諭は表30の質問内容Ⅰ－１－⑤、⑥、⑦、そしてⅠ－２－⑤、⑥、⑦の「児童の『現存機能』と『興味関心』を把握することは、児童の実態に合致した活動内容、支援方法に繋がり、造形活動を行う上で効果がありますか？」との質問に対し、最も高い評価である「とても効果がある」と回答している。また、本実践では児童Bの「塊状のものであれば持てる」、「軟らかいものの方が好き」、そして「肘の前後の可動域は広い」といった実態を把握していたため、材料に木材用ボンドを使用する、それを袋に入れて塊状にして使用する、袋を押し出して絵具を混ぜたり絞り出したりするといった活動内容のアイデアに繋がり、これらの方法を用いた活動が児童Bの能力発揮に繋がった。

２．題材開発：仮説３、仮説４の検証
⑴児童A

　第１期アクション・リサーチでは、仮説３に基づき、過去に特別支援学校の重複障害学級で行われた造形活動の題材を活用し、「重度・重複障害児の特性に合致した題材への改変」がすでに成立している題材を用いることで、第２段階の「クラスの児童生徒一人ひとりに対応できる題材への改変」に焦点化できる題材を用いた。

　その結果、主担当教員は重度・重複障害児の特性に応じた題材を一から開発する必要が無く、クラスに在籍する児童の個別の実態に応じた教材教具の作成や活動内容の考案に多くの時間を費やすことができた。こ

のことは、主担当教員が題材開発で抱える困難性の部分的な解消に繋がった。児童Aに対しては、抽出場面A-2、A-3、A-4で示した通り、本題材は衝動・不随意運動型の児童の実態に応じた活動設定も可能であり、児童Aが意欲的かつ能力発揮できる活動環境も実現できた。このことから、過去に特別支援学校の重複障害学級で実践され、有効性が認められる題材を他の重複障害学級で実践することは、教員の困難性解消と個別の児童生徒のQOL向上に一定の効果が認められる。

　また、題材開発では仮説４に基づき、個別の現存機能と興味関心を活動内容、支援方法に反映させ、教材教具を作成した。実践では、児童Aが好む「ひも、垂れ下がっているもの」や「でんでん太鼓」を教材教具に取り入れることで、児童Aの意欲の向上と能力発揮に繋がった。特に児童Aに対しては興味関心を活動内容に反映させることが有効であった。このことから、衝動・不随意運動型の児童生徒に対する題材開発において、個別の活動内容、支援方法に児童生徒の現存機能と興味関心を反映させることはQOL向上に一定の有効性が認められる。

⑵児童B

　仮説３に基づく、過去に特別支援学校の重複障害学級で実践され一定の効果が認められた題材を再試行することは児童Bに対しても有効であった。特に児童Bに対しては**表31**に示す特質が有効に機能した。

表31　題材「ターラス・ボンド」の特質と児童Bの活動の具体例

特質	具体例
触覚的な材料	材料を握る、押すといった児童Bが可能な運動によって作品化することができた。
材料の量の調整が容易	児童Bの手の大きさに合わせて、握りこぶしの2倍程度の量のボンドを使用した。このことで、児童Bが材料を認識しやすく、かつ活動しやすい状態を実現できた。
微弱な力でも変形、操作が可能	袋に入れたボンドは軽く押すだけで絞り出すことができるため、体の緊張が強い児童Bでも容易に活動できた。
作品制作のバリエーションが豊富	袋に入れて混ぜる、袋に入れて持ち上げて垂らす、机の上に置いて押す、肘から先を弧を描くように動かして絞り出す等状況に応じて多様な制作が可能であった。
温度調節が可能	温めたり冷やしたりできたことで選択の際に違いを明確にすることができた。
においを加えることが可能	ビニール袋を用いたことで、中に匂いを込めることができ、選択の際に違いを明確にできた。
粘度調節が可能	活動当初、ボンドの粘度が高く絞り出すことが困難であった。そこで、水を加え粘度を下げることで、絞り出しやすくなった。
半立体状に硬化する	ボンドは半立体状の形態を保って硬化するため、視覚障害がある児童Bが制作過程や完成後に作品に触れることで形を確認することができた。

　また、仮説4について、第1期アクション・リサーチでは児童の全般的な実態を把握するのではなく、造形活動に直接関わる現存機能や興味関心に焦点化した情報収集を行い、収集した情報をそのまま造形活動に活用した。その結果、児童Bが可能な活動である前腕で弧を描くように動かす、また、前に押し出す等の方法を用いて袋に入れたボンドを押し出す制作方法の考案に繋がり、児童Bは図64のような絞り出した形が美しい作品を制作できた。また、視覚障害に対しては、ボンドの温度や匂いを変えて触覚、嗅覚の違いを示すことで対応できた。このように、実態把握において現存機能と興味関心を把握し、題材開発時に活動内容、支援方

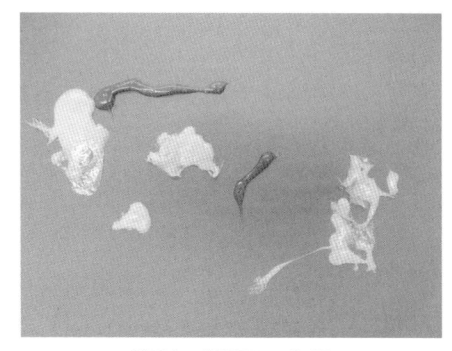

図64　児童Bの作品

法に活用することは、児童Bの意欲の向上と現存機能の発揮をもたらし、QOL向上に有効に働いた。

3．題材を介した児童生徒と教員との関わり：仮説5の検証

⑴児童A

　仮説5では、第2部カテゴリーⅠ、Ⅱ、Ⅲの内容を、特に児童と直接関わる副担当教員に説明し意識づけを試みた。しかし、児童Aに対しては特にカテゴリーⅠの「教材教具を介した支援」について、修正すべき点が1点あった。それは、児童Aのような衝動・不随意運動型の児童に対しては副担当教員の役割と共に教材教具を作成・準備する主担当教員の役割が大きかったという点である。今回、筆者（主担当教員）は児童Aに対して7単位時間の授業で合計27種類の教材教具を作成した。児童Aは、副担当教員との時間をかけたやり取りを通して活動を行うタイプではなく、提示された教材教具を使用するかどうかを早くて4秒、遅くとも15秒程度で判断していた。そのため、仮に用意した教材教具がすべて適合しなければ活動はその時点で終了してしまった。まさに抽出場面A-1がその状態であった。つまり、児童Aに対しては副担当教員による関わりの内容や質以前に提示された教材教具に興味関心を有するかどうかが、QOL向上への極めて重要なファクターであった。このように、対象児童生徒が衝動・不随意運動型であるか、静止・微弱運動型であるかによって主担当教員と副担当教員の指導・支援の在り方が異なることは新たな発見であった。

⑵児童B

　児童Bの活動では、第2部カテゴリーⅠ、Ⅱ、Ⅲで示した概念を多く見出すことができた。抽出場面B-1では【制作工程の構造化と精選】、【伝達方法の検討】、【表出・行動の洞察と言語化】、【確認】、【全生活的関わり】の5種類、抽出場面B-2では【活動の意識化】の［発揚的声かけ］と【楽しさへの志向】の2種類、そして、抽出場面B-3では【適時判断】、【姿勢の検討】、【教材教具の検討】、【特性の発

揮】、【支援の漸次改善】の5種類に該当する関わりが行われていた。このことから、児童Bのような静止・微弱運動型の児童生徒に関わる教員がカテゴリーⅠ、Ⅱ、Ⅲの内容を知り、意識することには一定の有効性が認められる。

　児童Bの活動は、重度の身体障害と知的障害ゆえに、すべて教員と共に行われ、密接な共同制作を通して活動が行われる。児童Bの場合には、抽出場面B-1で確認した通り、時間をかけて一つひとつの工程を行い、児童と教員とが身体面でも情動面でも極めて密着した活動を行う。その中で教員は児童の身体の動きの微妙な変化を見取ったり、児童の表出を読み取ったりしている。この点は、"教材教具の提示"を基本とする衝動・不随意運動型の児童生徒への指導・支援と副担当教員の役割が異なる。活動中には、教員による「音声的符牒（Vocal Marker）」[1]や「ミラリング（Mirroring)」[2]、また、「成り込み」[3]といった、乳児期の母子関係で多く見られるコミュニケーションも見出すことができた。

　このことから、児童Bのような静止・微弱運動型の児童生徒に対しては、作品制作の工程の中から児童生徒が可能な1～2の活動に絞り込み、少ない種類の活動を時間をかけて繰り返し行い、連続的かつ密接した共同制作の中から児童生徒の微細な変化を把握し活動に反映させていくことが、児童生徒のQOL向上に繋がるのではないかと考える。

4．授業運営：仮説6の検証
⑴児童A

　表30の質問紙調査「Ⅳ」、及び質問内容「Ⅴ-1～3」の回答で示す通り、仮説6で示した学習指導計画／評価表への個別の活動内容、支援方法、活動目標の記載、及び授業導入部での実演を交えた説明は、「本時の取り組みを明確に意識すること」、「教員による的確な支援」、「TTにおける各教員の役割分担の明確化」、「機能的な授業運営」に繋がることが明らかとなった。中でも授業導入部の演示と説明は担任教員から高い評価を得た。よって、仮説、及びアクション・プランで設定した学習指導計画／評価表への個別の活動内容、支援方法、活動目標の記載、及

び授業導入部での実演を交えた説明は有効な方法であったといえる。

　ただし、本項目は教員間の役割分担や連携に関する手立てであるため、重度・重複障害児のQOL向上には、直接的ではなく間接的に繋がるものと考える。また、表30の質問「Ⅳ－⑥」のX教諭の指摘にもあるように、児童の特性に応じた説明・演示の順番や説明時間が長いことに関する反省点もあった。この点は修正の必要がある。

⑵児童B

　表30の質問紙調査結果では、X教諭と同じくY教諭も学習指導計画／評価表への活動内容の記載と授業導入部での個別説明に関する評価が高かった。質問内容Ⅴ－1－②「一人ひとりの活動内容を学習指導案に記載することで、児童が授業で行う活動を把握しやすかったですか？」に対しては「とても把握しやすかった」と回答し、質問内容Ⅴ－1－③「一人ひとりの活動内容が学習指導案に記載されていることで、活動後に、自身が担当する児童の活動内容の改善案を考えることに繋がりましたか？」の質問に対しても、Y教諭は「とても繋がった」と回答している。また、質問内容Ⅳの授業導入時の個別説明に関する5種類の質問に対してもすべて「4」と最も高い評価をしている。このことから、授業運営において学習指導案に個別の活動内容、支援方法を明記すること、そして授業導入時に個別の活動内容や教材教具の使用方法、支援のポイントを演示、説明することには、間接的にではあるが児童生徒のQOL向上に一定の効果を認めることができる。

　特に児童Bのような静止・微弱運動型の児童生徒に対しては、カテゴリーⅦ「副担当教員の役割」で示した【副担当教員の主担当化】が顕著に表れる。静止・微弱運動型の児童生徒の場合、授業が始まると微弱で綿密なやり取りの連続の中で活動が展開していくため、途中で他の教員が介入することは難しい。そのため、静止・微弱運動型の児童生徒の指導や支援では、副担当教員の役割が大きくなる。しかし、静止・微弱運動型の児童生徒が自発的な活動や主体的な活動を行うことはほとんど無く、多くは児童生徒の実態に応じた極めて特殊で個別的な制作環境の整

備が必要となる。この状況において、授業開始直後に副担当教員が、これらの制作環境の整備を１から考案することは極めて困難であるといえる。本実践では、主担当教員が授業開始前に原案として制作環境を提案する授業運営の方法を用いた。このことがY教諭の高い評価に繋がったものと考える。

　これらのことから、静止・微弱運動型の児童生徒が含まれるクラスでの授業運営では、できる限り主担当教員が準備段階で介入し、対象児童生徒の実態を想定した活動設定を原案として提示することが有効であると考える。

５．評価：仮説７の検証

⑴児童A

　第１期アクション・リサーチでは、仮説７に基づき≪探索的評価≫を促進することを目的として学習指導計画／評価表の評価に「新たな一面の発見」の項目を追加した。その結果、児童Aの学習指導計画／評価表には、「自分から手が伸びることや視線を向けることがみられた」（第１回実践：５月10日）や「垂れるボンドにもしっかり視線がいって、じっと見ていた」（第７回授業実践：５月31日午後）等、これまで見られなかった児童Aの活動や事物に対する態度等の記載があった。また、この項目を設定した効果として、X教諭は、表30の質問内容「Ⅴ－５－②」で、「授業の目標に関する評価以外に、授業で心に残った児童の様子をしっかりと振り返ることができた」と記載している。これらの記載からは、児童理解の促進が伺える。このことから、評価項目に「新たな一面の発見」を設定することには一定の効果が認められる。

⑵児童B

　児童Bの第４回実践（５月31日午後）の学習指導計画／評価表の「新たな一面の発見」の項目には、Y教諭の次のような記載がある。「袋を押してボンドを出すことはできるだろうと思っていたが、混ぜるときと同様に、腕をつっぱってボンドを押し出すことを想像していたため、手

前に腕を動かしながらボンドを出すのは想像以上だった。」その他の記述でも、「振り返りで本児の様子を発表しているときに、本児も『あー』と声を出して満足そうに一緒に発表してくれた」（5月14日）や「あいさつする人の問いかけに、顔を上げて声を出して返事をしていた」（6月4日）等が、発見した「新たな一面」として記されている。このように、「新たな一面の発見」の項目には、造形活動を通してこれまでの児童理解の範囲を超える出来事に出会った場合の記述が多い。上記の3つの例は、想像していた以上の活動がみられた場合や、働きかけに対して発声や体の動き等で明らかな応答があったことへの驚きと喜びに関する記述である。

　このように、これまで見いだされていなかった児童Bの様子や変化への気づきを促進することに本研究の学習指導計画／評価表の「新たな一面の発見」の項目は有効であったと考える。表30の質問紙調査のⅤ－5－②では、「評価の中に、『新たな一面の発見』を観点として加えたことで、児童の活動を評価する際の意識に何らかの変化はありましたか？」という質問に対し、Y教諭は「難しいかなと思ったことに挑戦してみた」と記載している。このことは、新たな発見により、「もしかするとこのようなこともできるかもしれない」という期待が醸成された結果、挑戦が生まれたものとも考えられる。

　また、児童Bのような静止・微弱運動型の児童の活動は教員とのマンツーマンによる綿密な関わりを通して行われるため、児童の情動表出や体の動き、また表情の変化や視線の変化などは、担当教員は分かっても他の教員がそれを認識することは困難である。特に主担当教員は各授業終了後に行われる評価に基づいて次回活動の計画を立案するため、評価による教員間の情報共有は極めて重要となる。この点でも、「新たな一面の発見」の項目は特に活動展開を考案する段階で有用な情報となった。

第8節　考察

　本節では、前節の検証結果を踏まえ、重度・重複障害児のQOL向上に有効な造形活動の指導について考察し、新たな指導仮説を提示する。

1．児童生徒の活動を促進する教材教具を探ること

　検証結果「3．題材を介した児童生徒と教員との関わり」では、児童Aのような衝動・不随意運動型の児童に対しては、副担当教員による関わりの内容や質以前に提示された教材教具に興味関心を有するかどうかが、QOL向上への極めて重要なファクターとなることを示した。そこで、今回児童Aに用い、活動展開の起点となったでんでん太鼓型教具について考察する。

　でんでん太鼓型教具の要点は、特に鈴とひもであったと考える。活動の中でX教諭は、児童Aの注意を教材教具に向けるために、まず鈴を鳴らすことから始めていた。この鈴の音は児童Aの注視を促し、さらにリーチングのきっかけとなっていた。つまり、鈴の存在が児童Aと教具とを繋ぐ糸口として位置づいていたのである。また、鈴は児童Aが起こしたアクションに対して即座に「音が鳴る」という反応がある。このことは児童Aの次の行動を促し、音を鳴らして遊ぶという活動に繋がっていた。すなわち、鈴の存在によって、児童Aが教具もしくは教具の一部に定位しているのである。

　次に、ひもの存在である。ひもは、先端に鈴がついていることによって児童Aがひもを握ることを促す。授業でも片手でひもを持ち、鈴をぶら下げるようにしてもう片方の手で鈴を鳴らすことが多くあった。さらに、ひもを握れば次にはそれを操作することも促す。授業の中では、持ち上げる、回す、たぐる、揺らす等の行動が見られた。このような児童Aの操作行動によってボトル部分が動き、その動きがさらに児童Aの活動への興味関心を高めていた。このように、鈴とひもは児童Aの注意を惹きつけ、連鎖的に活動の範囲を広げていた。

　上記の内容は、Gibsonの「アフォーダンス理論」[1]を用いることで、

より明確に理解できる。「アフォーダンス」とは生態心理学者である Gibsonの造語であり、英語の「afford（何かを提供する、与える、もたらす）」という動詞から「affordance（行為を引き出すもの、誘うもの）」という新しい概念がつくられている[2]。アフォーダンス理論において環境世界は、人間や動物にとって、たんなる物質的な存在ではなく、直接的に意味や価値を提供（アフォード）するものとして捉えられ[3]、従来の認識論の立場における、「環境世界は、外界の物理的刺激を感覚器官によって受容し、心的世界によって意味や価値を与える」[4]ものという立場とは異なる、環境の方に意味や価値が実在するものとして捉えられている[5]。このことから、アフォーダンスは「環境世界が知覚者に対して与えるもの」[6]と定義される。例えば、水は飲むことや泳ぐこと、また注ぐことや溜めることをアフォードしているという環境認識の立場を取る。

　このことを踏まえると、本研究で用いた鈴は、児童Aを対象である教材教具に定位させることをアフォードし、また、揺らして鳴らすこと、鳴らして遊ぶことをアフォードしている。また、ひもは、児童Aに対して引っ張る、回す、持ち上げる、はじく、握る、つまむ、振る、片手でつかむ、両手でつかむ、両手で回す、持ち替えることをアフォードしている。これら活動に必要な能力は、児童Aがそもそも有しているものであり、鈴やひもが、児童Aが本来有する能力を引き出していることが分かる。つまり、鈴やひもは児童Aの意欲的な活動を誘発し、能力発揮を促進する材料であるといえる。

　このことを教員の立場から捉えれば、児童生徒が興味関心を有する材料を起点として、児童生徒が本来有する能力を引き出す教材教具を作成することには一定の効果があるのではないかと考える。つまり、"児童生徒の多種多様な活動をアフォードする"という観点で教材教具づくりを行うことで、活動予測がしやすくなり、児童生徒の意欲的、かつ能力発揮が可能な教材教具が実現するのではないかと考える。

２．類型の違いによる児童生徒特有の能力発揮の階層と手立てを見極めること

　検証結果「３．題材を介した児童生徒と教員との関わり」では、対象児童生徒の類型によって主担当教員と副担当教員の指導や支援の在り方が異なり、衝動・不随意運動型の児童生徒に対しては教材教具を作成する主担当教員の役割が重要となること、また静止・微弱運動型の児童生徒に対しては、活動中に綿密に関わる副担当教員の役割が特に重要になることを示した。

　そこで、本項では衝動・不随意運動型の児童生徒に対し主担当教員はどのように実態を見取り、実態に応じた指導・支援を行なえばよいのか、また、静止・微弱運動型の児童生徒に対して副担当教員はどのように実態を見取り指導・支援を行なえばよいのかを仮説として示す。

⑴衝動・不随意運動型の児童生徒の実態階層と教員の役割

　抽出場面A-１、A-２、A-３、A-４の第１次考察を踏まえ、児童Aの教材教具に対する認識や活動からは以下に示す７段階の階層を見取ることができた。

１）無関心の段階（提示された教材教具を見ない。）

２）定位の段階（提示されると教材教具を見るが、嫌がってはらいのける。）

３）リーチングの段階（提示された教材教具に興味を持ち、手を伸ばして触れるが、すぐに離してしまう。）

４）把持する段階（教材教具を一定時間把持する。）

５）操作・遊びの段階（教材教具に興味を持ち、操作したり遊んだりする。）

６）操作・遊びによって起こる変化に定位する段階（教材教具を操作することで外界が変化する状態に注目する。）

７）変化の結果（＝作品）に定位する段階（教材教具を操作することで外界が変化した結果（＝作品）に注目する。）

　では、このような実態の階層を主担当教員はどのように捉え、指導・支援に繋げればよいのだろうか。以下、階層に応じた主担当教員の指導・支援を考察する。

　まず、提示した教材教具に対して１）～３）の段階、つまり「無関心」

の段階から「リーチング」の段階までは、児童生徒は教材教具に触れても短時間把持してすぐに離してしまう場合がほとんどである。今回の実践では、抽出場面A-1での滑り止めシートやエアパッキンを用いた活動が該当する。つまり、1）〜3）の段階しか表われていないことは、提示した教材教具が児童生徒にそれほど適合していない状態といえる。そのため、この段階で教員が行う支援は、児童生徒に合致した教材教具を模索することが中心となる。この段階を指導・支援における「模索期」と呼ぶ。この時教員は、「個別実態把握表」から抽出する内容を再考したり、実践過程で現れた児童の様子に基づき適合しそうな活動を予測したりするなど、次の段階である、「把持」や「操作・遊び」の段階が表われることを期待して教材教具を複数準備する段階となる。

　そのような指導・支援の中で児童生徒の意欲的な「把持」や「操作・遊び」の段階が見出されたとする。この段階を、先に示した「模索期」に対して「発見期」と呼ぶ。この段階で重要なことは、このような児童生徒の行為・行動の表われを見逃さないことである。この段階は、児童生徒の実態と教材教具の特性とが合致した瞬間であり、今後の活動の礎となる重要な段階となる。本実践では抽出場面A-2の、児童Aがでんでん太鼓型教具に興味を示した場面が該当する。なお、活動時間は長ければ長いほどよく、それだけ教材教具に対して興味関心が持続しているとみなすことができる。

　このように「発見期」を迎えたら、適合した活動を継続的に使用してみることである。今回の児童Aでいえば、傘用ビニール袋とでんでん太鼓型教具が該当する。そこで、安定して教材教具が使用できれば、次は発見した方法を展開する段階に入る。この段階を「展開期」と呼ぶ。今回の実践では、でんでん太鼓型教具の別バージョンを作り、ひもの色や太さ、数を変えたり、ボトルの代わりにビニール袋を用いたり、直接ひもや鈴をつけた教具を作成した活動展開が該当する。この段階での試行は、初期段階の「模索期」とは異なり、児童生徒が興味関心を持つ可能性が極めて高い状態で活動を展開させることができる。つまり、児童生徒が確実に意欲的に活動できる内容を足掛かりとして、様々な応用が可

能な段階であり、これまで興味が無かった教材教具や活動内容にも興味の幅が広がることが期待できる段階である。

　以上の内容をモデル化したのが**図65**である。図65で示すとおり、児童生徒の活動に対する認識・行動の階層と教員が考案すべき指導・支援の内容や段階を把握しておくことは、児童生徒のQOL向上に繋がるものと考える。

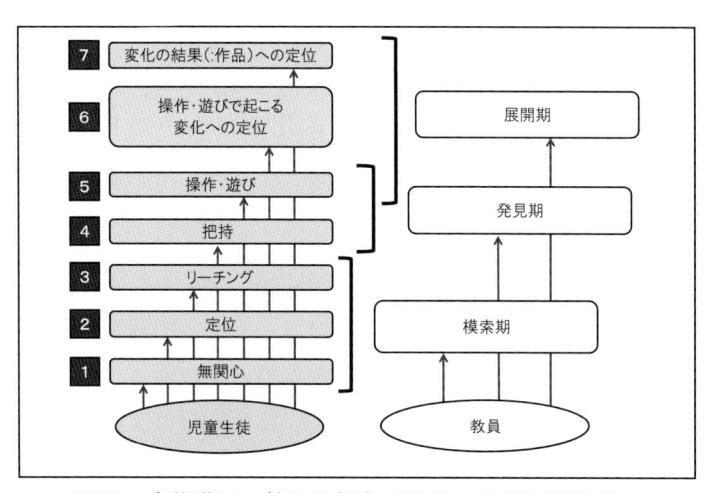

図65　実態階層・教員役割表（衝動・不随意運動型）

⑵静止・微弱運動型の児童生徒の実態階層と教員の役割

　児童Bでは、抽出場面B-１、B-２、B-３の第１次考察により、造形活動における静止・微弱運動型の児童生徒の実態には以下の４つの階層があることを見出すことができた。

１）教材教具を感知する段階（用いる教材教具の存在に気付く。）

２）教材教具に対する反応や表出の段階（提示された教材教具に対して反応や情動の表出が表れたり表れなかったりする。）

３）共同的活動を通して活動内容を知る段階（教員と共同で活動を行う中で、活動内容を知る。）

４）自立的活動を行う段階（自らの力で作品制作を行う。）

　これらの各階層に応じた指導・支援を行うのは、直接児童生徒に関わる副担当教員であり、各階層に応じた指導上の留意点は次のようになる。

　第１段階として、副担当教員が【実証的確認】を通して把握すべき内容は、児童生徒が教材教具を感知できているかどうかである。今回の児童Bのように視覚障害がある場合、また重度の知的障害がある場合には、提示した教材教具そのものを児童生徒が認識できているかどうかが今後の活動を行う上での出発点となる。特に重い障害がある児童生徒の場合には、教材教具が見えているかどうかを確認することさえも難しい場合がある。また、感覚障害がある場合には我々とは異なる対象物の感知をしていることも予想される。よって、まず児童生徒が教材教具の存在そのものを感知できているかどうかを確認することが【実証的確認】の最初の留意点となる。

　そして、次の段階で副担当教員が把握すべき内容は、提示した教材教具に対する反応や表出の有無である。それがより明確に見取れるように今回の活動では、児童Bが好きな温かいボンドとその逆の冷たいボンドを用意し、比較することで児童Bの反応や表出を見取ることを試みた。その結果、「目を見開く」、「体に力が入る」、「笑顔になる」といった児童Bの反応や情動表出が見られた。

　これら上記２段階における副担当教員の役割は、児童生徒が認識しやすい教材教具の開発と共に、時間をかけて触ったり確認できたりする活動を通して児童の反応を丁寧に見取り、提示した教材教具に対する「感知」、「反応」、「表出」といった認識の度合いを的確に見取ることである。このことから、この段階における副担当教員の役割を「認識環境の整備」とする。

　次に、第３段階では、活動を共同で行い、対象児童生徒の特性に最も合致した活動内容や支援方法を見出すことが副担当教員の役割となる。造形活動は、題材によって用いる教材教具や制作工程が異なり、題材ごとに児童生徒の身体的特性と用いる教材教具との相性を見極める必要がある。そのため、この段階において副担当教員は各抽出場面の第１次考察で示した通り、第２部カテゴリーⅠ「教材教具を介した支援」やカテ

ゴリーⅡ「コミュニケーション」を意識し、どの場所に教材教具をセッティングし、どのように体を動かすことが児童の能力を最大限発揮させるのか、またどのような声かけや働きかけが児童の意欲を高めるのかといった具体的な方策を活動内容ごとに模索する必要が生じる。今回のY教諭の支援では、ボンドを机の上に置くことで児童Bによる「腕を前に押し出す」、「弧を描くように片手を動かす」といった活動が可能となった。また、「ぎゅーーー」というかけ声が児童の意欲を高め、自立的活動の促進に繋がることが見出されていた。

　このように、微調整を加えながら活動を複数回繰り返し、最適化された活動内容と支援方法を見出すことが、第3段階では必要となる。この段階における副担当教員の役割を「自立的活動環境の模索」と呼ぶ。

　そして、第4段階では、第3段階を踏まえて、副担当教員による最適な支援の範囲を見出すことが目的となる。つまり、児童生徒に対してどこまでの支援が必要で、どこからが自らできることなのか、また、児童生徒が自らできることを生かすためにはどのような支援を行うことが最適なのかを模索し、把握する段階である。この段階における副担当教員の役割を、本研究では「最適支援範囲の見極め」と呼ぶ。この「最適支援範囲の見極め」は、児童生徒の能力を最大限発揮させることを目指し、副担当教員による支援を必要最小限にとどめる支援の在り方であるといえる。ただし、必要最小限とはいえ、静止・微弱運動型の児童生徒に対しては多くの支援を必要とする。本実践においてY教諭は、児童Bが腕を内側に引き込む動きを自立的に行わせるために、ビニール袋の張り具合を整え、わずかな力を加えるだけでボンドを絞り出せる状態にし、さらに、ボンドを児童Bが最も腕を動かしやすい位置に置き、その上で児童Bの手をボンドにのせて声かけを行う支援を行った。このように、静止・微弱運動型の児童生徒に対しては多くの支援を必要とするが、これらすべてが児童Bにとっての必要最小限の支援となる。「最適支援」の大前提は児童が可能な活動を教員が代理で行わないことであり、児童生徒の自立的活動が実現するために必要な活動環境を吟味し、過剰な支援にならないような支援の範囲を見極めることが肝要となる。

　以上の内容をまとめたものが**図66**である。図66で示す通り、静止・微弱運動型の児童生徒の能力発揮のプロセスを４つの階層で把握し、各階層に応じた３つの副担当教員の役割を意識することで、児童生徒の意欲の向上と能力発揮が実現すると考える。

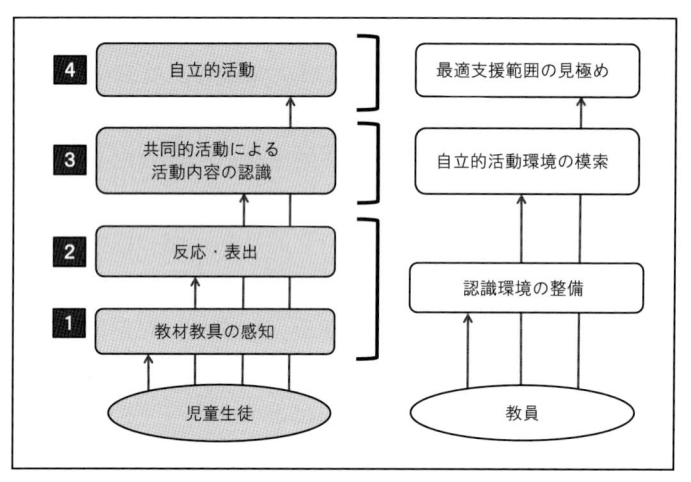

図66　実態階層・教員役割表（静止・微弱運動型）

　最後に、図65、図66の両モデルの本研究における理論的位置づけを検討する。両モデルは第１期アクション・リサーチで設定した理論的枠組みの「児童生徒と教員との関わり」の範囲で生成した。しかし、両モデルは「児童生徒と教員との関わり」のみならず、「実態把握」、「題材開発」、「評価」と連動した使用も可能である。例えば、「実態把握」では、児童生徒の実態階層の確認と目標設定時に用い、「題材開発」では準備する教材教具の質と量の検討に、そして「評価」では実践前後の児童生徒の実態階層の変容を見取る際の使用が可能であり、広範囲の活用が期待できる。ただし、両モデルはあくまで仮説の域を出ず、以後、妥当性を検証する必要がある。

第9節　成果と課題

第1項　成果
　以下、衝動・不随意運動型、静止・微弱運動型の類型ごとに成果を示す。

1．衝動・不随意運動型の児童生徒に対する指導・支援
　○実態には活動ごとに現れる一回性の実態があり、不可逆的に変化する対象児童生徒の実態の中から児童生徒が興味関心を有した事物を見取ること、そしてそれを次の活動に即座に反映することがQOL向上に有効である。
　○"活動をアフォードする教材教具"を考案・作成することが児童生徒のQOL向上に有効である。
　○造形活動において衝動・不随意運動型の児童生徒の実態には「無関心」、「定位」、「リーチング」、「把持」、「操作・遊び」、「変化への定位」、「変化した結果への定位」の7つの階層があり、階層に応じた主担当教員の役割には「模索期」、「発見期」、「展開期」の3種類がある。
　○衝動・不随意運動型の児童生徒に対しては、適合可能性のある活動内容や教材教具を可能な限り多く準備、作成、設定する必要があり、この役割は主に主担当教員が担っている。

2．静止・微弱運動型の児童生徒に対する指導・支援
　○対象児童生徒が認識しやすく、現存機能による活動が可能な活動内容の設定と教材教具の準備をすることが主担当教員の主な役割となる。
　○造形活動における、静止・微弱運動型の児童生徒の実態には、「教材教具の感知」、「反応・表出」、「共同的活動による活動内容の認識」「自立的活動」の4つの階層があり、副担当教員の役割には「認識環境の整備」、「自立的活動環境の模索」、「最適支援範囲の見極め」の3種類がある。

第2項　課題

　本章の仮説検証では、重度・重複障害児の造形活動におけるQOL向上には活動過程で現れる一回性の実態の的確な見取りと継続的な改善が必要であることを課題として挙げた。このことは、QOL評価表からも読み取ることができる。図41、図42、表28、表29の児童A、児童BのQOL評価表の各次の第1時間目をみると、各次1時間目の授業では「QOLが特に高まった状態」の数値がそれほど高くないことがわかる。児童Aであれば5月10日、5月20日、そして児童Bであれば5月10日、5月31日（午前）の「QOLが特に高まった状態」は他の授業に比べて低く、「QOLが低い状態」の数値が相対的に高い。しかし、各次の2時間目以降は「QOLが特に高まった状態」の値が増加しており、児童Aの第2次で実施した3回の授業では、「QOLが特に高まった状態」の値が、第1回17％、第2回29％、第3回40％と着実に向上した。また、児童Bも第1次第1回目11％、第2回26％、そして第2次も第1回10％、第2回19％と、同一次の活動の2回目、3回目の数値が増加した。

　これら、各次1時間目と2時間目以降の授業の差をもたらしていると考えられるのが、授業改善である。第1期アクション・リサーチでは、【実証的確認】によって得られた実態に基づき、次の時間で問題を解決するための改善を行った。例えば、児童Aであれば第1次第1時間目で用意した教材教具にほとんど興味関心を示さなかった状況に対し、第2時間目では興味関心を取り込む度合いを高め、児童Aが好きなおもちゃの形態をより直接的に取り入れるという改善を行った。また、児童Bに対しても、ボンドの温度を変更したり、ビニール袋に入れるボンドの量を増やしたりするなど、第1期アクション・リサーチでは、授業ごとに改善を加えた。その結果、授業を重ねるごとに両児童の「QOLが特に高まった状態」は増加した。

　このことから、授業改善とQOL評価値の高まりには相関関係があることが予測され、これは児童A、児童Bに共通する。そこで、第2期アクション・リサーチでは授業改善を目的とし、特に活動過程で現れる一回性の実態の中からどのような事象を改善対象として抽出し、どのよう

に具体的な改善を行えば重度・重複障害児の造形活動におけるQOLが
高まるのかを探究する。

第Ⅷ章
第2期アクション・リサーチ

第 1 節　目的

【目的】

1 ）重度・重複障害児を対象とした造形活動におけるQOLを高める効果的な授業改善の観点、及び手順を明らかにする。
2 ）上述 1 ）を踏まえて授業改善の理論的構造を示すと共に、授業改善フローチャート、及び授業改善チェックリストを作成する。

【リサーチ・クエスチョン】

　重度・重複障害児を対象とした造形活動の題材において、授業ごとにどのような観点と手順で授業改善を行えば重度・重複障害児のQOLが向上するのか。

第 2 節　仮説

　第 2 期アクション・リサーチでは、第 1 期アクション・リサーチで実施した「実態把握」、「題材開発」、「題材を介した児童生徒と教員との関わり」、「授業運営」、「評価」の 5 種類の項目に、本章のテーマである

「授業改善」を加え、合計6種類の項目で仮説を設定した。以下、詳細を記す。

1．実態把握

⑴仮説

　第1期アクション・リサーチで設定した仮説1、仮説2には、一定の効果が認められたため、第2期アクション・リサーチでは第1期アクション・リサーチで設定した仮説をほぼ踏襲した。（以下、下線部分のみ修正）

仮説1：児童生徒のコミュニケーションレベルと上半身の運動機能レベルを同時に示し、なおかつクラスに在籍する児童生徒全員の実態の分散状況を把握できる指標を活用すれば、児童生徒の実態の類型把握、及び対象クラス全体で必要となる配慮事項の把握が可能になるだろう。

仮説2：児童生徒の「現存機能」と「興味関心」を把握する指標を活用すれば、題材開発に直接反映できる実態把握が可能になるだろう。

2．題材開発

⑴仮説

　第1期アクション・リサーチで設定した仮説3、仮説4には、一定の有効性が認められたため、第2期アクション・リサーチでも継続して設定した。

仮説3：図24の「重度・重複障害児の特性に合致した題材への改変」がすでに成立している題材を用いることで、主担当教員は第2段階の「クラスの児童生徒一人ひとりに対応できる題材への改変」に特化した題材開発が可能になるだろう。

仮説4：第1期アクション・リサーチ仮説4「児童生徒の現存機能と興

味関心とを活動内容、支援方法に反映させれば、児童生徒の実態に合致した教材教具の作成が可能となり、造形活動における児童生徒のQOLが向上するだろう。

3．題材を介した児童生徒と教員との関わり

　第 1 期アクション・リサーチと同一対象であったこと、また、第 1 期から第 2 期までの間隔が短かったことから、担任教員に対して関わりに関する説明は改めて行わず、仮説 5 を継続して設定した。

仮説 5 ：第 2 部カテゴリー I 、Ⅱ、Ⅲで示した理論的モデルを教員が再認識することで、関わりに関する意識が高まり、児童生徒のQOL向上に繋がる関わりが実現するだろう

4．授業運営

　第 1 期アクション・リサーチで設定した仮説 6 には、一定の有効性が認められたため、第 2 期アクション・リサーチでも継続して設定した。

仮説 6 ：主担当教員が、個別の児童生徒の活動内容、支援方法、活動目標を考案し、学習指導計画／評価表に記載すると共に、授業導入時に提示・説明すれば、副担当教員の役割が明確化し、円滑な授業運営が可能になるだろう。

5．評価

　第 1 期アクション・リサーチで設定した仮説 7 には、一定の有効性が認められたため、第 2 期アクション・リサーチでも継続して設定した。

仮説 7 ：≪探索的評価≫を促す観点を評価に含むことで、児童生徒の新たな身体的・認知的機能や興味関心の発見に繋がるだろう。

６．授業改善

　第１期アクション・リサーチでは、対象児童の興味関心と現存機能の収集を行い、題材開発時には第２部カテゴリーⅤ「題材開発」の【把握実態の反映】に基づき、児童の興味関心と現存機能を活動内容や教材教具に反映させた。実践の結果、この方法は児童生徒のQOL向上に効果的であった。そこで、授業改善時にも題材開発時と同様の枠組みを適用し、授業実践過程で見出された児童生徒の興味関心や現存機能を改善対象とすることで、題材全体を通した同一枠組みによる指導・支援が可能となり、対象児童生徒のQOL向上に繋がるのではないかと考えた。また、第１期アクション・リサーチでは、特に児童Aのような衝動・不随意運動型の児童に対して、副担当教員による関わりの内容や質以前に、提示された教材教具に興味関心を有するかどうかが、QOL向上への重要なファクターとなっていた。このことから、各授業で適合した活動や教材教具、また対象児童が興味関心を持ち、意欲的に取り組めた活動内容や支援方法を次時の活動内容や支援方法に活用する授業改善の在り方がQOL向上に有効ではないかと考えた。これらのことを踏まえ、第２期アクション・リサーチでは、以下の仮説を設定した。

　仮説８：対象児童生徒が興味関心を持ち、能力発揮できた活動内容や支
　　　　　援方法を次時の活動内容、支援方法に継続、活用する改善をく
　　　　　り返せば、児童生徒のQOLは向上するだろう。

第３節　実践方法

１．研究対象

　第２期アクション・リサーチでは、第１期アクション・リサーチと同じくA特別支援学校小学部３年１組（児童３名、教員３名）で実践を行った。児童と各教員の組み合わせも第１期と同様、以下の通りである。
　　〔児童A － X教諭〕　　　〔児童B － Y教諭〕　　　〔児童C － Z教諭〕
　筆者が主担当教員を担当するため、教員４名、児童３名の指導体制と

なった。研究対象は、第１期アクション・リサーチと同じく、本研究で定めた重度・重複障害の定義に該当する児童A、児童B、及び両者の担当であるX教諭、Y教諭とした。

２．実施スケジュール

　第２期アクション・リサーチの実施スケジュールは**表32**の通りである。

表32　第２期アクション・リサーチのスケジュール

年月日	曜日	滞在時間	内容	作成資料等
2013年6月7日	金	14：45〜16：00	・第2期計画の説明 ・修正版個別実態把握表の確認	・第2期計画案 ・個別実態把握表
2013年6月14日	月	13：30〜14：30	・第2期　第1回実践	・「学習指導計画/評価表」（第1回）
2013年6月18日	火	13：30〜14：30	・第2期　第2回実践	・「学習指導計画/評価表」（第2回）
2013年6月21日	金	13：30〜14：30	・第2期　第3回実践	・「学習指導計画/評価表」（第3回）
2013年6月24日	月	13：30〜14：30	・第2期　第4回実践	・「学習指導計画/評価表」（第4回）
2013年6月28日	金	13：30〜14：30	・第2期　第5回実践	・「学習指導計画/評価表」（第5回）
2013年7月2日	火	15：40〜16：00	・第2期終了時アンケートの配布	・第2期終了時アンケート
2013年7月9日	火	15：40〜16：00	・第2期終了時アンケートの回収	
2014年3月25日	火	10：30〜11：40	・一致率の算出	・映像資料 ・「一致率算出用紙」

３．仮説に基づくアクション・プラン

⑴実態把握

　クラスに在籍する児童の実態は、図29のクラス内実態把握表で示す通りである。また、個別の実態は第１期アクション・リサーチ終了時点で新たな実態が明らかになったため、表24の個別実態把握表の「現存機能」と「興味関心」の項目に、**表33**で示す内容を追加した。表33は2013年６月７日に実施した「第２期計画の説明」で小学部３年１組の担任教員３名に確認した。

表33　第1期アクション・リサーチ終了後に新たに加わった児童A・児童Bの実態

児童	現存機能(第１期AR終了後の追加事項)	興味関心（第１期AR終了後の追加事項）
A	・ぶら下がっているものを複数回トントンとたたき、遊ぶことができる。 ・プラスチック容器にひもが付いたものを両手で持ち、容器を揺らしたり回したりできる。 ・色がついたボンドが継続的に下に流れていると、注視することができる。⇒複数回同じような活動をしていると、気づき始め、慣れてくる。 ・興味があれば身を乗り出して対象物を見る。 ・やや重量がある状態のモノに取り付けられたひもを握り、最長40秒程度把持できることもある。	・鈴の音に興味をもつ。 ・袋、容器、ひも等、目の前で揺れているものに興味を持ち、手を伸ばす。 ・特に細長いものが好き。 ・目の前で揺れているものの色の違いによっても意欲が変わる。 ・ひもについては、最初は細いものに興味があったが、太いひもやプラスチック製のひもにも興味を持ち始めた。 ・慣れてくれば、べとべとする感触でも気にせずに活動できるようになる。 ・かたまりかけのボンド、固まって、やや柔らかいゲル状の触感に興味がある。 ・時計の振り子のような形状のものでも少しの時間ではあるが遊んでいた。 ・針金で作ったボール状のものでも少しの時間ではあるが遊んでいた。
B	・袋を握って中のボンドを押し出すことができる。 ・両腕を前に押し出すことができる。 ・腕を下側に押しつけながら手前に動かすことができる。 ・声かけを聞き、タイミングを合わせて力を入れることができる場合がある。 ・細長いものや乾燥したボンドを握ることができる。 ・板状の細長いもの（3㎝×20㎝くらい）であれば、はがし取ることができる。 ・物を手から離すことができる。	・腕全体を使う活動に意欲的に取り組む。 ・教員による、「せーの、ぎゅー」等の声かけに合せて力を入れることができる場合がある。 ・教員の声かけに対して表情の変化で答えられる場合がある。 ・教員の声かけに対して発声で答えられる場合がある。 ・意欲が高まると発声が増える。

⑵題材開発

1）題材

　第２期アクション・リサーチでも、第１期アクション・リサーチと同様仮説３に基づき、過去に特別支援学校の重複学級で行われた造形活動の題材を再活用することで、第２部成果の図24で示した“児童生徒一人ひとりに対応できる題材への改変”に多くの時間を配分できる題材を設定した。そこで、第２期アクション・リサーチでは、齋藤（2004）の「糸版画」[1]を題材として実践を行った。本題材を用いた理由は、重度・重複障害児が容易に版を作成でき、なおかつ多様な制作方法による活動が可能であること、そして、糸やひもが面白い模様をつくり出し、完成した作品が魅力的であるためである。以下、題材の概要を示す。

- ●題材名：「糸版画」
- ●時数：全5時間（単位時間40分）
- ●実施場所：A特別支援学校小学部3年1組教室
- ●題材の概要： 粘着シートに様々な太さの糸やひも（以後、直径2㎜未満を「糸」、直径2㎜以上を「ひも」と記載する）を貼りつけ、それを版とし、版画用紙に刷って作品を制作する。刷りの工程にはスタンプ、プリント、プレスが含まれる。（**図67〜図71**）

図67　版づくり　　　　図68　着色　　　　図69　刷り

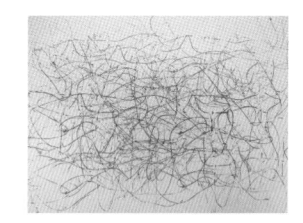

図70　回転後　　　　図71　参考作品

　第2期アクション・リサーチでは、第1期同様【制作工程の構造化と精選】に基づき、上記制作手順の中から児童A、児童B双方の実態に合致し活動可能な工程として、「糸やひもを基盤（缶、シート）に貼りつける」、「使用する絵具を選択する」、「糸やひもを貼りつけた版を動かしてプリントする」という3つの工程に活動内容を絞った。

●指導計画：指導計画は**表34**の通りである。

表34　題材「糸版画」の指導計画

年月日	曜日	時限	授業時間	計画	活動内容
2013年6月14日	月	5限	13：30〜14：10	第1次	版をつくる。
2013年6月18日	火	5限	13：30〜14：10		版をつくる。
2013年6月21日	金	5限	13：30〜14：10	第2次	版で刷る。（スタンプ、プリント、プレス）
2013年6月24日	月	5限	13：30〜14：10		版で刷る。（スタンプ、プリント、プレス）
2013年6月28日	金	5限	13：30〜14：10		版で刷る。（スタンプ、プリント、プレス）

2）把握実態の反映による活動内容、支援方法

　仮説4、及び表24、表33の「個別実態把握表」の内容を踏まえ、第1回実践（6月14日）では児童A、児童Bのそれぞれの現存機能、興味関心を以下のように活動内容、支援方法に反映させた。

○児童A
- 第1期で児童Aは鈴の音に興味を持っていたため、今回も版の基盤となる缶やローラーの柄にひもと鈴をつけた（**図72**）。
- 第1期では絵具の色やビニール袋の色を選択できていたため、貼り付けるための糸やひもを数種類用意し、太さや色を変えて選択の際に明確に区別できるようにした（**図73**）。
- 第1期では、ひもを持って両手で回したりねじったりする姿が見られたので、ひもで遊びながら版が制作できるようにシート型の版も用意し、操作や遊びの過程で糸が落ちたり貼りついたりすることでも版が出来上がるようにした（**図74**）。

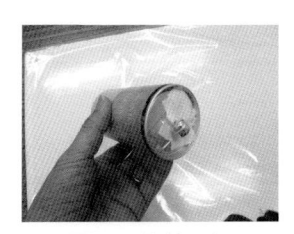

図72　鈴付の缶　　　図73　用意した糸、ひも　　図74　シート型の版

○児童B

- 視覚障害がある児童Bのために、絵具に様々な素材（針金、ペーパー、輪ゴム、タオル等）を取り付け、選択の際に違いが分かるようにした。
- 第1期では、児童Bは力を抜いてものを離すことよりも力を入れて制作を行う方が実態に合致していたため、本時でも得意な活動である腕を前に押し出す方法を用いて缶を前に転がし、机の上に置かれた糸を巻き取ることで版を制作した。
- 第1期では、Y教諭の様々な問いかけや語りかけに対して笑顔や口の動き、発声などで意思、感情、要求を表す場面があった。そのため、今回も版の材料となる缶を3種類用意し、選択の場面を作った。
- 視覚障害がある児童Bのために、3種類の缶の中に異なるもの（小石、プルトップ、鈴）を入れて、振った時に鳴る音を変化させ、違いを分かりやすくした。使用した缶は100ml缶、190ｇ缶、380ｇ缶の3種類であり、容量が異なり形状も異なる缶を用意して違いを分かりやすくした（**図75**）。
- 今回の制作では主に缶を用いたが、その方法が難しい場合のために、シートに糸やひもを貼り付けて版を制作する活動も用意した。

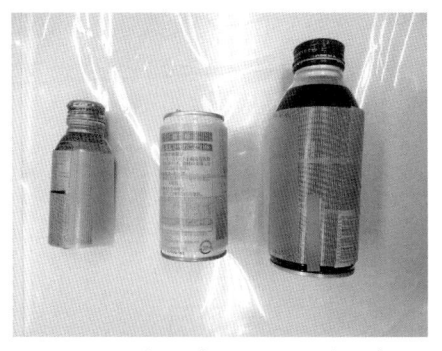

写真左－100ml缶（中に直径約１㎜
　　　　　前後の小石が３つまみ程
　　　　　度入っており、振るとシャ
　　　　　カシャカ音がする。）
写真中央－190ｇ缶（中にプルトップ
　　　　　が１つ入っており、振る
　　　　　とカランカランと金属が
　　　　　響く音がする。）
写真右－380ｇ缶（中に鈴が１つ入っ
　　　　　ており、振ると鈴の音と
　　　　　共に金属同士が当たって
　　　　　カタカタと音がする。）

図75　児童Bに提示した3種類の缶

⑶題材を介した児童生徒と教員との関わり

　第１期アクション・リサーチと同一対象であったこと、また、第１期から第２期までの間隔が短かったことから、担任教員に対して関わりに関する説明は改めて行わなかった。

⑷授業運営

　第１期アクション・リサーチと同様、学習指導計画／評価表には、主担当教員（筆者）が個別の活動内容、支援方法、活動目標を記載し、副担当教員に伝達すると共に、授業導入時には個別の活動内容、支援方法を口頭や演示で説明し、教員間の共通理解や意思疎通を図った。また、第２期アクション・リサーチでは第１期終了時の質問紙調査の回答結果に基づき、個別説明の時間短縮や説明する順番の変更を行い、より効果的な授業運営を目指した。

⑸評価

　評価には、図38の学習指導計画／評価表を用い、第１期アクション・リサーチと同様の方法で行った。

⑸授業改善

　第２期アクション・リサーチの授業改善では、仮説８に基づき、対象

児童生徒が興味関心を持ち、能力発揮できた活動内容や支援方法を次時の活動内容、支援方法に継続、活用する**図76**の授業改善モデル（仮説版）を作成した。

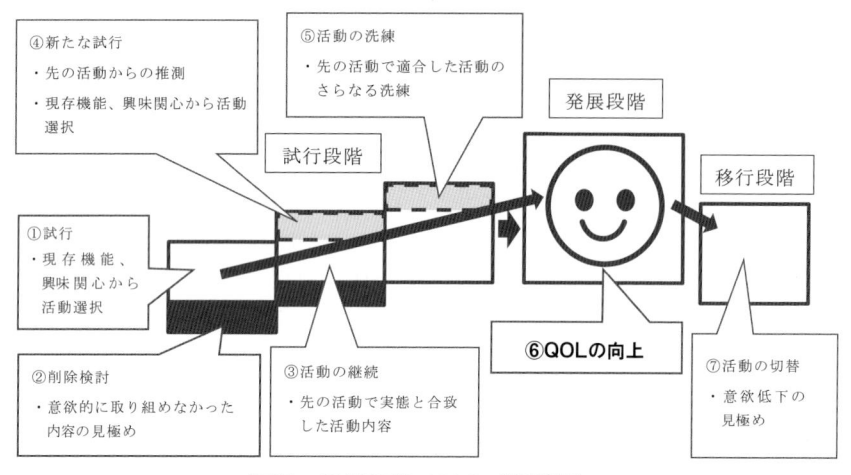

図76　授業改善モデル（仮説版）

　上記モデルの内容と手順の詳細は、以下の通りである。

① 　第1時間目の授業では、事前に調査した児童の「現存機能」、「興味関心」に基づいて試行的に授業実践を行う。
② 　第1時間目の授業では、用意した活動内容、支援方法が対象児童に合致する場合と合致しない場合がある。そこで、第2時間目の授業では意欲的に取り組めなかった活動内容は実施しない。
③ 　第2時間目の授業では、第1時間目の授業で実態に合致した活動内容、支援方法を中心に実施する。
④ 　第2時間目の授業では、第1時間目の授業で適合した活動を元に活動予測を行い、発展的な活動内容、支援方法を追加・試行する。
⑤ 　第3時間目の授業では、第2時間目の授業をさらに洗練させる。つまり、活動内容や支援方法をより児童の実態に合致させ、意欲的に取

り組めるようにする。

⑥　①〜⑤による継続的な改善の結果、児童の意欲が向上し、能力が最
大限発揮され、QOLが高まる（仮説）。

⑦　その後、活動への意欲が低下するようであれば、別の活動に移行す
る。

　以上、①〜⑦で示す通り、図76のモデルは、授業実践過程において
児童生徒が興味関心を持ち意欲的に取り組めた内容を主な改善対象とし
ている。

　本モデルは2013年６月７日に実施した「第２期計画の説明」で小学
部３年１組の担任教員３名に詳細を説明し、実施の承諾を得た。

第４節　データ収集の方法

１．授業場面をビデオ撮影した映像

　第１期アクション・リサーチと同様、ビデオカメラ１台と三脚を用い、
実施した全授業を撮影した。ビデオカメラは教室前方、黒板に向かって
右隅に設置し、児童３名、担任教諭３名、筆者の全員を撮影した。カメ
ラの移動やクローズアップはしなかった。

２．教員への質問紙調査

・質問紙調査は記名式とし、各教員が対象児童との関わりの中でどのよ
うなことを考え、どのように児童生徒の活動を捉えていたのかを確認
することを目的として質問紙調査を実施した。
・質問紙調査は、アクション・プランの枠組みに基づいて質問項目を構
成した。
・質問紙調査項目は全32項目とし、４件法、及び自由回答法による質
問項目で構成した（表39）。
・質問紙調査は、第２期アクション・リサーチ終了後の2013年７月２
日に実施し、７月９日に回収した。

3．改善アイデアの備忘録

・題材開発時や教材研究時、また、授業終了後に主担当教員（筆者）が考案したアイデアや授業の反省事項をすべて備忘録に記録した。（2013年 6 月11日〜 6 月28日の記録が対象）
・備忘録は思いついた時点でメモを取り、一日の終わりに箇条書きでまとめ、日付ごとに保存した。
・保存後の追記は行っていない。

4．学習指導計画／評価表

・第 1 期アクション・リサーチと同一書式の学習指導計画／評価表（図38）を用い、同様の手順で作成した。ただし、第 2 期アクション・リサーチでは、学習指導計画／評価表の「新たな一面の発見」欄に各教員が授業改善に繋がる気づきや具体的な改善案を記載した。
・上記内容は2013年 6 月 7 日に実施した「第 2 期計画説明」で説明し、担任教員に理解と承諾を得た。

第 5 節　分析方法

　第 2 期アクション・リサーチでは、第 1 期アクション・リサーチ同様「並行的トライアンギュレーション戦略」[1]を用い、量的分析と質的分析による多様な分析結果を比較検討することで仮説の有効性を検証した。その後、木下康仁の「M-GTA」[2]を用いた質的データの分析により授業改善の理論的構造を明らかにし、授業改善モデル、授業改善フローチャート、授業改善チェックリストを作成した。
　第 2 期アクション・リサーチの研究デザインは、図77、図78の通りである。

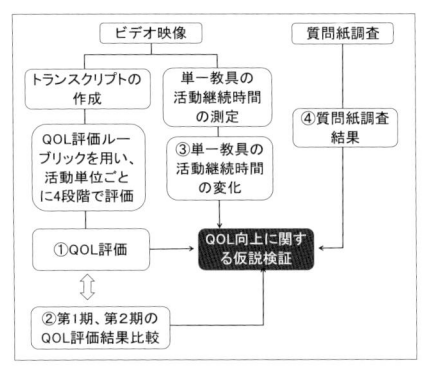

図77　量的分析の構造

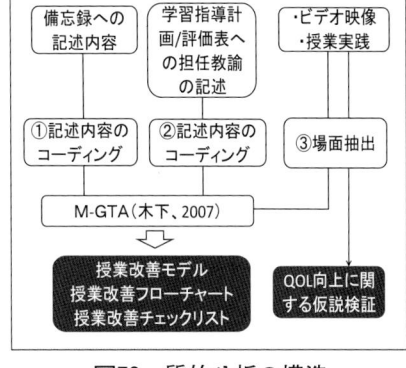

図78　質的分析の構造

第1項　仮説検証の方法

　第3節で示した仮説の有効性を検証するために、以下に示す5種類の分析を行った。

1．量的分析①：QOL評価

　QOL評価は、第1期アクション・リサーチ同様の手順と方法で実施した。

⑴手順1：QOL評価ルーブリックの作成

　以下に示す2つのステップでQOL評価ルーブリック作成の前段階となる実態調査を行った。

1）担任教員3名に対して児童A、児童Bの意欲が高い状態5項目、普段の状態2項目、意欲が低い状態3項目の計10項目を確認した。

2）担任教員3名に対して今回実践する題材「糸版画」を説明し、活動内容から想定される"児童の能力が発揮できている状態"を確認した。

　上述1）、2）の内容をまとめたものが**表35**、**表36**である。そして、「意欲」と「能力発揮」の各項目をマトリックス状にまとめた図27（p.233）に表35、表36の内容をそれぞれ当てはめ、QOL評価ルーブリックを作成した。

表35　児童Aの意欲と能力発揮（第2期）　　表36　児童Bの意欲と能力発揮（第2期）

意欲高い （5項目）	・注視・追視する ・目が輝く（大きく見開く） ・ものに手をのばす（リーチング） ・もので遊ぶ ・笑顔
普段 （2項目）	・姿勢が伸びている ・手が口にいく（指をくわえる）
意欲低い （3項目）	・寝る（体が横に倒れる） ・はらいのける（投げる） ・対象（物）を見ない
能力発揮でき ている状態	・握る　　・押す　　・持ち上げる ・はじく　・選択する　・投げる ・落とす　・揺らす　・回す ・転がす

意欲高い （5項目）	・発声がある ・意識して力が入る ・目が見開く ・笑顔になる ・問いかけに答える
普段 （2項目）	・リラックスしている ・顔が上がる
意欲低い （3項目）	・あくびが出る ・眠る ・緊張が入る
能力発揮でき ている状態	・握る　　・押す　　・持ち上げる ・選択する　・落とす

　ルーブリックは、最もパフォーマンスの低い①の「意欲が低く能力発揮できていない状態」から、最も高い⑥の「意欲が高く能力発揮できている状態」の6段階とした。表35、表36、及び、QOL評価ルーブリックの内容は2013年6月7日の「第2期計画の説明」時に、担任教員3名に確認した。

⑵手順2：QOL評価ルーブリックを用いた評価

　以下、QOL評価ルーブリックを用いた評価の手続きを示す。手続きは、第1期アクション・リサーチと同様の方法を用いた。

1）撮影したビデオ映像を活動のまとまりごとに分割し、担当教員による活動内容と支援方法、そして、その際の児童の様子を記した授業トランスクリプトを作成した。

2）分割したまとまりごとに、QOL評価ルーブリックを用いた6段階のQOL評価を筆者が行った。その後、ルーブリックの①・②の段階を「QOLが低い状態」、③の段階を「QOLが維持できている状態」、④・⑤の段階を「QOLが高い状態」、⑥を「QOLが特に高い状態」としてまとめた。

3）すべての授業トランスクリプトから、「QOLが低い状態」、「QOLが

維持できている状態」、「QOLが高い状態」、「QOLが特に高い状態」の4段階すべてを含む複数個所（児童Aは12ヶ所、児童Bは7ヶ所）の活動のまとまりを抜粋した。

4）第2期アクション・リサーチ終了後、筆者が行ったQOL評価の妥当性検証のため、担任教員が同様のQOL評価を行い、筆者による評価結果との一致率を算出した。算出方法は、該当箇所のビデオ映像を児童Aの担当教員であるX教諭、そして児童Bの担当教員であるY教諭に提示し、同様のQOL評価を行った。一致率の算出は、2014年3月25日にA特別支援学校小学部3年教室で実施した。一致率は児童Aが67%、児童Bは57%であった。（小数第3位を四捨五入）

5）Haroldら（2003）の「Quadratic Weights for 4 × 4 Table」による「重みづけκ係数」を算出し[3]、Landisら（1977）で一致率の評価を行った[4]。その結果、児童A、児童B共に「極めて高い一致」となった。

児童AのQOL評価一致率＝

$$\frac{（一致した項目）8項目}{（抽出した項目）12項目}＝67\%　重みづけ\kappa係数：0.86（極めて高い一致）$$

児童BのQOL評価一致率＝

$$\frac{（一致した項目）4項目}{（抽出した項目）7項目}＝57\%　重みづけ\kappa係数：0.95（極めて高い一致）$$

6）一致しなかった項目を担任教員3名と筆者の4名で協議し、4段階の評定を行った。

7）6）でまとめた4段階ごとの時間の和を単位時間の総時間数で除し、単位時間当たりの児童A、児童BのQOLの状態を明らかにした。

本結果は、仮説、及びアクション・プランの有効性を検証する資料の1つとした（**図79、80、表37、表38**）

２．量的分析②：第 1 期、及び第 2 期アクション・リサーチのQOL評価の比較

　第 2 期アクション・リサーチでは、第 1 期、第 2 期アクション・リサーチのQOL評価値を比較し、今回新たに授業改善の項目を加えた仮説の効果を検証した。具体的には以下の手順でQOL評価値を比較した。

　1 ）各期のアクション・リサーチにおけるQOL評価の 4 段階の各時間の合計を算出する。

　2 ）各期のアクション・リサーチの総授業時間数でQOL評価の各段階の総時間数を除す。

　3 ）各期におけるQOL評価の各段階の割合を比較する。

　　本結果は、仮説、及びアクション・プランの有効性を検証する資料の 1 つとした（図81、図82）。

３．量的分析③：各授業における 1 つの教材教具を用いた最長時間の変化

　第 1 期アクション・リサーチの成果として、特に衝動・不随意運動型の児童生徒では 1 つの教材教具を用いて活動する時間は長ければ長いほどよく、活動時間の長さは、児童生徒の「リーチング」から「把持」、そして「操作・遊び」へと至る活動の質的変化を測るバロメーターとなっていることを示した。

　そこで、第 2 期アクション・リサーチでは、第 1 期、第 2 期アクション・リサーチの全授業における、児童A、児童Bの「QOLが特に高まった状態」の活動で、なおかつ各授業の中で最も長く活動できた場面を抽出し、その活動時間の変化を示した。

　本結果は仮説、及びアクション・プランの有効性を検証する資料の 1 つとした（図83、図84）。

４．量的分析④：質問紙調査

　質問紙調査の集計では、 3 名の担任教員の回答結果を一覧で示した。本結果は、仮説、及びアクション・プランの有効性を検証する資料の 1 つとした（表39）。

5．質的分析③：場面抽出

　筆者が実践中に着目した授業改善に関係する場面、及び授業を撮影したビデオ映像や授業トランスクリプトから、児童のQOL向上や低下に関わる特徴的な改善の場面を抽出した。本結果は、仮説、及びアクション・プランの有効性を検証する資料の1つとした（**表40**）。

第2項　授業改善モデル、授業改善フローチャート、授業改善チェックリスト作成の方法

　仮説検証により、本研究で示す授業改善の方策に有効性が認められた場合、具体的にどのような改善が有効であったのかを明らかにする必要がある。そこで、第2期アクション・リサーチでは、木下（2007）のM-GTAを用い、備忘録の記述内容、学習指導計画／評価表の記述内容、抽出場面を分析し、授業改善フローチャート、及び授業改善チェックリストを作成した。作成の手順は次の通りである。

1）質的分析①：備忘録の記述内容のコーディング
　備忘録に記載した改善に関するアイデアや留意事項をコーディングし、「理論的メモ」として授業改善に関する仮の観点を生成する。
2）質的分析②：学習指導計画／評価表の記述内容のコーディング
　学習指導計画／評価表の記述内容をコーディングし、「理論的メモ」として授業改善に関する仮の観点を生成する。
3）質的分析③：場面抽出
　授業改善に関係する内容で筆者が実践中に着目した場面、及び授業を撮影したビデオ映像や授業トランスクリプトから、児童のQOL向上に繋がる改善の場面を抽出する（表40）。
※場面抽出の基準は次節5で詳述する。
4）M-GTAによる授業改善の観点、及び理論的構造の明確化
　上述1）、2）、3）の内容を、木下の「M-GTA」を用いて比較・検討し、授業改善の観点を明確化する。その後、各観点の関連性を検討し、授業改善の理論的構造を示す。

5）授業改善フローチャートの作成

　上述4）の理論的構造に基づく授業改善フローチャートを作成する。

6）授業改善チェックリストの作成

　上述5）のフローチャートに基づく授業改善チェックリストを作成する。

第6節　結果

1．QOL評価結果

⑴児童AのQOL評価結果（第２期アクション・リサーチ）

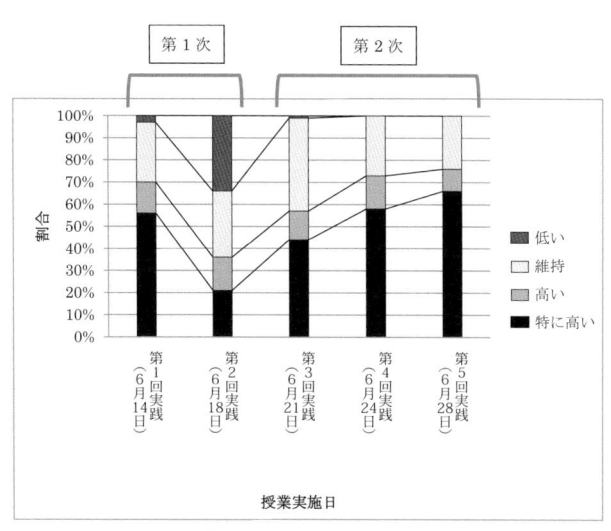

図79　児童AのQOL評価一覧（第2期）

表37　児童AのQOL評価（単位時間当たりの各段階の割合）（第2期）

割り当て番号	評価	第1回実践（6月14日）		第2回実践（6月18日）		第3回実践（6月21日）		第4回実践（6月24日）		第5回実践（6月28日）	
1	QOL低い状態	0%	3%	5%	34%	0%	1%	0%	0%	0%	0%
2		3%		29%		1%		0%		0%	
3	QOL維持できている状態	27%	27%	30%	30%	42%	42%	27%	27%	24%	24%
4	QOL高まった状態	14%	14%	9%	15%	0%	13%	0%	15%	6%	10%
5		0%		6%		13%		15%		4%	
6	QOL特に高まった状態	56%	56%	21%	21%	44%	44%	58%	58%	66%	66%

⑵児童BのQOL評価結果（第2期アクション・リサーチ）

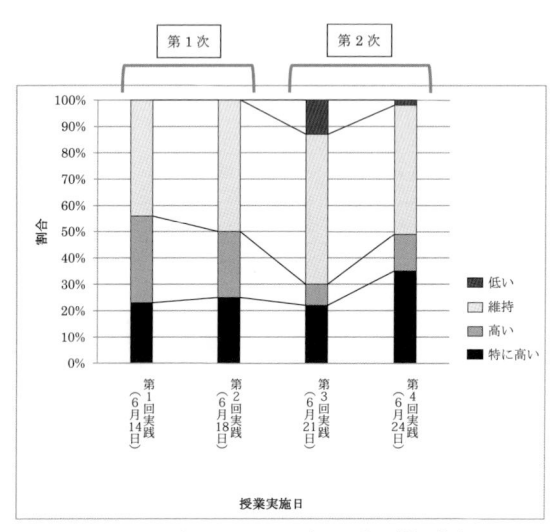

図80　児童BのQOL評価一覧（第2期）

表38　児童BのQOL評価（単位時間当たりの各段階の割合）（第2期）

割り当て番号	評価	第1回実践 （6月14日）		第2回実践 （6月18日）		第3回実践 （6月21日）		第4回実践 （6月24日）		第5回実践 （6月28日）
1	QOL低い状態	0%	0%	0%	0%	13%	13%	0%	2%	欠席
2		0%		0%		0%		2%		
3	QOL維持できている状態	44%	44%	50%	50%	57%	57%	49%	49%	
4	QOL高まった状態	8%	33%	11%	25%	5%	8%	14%	14%	
5		25%		14%		3%		0%		
6	QOL特に高まった状態	23%	23%	25%	25%	22%	22%	35%	35%	

２．第１期、及び第２期アクション・リサーチのQOL評価の比較

　第１期、第２期アクション・リサーチのQOL評価の各段階の割合を比較した結果、**図81**、**図82**で示す通り、児童A、児童B共に第１期アクション・リサーチに比べ第２期アクション・リサーチの「QOLが特に高まった状態」の割合が増加し、「QOLが低い状態」の割合が低下した。児童Aの全授業時間に占める「QOLが特に高まった状態」の割合は28％から49％に、そして児童Bは15％から26％に上昇した。また、全授業時間に占める「QOLが低い状態」の割合は、児童Aが18％から８％に、そして児童Bは17％から４％に減少した。

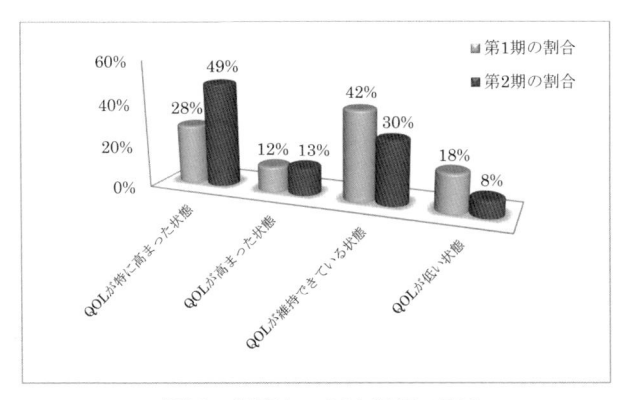

図81　児童AのQOL評価の変化

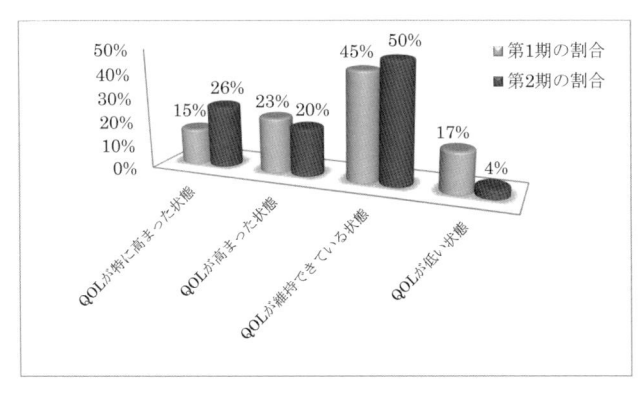

図82　児童BのQOL評価の変化

3．各授業において1つの教材教具を用いて継続して活動を行った最長時間の変化

　児童A、児童Bの「QOLが特に高まった状態」の活動で、なおかつ各授業の中で最も長く取り組めた活動の時間、及び授業ごとの変化は**図83**、**図84**に示す通りである。

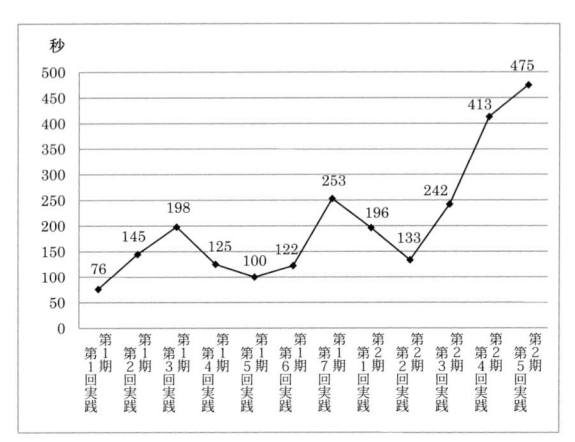

図83　各授業において1つの教具で活動し続けた最長時間（児童A）

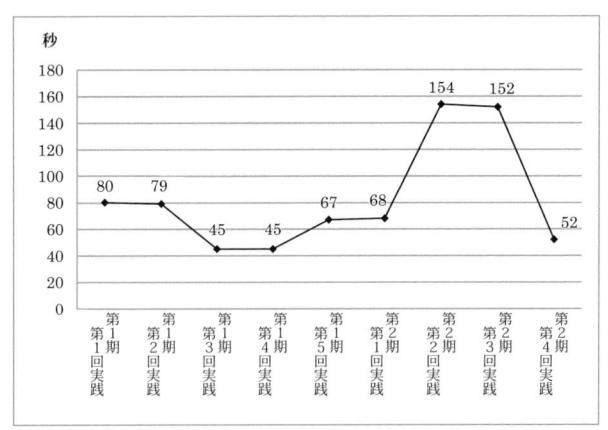

図84　各授業において1つの教具で活動し続けた最長時間（児童B）

　図83、図84では、児童A、児童Bの各授業の中で１つの教材教具を用いて活動した最長時間を示した。ただし、児童Aと児童Bではこれらのデータが示す意味合いが異なる。本データは特に児童Aのような衝動・不随意運動型の児童生徒にとって重要である。つまり、図83で示された時間は教員による補助を伴わない児童Aによる自立的活動の継続時間である。そのため、時間が長ければ、それだけ児童Aが活動や教材教具に意欲を持って取り組めたことを示しており、図65で示す実態階層表の「把持」や「操作・遊び」の段階が実現していることを意味する。

　他方、児童Bのような静止・微弱運動型の児童は常に教員との共同で活動が行われる。よって、図84で示された時間は教員と共同で行われた活動の時間であり、児童Aのように自立的な活動の時間を示すものではない。もちろん一つの活動を長く行えることは、児童の体調がよく、また意欲的に活動できたことを示すものではあるが、あくまでも静止・微弱運動型の児童に対しては参考データとしての意味合いが強い。

4．質問紙調査結果

　表39は第 2 期アクション・リサーチ終了後に実施した質問紙調査の結果である。

表39　質問紙調査結果

質問内容	選択肢				担任教員の回答		
	4	3	2	1	X教諭	Y教諭	Z教諭
Ⅰ．まず、第2期（糸版画）についてお伺いします。							
1．今回の題材（糸版画）は、クラスの児童全員が活動可能な題材となっていましたか？	強くそう思う	そう思う	あまり思わない	全く思わない	3	4	3
2．今回の題材（糸版画）では、第1期（ターラス・ボンド）で確認できた児童の「できること」、「好きなこと」を実態把握表に加えて題材開発を行いました。							
① 新たに確認できた児童の「できること」は、今回の題材（糸版画）の活動内容に反映されていましたか	とてもできていた	できていた	できていなかった	全くできていなかった	4	4	4
② 新たに確認できた児童の「できること」は、今回の題材（糸版画）の支援方法の設定に反映されていましたか	とてもできていた	できていた	できていなかった	全くできていなかった	3	4	4
③ 新たに確認できた児童の「できること」は、評価をされる際に役立ちましたか？	とても役に立った	役に立った	あまり役に立たなかった	全く役に立たなかった	3	3	4
④ 新たに確認できた児童のできること、好きなことを実態把握表に加え、次の題材で活用することは効果的だと思いますか	とても効果的	効果的	あまり効果的ではない	全く効果的ではない	4	4	4
3．第2期（糸版画）では、児童の能力は発揮できていましたか	とても発揮できていた	発揮できていた	あまり発揮できていなかった	全く発揮できていなかった	4	4	4
4．第2期（糸版画）では、児童は興味関心を持って活動できていましたか？	とてもできていた	できていた	できていなかった	全くできていなかった	4	4	2
5．第2期（糸版画）では、児童は楽しく活動できていましたか？	とてもできていた	できていた	できていなかった	全くできていなかった	4	4	4
6．第2期（糸版画）では、以下のような仮説に基づき、実践を行いました。（事前に配布した資料を印刷）							
① まず、仮説で示したモデルに基づいて実践が行われていましたか？	正確に行われていた	行われていた	行われていなかった	全く違った	3	4	3
② 実践を終えて、活動を振り返った時、今回のように段階的に活動を進めていく授業改善モデルは妥当だったと思いますか？	妥当だと思う	児童生徒による	妥当性を欠く	その他	4	4	4
③ 理由は？ ・Cさん、すぐ飽きる。新たな試行がどんどん必要になる。Aさん、気づく段階が重要。楽しそうだと思ってもらえるような提示の仕方の工夫。Bさん、活動を何回やっても長く楽しめる。児童によって段階の進み具合が全然違うことがよく分かった。（Y教諭）							
7．第2期では、先生に各授業で気づかれたこと、また活動内容や支援の改善点を学習指導案に記載していただきました。記載することの効果はありましたか？	効果的だった	まずまず効果的だった	あまり変わらなかった	全く変わらなかった	4	4	4
① どのような点が効果的でしたか？ （X教諭） ・記載したものが次回の授業に繋げられていた点。 ・評価とは別に"気づいたこと"を書くことにより、指導案を振り返っていた際により具体的に振り返ることができる。 （Y教諭） ・実際に授業をやってみて分かることもある。リーダーは細かく観察できていない場合も多いため、其々の児童の様子、改善点を話し合ってよりよい授業づくりができる。							
8．今回の題材「糸版画」での活動は、以後の図画工作の授業や他の活動にも繋がると思いますか？	とても繋がる	繋がる	あまり繋がらない	全く繋がらない	3	4	3
① どのような点が以後の活動に繋がると思いますか？ （X教諭） ・今回の糸やひも、輪ゴムを使った版画から、Aさんの図工に対する苦手意識が薄くなった点。 ・Aさんの手、腕の動き（糸やひも、輪ゴムを持つ、揺らす、引っ張る等）を引き出した支援具の活用の仕方。 ・好きなもの（ひも、糸、輪ゴム）と別のものを組み合わせた支援具を作るという視点。 （Y教諭） ・缶を転がす活動は初めてだったので、もう少しやってみたいと思った。							
Ⅱ．次に、第1期（ターラス・ボンド）、第2期（糸版画）の全体を通しての質問です。							
1．今回の第1期、第2期全体を通して、ご自身が担当された児童の支援を行う上で、特に留意されていたことはどのようなことでしたか？（複数ある場合にはすべてお書きください） （X教諭） ・題材の掲示の仕方や説明の仕方（長すぎず簡単に） ・支援を最小限にすること（手を持って触らせるのではなく、腕を支援し、題材のそばまで持っていき、最後に触るのは本人の動きを待つようにすること） ・次の活動を提案するタイミング（飽きてしまって、やる気が無くなってしまう前、そして本人が満足できる時間） ・本人の意思と教員と一緒にする活動（コミュニケーションを図る、集中して本人が取り組む） （Y教諭） ・表情の変化や発声などによる意思表示を読み取ること。 ・手の支援、指示の場所、なるべく手を持たずに腕や肘を指示して本時の動きを支援すること。 ・その日の緊張の程度によって、ベンチ椅子からあぐら座位でやるかを判断すること。							
2．第1期（ターラス・ボンド）の最初の活動（ボンドづくり）からQOL（糸版画）の最後の活動（糸版画を刷る）を通して、担当された児童の様子について、何か変化はありましたか？	あった	特になかった			X教諭 あった	Y教諭 特になかった	Z教諭 あった
① あった場合、どのような変化でしたか？ （X教諭） ・図工の授業が好きでなかった児童だったが、糸版画の際の説明時に身を乗り出して何かあるのかじっと見つめることがあった。 ・授業中に寝ることが無くなった。　・教員が掲示するものをよく見てくれるようになった。　・集中して活動に取り組む時間が伸びた。 ・支援具や題材を落としたり投げたりする回数が減った。　・手元やひも、すず以外に目を向けることが少し増えた。							
② 子どもの変化に対して先生はどのように思われましたか？ （X教諭） ・今まで苦手で「短い時間でも少しでもやろうとすること」を目標としていた児童が、こんなに意欲的に取り組むことができてすごい。私たちの考え、アイデア次第でこんなにも変わるのかと気づかされた。 ・子どもの持っている能力は測り知れない。（予想よりも上をいく）ことに改めて気づかされた。							

質問内容	選択肢				担任教員の回答		
3．今回、学習指導案の中に、評価の項目を4項目設定しました。（目標に準拠した評価、新たな一面の気づき、協働性、意思・要求・感情の表れ）この4項目考えることは、児童理解を深めることに繋がりましたか？	4 とても繋がった	3 繋がった	2 あまり繋がらなかった	1 全く繋がらなかった	X教諭 3	Y教諭 3	Z教諭 3

4．第1期、第2期を通して、活動によって、児童との関係が深まった場面と深まらなかった場面があります。これらについて以下の質問にお答えください。

　①-1 児童との関係が深まったと感じられる活動があった場合、その要因を教えてください。（複数可）
　（X教諭）
　・児童の新たな一面を発見できた。　・予測していた反応と違う反応を見ることができた。　・自身の支援の意図と児童の意欲が一致した場面があった。
　・児童の楽しそうな姿を見ることができた。　・自身も楽しく、児童も楽しそうだった。（楽しさを共有できた）
　（Y教諭）
　・自身の支援の意図と児童の意欲が一致した場面があった。　・自身も楽しく、児童も楽しそうだった。（楽しさを共有できた）

　①-2 児童との関係が深まった具体的な場面を教えてください。（どのような活動の時でしたか？）
　（X教諭）
　・ボンド絵具で、笑いながら袋を揺らしている時に目が合った。　・こちらが提示する支援具や材料をじーっと見てくれた時。
　・児童が意欲的に活動していた時。
　（Y教諭）
　・ことばかけに合せて力を入れてくれた時。　・問いかけに対して発声やだんまりで自分の意思を明確に示してくれた時。

　②-1 逆に、関係が深まらなかったと感じられる活動があった場合、その要因も教えてください。（複数可）
　（X教諭）
　・支援がうまく合致しなかった　　・児童が楽しくなさそうだった。　　・児童が意欲的に活動できていなかった。　　・児童の体調が悪かった。
　（Y教諭）
　・支援がうまく合致しなかった　　・児童の体調が悪かった。

　②-2 児童との関係が深まらなかった具体的な場面を教えてください。（どのような活動の時でしたか？）
　（X教諭）
　・授業が始まってすぐに寝てしまった。　　・こちらが提示する材料に全然目を向けてくれず、意欲の低さが伝わった時。
　・ボンド絵具での混ぜる活動では、何をすればよいのか、何をしているのか分かりにくく変化が乏しかったため、Aさんにとっては難しく感じられた。
　（Y教諭）
　・緊張をうまくゆるめながら支援することができなかった。（やろうとする意思はすごく見えるのに、きゅーっと力が入ってしまう時）

5．授業運営についてお伺いします。
　① 今回は、「できること」と「好きなこと」を中心に題材開発や個別の活動設定、そして支援方法の設定をしました。このことについて、妥当性や効果等、どのような観点からでも結構ですので、ご意見をお聞かせください。
　（X教諭）
　・特にAさんの場合、「好きなこと」から始めてみるということが効果的なのだなと感じました。「好きなこと」から始めて苦手なこと（図工）への抵抗を減らしていくこと、好きなもの（鈴とひも）だけではなく、繰り返して行くうちに興味が広がる様子が見られ、これからの図工（図工以外でも）の授業に繋がる、活かせるヒントをいただきました。
　（Y教諭）
　・できること、好きなことから題材を考えていただき、教材も準備していただいてとてもよかったと思います。
　・特にAさんは、最初は「遊んでいるだけで作品を作っている意識がなさそうなのはどうだろう。少しは授業として頑張らせた方がよいのでは」と思ったけど、糸版画は興味がある教材で遊びながらも少しは模様や手元を見ることができたので、意識できているのかなと思いました。

6．児童の活動の様子についてお伺いします。
　① 第1期（ボンド）、第2期（糸版画）の活動の中で、児童が持っている身体的能力がもっとも発揮された活動は第何期のどの活動でしたか？1つだけ挙げてください。
　・第2期　糸版画の刷る工程。（輪ゴムを持ってくるくる回す、クリアファイル、缶を転がす等）（X教諭）
　・第1期　ボンド絵具を絞り出す活動。（Y教諭）
　② 第1期（ボンド）、第2期（糸版画）の活動の中で、最も児童が意欲的だったのは第何期のどの活動でしたか？　1つだけ挙げてください。
　・第2期　糸版画の刷る工程。（輪ゴムを持ってくるくる回す、クリアファイル、缶を転がす等）説明の辞典で身を乗り出して材を見ていた。（X教諭）
　・第2期　缶で転がし版画。緊張が強くてうまく手を動かせないが、声を出して意思表示したい、しようという意欲が感じられた。（Y教諭）
　③ 第1期（ボンド）、第2期（糸版画）の活動の中で、児童が最も楽しそうだったのは第何期のどの活動でしたか？1つだけ挙げてください。
　・第2期　糸版画の刷る工程。（輪ゴムを持ってくるくる回す、クリアファイル、缶を転がす等）時間いっぱいよく遊んでいた。（X教諭）
　・第2期　だいたいどの活動も笑顔だったので難しいです。使う缶や色の選択、嫌なものは返事しない等、はっきりしていた。（Y教諭）

質問内容	選択肢				担任教員の回答		
7．今回の第1期、第2期を通して、児童のQOLは高まったと思いますか？	4 とても高まった	3 高まった	2 あまり変わらない	1 低くなった	X教諭 3	Y教諭 3	Z教諭 3

　① 理由は？
　（X教諭）
　・今回の図工の授業を通して、Aさんの興味が少し広がったと思います。この興味の広がり自体、QOLの高まりに繋がると思います。
　（Y教諭）
　・うまく言えないですが…慣れない教具による支援でもうまく意思表示できた。
　・教員のかけ声とタイミングを合わせて力を入れる等、すごく上手で、一緒に楽しめた。もっとやってみたいと思った。もっと広げられるかもと思った。

8．図画工作の活動は子どもに対して何かできる活動だと思いますか？
　（X教諭）
　・子どもの能力を引き出す、または活かすことのできる活動。　　・人とのふれあいやコミュニケーションを取る機会を与えられる活動。
　・自分を表現したり、自分らしさを表現し、人に伝えることのできる活動。
　（Y教諭）
　・興味関心を広げられる。　　・微細運動、手指の運動機能の向上。目と手の協応　　・手順に沿った活動（見通し）
　・できたという達成感　　・「自分の作品」を大切に思う気持ちやものを大切にする気持ちを育てる。　　・友達の作品を認める、ほめ合う。
　・手指の感覚機能を高める。　　・いろいろな感触を知り、慣れる。　　・コミュニケーション

9．児童が作り出す作品にはどのような意味が含まれていると考えますか？
　（X教諭）
　・児童のその時のやる気、気持ち、児童自身の表れ、表現　　・周りの人との繋がり（作品を通して）
　（Y教諭）
　・その活動に対する興味関心、やる気、その日の体調、その子のできることが表れている。

10．最後に、今回の実践を終えて、ご感想をお聞かせください。
　今回の実践を通して、私自身、重度重複障害児の子に対する図工の在り方、考え方を見直すとてもよい機会となりました。Aさんに関しては、特に図工に対する姿勢が大きく変わり、予想以上の変動に驚いています。今回池田先生のおかげで、Aさんの図工への切り口が開いた気がします。題材が変わっても、池田先生が下さったヒントを元に、今後もAさんが意欲的に図工に取り組めるように試行錯誤していきたいと思います。大好きなひもや鈴、輪ゴムを使いつつも、それらばかりに頼るのではなく、新たな道具、材料にもチャレンジし、興味が広がっていくように支援していこうと思います。
　（Y教諭）
　・初めての題材で、初めてやる活動もあったりして楽しかったです。教材もすごく工夫していただき、とても参考になりました。

５．場面抽出

　全実践を終え、第２期アクション・リサーチでは授業改善に関連する場面を８場面抽出した。**表40**には抽出場面の概要を示した。抽出場面選定の基準、及び抽出場面は以下の通りである。

●抽出場面選定の基準

１）改善の結果が明確に表れた場面であること

　　授業改善を行った結果、対象児童のQOLが向上した、もしくは低下した特徴的な場面であり、設定した改善の方策と児童のQOLとの因果関係が明確な場面。

２）重度・重複障害児の特性に特化した改善であること

　　通常学級や一般校では通常行われない方法で、重度・重複障害児の特性に特化した改善方法が用いられた場面。

３）第２部、及び第１期アクション・リサーチの研究成果との関連が見られた場面であること

　　実践過程で、これまでの研究成果と関連が見出せ、これまでの研究成果をさらに詳細に示せる場面、もしくは補足的に示せる場面。

●抽出場面

①抽出場面第２期-１：１つの教具への興味関心に基づく他の教具への展開とその結果（児童A－第１回、第４回実践）

②抽出場面第２期-２：児童Aが好む教材教具を取り除いた結果、児童AのQOLが低下した場面（児童A－第２回実践）

③抽出場面第２期-３：児童Bに用意した教材教具に対して児童Aが興味関心を持ったため、それを児童Aの活動に取り込んだ場面（児童A－第３回、第４回実践）

④抽出場面第２期-４：使用する材料をわずかに変更するだけで多くの問題が解消した場面（児童B－第１回実践）

⑤抽出場面第２期-５：児童の活動を連続的にアフォードする教材教具の作成に成功した場面（児童A－第３回、第５

回実践）

⑥抽出場面第2期-6：対象児童が活動可能な制作方法に簡易化できた
　　　　　　　　　　場面（児童B－第1回実践）

⑦抽出場面第2期-7：既存の作品制作の方法にとらわれない制作方法
　　　　　　　　　　を取り入れた場面（児童A－第5回実践）

⑧抽出場面第2期-8：適合しなかった教材教具をあえて残すことで児
　　　　　　　　　　童Bの意思を確認できた場面（児童B－第1回、
　　　　　　　　　　第2回、第3回、第4回実践）

表40　抽出場面の概要

番号	記号	抽出場面タイトル	抽出場面の概要
①	第2期-1	ボード～クリアファイル型教具へ	第1回実践で、児童Aはシート型教具に興味を持ち、合計204秒間シートで遊んでいた。そこで、第4回実践では、シート型教具と同様の形状を持つクリアファイルを用い、内側に版画用紙をはさんでプリントする教具を作成した。用意したクリアファイル型教具の大きさはB4版で、テーブルから児童Aの頭頂部までの高さとほぼ同じであり、決して扱いやすい教具とはいえなかった。しかし、児童Aは両手を使ってクリアファイル型教具を上手に持ちあげ、回転させたり、上下を入れ替えたり、ひもを引っ張ってぶら下げたり、左右の手で持ち換えたりしていた。その結果、児童Aがクリアファイル型教具を外側から押す力が働き、美しい版画の作品となった。児童Aは、クリアファイル型教具を使って413秒間も連続して遊びながら操作し、きわめて意欲的に活動に取り組むことができた。
②	第2期-2	好きなものを抜いてしまったばかりに	第1回実践で、児童Aは提示された教材教具に取り付けられた鈴でよく遊んだ。しかし、授業終了後に「児童Aは造形活動を楽しんでいるのではなく、単に鈴を鳴らして遊んでいるだけではないか」という反省があった。そこで、第2回実践では教材教具から鈴を取り外し、興味関心の拡大と造形活動に意識を向けるため、エアパッキンや段ボールを細長く切った教材を用意し、活動を行った。その結果、児童Aはほとんどの教材教具に興味を示さなくなり、X教諭に「おしまいですか？」と問われると、授業途中に着ていたスモックを脱ぎ始めることさえあった。
③	第2期-3	児童Bのために用意した教具に興味を持った児童A	第3回実践では、視覚障害がある児童Bが絵具を選択しやすくするために、絵具のボトル部分に様々な触感の素材を貼りつけ、それを触ることで違いを意識させ、選択の手がかりにしようとした。すると、隣に座っていた児童Aが絵具に気づき、車いすに座った状態から体を左側に傾け、さらに左手をめいっぱい伸ばして、児童Bに提示した絵具の中の、黄緑色の絵具を取ろうとした。児童Aの興味を惹きつけたのは、黄緑色の絵具というよりも、今回児童B用に絵具に取り付けた輪ゴムであった。児童Aは輪ゴムを引っ張って絵具を持ち上げたり、持ち上げた絵具を揺らしたり、輪ゴムを伸縮させたりして、合計159秒間、絵具のボトルを使って遊んだ。 そこで、第4回実践では児童Aのために輪ゴムを取り入れた教具を作成した。活動に入ると児童Aは右手をのばし、輪ゴムの部分を握った。そして、輪ゴムの部分を持ち上げて缶を揺らしたり、缶の部分を持って輪ゴムを垂らしたり、両手で持ったりして、まるで使い方を探るように遊んでいた。その間、児童Aの動きに合わせて缶が画用紙の上を転がり、着色された糸が模様となって画面上に定着していた。
④	第2期-4	微小な修正による大きな効果	題材の立案段階では、児童が糸を貼りつける部分に布ガムテープを使用する予定であった。そこで、計画通り布ガムテープを用いた教具を作製し、糸を貼りつけてみると、布ガムテープが持つ強い粘着力のため、多くの問題点が見つかった。起こった問題としては、1）版を運ぶ最中に版同士がくっついてしまった場合、はがすことができない。もしはがせたとしてもどちらか一方の版が損傷してしまう。2）児童Bが転がして版をつくる場合に、下の台に版が貼りついてしまい動かなくなる。3）手で転がして版づくりやスタンプを行う場合、版が手に貼りついてしまい動かなくなる。4）スタンプの工程で、下に敷いた版画用紙に少しでも接触すると、版画用紙が破れてしまう等である。 そこで今回、この問題を解決するため、布ガムテープよりも粘着力の弱い養生テープを使用することにした。使用する材料を布ガムテープから養生テープに変更することで、上記の1）～4）の問題は一気に解決した。

番号	記号	抽出場面タイトル	抽出場面の概要
⑤	第2期-5	児童Aの多様な活動を生み出す教材教具	第3回実践で児童Aが使用したローラー型教具、そして第5回実践で使用したB4サイズのクリアファイル型教具は、以下に示す児童Aの多様な活動をアフォードした。 ○ローラー型教具が児童Aにアフォードした活動（12種類） ひもを引っ張る、本体部分を持ち上げてひもがぶら下がった状態にする、ひもを引っ張って本体部分を持ち上げる、鈴を指で弾く、金属部分を持ち上げる、柄の部分を握る、ローラーを振り回す、2本のひもを両手片方ずつ持って引っ張る、回転部分の色や形状の違いに気づく、画面上に横に置いた状態でわずかにひもを持ち上げる、1本のひもの左右を持ち両手で引っ張る、ローラーの回転部分を動かす ○クリアファイル型教具が児童Aにアフォードした活動（15種類） 鈴を鳴らす、ひもを持って上に教具を持ち上げる、段ボールを触る、クリアファイル部分を直接持って持ち上げる、教具を立てかける、立てかけた状態で前後に揺らして動かして遊ぶ、ひもを持ってぶら下げる、黄緑色のひもを丸めて遊ぶ、クリアファイルの内側の版と版画用紙を見る、スタンプされた作品を見る、持ち手状になっている部分を握る、クリアファイルの角をめくる、教具を縦にしたり横にしたりする、教具を裏返す、オレンジ色のスズランテープを握る
⑥	第2期-6	糸を貼り付けるのではなく、缶を転がして糸を巻きつける	児童Bに対しては、版作りで糸を缶に貼り付けるのではなく、机の上に糸を置き缶を転がすことで糸を巻き取り、版を制作した。活動でY教諭は、「せーの、コロコロコロコロ」と声をかけた。すると児童Bは声かけに合せるように腕を前に伸ばし、3cm程度缶を前に転がして下に置かれた糸を巻きつけた。その様子をY教諭は、動きを応援するように「そうそうそうそう上手」と声をかけた。その後も児童Bは、第1期アクション・リサーチでボンドを押し出した時と同じように、Y教諭の「コロコロコロコロ」という声かけに合わせて腕を前に伸ばし、粘着テープが貼られた缶に上手に糸を巻きつけることができた。
⑦	第2期-7	"版"ではなく"版画用紙"を動かしてスタンプする	第5回実践で児童Aが使用したトレイ型教具は、トレイの中に版画用紙を入れ、児童Aがトレイ（版画用紙）を動かすことで中に入った版（缶）を動かしてスタンプする方法である。児童Aはトレイ型教具や中に入った缶を動かしたり揺らしたりして遊び始めた。側面を持ってトレイを傾けたり、側面を叩いてダイナミックにトレイ型教具を揺らす児童Aの積極的な様子に、他の先生方も思わず笑顔になった。トレイ型教具で遊び始めてから約6分間、児童Aは継続的に遊び続け、活動中初めて笑顔が見られた。
⑧	第2期-8	児童Bの明確な意思を知るために	第1次の版づくりの活動で児童Bは、3種類の缶と2種類のシートの中から、190g缶と380gを選んだ。そこで、第2次では、選んだ教具を元に展開するのではなく、選択しなかった教材教具を選択肢としてそのまま残し、本当に児童Bは190g缶と380g缶を気に入っているのかどうかを確認した。すると、第2次第1時間目のスタンプの活動でも同じく、児童Bは提示した教材教具の中から190g缶、380g缶を選んだ。

第 7 節　仮説検証

　前節の分析結果を踏まえ、QOL向上に関する仮説検証を行う。

　まず、児童A、児童BのQOL評価結果は図79、図80、表37、表38で示した通り、児童Aの第 1 次を除き、児童A、児童B共に同一次の第 2 時間目、第 3 時間目の「QOLが特に高まった状態」が前時と比較して増加した。このことから、各授業で行われた改善には一定の効果が認められる。特に児童Aの第 2 次、第 3 回実践から第 5 回実践における「QOLが特に高まった状態」の変化は顕著で、第 3 回実践から第 4 回実践では44%から58%となり14%の増加、そして第 4 回実践から第 5 回実践では58%から66%となり 8 %増加した。特に、第 5 回実践において児童Aは、説明等を除く活動時間のほとんどを「QOLが特に高い状態」

で過ごせた。また、図83の児童Aが1つの教具で活動し続けた時間も、第3回実践では212秒、第4回実践で413秒、第5回実践で475秒と順調に活動時間を伸ばし、第5回実践のトレイを用いた活動では約8分間継続して活動を行い、第1期、第2期アクション・リサーチの全実施授業の中で最長の活動時間となった。さらに、第4回実践、第5回実践では共に児童Aの「QOLが低い状態」が0％であったことも特筆すべき点であると考える。

　他方、図81、図82で示した第1期、第2期アクション・リサーチの題材全体のQOL評価結果の比較でも、活動時間全体に占める「QOLが特に高まった状態」の割合が児童Aは28％から49％に大幅に増加し、児童Bも15％から26％に増加している。その一方、第2期アクション・リサーチにおける「QOLが低い状態」は児童Aでは18％から8％に減少し、児童Bでも17％から4％に減少している。このように、第1期に比して第2期の題材全体における「QOLが特に高まった状態」が増加し、「QOLが低い状態」が減少したことは、第1期アクション・リサーチで実証した仮説、及びアクション・プランに「授業改善」の項目を加え、各単位時間終了後に継続的な活動内容、支援方法の変更や修正を行ったことが影響していると考える。

　また、表39の質問紙調査の質問Ⅰ－6、7は授業改善に関する項目である。質問Ⅰ－6－②「実践を終えて、活動を振り返った時、今回のように段階的に活動を進めていく授業改善モデルは妥当だったと思いますか？」との問いに対し、X教諭、Y教諭は最も高い評価の「妥当だと思う」に回答している。また、質問Ⅰ－7「第2期では、先生方に各授業で気づかれたこと、また活動内容や支援の改善点を学習指導計画／評価表に記載していただきました。記載することの効果はありましたか？」との問いに対しては3名の教員全員が最も高い評価の「効果的だった」と回答した上で、具体的には「記載したものが次回の授業に繋げられていた点（X教諭）」、「評価とは別に"気づいたこと"を書くことにより、指導案を振り返ってみた際により具体的に振り返ることができる（X教諭）」として、学習指導計画／評価表に授業改善に関する記載を行うこ

との効果を評価している。また、Y教諭は「実際に児童と活動をやってみることで分かることもある。リーダーは細かく観察できていない場合も多いため、それぞれの児童の様子、改善点を話し合ってよりよい授業づくりができる」と記し、主担当教員、副担当教員がそれぞれに可能なことを認識したうえで協働的に授業改善を行うことの効果を評価している。これらのことから、本研究の仮説で示した授業改善モデル（仮説版）には、一定の効果が認められる。

　しかし、効果と共に変更・修正すべき点も明らかとなった。そこで、次節では授業改善を行う際の各観点を明らかにすると共に、図76の授業改善モデル（仮説版）のブラッシュアップを行う。

第8節　授業改善モデル、授業改善フローチャート、授業改善チェックリストの作成

　前節の検証結果の通り、第2期アクション・リサーチで実施した授業改善の方策には一定の有効性が認められた。そこで、本節では、実施した授業改善の何が有効であったのかを明らかにする。具体的には、備忘録の記述内容のコーディング、学習指導計画／評価表の記述内容のコーディングを行い、第6節で示した抽出場面の内容を含めて、木下（2007）のM-GTAによる分析を行い、授業改善の観点と理論的構造を明らかにする。さらに、授業改善モデル（仮説版）の再検討と修正を行い、最後に授業改善フローチャート、及び授業改善チェックリストを作成する。

第1項　質的分析の結果
1．備忘録
　実践の結果、備忘録への記述数は、合計136個であった。備忘録に記載されたアイデアの記述数と記述日は**表41**の通りである。

表41　備忘録に記述された改善に関するアイデア数

月日	6月11日	6月13日	6月14日	6月18日	6月20日	6月21日	6月24日	6月27日	6月28日	計
気づき・アイデアの数	23	5	29	13	27	10	10	14	4	135

２．学習指導計画／評価表

　実践の結果、担任教員が学習指導計画／評価表に記載した改善に関係する記述は合計10個であった。学習指導計画／評価表への記述数と記述日は**表42**の通りである。

表42　「学習指導計画／評価表」に記述された改善に関する記述数

月日		6月14日	6月18日	6月21日	6月24日	計
気づき・アイデアの数	X教諭	1	1	1	1	4
	Y教諭	2	2	2	0	6

３．場面抽出

　抽出場面は、第6節5「場面抽出」で示した通りである（表40）。

第2項　授業改善の観点と理論的構造

１．分析結果

　備忘録の記述内容をコーディングした理論メモ、学習指導計画／評価表の記述内容をコーディングした理論メモ、そして抽出場面（表40）を、木下（2007）の「M-GTA」を用いて比較検討、分類した結果、授業改善の観点12種類、下位カテゴリー6種類、カテゴリー2種類として整理できた。**表43**には、授業改善の理論的構造、授業改善の観点、分析の根拠となった備忘録のアイデア、担任教員の学習指導計画／評価表への記述内容、そして関連する抽出場面を示している。

表43　授業改善の観点、及び根拠となった具体例

カテゴリー	下位カテゴリー		改善の観点	具体例	出典	記載日	記載者
改善のための判断	判断基準	1	興味関心の優位性	糸や鈴の他にも、違う素材のものも混ぜて、提示したり、置いておくと、手に取ったり、少しでも興味・関心の広がりに繋がるのではないかと思った。	備忘録	6月14日	筆者
				缶の音は大きく分かりやすい方がいいみたいだ。石が入っているもの、プルトップが入っているものには興味があり、砂利のさらさら音が鳴る方は今一つだったようだ。	備忘録	6月14日	筆者
				Aさんの缶にゴムをつけてみようか。	備忘録	6月21日	筆者
				前回のクリアファイルの時に、すずらんテープを割いたものに興味を示していたので、今回も試してみよう。	備忘録	6月28日	筆者
				抽出場面：ボード～クリアファイル型教具へ	抽出記号　（第2期-1)		
				抽出場面：缶を好きなものを抜いてしまったばかりに	抽出記号　（第2期-2)		
		2	実態階層の見極め	今回は、前回に比べてやる気が続かず、落とすことが多かった。飽きてきたのか、気分が乗らなかったのか、判断しにくかった。	学習指導案	6月18日	X教諭
				抽出場面：ボード～クリアファイル型教具へ	抽出記号　（第2期-1)		
				抽出場面：好きなものを抜いてしまったばかりに	抽出記号　（第2期-2)		
	継続的・発展的視点	3	興味関心事項の抽出	どのような色でも一応は触るが、特に赤のひもにとても興味があったようで長い間触っていた。	備忘録	6月14日	筆者
				ひもが張り付いた台紙を持っていた。台紙にも興味があるようで、動かしていた。	備忘録	6月14日	筆者
				Aさんの缶にゴムをつけてみようか。	備忘録	6月21日	筆者
				缶の音は大きく分かりやすい方がいいみたいだ。石が入っているもの、プルトップが入っているものには興味があり、砂利のさらさら音が鳴る方は今一つだ。	備忘録	6月14日	筆者
		4	偶発的事象への着眼	隣のBさんの缶を気にしていた。次回は缶を用意してみよう。	備忘録	6月14日	筆者
				Aさんくるくる回すのも面白いかもしれない。	備忘録	6月14日	筆者
				Bさんの絵具についた輪ゴムに興味を持っていた。缶に輪ゴムをつけてみようか。	備忘録	6月21日	筆者
				抽出場面：児童Bのために用意した教具に興味を持った児童A	抽出記号　（第2期-3)		
		5	修整事項	缶を押し回すときに、転がらずに滑ることがある。	学習指導案	6月21日	Y教諭
				糸が選びにくいので、手触りの違う毛糸とかにしたらもっと主体的に選べたかなと思います。	学習指導案	6月18日	Y教諭
				糸や鈴の他にも、違う素材のものも混ぜて、提示したり、置いておくと、手に取ったり、少しでも興味・関心の広がりに繋がるのではないかと思った。	学習指導案	6月14日	X教諭
				抽出場面：微小な修正による大きな効果	抽出記号　（第2期-4)		
	削除検討的視点	6	削除検討事項	訓練のようになってしまった。楽しさをプラスする必要がある。	備忘録	6月14日	筆者
				細く切った段ボールやパッキンには全く興味を示さなかった。	備忘録	6月18日	筆者
				抽出場面：好きなものを抜いてしまったばかりに	抽出記号　（第2期-2)		
改善のための方策	展開的改善	1	アフォーダンスの予測	糸や鈴の他にも、違う素材のものも混ぜて、提示したり、置いておくと、手に取ったり、少しでも興味・関心の広がりに繋がるのではないかと思った。	学習指導案	6月14日	X教諭
				Aさんの可能性として、パッキンを使ってみる。細く切るという所で連続性を持たせる。	備忘録	6月14日	筆者
				スズランテープの黒やオレンジを使ってみようか。	備忘録	6月20日	筆者
				トレイに使うひもの色は赤とピンク。	備忘録	6月24日	筆者
				トレイを大きく揺らせるように長さを調節しよう。	備忘録	6月24日	筆者
				抽出場面：児童Aの多様な活動を生み出す教材具	抽出記号　（第2期-5)		
				抽出場面："版"ではなく"版画用紙"を動かしてスタンプする	抽出記号　（第2期-7)		
		2	偶発的発見の応用	隣のBさんの缶を気にしていた。次回は缶を用意してみよう。	備忘録	6月14日	筆者
				Aさんくるくる回すのも面白いかもしれない。	備忘録	6月14日	筆者
				Bさんの絵具についた輪ゴムに興味を持っていた。缶に輪ゴムをつけてみようか。	備忘録	6月21日	筆者
				抽出場面：児童Bのために用意した教具に興味を持った児童A	抽出記号　（第2期-3)		
	修整的改善	3	制作方法の簡略化	大きい段ボールにガムテープを貼り付け、ひもを落として版を作ると、糸を落とすだけで版が作れる。	備忘録	6月11日	筆者
				空き缶にガムテープを巻き、そこにひもを落としたり、缶と一緒に遊べば版画も作れる。	備忘録	6月11日	筆者
				抽出場面：糸を貼り付けるのではなく、缶を転がして糸を巻きつける	抽出記号　（第2期-6)		
		4	使用材料の最適化	ガムテープではなく養生テープを使ってみる。	備忘録	6月11日	筆者
				糸の上に缶をのせると滑ってしまうという状況。両サイドだけ少し粘着力を強めるか。	備忘録	6月11日	筆者
				カッターマットの柔らかさを生かして、版であるペットボトルがゆるやかに転がってくるようにした。	備忘録	6月18日	筆者
				画板にビニールを巻きつけ、貼りつかないようにする。	備忘録	6月11日	筆者
				抽出場面：微小な修正による大きな効果	抽出記号　（第2期-4)		
		5	活動目的の再検討	缶の選択で好き嫌いがはっきり伝えることができるということはとてもいいことだなと思う	備忘録	6月14日	筆者
				Bさんの道具をもう一つ増やしてみる。本当にシャカシャカいう音があまり好きではないのかを確認するため、250ml缶を使い、そこに鈴を入れたものを作ってみる。	備忘録	6月18日	筆者
				Bさんについて、台紙を選ばず、2回目も缶を選んだ。音がよかったのか。台紙に鈴等音がするものをつけてみようか、興味関心という意味では台紙に興味を向けることには繋がるが、本人の意思を確認するためには台紙はそのまま提示する方がよい。前回の缶を選ぶ時にも、小さい缶は選ばなかった。なので、今回も意思を確認する方がよいのではないか。台紙を選ばせると、作ったものであっても使わない。その方が彼女の意思を尊重することになるのではないか。	備忘録	6月27日	筆者
				抽出場面：児童Bの明確な意思を知るために	抽出記号　（第2期-8)		
	再構成的改善	6	転換的発想	3次元の動きを何とかスタンプに繋げる必要がある。版画用紙を置いた状態では難しそう。版画用紙ごと動かせる支援具が必要だ。	備忘録	6月14日	筆者
				画板の上にカッターマットを置き、三角をかませて傾斜をつけることによって、版であるペットボトルや缶がころころと自分の方に戻ってくるようにした。	備忘録	6月18日	筆者
				Aさん、箱をひもでぶら下げ、それを揺らして缶を動かしてはどうか。	備忘録	6月20日	筆者
				抽出場面：糸を貼り付けるのではなく、缶を転がして糸を巻きつける	抽出記号　（第2期-6)		
				抽出場面："版"ではなく"版画用紙"を動かしてスタンプする	抽出記号　（第2期-7)		

２．授業改善の観点

　本項では、**表43**で示した授業改善の12種類の観点を、具体例を交えて詳述する。

⑴カテゴリーⅠ：改善のための判断

　授業改善でまず問題となるのが、授業終了後に"何を対象として次回授業に向けた改善を行うのか"という改善対象の選択に関する問題である。改善対象を見誤ると、ともすれば改悪や堂々巡りを繰り返すことにもなりかねない。そこで、カテゴリーⅠでは改善のための判断に関連する６種類の観点をまとめた。以下、詳細を記す。

改善のための判断－１）【興味関心の優位性】
定義：児童生徒の興味関心の有無を改善の主な基準とすること。
　第２期アクション・リサーチでは、第１期アクション・リサーチ同様、題材開発時には対象児童の「現存機能」と「興味関心」を基盤とした活動内容、支援方法、目標を設定した。さらに、本実践では各単位時間の授業改善でも児童の「現存機能」と「興味関心」を改善を行う際の判断の基軸とした。この２項目を基軸として活動を評価した場合、児童の活動からは以下の４つの様相を見取ることができる。

１－児童が興味関心を有しており、なおかつ現存機能による活動も可能。
２－児童が興味関心を有しているが、現存機能による活動は困難。
３－児童の興味関心がほとんど認められないが、現存機能による活動は可能。
４－児童の興味関心がほとんど認められず、なおかつ現存機能による活動も困難。

　では、これら４つのどの状態を改善対象とすべきであろうか。第２期アクション・リサーチでは、「授業改善モデル（仮説版）」で示した通り、１と２の児童の状態を改善対象とし、３と４の状態は改善対象としなかっ

た。しかし、その中で一度、児童が興味関心を
有する教材教具を抜いてしまった授業がある。
それが、児童Aの第２回実践である。第２回実
践では、抽出場面第２期-2で示した通り、児
童Aが鈴だけで遊んでおり造形活動を行ってい
るとは言い難いのではないかという反省のもと、
児童Aが特に好きな材料である「鈴」を教材教
具から外し、代わりに段ボールやエアパッキン
を細く切った教材を提示した。しかし、そのこ

図85　意欲が低下し教具
　を落とす児童A

とで児童Aの活動への意欲は大幅に低下し（**図85**）、第２回実践のQOL
評価における「QOLが特に高まった状態」は第１回実践の56％から
21％に半減し、逆に「QOLが低い状態」は第１回実践の３％から34％
に急増した。

　児童Aにとって、細く切った段ボールやエアパッキンを用いて制作を
行なうことは現存機能上極めて容易な活動である。しかし、意欲が高ま
らなければ児童Aは継続して活動しなかった。このことから、児童生徒
の興味関心は、現存機能に比して優先されるとの仮説が成り立つ。これ
を、"興味関心の優位性"と呼ぶこととする。

　備忘録に記載された改善のアイデアの多くは児童の興味関心に関する
内容であった。例えば、備忘録（６月14日）には「児童Aはどのような
色でも一応は触るが、特に赤のひもにとても興味があったようで長い間
触っていた」と記され、活動中児童Aが黄色や
青、茶色、白などの複数用意したひもの中から
特に赤に興味を持ったことの発見が記載されて
いた。この発見は以後の活動で児童Aに提示す
るひもの種類やトレイを用いた教具を作成する
際に生かされ、第５回実践で使用したトレイ型
教具（**図86**）の側面には、赤いひもが用いられ
た。授業では、取り付けたひもが児童Aの意欲
的な活動を促進し、その後の引っ張る、揺らす

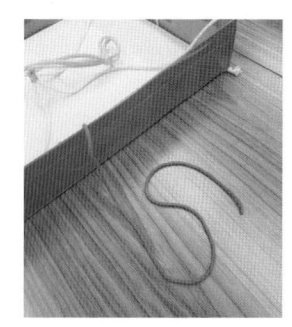

図86　赤いひもを用いた教具

といった活動に繋がった。同様に児童Bでも、備忘録（６月14日）の「缶の音は大きくて分かりやすい方がいいみたいだ。石が入っているもの、プルトップが入っているものには興味があり、砂利のさらさら音が鳴る方は今一つだったようだ」との記述の通り、児童Bでは音に対する興味関心の所在に着眼し、以後使用する教材教具の選択に反映させた。

　また、質問紙調査でも児童の「現存機能」と「興味関心」を取り入れることについて児童Aの担当のX教諭は、「特に児童Aの場合、『好きなこと』から始めてみるということが効果的なのだなあと感じました。『好きなこと』から始めて苦手なこと（図工）への抵抗を減らしていくこと、好きなもの（鈴とひも）だけではなく、繰り返して行くうちに興味が広がる様子が見られた」と記載している。

　以上のように、児童生徒の興味関心の所在は、改善対象を判断する際の主要な基準と成り得る。重度・重複障害児を対象とした造形活動では、現存機能を考慮しつつ"興味関心の優位性"を主とした改善対象の選択がQOL向上に繋がるのではないかと考える。

改善のための判断−２）【実態階層の見極め】
定義：活動の中で現れた児童生徒の実態の階層を見取ること。

　児童生徒が興味関心を有する状態とはどのような状態であり、どのように見出せばよいのだろうか。授業改善で活用可能な児童生徒の実態の指標として、第１期アクション・リサーチの**図65**、**図66**、で示した重度・重複障害児の「実態階層・教員役割表」がある。ただし、実態の階層は衝動・不随意運動型の児童生徒と静止・微弱運動型の児童生徒で様相が異なる。

　まず、衝動・不随意運動型の児童生徒を対象とした場合である。衝動・不随意運動型の児童生徒の興味関心は２つの段階（度合い）に分けられる。２段階とは、**図65**「実態階層・教員役割表」の、児童が「無関心」、「定位」、「リーチング」の段階であるか、それとも「把持」、「操作・遊び」の段階であるかの違いである。前者であれば連続的な教材教具の使用が見られない状態であり、活動内容や教材教具が対象児童生徒に適合

しているとは言い難い状態である。これは、児童Aの第２回実践でのエアパッキンや段ボールを用いた活動が該当する。他方、後者の「把持」、「操作・遊び」の段階のように一定時間教材教具を把持したり操作・遊びが現れたりした場合、それらは展開可能性がある活動として位置づけられる。これは、児童Aが第１回実践でシート型の版を用い、104秒間団扇を揺らすように動かしたり回転させたりした活動等が該当する。つまり、前者の「無関心」、「定位」、「リーチング」の状態しか現れなければ、活動内容や使用している教材教具を見直し、別の方法を試行する授業改善が必要となり、後者の「把持」、「操作・遊び」の状態が現れれば、発見した児童生徒の興味関心を基盤として展開的、発展的な改善が可能となる。換言すれば、前者の場合には「適合する活動を模索するための改善」が必要となり、後者であれば「適合している活動をさらに良くする改善」が必要となる。このように、児童生徒の実態の階層によって改善の質や内容は異なる。

　他方、静止・微弱運動型の児童生徒の場合にも、「実態階層・教員役割表」の使用が改善に役立つ。ただし、静止微弱運動型の児童生徒は、衝動・不随意運動型の児童生徒のように興味関心が明確に表れにくい。ほとんどの活動を教員と共同で行うため、児童生徒単独の活動の中から興味関心を見出すというよりも、教員との密接な関わりの過程で興味関心を見出すことが中心となる。静止・微弱運動型の児童生徒の場合、興味関心を見出す観点は３種類ある。１点目は提示する教材教具の触感や質感、色や音等が児童生徒にとって快であるかどうか、２点目は活動姿勢や操作方法が児童生徒にとって無理が無く、楽しさを感じられるものであるかどうか、そして３点目は選択の場面で児童生徒が興味関心を表出（表現）できるものであるかどうかである。例えば、第２期アクション・リサーチの児童Bの場合、１点目の観点は、缶が発する「音」の感知に関わり、児童が音を感じ取れているかどうか、用意した教材教具が発する音に不快感を感じていないかという観点で興味関心を見取ることとなり、２点目は、缶を転がす操作に無理が無いか、また、転がす行為を楽しめるかどうか、そして３点目は、缶を振った時の音色の違いによっ

て児童Bが選択の意思を表出（表現）できているかどうかである。これら3種類の観点は図66の「実態階層・教員役割表（静止・微弱運動型）」の各段階に対応しており、改善を行う場合にはそれぞれの段階で静止・微弱運動型の児童生徒の興味関心の所在を見取ることが肝要であると考える。

　このように、「実態階層・教員役割表（静止・微弱運動型）」は児童の状態を構造的に観察することにも応用できる。教員は各階層から児童生徒の喜びや快といった興味関心の所在を的確に見取ることで授業改善に繋がる状況判断が可能になるのではないかと考える。

改善のための判断－3）【興味関心事項の抽出】
定義：児童生徒が興味関心を有する活動や教材教具を具体的に抽出する
　　　こと。

　興味関心の所在が「実態階層・教員役割表」によって見出されたら、次は具体的に何が児童生徒の興味関心を惹きつけているのかを明確化する段階となる。例えば、児童Aの場合、第1期アクション・リサーチで発見した「鈴」や「ひも」の他に、第2期アクション・リサーチでは「動きのある活動が好きであること」や「赤色の物に興味を持つこと」も把握できた。第2期アクション・リサーチでは、これらの発見と着眼が授業改善を行う上での基盤となった。例えば「動き」であれば、今回使用した缶、ローラー、傾斜台、トレイ、クリアファイルはすべて動かして制作を行う教具であり、教具が動くことが、結果として児童Aの「定位」や「把持」、そして「操作・遊び」に繋がった。また、「赤色」に着眼した改善は、先述のトレイに用いたひもの他にも、赤色のスズランテープをクリアファイル型教具に装着する、布ガムテープの色を赤色にする、トレイの側面の色を赤色にする等の改善に繋がった。

　他方、児童Bは第1期アクション・リサーチにおいて握ったものを離すことよりも前方に腕を伸展させる活動を好んでいたため、今回の題材でも缶を押し出して制作する活動を設定した。また、Y教諭は第1期で「せーの、ぎゅー」というかけ声が児童Bの活発な活動を促進していた

ことから、第2期でも「せーの、コロコロコロコロー」というかけ声を
かけていた。

　このように、授業改善を行う場合には、教員は児童生徒にとって何が
効果的であったのかを具体的に見出す必要がある。つまり、この観点は
改善対象を焦点化し、興味関心を有した事柄の具体を抽出する過程とし
て位置づけられる。

改善のための判断－4）【偶発的事象への着眼】
定義：偶然見いだされた児童生徒の興味関心に着眼すること。

　興味関心の発見は、上記のように事前に準備した活動に限らず、偶然
見出される場合もある。例えば、抽出場面第2期-3で示した通り、第
3回実践では児童Bに対して用意した絵具に児童Aが興味を示す場面が
あった。**図87**のように、児童Aは目いっぱい体と腕を伸ばし、児童Bの
絵具セットの中から黄緑色の絵具を取ろうとした。この絵具は、視覚障
害がある児童Bが選択しやすくするために、ボトル部分に様々な触感の
素材を貼りつけたものであり（**図88**）、児童Aは黄緑色の絵具というよ
りも取り付けられた輪ゴムに興味を持ったようであった。その後、児童
Aは輪ゴム部分を握り、絵具のボトル部分を上下に揺らしたり、回転さ
せたりして約3分間遊んでいる（**図89**）。

  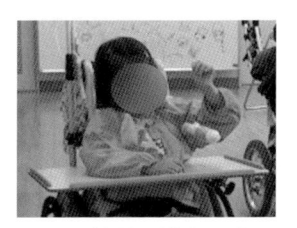

図87　児童Bに用意した　　図88　児童Bに用意した絵具　　図89　絵具で遊ぶ児童A
　　　絵具を持つ児童A

　このように、事前に設定された活動のみならず、偶然発生する様々な
事象にも観察の範囲を広げ、改善対象とすることも、重度・重複障害児

の造形活動における QOL 向上に繋がる観点になると考える。

改善のための判断－ 5 ）【修整事項】
定義：児童生徒が興味関心を有しているが、修正や微調整が必要な部分、
　　　及び問題が発生している要因を見出すこと。
　この観点は、児童生徒が興味関心を有しているにもかかわらず実践段階で問題が発生している部分や原因を見つけ、発生した問題が修正可能であるかどうかを見極める観点である。
　例えば、今回の糸版画では、児童Bに対して机上の糸を巻き込む方法を採用し、缶の外側に粘着テープを貼り付けた版を制作した（図67）。このような方法を用いた理由は、先述の通り、児童Bが押し出す活動を得意とし、なおかつ意欲的に活動できる方法であったためである。そこで、教材研究の初期段階では缶の外側に布ガムテープを取り付けて試行を行った。しかし、抽出場面第 2 期- 4 で示した通り、この方法では多くの問題が発生した。起こった問題には、 1 ）缶を転がして版を制作する場合に、下の台に版が貼りついてしまうと動かなくなる。 2 ）手で転がして版づくりやスタンプを行う場合、版が手に貼りついてしまい動かなくなる。 3 ）下に敷いた版画用紙に少しでも接触すると、版画用紙が破れてしまう、 4 ）版を運ぶ最中に版同士が接触するとはがせなくなり、はがせたとしてもどちらか一方の版が損傷してしまう等である。これらの問題は授業を混乱させ、リカバリーに多くの時間を費やし、児童が活動できないまま授業が終了してしまう状況が予想できる。
　このような状況に陥った場合の判断には様々な選択肢がある。例えば、缶を転がす方法を断念し、別の方法を試みる、もしくは布ガムテープを別の素材に代えてみる等である。特に題材実施前であれば児童の様子はすべて予測になるため、どのような選択をしてもよい。
　そこで、部分的な修正か、抜本的な見直しかを判断するのが児童生徒の興味関心の所在と活動予測である。つまり、修正することで児童生徒の意欲的な活動が実現するかどうかが 1 つの判断基準となる。今回の場合であれば、児童Bは第 1 期アクション・リサーチで意欲的にボンドの

塊を腕で押し出していた。そのため、第2期アクション・リサーチでも意欲的に缶を押し出して糸版画の活動を楽しめることが予測できた。そこで今回の改善では缶を押し出す方法をそのまま保留し布ガムテープを粘着力の弱い養生テープに変更する修正を行った。その結果、上記の4つの問題はすべて解消した。

　以上のことから、修正を検討する場合には2種類の判断が必要となることが分かる。1点目は、見出した改善対象事項が児童生徒の興味関心の維持もしくは発展に繋がるかどうか、2点目は、1点目が認められたことを踏まえて何が原因でそれが阻害されているのかという要因を的確に見極めることである。

　このように、児童生徒の興味関心の所在を鑑みて修正が必要なポイントを見定めることも改善における重要な観点であると考える。

改善のための判断－6）【削除検討事項】
定義：児童生徒が全く興味関心を示さない活動で、微調整や軽微な修正
　　　では意欲の向上が期待できない活動内容や教材教具を取り除くこ
　　　とを検討すること。

　対象児童生徒に適合しない活動内容や教材教具があった場合、それらは実施・使用しない対象として検討する必要がある。なぜなら、それを用い続けることで「QOLが低下した状態」が常態化してしまうためである。適合しない活動内容や教材教具とは、衝動・不随意運動型の児童生徒であれば「実態階層・教員役割表」の「無関心」、「定位」、「把持」の段階にとどまる活動内容や教材教具であり、静止・微弱運動型の児童Bであれば、困難な姿勢を要求する活動、または児童Bの不快な情動を喚起させる教材教具や活動が該当する。

　ただし、適合しない活動はすべて取り除けばよいという訳ではない。例えば、抽出場面第2期-8で示した通り、児童Bの第1回実践では、提示した3種類の缶のうち、100ml缶に対してほとんど反応を示さなかった。しかし、100ml缶はその後、児童Bの興味関心の所在を確認するための選択肢として用い続けた。つまり、児童Bが選択しやすい状況を作

り出すためにあえて興味関心を喚起しない教具を残し、他の教具との違いを明確にするために活用したのである。

　このように、児童生徒が興味関心を全く示さない活動や教材教具は、単に取り除けばよいわけではなく、残すことで生じる効果を考慮した上で削除を検討する必要がある。つまり、本観点名である【削除検討事項】の「検討」は、"価値ある残留"であるかどうかを検討することを意味している。特に、題材の初期段階では予測的な活動設定をせざるをえず、実験的・試行的な色合いが強まる。それゆえ、児童生徒の実態に全く適合しない事態も発生する。このような場合の選択肢は2つあり、一方は削除、そしてもう一方は価値ある残留として次の授業で継続使用する選択である。

⑵カテゴリーⅡ：改善のための方策

　前項では、改善の判断を行うための観点を示した。本項では改善のための具体的方策を6種類の観点で示す。

改善のための方策－1）【アフォーダンスの予測】
定義：児童生徒が意欲的に取り組める事物に含まれる性質・特性を分析
　　　し、新たに作成する教材教具に取り込むこと。その上で作成した
　　　教材教具がどのような活動をアフォードするかを予測すること。
　この改善の方策は、児童生徒が意欲的に取り組めた教材教具が児童生徒に何を与え、どのような能力を引き出していたのかという見地から改善の手立てを考案する方策である。つまり、先述の【興味関心事項の抽出】で明らかとなった具体的な事物を次の活動や教材教具にいかに活用するかを示す観点である。第2期アクション・リサーチでは、第1期アクション・リサーチでも有効であったでんでん太鼓を取り上げ、**表44**に示す4段階の枠組みと手順で教材教具を作成した。

表44　教材教具作成の手順

第1段階（興味関心の発見）
　児童が興味関心を持つ事物・活動の発見。
第2段階（要素の抽出）
　児童が興味関心を持つ事物・活動に含まれる要素の抽出。
第3段階（バリエーションの考案）
　第2段階で抽出した要素を用い、当該題材の内容を想定した教材教具、及び活動のバリエーションの考案。
第4段階（アフォーダンスの予測）
　第3段階で考案した教材教具、及び活動のバリエーションが児童生徒のどのような活動をアフォードするかを予測。

児童Aに対して行った具体的方法は以下の通りである。

第1段階（興味関心の発見）
　でんでん太鼓
第2段階（要素の抽出）
　細いひもが使用されている、ひもが2本取り付けられている、音が鳴る、振って遊ぶことができる、ひもをぶら下げて遊ぶことができる、両手で持つことができる　等
第3段階（バリエーションの考案）
　版づくりにひもを用いる、様々な触感の糸やひもを使用する、太さが異なる糸やひもを使用する、ひもに鈴をつける、用具の両サイドにひもをつける、ひもを振ることで動くローラーを作成する　等
第4段階（アフォーダンスの予測）
　持ち上げる、振る、指で弾く、両手で握る、持ち替える、まわす、音を鳴らす　等

　上記の要素抽出及びバリエーションの考案、アフォーダンスの予測に基づき、第2期アクション・リサーチでは、**図90**の教具を作成した。この教具において、第2段階で抽出した要素の「ヒモが2本付いている」は柄の部分に反映させ、「振って遊べる」は、回転するローラーを用いブランコを揺らすように操作できる部分に反映させ、さらに「音が鳴る」

は鈴を取り付けることで反映させた。

　その結果、児童Aはひもの部分を持ったり、柄の部分を持ったり、ひもでぶら下げるようにしてローラーを持ち上げたり（**図91**）、また、期待した通り両手で左右のヒモを持ち、ブランコを揺らすようにしてローラーを前後に動かした（**図92**）。図90の教具が児童Aにアフォードした活動の数と種類は、次の通りである。

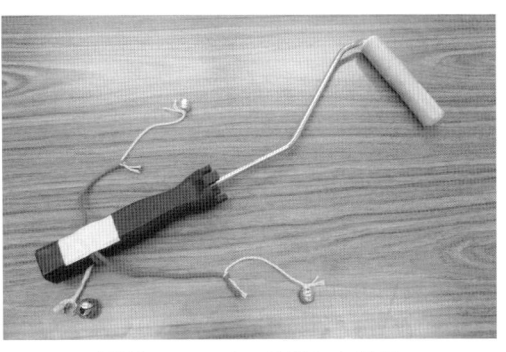

図90　ローラーを用いた教具

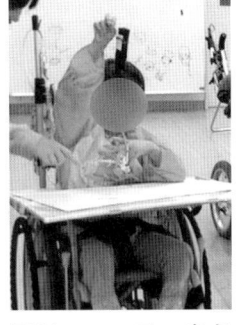

図91　ローラーをぶ　　図92　両手でひもを
　ら下げて版を触る　　　　持つ

●ローラー型教具が児童Aにアフォードした活動（12種類）

　ひもを引っ張る、本体部分を持ち上げてひもがぶら下がった状態にする、ひもを引っ張って本体部分を持ち上げる、鈴を指で弾く、金属部分を持ち上げる、柄の部分を握る、ローラーを振り回す、２本のひもを両手で片方ずつ持って引っ張る、回転部分の色や形状の違いに気づく、画面上に横に置いた状態でわずかにひもを持ち上げる、１本のひもの左右を持ち両手で引っ張る、ローラーの回転部分を動かす

　この教具を用いた第３回実践の学習指導計画／評価表の「評価」欄には、「鈴とひものついたローラーはよく動かしていた」や「鈴とひもだけでなく、ローラーの持ち手やインクのついた箇所にも目を向けることが少しだがあったので、興味が広がりつつあるのかなと感じました」と

記されている。

　前記のように、今回用いたローラー型教具は、10種類を超える活動を児童Aにアフォードした。さらに、これらは単独で行われたのではなく、1つの活動が次の活動を喚起し、連続的に児童Aの活動を促進し続けた。その結果、児童Aは図90の教具を用いて242秒間意欲的に活動できた。

　このように、児童生徒が好んで遊ぶ特定の事物の中には、彼らの主体性を促進する要素が多く含まれている。授業改善では、児童生徒が興味関心を有する活動の要素を分析・抽出すること、そして分析・抽出した要素を題材の活動内容に応じ組み合わせて教材教具に反映させること、さらに、作成した教材教具がいかに児童生徒の活動をアフォードするかを想定することが、重度・重複障害児の造形活動におけるQOL向上に繋がると考える。

改善のための方策－2）【偶発的発見の応用】
定義：偶然発見した児童生徒の興味関心を教材教具や活動に取り込むこと。

　この改善の観点は、先述のカテゴリーⅠ「改善のための判断」で示した【偶発的発見】を実践に移行させる観点として位置づく。本観点の要点は、偶然発見した児童生徒の興味関心をそのまま放置するのではなく、即座に活動に取り入れる点にある。例えば、第2期アクション・リサーチでは第3回実践で児童Aが絵具に取り付けられた輪ゴムに興味を持ったことを、次の第4回実践ですぐに取り込み、教具化した。具体的には、図93のように連結した輪ゴムを缶の上下に貼りつけ、輪ゴムを持つことで缶を揺らしたり持ち上げたり回したりできるような教具を作成した（図94）。

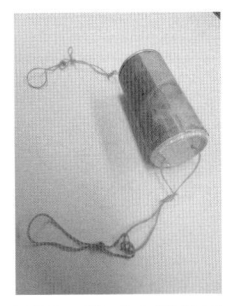

図93　輪ゴム付教具

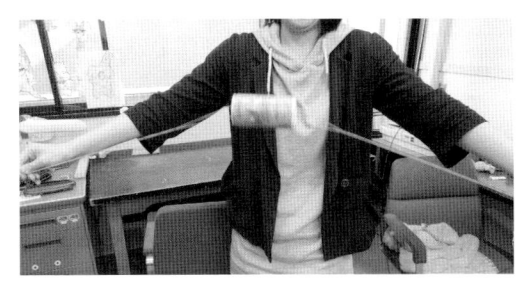

図94　輪ゴム付教具の使用例

　その結果、児童Aは両腕で輪ゴムの左右を持ち、中央の缶を回して遊び始めた（**図95**）。そこで、児童Aの動きを作品化するために画用紙の位置を変え、缶の表面に巻かれた絵具がしみ込んだ糸が画用紙に触れて着色できる状態にした（**図96**）。

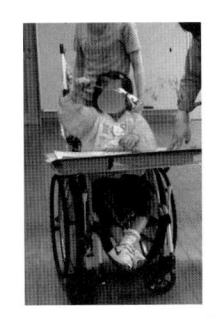

図95　教具を回す児童A

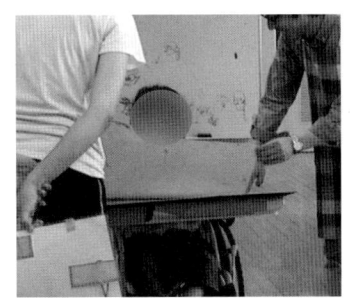

図96　画用紙の位置を変え、版が接するようにする

　本事例が示唆することは、想定外の児童生徒の行動を捉え、それを題材の内容に応じて教材教具化することの重要性である。児童生徒のQOLを高めるきっかけは多様に存在し、事前に準備していた活動以外から見出せることもある。本観点は、それらを的確に見取り、活動に取り込む改善の観点といえる。

改善のための方策－３）【制作方法の簡略化】

定義：児童生徒が容易に制作できる方法に簡略化すること。

　この観点は、第２部カテゴリーⅠ「教材教具を介した支援」に含まれた概念【制作工程の構造化と精選】、【適応環境の漸次改善】と共通点を持つ。【制作工程の構造化と精選】とは、制作工程を構造化して細かい工程に分け、その中で、児童生徒が能力を発揮できる工程に焦点化して活動設定を行うことである。また、【適応環境の漸次改善】とは、状況に応じて支援方法を漸次変更・修正し、最も適した環境を設定することである。これらの概念は、児童生徒と直接関わる副担当教員が行う支援の在り方を示している。

　これらの概念に対し、本観点である【制作方法の簡略化】は主に主担当教員が行う改善の観点であり、【制作工程の構造化と精選】や【適応環境の漸次改善】が単位時間内に行われるのに対し、本観点は一つの授業が終了した後、次の授業が開始する前までに行われる指導・支援として位置づく。すなわちこの観点は、単位時間の初期段階における副担当教員の関わりの在り方に大きな影響を及ぼし、この段階で対象児童に対して困難な活動を設定してしまうと副担当教員が対応に追われることになる。

　重度・重複障害児の造形活動では、児童生徒の身体的制約や認知的制約ゆえに制作方法は容易であることが望ましい。例えば、体の緊張が強い児童Bのような静止・微弱運動型の児童生徒にとって、体全体を大きく動かして制作したり、複雑な手指の操作によって作品を制作したりすることは困難である。また、児童Aのような衝動・不随意運動型の児童生徒は上肢の身体機能面に特に問題が無くとも、持続的に画筆を持ったり、定められた箇所を絵具で塗ったりする活動、また、はさみやのりのように細かな操作が必要な活動も困難である。このように、重度・重複障害児にとって複雑な技術を要する活動は適さない場合が多い。

　そのため、今回の「糸版画」では、糸を切る、のり付けをする、のり付けされた糸を基盤に貼りつけるといった工程を行わずとも制作可能な方法を考案し、実践した。例えば、児童Bには図69で示した通り、缶を

押し出すだけで版の制作やスタンプが可能な方法を用いた。また、児童
Aには、図74のシート型の版を作成し、ひもで遊んだり、垂らしたり、
引っ張ったり、持ち換えたりする過程で糸やひもが粘着テープに固定さ
れ（**図97**）、糸やひもの形がそのまま版の模様になる制作方法を用いた
（**図98～100**）。このように、簡略化された方法を用いることで児童にとっ
て無理の無い、自立的な制作が可能となった。

図97　シートを用いた版づくり

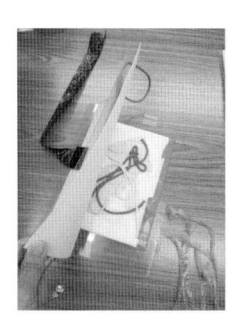

図98　版をクリアファイルに挟む

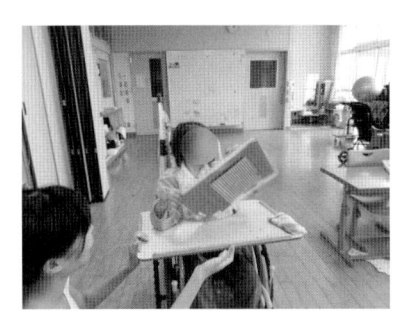

図99　遊びながらプレスする

図100　完成作品（児童A）

　この【制作方法の簡略化】を行うことには2つの利点がある。1点目
は、児童生徒が可能な活動のみで構成された制作環境を整えることで、
制約に束縛されない自由な活動が可能になること、2点目は、教員の支
援を最小限にとどめられることである。特に衝動・不随意運動型の児童
Aのように糸やひもで遊ぶことを好むが、ひもにのりづけをする、ひも

を基盤となるシートに貼るといった活動が困難である場合、のり付けの工程や、定められた場所にひもを貼りつける工程を取り込んだとしても、おそらく、教員は児童Aの動きを制限することが続くことになる。なぜなら、児童Aにとってのりづけや定められた場所に貼るといった活動は必然性が無いためである。その結果、教員が無理に児童の手を取って貼り付けるといった教員主導の支援が増加する【進行優位的状況】が発生し、反面、児童の主体的活動が減少することで、結果的に意欲の低下を招いてしまう。それに対し、今回のようにひもで遊ぶことがそのまま版作りとなる方法であれば、教員の支援を最小限にとどめることができ、児童生徒の制作の自由度を保ったまま活動を行うことができる。

　以上のように、制作方法を簡略化することは、児童による自立的な活動機会の増加と教員による過多な支援の減少に繋がる改善の手立てになり得ると考える。

改善のための方策－４）【使用材料の最適化】

定義：教員が様々な材料の知識を蓄積すると共に、状況に応じて適切に選択し、児童生徒の実態と材料の特性が合致した教材教具を作成すること。

　この観点は、カテゴリーⅠで示した【修整事項】に対応している。【修整事項】の項では、表40の抽出場面第２期-4「微小な修正による大きな効果」を参照し、教材研究中にガムテープの種類を布ガムテープから養生テープに変更したことで多くの問題が解決したことを示した（**図101**）。この事例が示唆することは２点ある。１点目は、発生した問題に対し、用いる材料の種類を変えることで多くの問題が解消する場合があること、２点目は、極めて微小な一部分の修正であっても児童生徒の活動のしやすさが

図101　ガムテープ（左）と養生テープ（右）

格段に向上し、意欲の維持と能力発揮に繋がる場合があることである。主担当教員が持つ材料や技法に関する知識は多ければ多いほどよく、普段から多様な材料に触れ、各材料の特性を理解しておくこと、そして材料の多様な使用方法を考えておくことが授業改善を行う上で有益となる。また、一旦作成した教材教具に対して、使用した材料が最も適しているのか、また児童の実態に合致しているのかを自問し、再検討することも授業改善に役立つと考える。

改善のための方策－５）【活動目的の再検討】
定義：実践の過程で児童生徒の実態に合致した目的に変更すること。
　第２期アクション・リサーチでは、児童Bに対して３種類の教具を用意した（図75）。１つは100ml缶、そして、190g缶と380g缶である。先述の【削除検討事項】の項や抽出場面第２期-８でも示した通り、第１回実践では、児童Bは３種類の缶のうち190ｇ缶を選択した。Y教諭が100ml缶、380ｇ缶を提示した時には児童Bの反応が無かったのに対し、190ｇ缶を提示すると、明らかに表情や口の動きに変化があったのである。
　では、この場合、改善をどのように捉えるべきだろうか。改善には２つの方向性が考えられる。１つは、今回の活動でほとんど興味関心を示さなかった100ml缶を別のものに交換し、今回興味があった190ｇ缶や380ｇ缶と共通点を持つ、大きな音が鳴る教具を準備し、児童Bが意欲的に取り組める内容を充実させる方向性、そしてもう１つは、３つの教具をこのまま継続して使用し、本当に児童Bは100ml缶よりも、190ｇ缶や380ｇ缶の方がよいのかを確認する方向性である。
　本実践では後者の方向性を採用し、**図102**、**図103**で示す通り、第２回実践において第１回実践と同じ教具を提示することで、児童Bの興味関心の所在を確認することに目的を変更した。

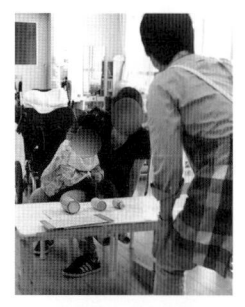

図102　第1回実践の授業導入部の説明

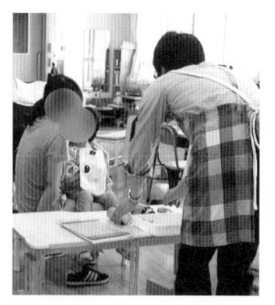

図103　第2回実践の授業導入部の説明

　このように活動目的を修正した理由は、児童Bのように問いかけに対し明確な返答が常に得にくい児童にとって、自分が興味関心のあるものや事柄に対して選択の意思や要求、感情を表わせることは他者とのコミュニケーションを促進し、児童のQOL向上に繋がる重要な能力となると考えたためである。つまり、興味が無いものや事柄に対しても意思、要求、感情を表せることが、同様に育成すべき重要な能力であると考えた。

　その結果、第 2 回実践では第 1 回実践と同様、 3 種類の缶のうち100ml缶では表情や体の動きに変化はなく（**図104**）、190 g 缶、380 g 缶を提示した時に笑顔になった。結局第 2 回実践で児童Bは、前回わずかに興味を示していた380 g 缶を選択した（**図105**）。つまり、第 2 回実践で、第 1 回実践と同一の選択肢を提示したことで、児童Bの興味関心の所在がより明確になった。

図104　100ml缶を提示した時の児童B

図105　380g缶を提示した時の児童B

　児童Bの第２回実践の学習指導計画／評価表には、「今日はよく笑い、よく声を出し、表出がわかりやすかった」と記載されている。この記述からは、Y教諭が児童Bと意思疎通できた喜びを感じ取れる。また、Y教諭は表39「質問紙調査」Ⅱ－４－①－２の質問項目である、第１期、第２期を通して「児童との関係が深まった具体的な場面を教えてください。（どのような活動の時でしたか？）」という質問に対し、「問いかけに対して発声やだんまりで自分の意思を明確に示してくれた時」と記載している。この記述場面はまさに上記の第２回実践の児童BとY教諭の関わりである。この回答からは、児童の意思、要求、感情が伝わった時の教員の喜びの大きさ、そして児童の意思、要求、感情が教員に伝わった時には両者の関係が深まることを示している。

　このことから、児童Bのように一つの活動を認識することに時間を要したり、体調によってパフォーマンスが変化したりする静止・微弱運動型の児童生徒に対しては、同じ活動を継続することにも効果があることが分かる。また、同じ活動を継続することによって児童の意思の所在をより確かな形で確認でき、児童生徒と教員とのコミュニケーションを深化させることにも繋がっている。これらは、活動の目的を修正し、授業で目指すべき内容を焦点化した授業改善によってもたらされたと考える。

改善のための方策－６）【転換的発想】
定義：既存の制作技法を再検討し、児童生徒の実態に応じて既存の方法
　　　とは異なる制作技法に再構成したり組み換えたりすること。
　一般的に用いられる版画や描画の制作方法を根本から見直すことで、重度・重複障害児の実態に合致した活動設定が可能になる場合がある。例えば、児童Bに対して第２期アクション・リサーチでは、一般的には動かす対象である糸の方を固定し、通常は支持体となる缶の方を動かすことで版を制作した（図106）。このことで、児童Bが得意な動きである「押す」活動による版づくりが可能となった。そして同時に、「糸を切る」、「糸にのり付けする」、「貼る場所を決める」、「糸を版に貼る」といった児童Bが困難な制作手順を省略できた。

図106　児童Bが缶を押して回す　　図107　傾斜台　　　　図108　トレイ型教具

　同様に、児童Aに対しても本実践では傾斜台（**図107**）とトレイ型教具（**図108**）を作成した。まず、傾斜台は児童Aが缶を押したり落としたりすることで缶が転がり、自ずと着色が可能になる教具である。また、トレイ型教具は、版と版画用紙の関係を逆転させ、版を動かすのではなく版画用紙の側を動かすことでスタンプを試みた教具である。つまり、版画用紙は動かないものという固定概念を取り払い、版画用紙を動かすという逆転の発想で考案した教具である。児童Aは、自身が教材教具に働きかけた時に、音や動きによる明確な反応がある活動を好む。よって、このトレイ型教具を用いた活動にも意欲的に取り組み、第5回実践では第1期、第2期を通して初めて活動中に笑顔が現れた（**図109**）。また、児童Aは単にトレイを動かして遊ぶことのみならず中に入っている版の動きへの注視・追視も見られた。このように、一般的に用いられる制作技法を根本から見直し、柔軟な発想で教材教具や活動内容を考案する方法も授業改善の観点として有効であると考える。

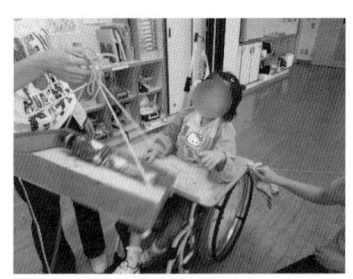

図109　笑顔で活動する児童A

　この観点は、第2部カテゴリーⅠ「教材教具を介した支援」の【教材教具の検討】でも少し触れている。【教材教具の検討】とは、活動を行う上で最も適した教材教具を検討することであり、授業観察においても、設置式のはさみが用いられていることを例として挙げ、通常動かす対象であるはさみを台で固定し、押す行為のみで紙が切れる教具が授業で用いられていることを示した。第2期アクション・リサーチを終え、傾斜台やトレイ型教具のように、通常用いられる方法を逆転させたり教具の構造や制作方法を解体し再構築する観点を主担当教員が持つことは有効であった。

　このように、主担当教員が通常用いられる技法や制作方法を批判的に捉え、対象児童生徒にとって最も制約の少ない活動環境を考案し、枠にとらわれない発想で教材教具を作成する改善は、児童生徒の造形活動におけるQOL向上に有効であると考える。

3．造形活動における授業改善の理論的構造

　ここでは、生成した12種類の観点の相互関係を検討し、授業改善の理論的構造を明らかにする。

　第2期アクション・リサーチで明らかになったことは、抽出場面第2期-2の、改善を行ったつもりが逆に児童Aの意欲を低下させてしまった事例で示した通り、授業改善を行うこと自体に効果がある訳ではなく、改善の方向性や方法を誤ると児童生徒のQOLを低下させることがあるという点である。つまり、授業改善を行う際には児童生徒が行った活動のどこに着目し、何を改善対象にするのかという、＜改善のための判断＞を行う必要があり、的確な≪判断基準≫が必要となる。これが授業改善を有効に機能させるための最初に重要な構成要素となる。

　そこで、授業改善対象の判断を行う基準として本研究では【興味関心の優位性】を位置づけた。つまり、児童生徒が能力的に可能であるかどうかよりも何に興味関心を示したかという児童生徒の意欲に焦点を当てた判断基準を授業改善の最初に位置づけた。

　次に、上記のように興味関心を基準とした場合、授業終了後にはおの

ずと興味関心を喚起できた活動とできなかった活動が現れる。そこで、本研究では前者を≪継続的・発展的視点≫とし、後者を≪削除検討的視点≫とした。つまり、興味関心を喚起した活動は継続的・発展的展開を検討する事項として、そして興味関心を全く喚起しなかった、また不快の情動を喚起させた活動は削除を検討する事項として位置づけた。さらに、これら2種類の下位カテゴリーに本研究で示した概念をそれぞれ位置づけた。まず、≪継続的・発展的視点≫には、【実態階層の見極め】、【興味関心事項の抽出】、【偶発的事象への着眼】、【修整事項】を位置づけ、≪削除検討的視点≫には【削除検討事項】を位置づけた。前者の4つの観点は、いずれも改善対象として採用し、継続的・発展的な修正や改良に繋げる観点として位置づけた。他方、後者の【削除検討事項】は、前者の4つの観点とは逆に、削除を検討する観点として位置づけた。ただし、【削除検討事項】では適合しなかった活動をすべて削除するのではなく、前節での考察の通り"価値ある残留"として状況に応じてあえて残留させる可能性も示した。

　興味関心を授業改善の中心的な判断基準とする理由は2点ある。1点目は、興味関心が児童生徒の活動への意欲や能力発揮に大きく関わっていると考えるためである。仮に、児童生徒が活動の初期段階で提示した教材教具や活動内容に全く興味関心を示さなければ、表40の抽出場面第2期-2の児童Aに対する段ボールやエアパッキンの活動のように、活動を続けることすら困難になる。それは、結果的に造形活動におけるQOL向上に繋がらないと考える。

　2点目の理由は、児童生徒が有する興味関心が、造形活動特有の活動展開のバリエーションを有効に機能させるための基盤になると考えるためである。造形活動は、児童生徒の実態に応じた多種多様な材料を用いた教材教具の作成が可能である。表40の抽出場面第2期-1、3、5、6、7では、児童生徒の興味関心を起点とした教材教具や活動展開が、児童A、児童Bの活動をアフォードし、多様な能力発揮を促進したことを示した。このように、造形活動が有する多様な展開可能性を最大限活用することにも興味関心が深く関わっている。これら2つの理由から、

本研究では、児童生徒の興味関心の有無を授業改善における判断基準とした。

　次に、カテゴリーⅡの＜改善のための方策＞である。ここには、具体的な改善の手立てを考案するための観点が位置づけられている。このカテゴリーⅡには、下位カテゴリーとして≪展開的改善≫、≪修整的改善≫、≪再構成的改善≫が位置づく。まず、≪展開的改善≫とは、児童生徒が興味関心を有した教材教具や活動をさらに発展・洗練・応用する改善の方向性であり、【アフォーダンスの予測】、【偶発的発見の応用】の観点が含まれる。これら2つの観点は、重度・重複障害児が造形活動において今以上に意欲的に能力発揮できることを望んで行う予測的・発展的な改善の観点である。次に、≪修整的改善≫とは、活動内容や教材教具の不適合に対し修正や調整を行う改善の方向性であり、【制作方法の簡略化】、【使用材料の最適化】、【活動目的の再検討】の観点が含まれる。これら3つの観点は、部分的な修正や再検討を行う改善の観点である。そして、3点目の≪再構成的改善≫とは、現行の活動内容や用いる技法を通常とは異なる観点から再構成し、児童生徒の実態に適合させる改善の方向性であり、【転換的発想】が含まれる。この観点は、対象となる重度・重複障害児の実態を中心として通常の制作方法の逆転や全く異なる発想による制作方法を考案する改善の観点である。

　このように、本モデルは授業実施後に興味関心を主な基準として改善対象を判断し、選択した対象に対して発展可能性を追求する方向性、不備や不適合を修正する方向性、そして一般的な方法や技法を根底から見直し、再検討を図る方向性の3種類から適した方法を選択する理論的モデルである。

　以下、上記の検討を踏まえ重度・重複障害児を対象とした造形活動における授業改善の理論的構造を示す。

重度・重複障害児を対象とした造形活動における
QOLを高める授業改善の理論的構造

カテゴリーⅠ：＜改善のための判断＞
　　≪判断基準≫
　　　　【興味関心の優位性】
　　≪継続的・発展的視点≫
　　　　【実態階層の見極め】
　　　　【興味関心事項の抽出】
　　　　【偶発的事象への着眼】
　　　　【修整事項】
　　≪削除検討的視点≫
　　　　【削除検討事項】

カテゴリーⅡ：＜改善のための方策＞
　　≪展開的改善≫
　　　　【アフォーダンスの予測】
　　　　【偶発的発見の応用】
　　≪修整的改善≫
　　　　【制作方法の簡略化】
　　　　【使用材料の最適化】
　　　　【活動目的の再検討】
　　≪再構成的改善≫
　　　　【転換的発想】

第3項　授業改善モデル、授業改善フローチャート、授業改善チェックリスト

　本項では、上記の理論的構造に基づき、授業改善モデル（仮説版）の修正を行う。次に、授業実施過程において一回性の実態の中からどのような事象を改善対象として抽出し、どのような観点と手順で改善を行えば重度・重複障害児のQOLが高まるのかを整理した授業改善フローチャートを作成し、最後に授業改善チェックリストを提示する。

1．授業改善モデル（仮説版）の修正

　ここでは、図76で示した授業改善モデル（仮説版）の修正を行う。本モデルの問題点は、このモデルが、題材全体を示しているのか、各次の一単位時間を示しているのか、もしくは一単位時間における部分的な授業改善を示しているのかが曖昧な点である。この点において、第2期アクション・リサーチで明らかになったことは2点ある。1点目は、各次の2時間目、もしくは3時間目の授業で段階的な改善が適切に行われれば児童のQOLは徐々に向上すること、2点目は、改善の過程では、次の4つの展開方法があるという点である。その4つとは、1）次回の授業で引き続き継続して設定する活動内容、支援方法、2）前時で実践した活動内容、支援方法を発展させたり新たに付加したりする活動、3）前時の活動内容、支援方法を修正して行う活動、4）削除を検討する活動である。これらの成果を踏まえた修正版の授業改善モデルが図110である。

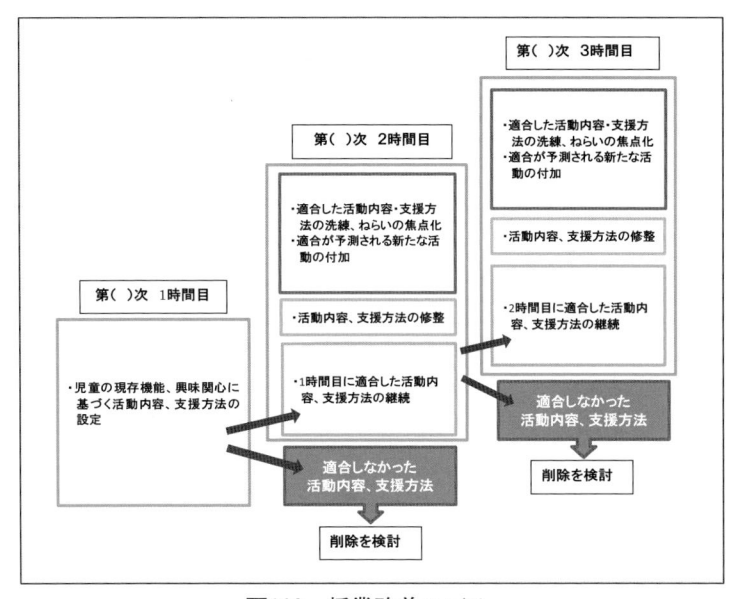

図110　授業改善モデル

２．授業改善フローチャート

　図110では、授業改善モデルの修正版を示した。しかし、上記のモデルのみでは不十分であり、さらに検討すべき問題がある。その問題とは、第１次１時間目から２時間目、そして２時間目から３時間目の各授業の移行段階で行われる改善の手順や方法の詳細が示されていないことである。そこで、**図111**では先述の理論的構造を元に、授業改善の手順と方法を示す授業改善フローチャートを作成した。図111では、授業実践後に児童生徒の一回性の実態の中からどのように改善対象を判断し、さらにどのような改善の方策があるのかを時系列で示している。

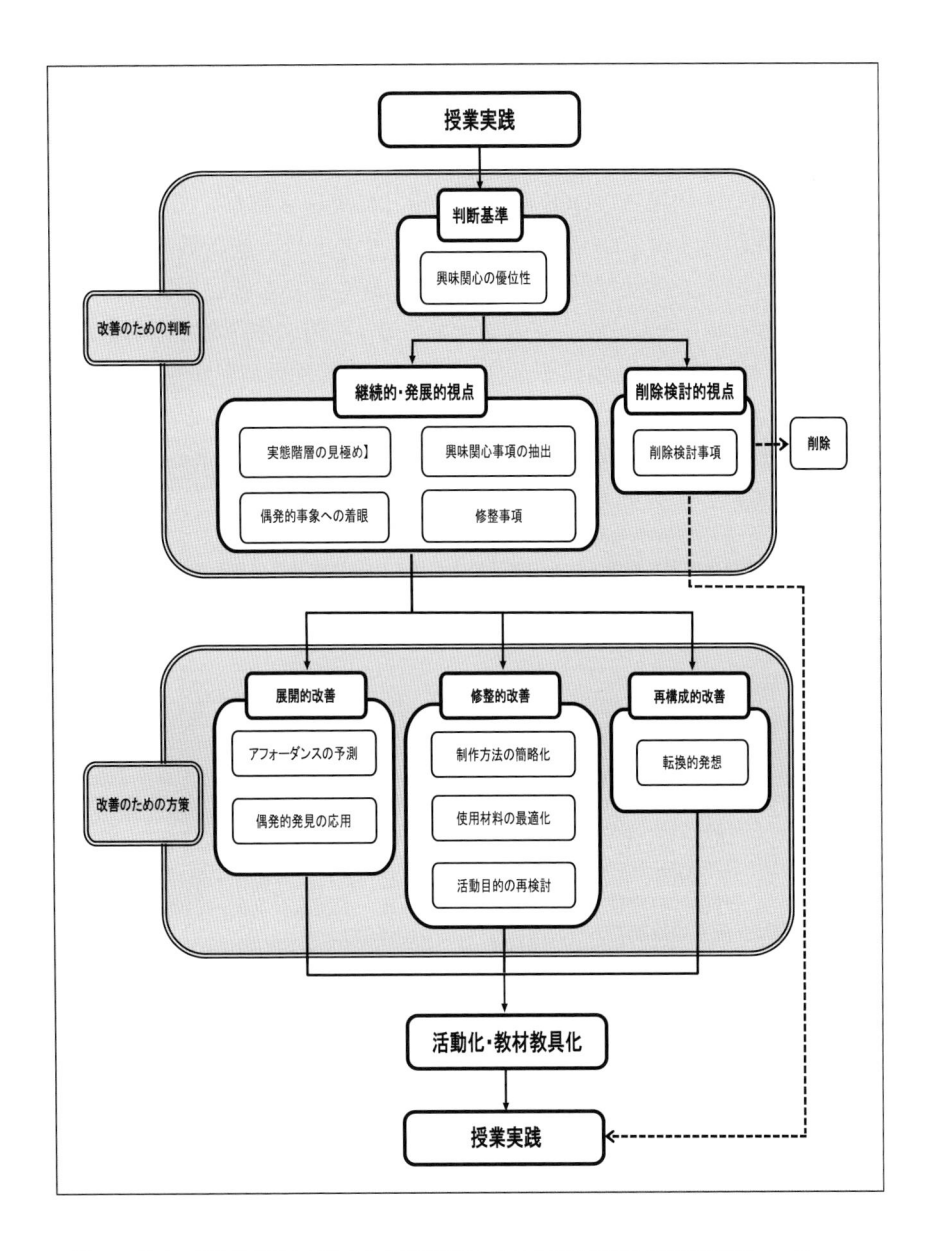

図111　重度・重複障害児を対象とした造形活動におけるQOLを高める授業改善フローチャート

3．授業改善チェックリスト

　最後に、本章で示す授業改善の理論的構造を基に、授業終了後や題材終了後に使用できる授業改善のためのチェックリストを示す（**表45**）。

　このようなチェックリストは、先行研究において施設職員の関わりの在り方を問い、利用者のQOL向上を目指して実施された元田ら（2002）[1]の先行研究がある。しかし、元田らが示すリストは、施設職員ができているかどうかを5件法で問うものであり、あくまでも確認を目的として活用されるセルフモニタリングリストである。一方、本研究で示すチェックリストは、チェック項目を示すことで主担当教員が児童生徒のQOL向上に繋がる省察や新たな活動展開を考案し、創造することを目指したリストである。以下、図111の授業改善フローチャートに沿って、表45の授業改善チェックリストを示す。

表45　重度・重複障害児を対象とした造形活動におけるQOLを高める授業改善チェックリスト

カテゴリーⅠ：＜改善のための判断＞
　　実施し終えた授業のどこに着目するのか：改善対象の焦点化のために

観点1【興味関心の優位性】	
1	実態把握で捉えた「意欲が高まっている状態」が表れた活動内容や支援方法は何であったか。
2	どの活動内容や支援方法を次回に残し、改善の対象とするか。（改善を行うことで、児童生徒がさらに意欲的に活動することが期待できる活動内容や支援方法は何か。）

観点2【実態階層の見極め】	
1	児童生徒は、「無関心」、「定位」、「リーチング」、「把持」、「操作・遊び」、「変化への定位」、「作品への定位」、また、「感知」、「反応・表出」、「活動内容の認識」、「自立的活動」のどの段階であったか。（図65、図66を参照）
2	特に「把持」、「操作・遊び」や「活動内容の認識」、「自立的活動」が表れたのはどの活動であったか。

観点3【興味関心事項の抽出】	
1	児童生徒の「意欲が高まっている状態」が現れたのは具体的にどのような教材教具、材料、動き、支援であったか
2	一定時間連続して取り組めた活動は具体的にどの活動であったか。

観点4【偶発的事象への着眼】	
1	授業で準備した教材教具や活動以外で、児童生徒が興味関心を持ったものや事柄は無かったか。例）他の児童に用意した教材教具に興味を示すことはなかったか。
2	その中に次回の授業で活用できるような発見はあったか。

観点5【修整事項】

1	児童生徒が興味関心を有していた教材教具や活動の中で、部分的に修正、調整が必要な個所はなかったか。
2	教材教具や活動のどの部分を修正、調整すれば、児童生徒は意欲的に活動でき、能力を発揮することができるのか。

観点6【削除検討事項】

1	児童生徒が全く興味関心を示さなかった教材教具や活動は何だったか。
2	次回の授業で取り除いてもよい教材教具や活動は何か。
3	全く興味関心を示さなかった教材教具や活動を次回授業で継続して使用したり実施する場合、あえて継続する利点は何か。

カテゴリーⅡ：＜改善のための方策＞
　　どのように改善するのか：次回活動に向けた具体的手立ての考案

観点7【アフォーダンスの予測】

1	児童生徒は教材教具のどのような性質・特性に興味関心を持っていたのか。例）ものが揺れる点、音が鳴る点、量が多い点、触ると変形する点、触感、色　　等
2	児童生徒が興味関心を持った性質・特性を組み合わせたり応用したりすることで教材教具のバリエーションを考案できるか。
3	考案した教材教具は、児童生徒のどのような体の動きを促すのか。
4	考案した教材教具は、児童生徒の意欲を高めることができるか。
5	考案した教材教具を用いて、児童生徒が一定時間継続して活動する姿を想像できるか。

観点8【偶発的発見の応用】

1	準備していた活動以外で児童生徒が興味関心を持った教材教具、材料、動き等をそのまま、教材教具化したり活動化したりできるか。
2	児童生徒が興味関心を持ったものをアレンジすると教材教具のどの部分に使えるか。
3	作成した教材教具や設定した活動は児童生徒の意欲を高めることができるか。

観点9【制作方法の簡略化】

1	題材の複数の制作工程の中から、児童生徒が可能な活動が取捨選択されているか。（児童生徒が活動困難な内容が含まれていないか。教員が代理で行ってもよい制作工程は何か。そして、児童生徒が時間をかけて取り組むべき活動は何か。）
2	児童生徒が今以上に容易に制作できる方法は無いか。（児童生徒が可能な身体的活動のみで制作できる方法は何か。）
3	活動を簡略化することで、児童生徒の能力発揮が期待できるか。

観点10【使用材料の最適化】

1	教材教具に用いた材料は最も適しているといえるか。
2	他に適した材料はないか。部分的に入れ替えたり、同一機能の教材教具を別の材料で制作するとどうなるか。
3	児童生徒が意欲的に活動できる材料とはどのようなものか。

観点11【活動目的の再検討】	
1	児童生徒の実態に合致した活動目的が設定されているか。
2	授業を実施する上で何を目的とすることが児童生徒理解とQOL向上に繋がるのか。

観点12【転換的発想】	
1	版画や描画等の既存の技法を児童生徒が行うことは可能か。
2	版画や描画等の既存の技法や制作方法以外の制作方法はないか。例）筆以外のもので着色する、筆ではなく紙を動かして着色する、描画が可能な装置を作成する、押す・倒す・投げる・握る等の方法で着色する　等
3	児童生徒が可能な方法のみで構成できる技法とはどのようなものか。

第9節　成果と課題

　第2期アクション・リサーチの成果と課題は以下の通りである。

第1項　成果

○授業改善を行うこと自体に効果がある訳ではなく、改善の方向性や方法を誤ると、児童のQOLを低下させる可能性があること。

○児童生徒が興味関心を持つ活動を改善対象とすることが効果的であること。

○他の児童生徒に対して用意した教材教具が対象児童生徒に適合する等、偶然見いだされる児童生徒の興味関心にも着眼し、それを活動に積極的に取り込むことが授業改善では有効であること。

○児童生徒が意欲的に取り組める教材教具、活動、日常的に使用するおもちゃ等に含まれる性質・特性を抽出し、それらの要素がいかに児童の活動をアフォードするかを想定することで的確な改善が可能になること。

○活動内容を精選し、制作工程の中から対象児童生徒が可能な活動に絞り込むこと。また、できる限り容易な制作方法に変更することで児童生徒の自立的活動の範囲が広がること

○題材の内容と児童生徒の活動状況とを鑑みて最適な活動目的を再検討することで、児童生徒理解の促進や活動を行う意味の焦点化が可能に

なること。

○動かすものと固定するものとの関係を逆転させてみる等、既存の技法を異なる観点から再検討し、新たな発想で制作方法を再構成することが児童のQOLを向上させる場合があること。

第2項　課題

　第2期アクション・リサーチでは、第1期アクション・リサーチで検証し、一部修正を加えた5種類の項目に、新たに「授業改善」の項目を加えた仮説、及びアクション・プランを設定し、実証的研究を行った。その結果、授業時間に占める「QOLが特に高まった状態」が増加し、1つの教材教具を用いた活動時間が増加する等の効果が認められた。また、本章では、改善アイデアの備忘録、学習指導計画／評価表の記載内容、そして場面抽出を質的に分析し、授業改善モデル、授業改善フローチャート、及び授業改善チェックシートを作成した。

　しかし、これらはあくまでも本研究の対象であるA特別支援学校小学部3年1組の対象児童A、Bに対して効果が認められたものであり、生成した授業改善モデル、授業改善フローチャート、及び授業改善チェックリストは未だ仮説の段階にとどまるものである。そのため、これらを別の集団や対象児に対して用い、再度アクション・リサーチを行うことで効果を実証する必要がある。

第IX章
第3期アクション・リサーチ

第1節　目的

　第1期アクション・リサーチでは、第2部の研究成果を活用した「実態把握」、「題材を介した児童生徒と教員との関わり」、「題材開発」、「評価」、「授業運営」の5種類の項目で仮説を設定し、重度・重複障害児を対象とした造形活動におけるQOL向上の有効性を検証した。また、第2期アクション・リサーチでは第1期アクション・リサーチの5種類の項目に「授業改善」を加え、研究成果として授業改善モデル、授業改善フローチャート、及び授業改善チェックリストを提示した。

　ただし、前章末の課題で示した通り、第1期、第2期アクション・リサーチは同一集団・個人を対象として実施したため、研究成果の有効性を他の集団や個人で実証する必要がある。そこで、第3期アクション・リサーチでは、第1期、第2期アクション・リサーチとは異なる集団・個人を対象とした実践研究を行った。第3期アクション・リサーチの目的、及びリサーチ・クエスチョンは以下の通りである。

【目的】
　特別支援学校の重複障害学級において、第1期、及び第2期アクショ

ン・リサーチの研究成果を用いた指導・支援が造形活動における重度・重複障害児のQOL向上に有効であるか検証する。

【リサーチ・クエスチョン】

　第1期、及び第2期アクション・リサーチの研究成果を取り入れた指導・支援は、造形活動における重度・重複障害児のQOL向上に有効であるか。

第2節　仮説

　第3期アクション・リサーチでは、第2期アクション・リサーチ同様「実態把握」、「題材を介した児童生徒と教員との関わり」、「題材開発」、「授業運営」、「評価」、「授業改善」の6種類の項目で仮説を設定した。以下、詳細を記す。

1．実態把握

　第1期、第2期アクション・リサーチでは、実態把握の指標としてクラス内実態把握表と個別実態把握表を用い、対象クラス全体の実態把握と在籍する児童生徒の個別実態を把握した。その結果、クラス内実態把握表は、対象集団の全体像の把握と配慮事項の範囲の把握に有効であった。また、実態の類型化により概略的な指導指針の設定も可能であった。そのため、第3期でも本指標を継続して使用した。他方、個別実態把握表は、第1期アクション・リサーチでの検討の結果、現存機能や興味関心を項目として示すだけでは不十分であり、それらが現れる環境や条件を同時に把握する必要があることを課題として示した。

　これらの成果と課題を踏まえ、第3期アクション・リサーチでは、実態把握に関して以下の仮説を設定した。仮説1は第2期アクション・リサーチから継続し、仮説2は下線部を修正している。

仮説1：児童生徒のコミュニケーションレベルと上半身の運動機能レベルを同時に示し、なおかつクラスに在籍する児童生徒全員の実態の分散状況を把握できる指標を活用すれば、児童生徒の実態の類型把握、及び対象クラス全体で必要となる配慮事項の把握が可能になるだろう。

仮説2：児童生徒の「興味関心」、「現存機能」をそれらが現れる環境や条件と共に把握する指標を活用すれば、題材開発に直接反映できる実態把握が可能になるだろう。

2．題材を介した児童生徒と教員との関わり

　第1期、第2期アクション・リサーチでは、成果として児童生徒の実態には階層があり、階層に応じて教員が行うべき関わりは異なること、そして、児童生徒の類型の違いにより主担当教員と副担当教員の関わりの在り方が異なることを示した。これらの成果を踏まえ、題材を介した児童生徒と教員との関わりでは、以下の仮説を新たに設定した。

仮説3：児童生徒の類型、及び類型に応じた実態階層を把握し、把握した階層に連動する教員の役割を認識することで、児童生徒の実態に合致した目標設定や指導・支援が可能になるだろう。

3．題材開発

　第2期アクション・リサーチでは、第1期アクション・リサーチの仮説3、仮説4を継続し、一定の有効性が認められた。また、仮説4の教材教具作成に関して、第2期アクション・リサーチでは、授業改善過程における教材教具作成の方法として、「児童生徒が意欲的に取り組める教材教具や日常的に使用するおもちゃ等に含まれる性質を抽出し、それらの要素がいかに児童生徒の活動をアフォードするかを想定すること」が重要であるとし、表44の「教材教具作成の手順」で教材教具作成の4段階を示した。

　そこで、第3期アクション・リサーチでは以上の成果を踏まえ、仮説

４は第１期アクション・リサーチ仮説３を継続して設定し、仮説５は今回新たに設定した。

仮説４：図24の「重度・重複障害児の特性に合致した題材への改変」がすでに成立している題材を用いることで、主担当教員は第２段階の「クラスの児童生徒一人ひとりに対応できる題材への改変」に特化した題材開発が可能になるだろう。

仮説５：表44の「教材教具作成の手順」で示す「興味関心の発見」、「要素の抽出」、「バリエーションの考案」、「アフォーダンスの予測」の４段階で教材教具を作成すれば、児童生徒の実態に合致した教材教具となり、造形活動における児童生徒のQOLが向上するだろう。

４．授業運営

　第２期アクション・リサーチでは、第１期アクション・リサーチ仮説６の、「主担当教員が、個別の児童生徒の活動内容、支援方法、活動目標を考案し、学習指導計画／評価表に記載すると共に、授業導入時に提示・説明する」指導に一定の効果が認められた。そこで、第３期アクション・リサーチの仮説６でも第１期アクション・リサーチ仮説６を継続して設定した。

仮説６：主担当教員が、個別の児童生徒の活動内容、支援方法、活動目標を考案し、学習指導計画／評価表に記載すると共に、授業導入時に提示・説明すれば、副担当教員の役割が明確化し、円滑な授業運営が可能になるだろう。

５．評価

　第１期、第２期アクション・リサーチでは、第２部カテゴリーⅥ「評価」で示した≪探索的評価≫の促進をめざし、学習指導計画／評価表に「新たな一面の発見」の項目を加えた評価指標を用いた。その結果、目

標には設定していなかった児童の現存機能や興味関心の発見に繋がり、次時の活動展開を考案する段階で有用な情報となることが成果として示された。また、第2期アクション・リサーチでは、主担当教員、副担当教員の気づきを授業改善に繋げるための授業改善に関するモデルを3種類開発し、授業改善には副担当教員の気づきが不可欠であることを示した。これらの成果を踏まえ、第3期アクション・リサーチでは、以下の仮説を設定した。

仮説7：≪探索的評価≫を促す観点を評価に含むことで、児童生徒の新たな現存機能や興味関心の発見に繋がるだろう。

仮説8：児童生徒の評価を元に副担当教員が考案した授業改善案を学習指導計画／評価表に記入すれば、児童生徒のQOL向上につながる授業改善が実現するだろう。

6．授業改善

　第2期アクション・リサーチでは、研究成果として授業改善モデル、授業改善フローチャート、授業改善チェックリストを提示した。そこで、第3期アクション・リサーチでは、以下に示す仮説を設定した。

仮説9：授業改善モデル、授業改善フローチャート、授業改善チェックリストを用いて単位時間ごとに授業改善を行なえば、児童生徒のQOLは徐々に向上するだろう。

第3節　実践方法

1．対象学校、学年、クラス

　第3期アクション・リサーチの実施にあたり、第1期、第2期アクション・リサーチと同じくA特別支援学校に研究協力を依頼した。方法は、第1期、第2期アクション・リサーチ同様、学校長に本研究の趣旨、目的、方法、スケジュールを説明し、その後学校長を通じて全学の教員に

協力を依頼した。その結果、本研究が対象とする重度・重複障害児が2名在籍する小学部1年2組（重複障害学級）から研究協力の承諾を得た。小学部1年2組には、児童O、児童Pの2名（男児1名、女児1名）が在籍し、L教諭、M教諭の2名が担任として配属されている。本研究の実施にあたり、対象児童の保護者、学校長、担任教員2名に「研究協力依頼書」を配布し、全員から研究協力の承諾を得た。また、学校長、担任教員には「第3期実践スケジュール」を提示し、説明を行った。

２．担任教員の詳細

　小学部1年2組の担任教員の経歴等は、**表46**の通りである。

表46　小学部1年2組の担任教員（2014年4月〜7月時点）

担任教員	性別	年齢	専門	教職歴	特別支援学校教員歴	担当児童
L教諭	女	20代	○知的障害 ○小学校	7年	1年5か月	児童O
M教諭	女	30代	○重度・重複障害 ○知的障害 ○自閉症	14年	12年	児童P

　小学部1年2組は、今年度初任者として赴任したL教諭と、学内の自立活動部主任を務めるM教諭の2名の教諭、そして、L教諭の初任者研修補助として配属された非常勤講師のN教諭で構成されている。なお、L教諭は2013年度までA特別支援学校小学部3年1組（第1期、第2期アクション・リサーチを実施したクラス）の担任であり、第3期アクション・リサーチを開始した2014年4月時点ですでに面識があった。

３．対象児童のサンプリング

　本研究は重度・重複障害児を研究対象としており、小学部1年2組に在籍する2名の児童は本研究が定義する重度・重複障害児に該当する。そのため、在籍する児童O、児童Pの両者を研究対象とした。両児童の

実態の概要は以下の通りである。

児童O（男）

　身体面について、移動にはバギーを使用している。活動では、ものへの注視はほとんどみられず、感覚過敏があるため触れるものの種類が少ないが、綿やシュレッダーした新聞紙、保育園の時から使用している毛布の感触は好きで触ることができる。コミュニケーション面では、言語、もしくは非言語的手段を用いた双方向的やりとりは難しい。しかし活動への関心の違いで笑顔になったり顔をしかめたりすることはある。興味関心に関しては、感覚遊びが好きで、毛布ブランコやスイングボードで揺れたり、バランスボールを使って先生と共に上下にはねたりする活動を好む。生活面では、学校で午前中に30分〜1時間程度午睡をすることが多い。これは保育園の時からの習慣で、午睡後は覚醒が高まり、安定した状態で活動できる。

児童P（女）

　身体面では、自立歩行は困難で移動はバギーを使用している。寝返りをする意思はあるが、支援が必要である。上半身の運動に関しては、おもちゃや楽器、教具等を把持し、振ったり叩いたりするなどの活動が可能である。また、触感や形状などの興味関心も明確で、休み時間に好きなおもちゃでよく遊んでいる。ものや人への注視も見られ、笑顔も多く、表情は豊かである。ただし、気管切開（口腔気管分離）をしており、貯痰や喘鳴等の状況への配慮が必要である。

4．指導体制

　通常、小学部1年2組で行われる「ふれる・えがく」では、L教諭が主担当教員であり、児童2名と教員2名で実施される。しかし、第3期アクション・リサーチでは筆者が主担当教員として参加したため、教員3名、児童2名の体制となった。筆者を除く2名の教員は授業時間中、以下の組み合わせで個別の支援を行った。

　［児童O　－　L教諭］（2014年６月３日、第１回実践のみN教諭）
　［児童P　－　M教諭］
　また、第３期アクション・リサーチ実施期間中は全授業、この組み合わせで授業が行われた。教室の人的配置は**図112**の通りである。

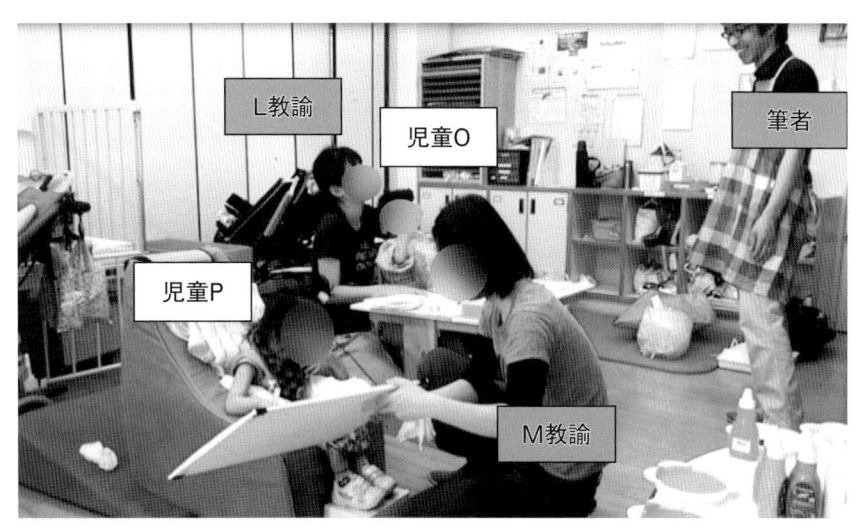

図112　教室の人的配置（A特別支援学校小学部1年2組）

５．実施スケジュール

　第３期アクション・リサーチの実施スケジュールは**表47**の通りである。

表47　第3期アクション・リサーチのスケジュール

年月日	曜日	時間	内容	資料等
2014年3月25日	火		・アクセス（研究協力依頼）	
2014年4月22日	火	9：00～10：00 14：40～15：00	・アクション・リサーチの内容説明、及び実践許可	・研究協力依頼書 ・第3期実践スケジュール ・経歴基本調査表
2014年5月9日	金	9：20～11：45	・児童Oの実態調査（授業観察・ビデオ撮影）	
2014年5月13日	火	10：30～11：15	・児童Pの実態調査（授業観察・ビデオ撮影）	
2014年5月16日	水	15：00～16：00	・打ち合わせ（実態の確認）	・クラス内実態把握表 ・個別実態把握表 ・実態階層・教員役割表
2014年5月30日	金	15：00～15：30	・打ち合わせ（授業内容の確認）	・学習指導計画/評価表（第1回）
2014年6月3日	火	13：20～15：20	・第3期　第1回実践	・学習指導計画/評価表（第1回の訂正版）
2014年6月13日	金	13：20～15：20	・第3期　第2回実践	・学習指導計画/評価表（第2回）
2014年6月20日	金	13：20～15：20	・第3期　第3回実践	・学習指導計画/評価表（第3回）
2014年6月27日	金	13：20～15：40	・第3期　第4回実践	・学習指導計画/評価表（第4回）
2014年8月6日	水	16：00～17：00	・QOL評価の一致率の確認	・QOL評価のための映像資料 ・一致率確認表

６．仮説に基づくアクション・プラン

⑴実態把握

　第３期アクション・リサーチでは、仮説１に基づく「クラス内実態把握表」（**図113**）、そして、仮説２に基づき改訂した「個別実態把握表」（**表48、表49**）を用い、A特別支援学校小学部１年２組に在籍する児童２名の実態把握を行った。各表の作成過程では、当該クラスの担任教員２名に聞き取りを行うと共に、2014年５月９日と５月13日の両日授業参観を行い、授業観察中に表れた身体運動や情動の変化、さらにそれらが表れたシチュエーションも記載した。なお、対象学年が小学部１年生であったため、２名の担任教員も聞き取りを行った2014年５月16日時点で、当該クラスの担当期間が１か月半であった。

１）クラス内実態把握表

　担任教員からの聞き取り、及び授業観察の結果、図113で示す通り、児童O、児童P共に衝動・不随意運動型に位置づいた。両者共に上肢の運動が認められること、そして、コミュニケーションレベルは、児童Oが反応段階、児童Pが表出段階であることを確認できた。

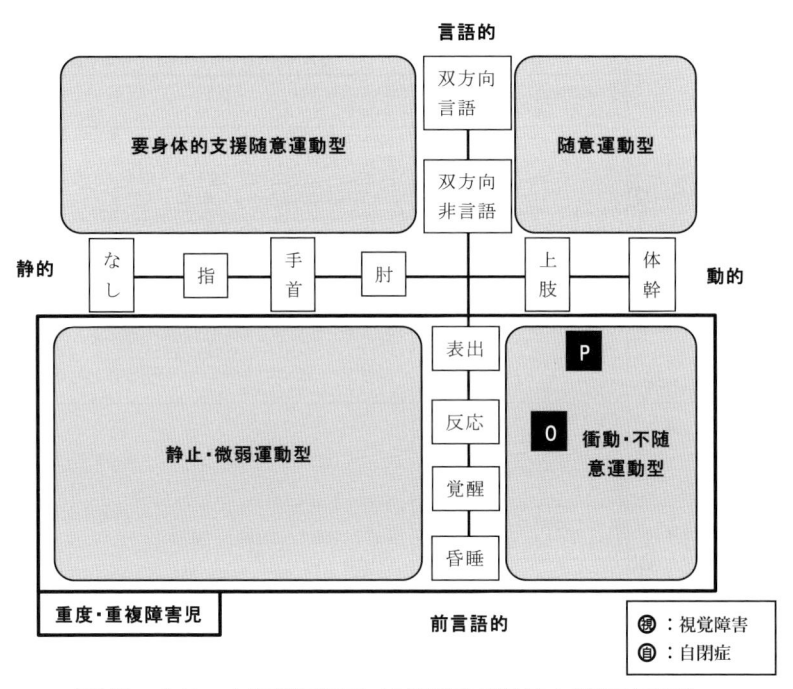

図113　クラス内実態把握表（A特別支援学校小学部1年2組）

２）個別実態把握表

　第３期アクション・リサーチで使用する個別実態把握表には、表48、表49の太枠部分で示す通り、「現存機能や興味関心が現れる環境や条件」を新たに加え、児童が意欲的に活動できる状況や状態も含めて詳細に把握した。また、第３期アクション・リサーチでは、表48、表49のグレーの枠で示す「意欲の表れ」も個別実態把握表に含めた。第１期、第２期

アクション・リサーチでは、QOL評価を行う段階で確認していたが、第 3 期アクション・リサーチでは、「意欲が高い状態 5 項目」、「普段の状態 2 項目」、「意欲が低い状態 3 項目」の 3 段階10項目の聞き取りを、実態把握の段階で行った。

表48　個別実態把握表（児童O）

氏名：　児童O	性別：　男	年齢：　6 歳	2014年 5 月16日確認

項目		具体例	現存機能や興味関心が現れる環境や条件
活動姿勢		座位保持椅子　普通椅子 カットテーブル　マット	普通椅子の場合、安定のために、体幹の左右にバスタオルを巻いたものを添え、だて巻で巻いている。
できること （現存機能）	運動	両腕が動く、足が動く 綿は握る、毛布を触る	・不随意運動がある。両腕はよく動く。 ・指を使う練習中であるが、触られることはあまり好まない。 ・綿を把持できる。大量の綿を提示した場合、その一部を握ったり、握ったものを持ち上げたり、綿を自分の方にかき集めるように腕を動かしたりできる。 ・お湯のかかった綿に自ら触った。（5月8日　先生同様新たな発見だった。） ・毛布ブランコの後に「もう一回？」と問いながら教員の指を児童Oに持っていくと、握ることがある。 ・昼寝の後にオーシャンドラムを提示すると、ざらざらの方を手のひらで触った。 ・大量のシュレッダーの紙を箱に入れて提示すると触った。手を紙の中に入れていた。 ・幼少期から使い続けている毛布を好む。仰臥位の姿勢で上からかけられた状態で触る。
	認知	光覚を感知できる	・音はよく聞こえている。音付き絵本を鳴らすと昼寝から目覚めた。 ・ものに注視することは難しく、ものに対する認識ができるかどうかという段階である。 ・とろみをつけたお茶を入れたスプーンが近づくと口を開けていた。また、嗅覚についても、スナック菓子を提示すると口が開いていた。
好きなこと （興味関心）	活動	毛布ブランコ、バランスボールで跳ねる、ブランコ（スイングボード）	・保育園から使っている毛布に仰臥位でくるまれると落ち着く。 ・毛布ブランコやブランコ（スイングボード）、バランスボールで跳ねる等、感覚遊びが好き。 ・毛布ブランコで揺られると緊張が抜け、表情が緩む。 ・温かいものであれば意欲的に触る。 ・生声や楽器の音よりも機械音（歌が流れるおもちゃ等）が好き。 ・表面が毛羽立ち、「ニャーニャー」と鳴く猫のおもちゃに興味を持っている。
	特定のもの	保育園から使っている毛布、綿、猫のおもちゃ	
	感触	軟らかい肌触りのもの、抵抗感のないもの、温かいもの	
	動き	揺れや跳ねなど、感覚あそび	
	働きかけ・声かけ	特になし	
	音・音楽	機械音、音の出る絵本、歌	
意欲の 表れ	意欲が高い （5種類）	・目じりがわずかに上がり、笑顔になる ・対象に対してリーチングする ・声がでる（高い声） ・明るい表情 ・手がおりる（余計な力が入らない）	
	普段 （2種類）	・穏やかな表情 ・寝ていない状態（覚醒している状態）	
	意欲が低い （3種類）	・手を引っ込める ・緊張が入る ・「あー、あー」といやがる声が出る	
健康・安全に関する 配慮事項		発作、感覚過敏、睡眠	・触刺激が全般苦手。 ・学校では30分〜1時間午睡する。
		各配慮事項の詳細	・抱かれることを嫌がる。姿勢変換も苦手。

表49　個別実態把握表（児童P）

氏名：	児童P		性別：	女	年齢：	6歳	2014年5月16日確認
項目		具体例		現存機能や興味関心が現れる環境や条件			
活動姿勢		リラックスチェアー					
できること（現存機能）	運動	はじく・はたく、たたく、引っ張る、倒す、振る、肘が動く、手首から先が動く、足が動く		・ツリーチャイムを握って引っ張れる。 ・ツリーチャイムやホースのおもちゃは橈側－手掌把握で、強くにぎれる。 ・ツリーチャイムは右手、左手の両方で握っていた。（握力はどちらも強いが、体の支持では右手優位） ・初めて触った楽器（オーシャンドラム）に興味を持ち、ひっくり返す、なでる、表面を触る、触感の違う側面を触る、左手の親指でトントンと叩く、右手の4本の指でトントンと叩く等の探索的活動が見られる。自発的活動が可能。 ・教具を継続して把持できる時間は5秒～30秒くらい。 ・おもちゃや楽器を手の届く範囲に置いておくと、しばらく活動が行われなくても時間をおいて触り方を変えたり、叩いたり、広げたりする。			
		筆や道具を持続して把持できる、把持した用具を動かすことができる、粘土等の柔らかいものを握ることができる、物をつまむことができる					
	認知	注視できる		・人に対しても物に対しても注視が見られる。しばらく注視できる。 ・追視については、30cm程度の距離であれば可能。近づいてくるツリーチャイムをよく見ていた。 ・以前はツリーチャイムの音にびっくりしていたが、何回か繰り返すうちに慣れた。 ・太鼓では、叩いてもらうと振動を手や大腿部で感じ取っているようだった。 ・物を持つと口に持っていったり頬にあてる。（確認のためか）			
好きなこと（興味関心）	活動	バチを持って太鼓をたたく、ツリーチャイムを鳴らす		・音楽の時間にツリーチャイムが提示されると、手を伸ばして鳴らしたり、2～3本を握り、前後に動かす。 ・鈴のついたホース教具を提示されると、握る。 ・カラフルな円形が伸縮するおもちゃを提示されると、広げたり縮めたりする。 ・寝返りは自分でやろうとする。支援し、寝返りができるととても喜ぶ。畳などを触って遊び始める。 ・色は蛍光色をよく見ていた。 ・行為に対して音が鳴る、もしくは何らかの反応や変化がある方がよい。			
	特定のもの	水撒き用ホース、蛇腹状のホース、ツリーチャイム、太鼓、鈴付ホース、低反発触感のバナナのおもちゃ、青虫のようなおもちゃ　細長くて握れるもの					
	感触	手ごたえのある触感、凸凹した触感					
	動き	シーツブランコ、寝返り					
	働きかけ・声かけ	かけ声：うんとこしょ、どっこいしょ等					
	音・音楽	ツリーチャイム、鈴、オーシャンドラムの音					
意欲の表れ	意欲が高い（5種類）	・笑顔になる ・随意的なリーチング ・随意的な把持行動 ・積極的な操作行動 ・注視する					
	普段（2種類）	・静かに座っている ・表情が穏やか					
	意欲が低い（3種類）	・ボーっとする、視線の焦点が合わない ・手を動かそうとしない ※上記2種類以外の状態は現時点では無い					
健康・安全に関する配慮事項		医療的ケア：気管切開（喉頭気管分離）、鼻注経管栄養		・気管切開をしているため、切開部に絵具等が入らないように注意が必要。 ・SPO2値が低い場合がある。そのため、顔色の確認等、バイタルサインをチェックする必要あり。 ・切開部から排痰があるので、それを拭き取る。 ・午後からの授業の場合には注入物を嘔吐する場合がある。			

⑵題材を介した児童生徒と教員との関わり

1）児童の実態階層と教員の役割の確認

　実態把握を踏まえ、児童O、児童Pは共に衝動・不随意運動型の児童であったため、図65で示した実態階層・教員役割表（衝動・不随意運動型）を使用し、各児童の発達的階層の段階と目標を確認した。

　まず、児童Oは実態把握において、ものや人への関心があまり見られず、ものや人に注視したり触ったりすることがほとんどない状態であったため、児童Oの現状を「無関心」の状態と定め、発達面の目標を"教材教具に「定位」・「リーチング」できること"とした（**図114**）。

　次に、児童Pは実態把握において、おもちゃや教具を把持し、操作したり遊んだりする姿が見られたため、児童Pの現状を「把持」から「操作・遊び」とし、発達面の目標を、"「操作・遊び」、そして「操作することによって起こる変化への定位」ができること"とした。つまり、「操作・遊び」の活動を意欲的に行うことで、この段階をより確実にし、希望的に次の段階である、「操作することによって起こる変化への定位」ができることを目標として設定した（**図115**）。

　各児童の現状の確認と目標設定により、教員が考案すべき指導・支援の段階は、児童Oに対しては「模索期」、児童Pに対しては「発見期」から「展開期」に位置づいた。つまり、児童Oに対しては適合する教材教具を模索することが教員の役割となり（図114）、児童Pに対しては、現在把握できている児童Pの興味関心を教材教具に反映させ、それを足掛かりとしてさらに発展的・応用的な活動を設定することが主担当教員の役割となった（図115）。

　これらの現状確認、目標設定、教員の役割は、両児童の実態把握を確認した同日、2014年5月16日に担任のL教諭、M教諭に確認し、承諾を得た。

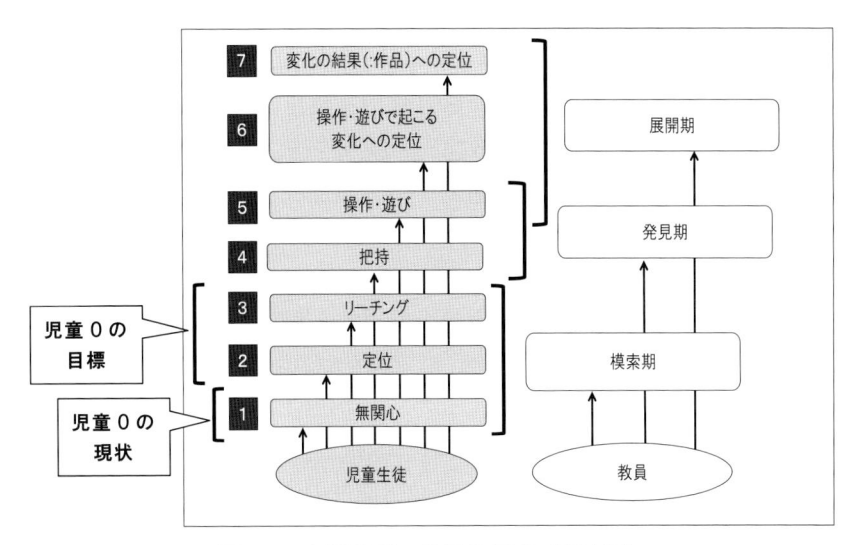

図114　実態階層・教員役割表（児童O）

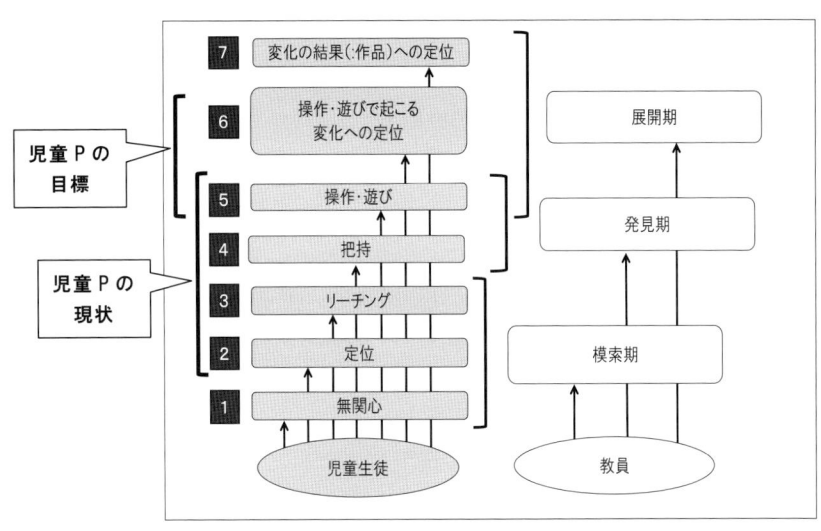

図115　実態階層・教員役割表（児童P）

２）主担当教員と副担当教員の役割の確認

　次に、第３期アクション・リサーチでは図113のクラス内実態把握表や図114、図115の実態階層・教員役割表を踏まえて、主担当教員（筆者）と副担当教員（L教諭、M教諭）の役割を確認した。

　まず、児童O、児童Pは共に衝動・不随意運動型の児童であった。衝動・不随意運動型の児童生徒の特徴は、自立的な活動が可能であるが、提示された活動内容や教材教具に興味関心が無ければ活動に繋がらないこと、そして、提示された教材教具を使用する判断を短時間で行うため、仮に用意した教材教具がすべて適合しなかった場合には、単位時間内であっても活動がそこで終了してしまうことが第１期アクション・リサーチで明らかになった。そのため、両者に対しては主担当教員の役割を重視し、対象児童生徒が興味関心を持つ可能性のある教材教具を可能な限り多く用意した。他方、副担当教員（L教諭、M教諭）は、第２部カテゴリーⅠ「教材教具を介した支援」、カテゴリーⅡ「コミュニケーション」、カテゴリーⅢ「社会心理的環境づくり」で示した概念に基づく最適な姿勢の保持、そして児童の身体的、認知的、情緒的状況を見極めた教材教具の提示や姿勢変更を行うことを確認した。

　主担当教員と副担当教員の役割は、2014年５月16日の打ち合わせ時に確認し、L教諭、M教諭の承諾を得た。

(3)題材開発

１）題材開発

　第３期アクション・リサーチでは、第１期、第２期アクション・リサーチ同様、すでに一定の効果が実証され、なおかつ児童O、児童Pに適合する可能性が高い造形活動の先行研究、先行実践を探した。しかし、本学級に在籍する児童Oは、現時点で綿、毛布、シュレッダーした新聞紙の３種類のみに触ることができる状況であり、この素材のみを用いた題材は先行研究、先行実践には存在しなかった。そこで、第３期アクション・リサーチでは新たに題材を開発した。題材開発において、第１期アクション・リサーチでは、重度・重複障害児に適合する題材の特質とし

て「児童生徒が直接触れることができる触覚的な材料を用いていること」、「材料の量の調整が容易であること」「微弱な力でも変形・操作できること」、「作品制作のバリエーションが豊富であること」等を含むことが有効であることを示した（表31）。これらのことを踏まえ、第3期アクション・リサーチでは和紙と絵具を用いた灯篭づくりの題材を開発した。第3期アクション・リサーチの実践題材、及び指導計画は以下の通りである。

●題材名：「きせかえ灯篭」
●時数：全4時間（単位時間45分）
●実施場所：A特別支援学校小学部1年2組教室
●題材の概要：障子紙に着色し、丸めて筒を作る。筒の内側に、色が変化するLEDライトを入れて灯篭を制作する。
●材料、手順、作品：用いる材料、制作手順、参考作品は**図116～122**の通りである。

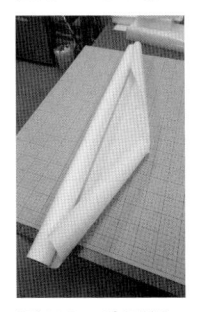 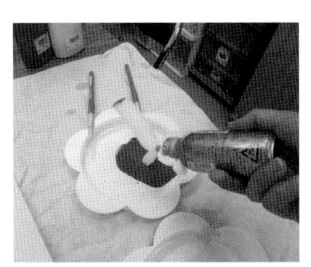 

図116　障子紙　　　　　図117　手順1　　　　　図118　手順2：着色（児童O）

図119　手順2：着色（児童P）

図120　中に入れるLEDライト

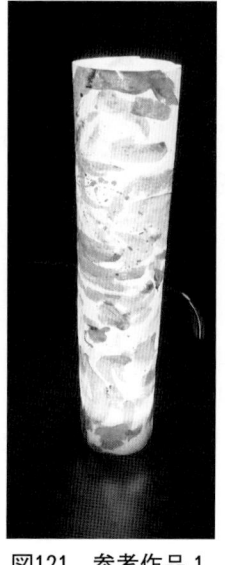

図121　参考作品 1

図122　参考作品 2

●指導計画：指導計画は、**表50**の通りである。

表50　第3期アクション・リサーチの指導計画

年月日	曜日	時限	授業時間	計画	活動内容
2014年6月3日	火	5限	13：30〜14：15		多種多様な教材教具に触れる・操作する・遊ぶ・着色する。
2014年6月13日	金	5限	13：30〜14：15	第 1 次	多種多様な教材教具に触れる・操作する・遊ぶ・着色する。
2014年6月20日	金	5限	13：30〜14：15		多種多様な教材教具に触れる・操作する・遊ぶ・着色する。
2014年6月27日	金	5限	13：30〜14：15	第 1 次（前半）第 2 次（後半）	（前半）多種多様な教材教具に触れる・操作する・遊ぶ・着色する。（後半）内側にLEDライトを入れて作品を照らす。光を鑑賞したり、灯篭を触ったりする。

●題材の特徴：本題材は、対象学級に在籍する 2 名の児童が活動可能で
なおかつ多様な活動展開が可能な題材である。本題材で行う活動は、

障子紙に着色するというシンプルな工程であるため、児童O、児童P
の能力発揮に繋がる多種多様な教材教具の使用が可能である。

　ただし、着色後に障子紙を筒状に丸め、中にLEDライトを挿入す
る工程は教員が代理で行う。作品を灯篭にする理由は、内側から明か
りを灯すことで児童が着色した色や形が明確になり、注視を促すと共
に自らの作品をより認識しやすくなるのではないかと考えたためであ
る。

2）教材教具の作成

　ここでは、本題材で用いる教材教具の作成手順と方法を示す。第3期
アクション・リサーチでは、仮説5に基づき児童O、児童Pに対して以
下の4段階の手順で教材教具を作成した。

●児童Oの教材教具作成手順

1）児童Oの興味関心

　綿、毛布、シュレッダーした新聞紙

2）好きな事物に含まれる要素

　抵抗感が少ない、繊維状である、触ると温かい、微弱な力で変形する、
　体全体で触ることができる、大量である、水分を含まない

3）作成した教材教具

　綿、スポンジを細く切ったもの、毛布風の生地、新聞紙を細く切った
　もの、スポンジを細く切ったものと綿の混合、毛糸、フェルト用の羊
　毛

4）アフォーダンスの予測

　両腕ではさみこみ形を変える、抱き寄せるようにして腕を前後に動か
　す、持ち上げる、掌で握る

●児童Pの教材教具作成手順

1）児童Pの興味関心

　低反発のバナナ型のおもちゃ、ツリーチャイム、ホースに鈴のついた

　おもちゃ、太鼓をたたくこと、伸縮するおもちゃ、蛍光色

２）好きな事物に含まれる要素

　棒状である、低反発の触感、振って遊べる、色が明快、音が鳴る

３）作成した教材教具

　ホースにスポンジを付ける、ホースに筆を付ける、ホースに滑り止め
シートを巻く、ホースに鈴を付ける、触感の異なるホースを用意する、
楽器にスポンジを付ける、長さは25センチ前後にする、蛍光絵具を
用いる

４）アフォーダンスの予測

　選択の場面でリーチングが見られる、教具を把持して前後に振る、音
の鳴る方を注視する

⑷授業運営

　第3期アクション・リサーチでは、第1期、第2期アクション・リサーチ同様、仮説6に基づき主担当教員が学習指導計画／評価表に個別の活動内容、支援方法、活動目標を記載し、授業実施前に副担当教員に伝達した。また、授業導入時には各ペアに対し1～2分で、当該単位時間の目標、活動内容、支援方法を実演を交えて個別に説明した。

　そして、第3期アクション・リサーチでは上記の内容に加え、単に主担当教員が副担当教員に授業内容や目標を伝達する授業運営の在り方ではなく、主担当教員と副担当教員によるインタラクティブな授業改善提案が為される協働型の授業運営を目指した。具体的には、後述する学習指導計画／評価表（**図123**）を用い、副担当教員による"新たな一面の発見"そして、"授業改善の提案"を積極的に行ってもらうよう説明した。このことは、2014年5月30日の打ち合わせ時に確認し、承諾を得た。

⑸評価

　第3期アクション・リサーチでは、仮説7に基づき、第1期、第2期アクション・リサーチで使用した学習指導計画／評価表の項目や内容を

整理・修正した図123の学習指導計画／評価表を用いた。第1期、第2期アクション・リサーチとの違いは、評価欄の項目数を変更した点と、評価欄への記載内容を焦点化した点である。第1期、第2期アクション・リサーチでは、図38で示す学習指導計画／評価表を用い、評価欄には、個人目標に基づく「評価」、「新たな一面の発見」、そして、副担当教員の参加の在り方を評価する「共同」の3種類の項目を設けた。また、「評価」の項目にはさらに「意思・感情・要求の表れ」を見取る欄を設け、多様な観点で評価を行おうとした。しかし、実践後の質問紙調査結果や協議に基づき評価項目の精選を行ない、第3期アクション・リサーチでは図123の通り、評価項目を「個人目標に基づく評価」と「新たな一面の発見」の2項目に絞った。前者では、目標で設定した児童の姿が見取れたかどうかを記載する項目として、後者は目標で設定していなかった児童の興味関心や現存機能の発揮を見取るための項目として設定した。

　前者の「個人目標に基づく評価」では第1期、第2期同様、設定した目標に基づき、［身体］、［伝達］、［意欲］、［共同］、［満足感］の5つの観点で評価を行い、設定した目標が達成できていたかどうかを記載した。そして、後者の「新たな一面の発見」では、目標で設定していなかった児童の興味関心や現存機能の発揮を見取るための項目として設定した。

　また、第3期アクション・リサーチでは仮説8に基づき、「新たな一面の発見」の項目に副担当教員が指導・支援に関する改善案を記載することとした。このように、授業改善の提案を記載する項目として「新たな一面の発見」を位置づけることで、授業終了後に副担当教員から主担当教員に対して正確に改善に関する情報が伝達されることを期待した。また、副担当教員が授業改善に積極的に関わることで、主担当教員と副担当教員との双方向的なやり取りが生まれ、担任教員全員で評価、及び授業改善に取り組める体制づくりを目指した。なお、この様式の記載方法に関する説明や確認は2014年5月30日の打ち合わせ時に行い、承諾を得た。

学習指導計画／評価表　　(本時　１時間目／全　４時間)

●実施題材名：きせかえ灯篭
●本時の概要：和紙に着色する前段階として、素材に触れることを中心に活動を行う。
●実施日時：　平成26年　６月　３日（火）５時間目　13：30　〜　14：15
●授業者・評価者：L，M、池田吏志
●実施学年・クラス：　小学部　１年　２組　●人数：　２名（男　１名　女　２名）　●実施場所：A特別支援学校１年２組ホームルーム
●準備物：　各種個人用教具、絵具、お湯を入れるボトル、パレット皿、障子紙、ばけつ、ふきん、
●本時の活動・評価

氏名	活動内容・支援方法の提案	個人目標	個人目標に基づく評価		新たな一面の発見
O	ユニット１：大量の素材に触れる 　１）綿 　２）綿とスポンジを混合したもの 　３）スポンジ 　４）フェルト用羊毛 　５）生地１・２ ユニット２：上記の素材の少量に触れる ユニット３：絵具のついたユニット２の 　　　　　素材に触れる ※ 児童の興味関心の所在を確認しながら、 適宜活動時間の判断や活動変換を行う。 使わない場合もあり得る。	・素材に触れることができる。 ・素材の感触を感じることができる。 ・素材を触って遊ぶことができる。	意欲の高まり	高い　普通　低い	
P	ユニット１：多様な教具を操作する 　１）ホース型教具４種類 　２）ガチャ玉型教具２種類 　３）パッキン型教具１種類 　４）スポンジ型教具１種類 　５）マラカス型教具１種類 ※ 児童の興味関心の所在を確認しながら、 適宜活動時間の判断や活動変換を行う。 使わない場合もあり得る。	・教具を操作することができる。 ・教具を操作することで起こる変化に 気づくことができる。	意欲の高まり	高い　普通　低い	

購入物：バケツ、ふきん、絵具を溶くための皿（重ねられるもの）、ドレッシング用のボトル（２本）、絵具セット

図123　学習指導計画／評価表（改訂版）様式（本時用）

⑹授業改善

　授業改善では、仮説９に基づき第２期アクション・リサーチの成果である図110の授業改善モデルの枠組みを参照しつつ、図111の授業改善フローチャート、及び表45の授業改善チェックリストを用いて単位時間ごとに改善を行った。

第4節　データ収集の方法

　第3期アクション・リサーチで収集したデータの種類と収集方法は以下の通りである。

1．授業場面をビデオ撮影した映像

- 撮影にはビデオカメラ1台と三脚を用いた。
- ビデオカメラは教室前方に設置し、児童、教員の全員を撮影した。（第1回実践のみ黒板に向かって左前方に設置したが、映り込みの関係で第2回以降は右前方に設置した。）
- ビデオカメラは固定し、移動やクローズアップはしなかった。
- ビデオ撮影は、授業開始の挨拶から、授業終了の挨拶までを撮影し、実践するすべての授業を撮影した。

2．学習指導計画／評価表

- 学習指導計画／評価表は毎時間作成し、事前に担当教員にメールで送付した。
- 学習指導計画／評価表は、図123の「活動内容・支援方法の提案」、「個人目標」の項目は筆者が記入し、「個人目標に基づく評価」、「新たな一面の発見」の2項目はL教諭、M教諭が記入した。
- 各教員が記入する評価は、担当する児童のみとした。組み合わせは、児童Oの評価をL教諭、児童Pの評価をM教諭が行った。
- 指導計画を遂行する過程で、学習指導計画／評価表の「活動内容・支援方法の提案」、「個人目標」の内容を更新する場合には、削除箇所に取り消し線を引き、新たに付加した内容は赤字で示した。その後、再び内容を更新する場合には青字で示し、変更した順番と場所を明確にした。
- 筆者が学習指導計画／評価表を送付する際には、学習指導計画／評価表の欄外に個別の教員に宛てて、活動内容・支援方法設定の意図、目標設定の意図、そして改善のポイントを記入した。

3．教材教具

・作成した教材教具をデジタルカメラで撮影した。

4．児童が制作した作品

・児童が制作した作品を、制作過程も含めてデジタルカメラで撮影した。

第5節　分析方法

　第3期アクション・リサーチにおける分析には、第1期、第2期同様ミックスメソッドの1つである「並行的トライアンギュレーション戦略（Concurrent triangulation approach）」[1]を用いた。第3期アクション・リサーチでは、量的データと質的データによる以下の分析を行い、分析結果を相互比較することで本章の仮説で示した指導・支援の有効性を検証した。

●量的分析
1）第3期アクション・リサーチにおける児童O、児童PのQOL評価
2）各授業における1つの教材教具を用いて意欲的に活動できた最長時間の変化
3）対象児童に対する使用教材教具の適合状況一覧
●質的分析
1）学習指導計画／評価表の「新たな一面の発見」への記載内容と授業改善の関係
2）抽出場面の分析

　以下、量的分析、及び質的分析の詳細を記す。

●量的分析1）：QOL評価
　第1期、第2期同様、第VI章で提示した手順と方法でQOL評価を行った。具体的な手順と方法は以下の通りである。

⑴**手順１：QOL評価ルーブリックの作成**

　以下に示す２つのステップでQOL評価ルーブリック作成の前段階となる実態調査を行った。

１）児童O、児童Pそれぞれの意欲が高い状態５項目、普段の状態２項目、意欲が低い状態３項目の計10項目を、授業観察、及び聞き取りで確認した（表48、表49）。

２）担任教員２名に対して今回実践する題材を説明し、活動内容から想定される"児童の能力が発揮できている状態"を聞き取った。また、授業観察や聞き取りにより現時点での児童の能力発揮の状態を確認した（表48、表49）。

　「意欲」と「能力発揮」の各項目をマトリックス状にまとめた図27（p.233）に、上述１）、２）で確認した内容をそれぞれ当てはめ、QOL評価ルーブリックを作成した。ルーブリックは、最もパフォーマンスの低い①の「意欲が低く能力発揮できていない状態」から、最も高い⑥の「意欲が高く能力発揮できている状態」の６段階とした。なお、QOL評価ルーブリックの作成、及び確認は2014年５月16日の打ち合わせ時に行った。

⑵**手順２：QOL評価ルーブリックを用いた評価**

　以下、QOL評価ルーブリックを用いた評価の手続きを示す。

１）撮影したビデオ映像を活動のまとまりごとに分割し、担当教員による活動内容と支援方法、そして、その際の児童の様子を記した授業トランスクリプトを作成した。

２）分割したまとまりごとに、QOL評価ルーブリックを用いた６段階のQOL評価を筆者が行った。その後、ルーブリック①・②の段階を「QOLが低い状態」、③の段階を「QOLが維持できている状態」、④・⑤の段階を「QOLが高い状態」、⑥を「QOLが特に高い状態」としてまとめた。

３）すべての授業トランスクリプトから、「QOLが低い状態」、「QOLが維持できている状態」、「QOLが高い状態」、「QOLが特に高い状態」

の４段階すべてを含む複数個所（児童O：14か所、児童P：14か所）
の活動のまとまりを抜粋した。

4）第３期アクション・リサーチ終了後、
筆者が行ったQOL評価の妥当性検証の
ため、担任教員が前述３）で抜粋した場
面のQOL評価を行い、筆者による評価
結果との一致率を算出した。算出方法は、
抜粋箇所のビデオ映像を児童Oの担当教
員であるL教諭、そして児童Pの担当教
員であるM教諭に提示し、筆者が行った
方法と同様のQOL評価を行った。

図124　一致率算出

　一致率の算出は、2014年８月６日にA特別支援学校小学部１年２組
教室で実施した（図124）。一致率は児童Aが64％、児童Bも64％であっ
た。（小数第３位を四捨五入）

5）Haroldら（2003）の「Quadratic Weights for 4 × 4 Table」
による「重みづけ κ 係数」を算出し[2]、Landisら（1977）で一致率の
評価を行った[3]。その結果、児童A、児童B共に「極めて高い一致」と
なった。

児童OのQOL評価一致率＝

$$\frac{（一致した項目）９項目}{（抽出した項目）14項目}＝64\%　重みづけ \kappa 係数：0.94（極めて高い一致）$$

児童PのQOL評価一致率＝

$$\frac{（一致した項目）９項目}{（抽出した項目）14項目}＝64\%　重みづけ \kappa 係数：0.96（極めて高い一致）$$

6）一致しなかった項目を担任教員２名と筆者の３名で協議し、「QOL
が低い状態」、「QOLが維持できている状態」、「QOLが高い状態」、
「QOLが特に高い状態」の４段階で評定した。

7）6）でまとめた４段階ごとの時間の合計を単位時間の総時間数で除

し、単位時間当たりのQOLの状態を明らかにした。

●量的分析2）各授業における1つの教材教具を用いた最長時間の変化

　第1期アクション・リサーチでは、特に衝動・不随意運動型の児童生徒の場合、1つの教材教具を用いて活動する時間は長ければ長いほどよく、活動時間の長さは、児童生徒の「リーチング」から「把持」、そして「操作・遊び」へと至る活動の質的変化を測るバロメーターとなっていることを示した。

　そこで、第3期アクション・リサーチでは、衝動・不随意運動型に位置づく児童O、児童Pの「QOLが特に高まった状態」の活動で、なおかつ各授業の中で最も長く活動できた場面を抽出し、その活動継続時間の変化を示した（**図127**、**図128**）。

●量的分析3）対象児童に対する使用教材教具の適合状況

　第2期アクション・リサーチでは、授業改善の在り方について検討し、成果として児童生徒の興味関心の有無を主な判断基準として授業改善を行う授業改善モデル、授業改善フローチャート、及び授業改善チェックリストを提示した。そこで、第3期アクション・リサーチでは、作成した教材教具ごとの改善の経緯を示すと共に、改善の結果と児童のQOLの状態との関係を一覧で示した（**表54**、**表55**）。

●質的分析1）：学習指導計画／評価表に記載された"新たな一面の発見"と"授業改善の提案"、そして実行した授業改善

　第3期アクション・リサーチでは、学習指導計画／評価表の「新たな一面の発見」の項目に副担当教員が、これまで見いだされてこなかった児童の現存機能や興味関心、そして評価に基づく授業改善の提案を記載した。それら副担当教員による記載内容と主担当教員（筆者）による改善の具体を列記し、教員間で行われる授業運営、授業改善がどのように行われたのかを整理した（**表57**）。

●質的分析2）：場面抽出

　第3期アクション・リサーチでは、主に設定した仮説との関連が認められる特徴的な場面を抽出し、当該場面に含まれる意味内容を解釈的に分析した（場面抽出の基準は次節5で詳述する）。抽出場面の記載方法は、鯨岡（2005）の「エピソード記述」[4]を援用し、[背景]、[抽出場面]、[第1次分析]の手順で記載した。ただし、本章では事例検証を主な目的とした場面抽出であり、鯨岡（2005）の研究方法としての「エピソード記述」における"エピソード"とは役割が異なる。そこで、混乱を避けるため、本章でも第1期アクション・リサーチと同様、用語を一部変更して使用した[5]。児童Oは2か所、児童Pは4か所の場面を抽出した。

第６節　結果

以下、分析結果を示す。

１．QOL評価の結果

　題材の全授業を終え、第Ⅵ章で提示した評価方法に基づき、QOL評価を行った。評価結果は児童Oが図125、表51、そして児童Pは図126、表52の通りである。

(1)児童OのQOL評価結果（第３期アクション・リサーチ）

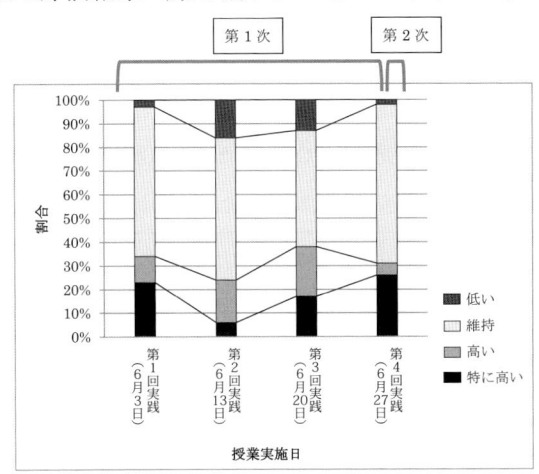

図125　児童OのQOL評価結果（第3期）

表51　児童OのQOL評価（単位時間当たりの各段階の割合）（第３期）

割り当て番号	評価	第１回実践（６月３日）		第２回実践（６月13日）		第３回実践（６月20日）		第４回実践（６月27日）	
1	QOL低い状態	2%	3%	16%	16%	13%	13%	2%	2%
2		1%		0%		0%		0%	
3	QOL維持できている状態	63%	63%	60%	60%	49%	49%	67%	67%
4	QOL高まった状態	11%	11%	18%	18%	16%	21%	5%	5%
5		0%		0%		5%		0%	
6	QOL特に高まった状態	23%	23%	6%	6%	17%	17%	26%	26%

⑵児童PのQOL評価結果（第3期アクション・リサーチ）

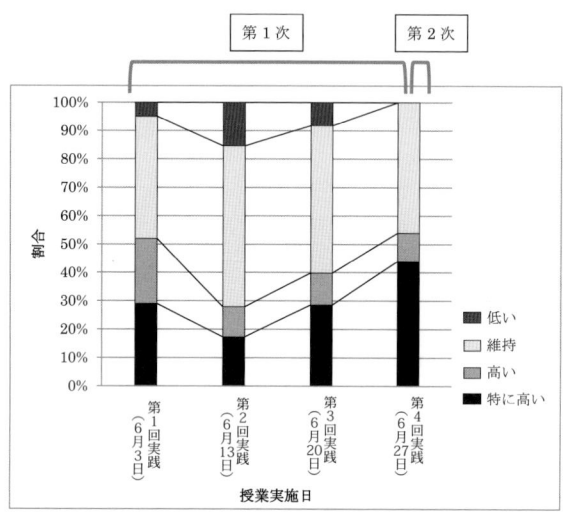

図126　児童PのQOL評価結果（第3期）

表52　児童PのQOL評価（単位時間当たりの各段階の割合）（第3期）

割り当て番号	評価	第1回実践（6月3日）		第2回実践（6月13日）		第3回実践（6月20日）		第4回実践（6月27日）	
1	QOL低い状態	5%	5%	5%	12%	1%	8%	0%	0%
2		0%		7%		7%		0%	
3	QOL維持できている状態	43%	43%	59%	59%	51%	51%	46%	46%
4	QOL高まった状態	11%	23%	11%	11%	12%	13%	0%	10%
5		12%		0%		1%		10%	
6	QOL特に高まった状態	29%	29%	18%	18%	28%	28%	44%	44%

2．各授業において1つの教材教具を用いて継続して活動を行った最長時間の変化

　児童O、児童Pの「QOLが特に高まった状態」の活動で、なおかつ各授業の中で最も長く取り組めた活動の時間、及び授業ごとの変化は**図127、128**に示す通りである。

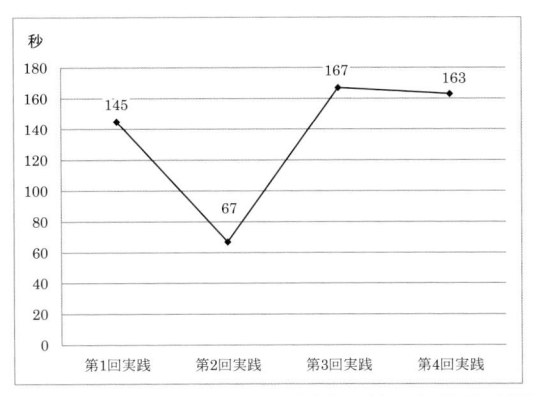

図127　各授業において１つの教具で活動し続けた最長時間（児童O）

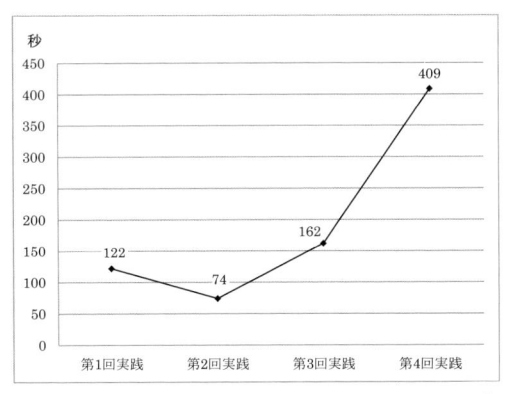

図128　各授業において１つの教具で活動し続けた最長時間（児童P）

３．学習指導計画／評価表の記載内容

　表53は、学習指導計画／評価表に記載された授業改善に関する内容を整理したものである。表53の左側には、各単位時間終了後に学習指導計画／評価表に記載された副担当教員（L教諭、M教諭）の気づきと授業改善の提案内容を記し、表53の右側には記載内容に基づく主担当教員（筆者）が実施した改善を記している。

表53　副担当教員の気づきと主担当教員による改善内容

対象児童・記入者	記載内容（気づき、改善の提案）	記載日	気づきや提案に対する改善の実際	改善実施日
児童O・L教諭	同じような素材をずっと触っていると覚醒が下がってしまうので、ユニット1ではマット上に下りる、ユニット2では机上で活動するなど、姿勢を途中で変換するようにしたら良かった。	第1回実践（6月3日）	覚醒の低下がみられたら椅子座位からあぐら座位に姿勢変換をし、また、その逆も行った。	第2回実践（6月13日）以降毎回
	小さな素材を握らなかったのは眠気があったためかもしれない。もう少し素材の量を増やすか、握った感の持てる棒状のスポンジなどに素材などをつけてみてはどうか。	第1回実践（6月3日）	少量の素材を用いた教材教具の使用を取りやめ、素材の量を増加した中量の教材教具を作成した。	第2回実践（6月13日）
	あぐら座位で手のひらに体重をかけて少しぎゅっと押すと色がつくようなものはどうでしょうか。	第2回実践（6月13日）	ビニール袋の中にくしゃくしゃに丸めた障子紙と水で溶いた絵具を入れ、それを押して絵具を障子紙にしみ込ませる制作方法を用いた。	第3回実践（6月20日）
	綿よりビニール袋のほうを抱えてよろこんでいたので、そのような感触も好きなんだと気づいた。	第2回実践（6月13日）	ビニール袋が好きということで、ビニール袋を複数枚用いた教具を作成した。	第3回実践（6月20日）
	ドライヤーで素材を暖めても、反応は変わらなかったが、暖かい風をおくると刺激になって覚醒があがることが分かった。	第3回実践（6月20日）	ねらいとは異なるドライヤーの用い方であったが、覚醒が高まることから、この方法を使用した。	第4回実践（6月27日）
	暗闇の中だと、光を意識できるようで、短い時間ではあるが少し興味を持つことがわかった。	第4回実践（6月27日）	（最終授業であったため、改善は行えなかった。）	
児童P・M教諭	より手元に注目できるように、姿勢の工夫を次回までに考えておきます。	第1回実践（6月3日）	M教諭がタオル等を用いて児童Pの姿勢が安定するように調整した。	第2回実践（6月13日）以降毎回
	ホース型？の新しい教具は少し太かったが、軽かったため握り続けながら何度か振ったり打ち付けたりすることができた。もう少し短いほうが操作しやすかったかもしれない。	第3回実践（6月20日）	教具の柄の部分を約3分の2の長さにすると共に軽量化を図り、操作しやすいように調整した。	第4回実践（6月27日）
	途中から机をつけることで体幹が安定し、教具の操作がしやすくなり、手元もしっかり意識することができた。	第3回実践（6月20日）	M教諭による手製のテーブルが用意された。	第4回実践（6月27日）

４．教材教具の改善結果

　表54、表55では、第3期アクション・リサーチで行った教材教具の改善結果を示す。提示方法として、児童ごとに用意した全教材教具の一覧を示し、各授業で使用した教材教具と使用状況、そして児童が当該教材教具に対してどのような様子であったかを併せて示す。表54、表55では、授業改善の過程で一部改良したり取り除いたりした教材教具は「改良」や「削除」として示し、改善の連続性を読み取れるようにした。以下、児童ごとに詳細を記す。

⑴児童Oの教材教具使用状況と改善の詳細

表54　児童Oが使用した教材教具と改善状況の一覧

記号	教具	6月3日	6月13日	6月20日	6月27日
O-36	細く切った蛍光紙				△
O-35	エアパッキン（側面にスポンジ付）				×
O-34	くしゃくしゃ染め（ビニール袋）				◎
O-33	ドライヤー			◎	
O-32	ビニール袋（側面にスポンジ付）			◎	使用せず
O-31	細く切った新聞紙（側面にスポンジ付）			×	使用せず
O-30	フェルト羊毛（側面にスポンジ付）			◎	○
O-29	スポンジ（側面にスポンジ付）			使用せず	◎
O-28	綿とスポンジ（側面にスポンジ付）			×	使用せず
O-27	くしゃくしゃ染め（ジップ）			×	教具O-34に改良
O-26	棒型スポンジ（生地付）		×	削除	
O-25	棒型スポンジ（細スポンジ付）		使用せず	削除	
O-24	棒型スポンジ（綿付）		使用せず	削除	
O-23	スポンジ（中量）		使用せず	削除	
O-22	細く切った新聞紙（中量）		使用せず	削除	
O-21	フェルト羊毛（中量）		使用せず	削除	
O-20	細く切った新聞紙（底にスポンジ付）		○	教具O-31に改良	
O-19	毛糸（底にスポンジ付）		○	削除	
O-18	生地（底にスポンジ付）		×	削除	
O-17	フェルト羊毛（底にスポンジ付）		○	教具O-30に改良	
O-16	スポンジ（底にスポンジ）		○	教具O-29に改良	
O-15	綿とスポンジ（底にスポンジ付）		◎	教具O-28に改良	
O-14	毛糸とスポンジ	×	削除		
O-13	生地とスポンジ	×	削除		
O-12	フェルト羊毛とスポンジ	×	削除		
O-11	綿と細いスポンジ	使用せず	削除		
O-10	綿とほどいたひも	○	削除		
O-9	綿とスポンジ②	×	削除		
O-8	綿とスポンジ①	○	削除		
O-7	細く切った新聞紙	◎	教具O-20に改良		
O-6	毛糸	使用せず	教具O-19に改良		
O-5	生地	使用せず	教具O-18に改良		
O-4	フェルト羊毛	◎	教具O-17に改良		
O-3	スポンジ	◎	教具O-16に改良		
O-2	綿とスポンジ	◎	教具O-15に改良		
O-1	綿	使用せず	削除		
	各授業で用意した教具	14種類	12種類	7種類	9種類
	新たに改良・追加した教具		（12種類）	（7種類）	（3種類）

◎：極めて意欲的に活動　　○：意欲的に活動　　△：活動（それほど意欲的ではない）
×：提示するが触ろうとしない　　使用せず：当該時間に児童に提示しなかった教具

作成・準備した教材教具（児童O）
●6月3日：第1回実践－児童O（14種類）

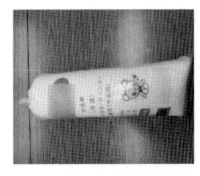
O-1　綿

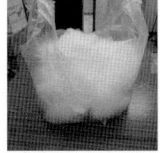
O-2　綿とスポンジ

O-3　スポンジ

O-4　フェルト羊毛

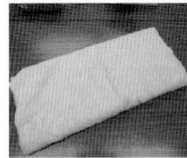
O-5　生地

O-6　毛糸

O-7　細く切った新聞紙

O-8　綿とスポンジ①

O-9　綿とスポンジ②

O-10　綿とほどいたひも

O-11　綿と細いスポンジ

> 以下、その他の小型教具
> 　O-12：フェルト羊毛とスポンジ、O-13：生地とスポンジ、
> 　O-14：毛糸とスポンジ

●6月13日：第2回実践－児童O　新たに改良・追加した教材教具（12種類）

O-15綿とスポンジ
（底にスポンジ付）

> 以下、O-15同様、すべてビニール袋に入れ、底にスポンジを装着している。
> O-16　スポンジ（底にスポンジ付）
> O-17　フェルト羊毛（底にスポンジ付）
> O-18　生地（底にスポンジ付）
> O-19　毛糸（底にスポンジ付）
> O-20　細く切った新聞紙（底にスポンジ付）

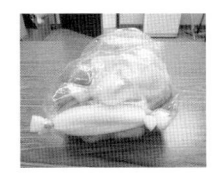

O‐21フェルト羊毛（中量）　　O‐22細く切った新聞紙（中量）　　O‐23スポンジ（中量）

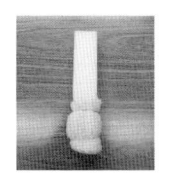

O‐24棒型スポンジ（綿付）　　O‐25棒型スポンジ（細スポンジ付）　　O‐26棒型スポンジ（生地付）

●6月20日：第 3 回実践－児童O　新たに改良・追加した教材教具（ 7 種類）

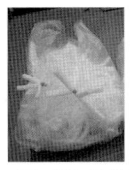
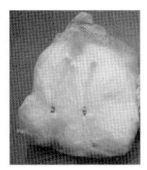

O‐27くしゃくしゃ　　O‐28　綿とスポンジ　　O‐29　スポンジ　　O‐30　フェルト羊毛
染め（ジップ）　　（側面にスポンジ付）　　（側面にスポンジ付）　　（側面にスポンジ付）

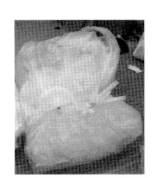

O‐31　細く切った新聞紙　　O‐32ビニール袋　　O‐33　ドライヤー
（側面にスポンジ付）　　（側面にスポンジ付）

●6月27日：第 4 回実践－児童O　新たに改良・追加した教材教具（ 3 種類）

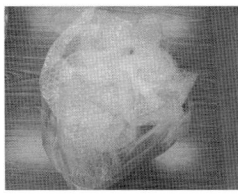

O‐34　くしゃくしゃ染め　　O‐35　エアパッキン　　O‐36　細く切った蛍光紙
（ビニール袋）　　（側面にスポンジ付）

(2)児童Pの教材教具使用状況と改善の詳細

表55　児童Pが使用した教材教具と改善状況の一覧

記号	教具	6月3日	6月13日	6月20日	6月27日
P-20	ホース（滑り止め単体・改良）型教具				◎
P-19	ヌンチャク型教具				◎
P-18	ホース（滑り止め単体）型教具			○	使用せず
P-17	ホース（安全スポンジダブル鈴付）型教具			◎	使用せず
P-16	ホース（安全スポンジ合わせ）型教具			◎	使用せず
P-15	マラカス（透明・改良）型教具（教具P-12の改良版）			○	使用せず
P-14	マラカス（缶・改良）型教具（教具P-11の改良版）			○	×
P-13	ホース（透明・改良）型教具（教具P-4の改良版）			使用せず	使用せず
P-12	マラカス（透明）型教具		○	教具P-15に改良	
P-11	マラカス（缶）型教具		×	教具P-14に改良	
P-10	スポンジ型教具	使用せず	使用せず	削除	
P-9	パッキン型教具	使用せず	×	使用せず	使用せず
P-8	マラカス型教具	◎	△	使用せず	使用せず
P-7	ガチャ玉（ホース付）型教具	使用せず	×	◎	使用せず
P-6	ガチャ玉（単体）型教具	×	使用せず	使用せず	使用せず
P-5	ホース（安全スポンジ・鈴付）型教具	○	◎	使用せず	使用せず
P-4	ホース（透明）型教具	使用せず	使用せず	教具P-13に改良	
P-3	ホース（滑り止め）型教具	◎	△	使用せず	使用せず
P-2	ホース（蛇腹・鈴付）型教具	使用せず	◎・○	×	使用せず
P-1	ホース（蛇腹）型教具	◎	◎	使用せず	×
	各授業で用意した教具	10種類	11種類	17種類	16種類
	新たに改良・追加した教具		（3種類）	（6種類）	（2種類）

◎：極めて意欲的に活動　　○：意欲的に活動　　△：活動（それほど意欲的ではない）
×：提示するが触ろうとしない　　使用せず：当該時間に児童に提示しなかった教具

作成・準備した教材教具（児童P）

● 6月3日：第1回実践－児童P（10種類）

P‐1ホース
（蛇腹）型教具

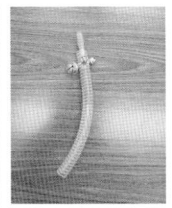
P‐2ホース
（蛇腹・鈴付)型教具

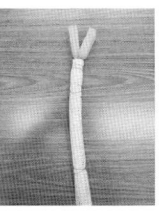
P‐3ホース
（滑り止め)型教具

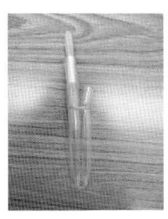
P‐4ホース
（透明）型教具

P‐5ホース
（安全スポンジ・
鈴付）型教具

P‐6ガチャ玉
（単体）型教具

P‐7ガチャ玉
（ホース付）型教具

P‐8マラカス型
教具

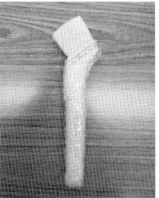
P‐9パッキン型
教具

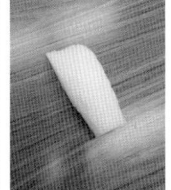
P‐10スポンジ型
教具

● 6月13日：第2回実践－児童P　新たに追加した教材教具（2種類）

P‐11マラカス
（缶）型教具

P‐12マラカス
（透明）型教具

● 6月20日：第3回実践−児童P　新たに改良・追加した教材教具（6種類）

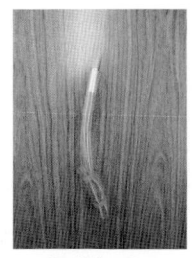
P‐13ホース
（透明・改良)型教具

P‐14マラカス
（缶・改良）型教具

P‐15マラカス
（透明・改良）型教具

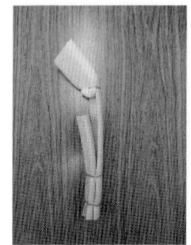
P‐16ホース（安全スポン
ジ合わせ）型教具

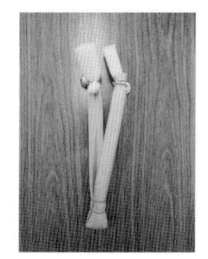
P‐17ホース
（安全スポンジダブル
鈴付）型教具

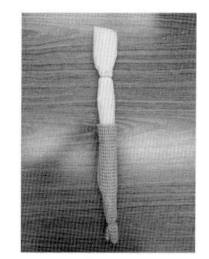
P‐18ホース
（滑り止め単体）型教具

● 6月27日：第4回実践−児童P　新たに改良・追加した教材教具（2種類）

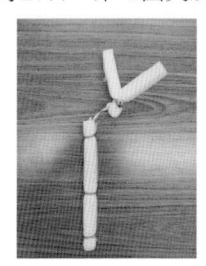
P‐19ヌンチャク型教具

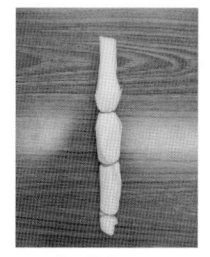
P‐20ホース
（滑り止め単体・改良)型教具

5．場面抽出

　ここでは、ビデオ映像を活動のまとまりごとにまとめ、QOL評価結果を記した「授業トランスクリプト」の中から、仮説、及びアクション・プランで示した個別実態把握表や授業改善フローチャート等の各種指標の活用と関連がみられた場面を抽出し、当該場面に含まれる意味内容を分析する。以下、児童O、児童Pの抽出場面を記す。

⑴児童O

　児童Oでは、全4回の授業実践から、2場面を抽出した。

①抽出場面O-1：実態把握の方法と図65の実態階層・教員役割表の活用が有効であった場面（第1回、第2回実践）
②抽出場面O-2：第2期アクション・リサーチで示した授業改善フローチャートと授業改善チェックリストの使用が有効であった場面（第3回、第4回実践）

　これら2場面を抽出した理由は次の通りである。まず、抽出場面O-1は仮説2で示した個別実態把握表の活用による実態把握と仮説3で示した実態階層・教員役割表の活用による主担当教員の教材教具づくりが有効に機能した場面であったためである。また、抽出場面O-2も同様に、仮説8で示した授業改善フローチャートと授業改善チェックリストの使用が有効に機能し、児童OのQOL向上がみられた場面であったためである。

　以後、抽出場面ごとに詳細を記す。記述方法は、まず抽出した場面の［背景］を述べ、次に具体的場面を［抽出場面］として記す。その後、当該場面に含まれる意味内容を分析し［第1次分析］を行う。

①抽出場面O-1：活動予想が妥当であった（第1回、第2回実践）

●［背景］

　題材「きせかえ灯篭」の第1次第1時間目では、児童Oに対し絵具を用いた作品制作は行わず、適合する教材教具の形態や種類を確認することを主目的として活動を行った。そこで、担任教員からの聞き取りによる【外部情報の収集】と事前の授業観察による【実証的確認】によって作成した個別実態把握表に基づき、教材教具を作成した。第3期アクション・リサーチが第1期、第2期と異なる点は、個別実態把握表の項目に「現存機能や興味関心が現れる環境や条件」を新たに加えた点である。事前の授業観察で児童Oは、綿を触ることは可能であったが、少量よりも両手で抱えられる程度の量を触ることを好んでいた。また、児童Oが好む毛布も、体全体を覆う状態で上からかけられることを好んでいたため、個別実態把握表の「現存機能」欄には、「毛布を触る」とだけ記載するのではなく、児童Oが毛布を触ることができるシチュエーションも含めて、「幼少期から使い続けている毛布を好む。仰臥位の姿勢で上からかけられた状態で触る」と記載した。これらのことを踏まえ、教材教具作成時には、児童Oが体全体、もしくは上半身全体で関われる分量の素材を用いた教具を7種類用意した（教具O-1～O-7）。併せて、本実践では、分量の異なる少量の素材を用いた教具を用意し、少量の素材にも興味関心が持てることを期待して活動を設定した（教具O-8～O-14）。

●［抽出場面］

　第1回実践の授業が始まり、最初に、綿とスポンジの混合（教具O-2）を提示すると、児童Oはそれほど興味を示さなかった。しかし、N教諭が教具を抱くように持たせてみると、腕が動き始めた（**図129**）。その後も、細く切った新聞紙（**図130**）、細く切ったスポンジ（**図131**）を持たせてみると、腕で教具を抱き込むようにしたり上下に動かしたりして素材の感触を楽しむように活動を行った。さらに、第1回実践の最後に提示したフェルト羊毛は、机の上にフェルト羊毛を置くだけで児童Oが自ら腕を伸ばし、引き込むようにして抱きかかえ、上下に動かしたり左右の腕で交差させたり、顔をうずめたりして遊んだ（**図132**）。

　ただし、すべてが児童Oに適合した訳ではなかった。第2回実践で使用した生地と毛糸は、上記4種類の教具と同じく抱きかかえられる程度の分量を示したにもかかわらず、全く触ろうとしなかった（**図133**、**図134**）。また、少量の素材を用いた教具も同様で、先の活動で積極的に活動できたフェルト羊毛を用いた教具であっても、少量の場合には触ろうとしなかった（**図135**）。

適合した教材教具（素材）	適合しなかった教材教具（素材）

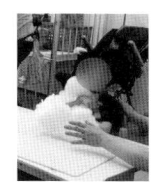 

図129　綿とスポンジの混合　　図130　細く切った新聞紙

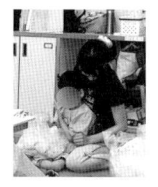 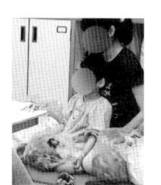

図133　生地　　図134　毛糸

図131　細く切ったスポンジ　　図132　フェルト羊毛（大量）

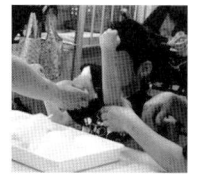

図135　フェルト羊毛（少量）

　第1回実践で素材との適合状況を確認した後、第2回実践からは、作品制作に移行した。具体的には、素材をナイロン袋に入れ、ナイロン袋の外側にスポンジを装着することでそれを筆替わりとし（**図136**の丸印部分）、児童Oが教材教具を持ち上げたり押したりねじったりする力動跡を色や形として画面に定着させた。その結果、児童Oは**図137**の作品を制作できた。

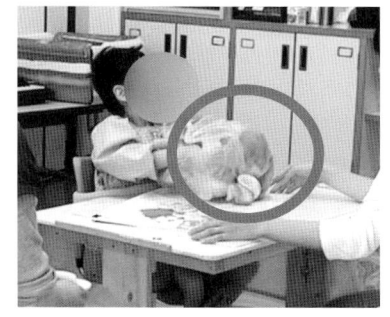

図136　活動の様子

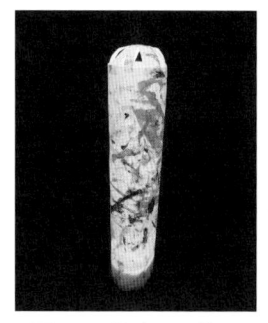

図137　児童Oの作品

● ［第 1 次分析］

　上述の実践結果を、以下の 4 種類の枠組みで分析する。

1 ）実態把握の妥当性：少量ではなく大量の素材を用いた教具の適合

　抽出場面O-1で示す通り、児童Oはフェルト羊毛を用いた教具でも少量の場合には一切触ろうとしなかった。他方、大量のフェルト羊毛を用いた教具の場合には、提示するとすぐにリーチングが見られ、抱き寄せるようにして遊んだ。学習指導計画／評価表の記載にも、「小さな素材を触るがギューとつかむことは少なく、大きな素材を抱きしめて遊ぶときにはしっかり抱きしめていた」と記されている。このことは、実態把握において単に触感に対する興味関心のみを把握するだけでは実現せず、児童Oの現存機能が現れる環境や条件も含めて把握し、提示する材料の量を設定できたことが、児童Oの意欲の高まりと現存機能の発揮に繋がったと考えられる。

　このように、個別実態把握表作成時に、児童生徒が活動する場面を含めた詳細な実態把握を行うこと、そして、実践においてその状況を再現する形で教材教具を作成したり、活動設定したりすることは児童の意欲の向上、及び能力発揮に繋がる有効な方策であった。特に題材の初期段階では、【外部情報の収集】を元にした主担当教員の“想像”や“予測”によって活動設定が行われる。この“想像”や“予測”を具体化し、適合可能性を高めるためにも、個別実態把握表作成時に児童生徒が意欲的に活動できる環境や条件を含めた詳細な実態把握を行うことが有効であると考える。

2 ）実態階層・教員役割表の妥当性：リーチング、把持、遊びの出現

　抽出場面O-1の通り、フェルト羊毛を用いた活動で児童Oは教員の支援が無くとも自ら教具に手を伸ばし、教具を引き寄せて抱き込み、感触を楽しむように動かして遊んでいた。この姿は、実態階層・教員役割表　の「リーチング」、「把持」（今回の場合は抱き込み）、「遊び」に該当する。このように、本実践では対象児童を衝動・不随意運動型に類型化し、当該類型専用の実態階層・教員役割表を用いたことで、児童Oの活動を構造的に把握することができた。

　また、図65は児童の実態と教員による指導・支援が一体化した指標であるため、教員が行う指導・支援も的確に把握することができた。事前打ち合わせでは、児童Oは実態階層・教員役割表の「無関心」の段階に位置づき、教員の役割は「模索期」に該当することを確認した。そのため、第 1 回実践では多様な可能性を想定し、合計14種類の教材教具を用意した。用意した14種類の教材教具の内、実際に提示したのは10種類であり、内訳は、意欲的に活動できた教具 4 種類（40%）、それほど意欲的とは言えないが、触ることを拒否しなかった教具 2 種類（20%）、適合しなかっ

た（触ろうとしない、投げてしまう）教具4種類（40％）であった（表54）。

　この結果は2つの点で実態階層表・教員役割表を用いた効果が認められる。1点目は、これまで見いだされてこなかった児童が触ることができる教具（素材）を4種類見いだせたことである。児童Oがこれまで触ることができた素材が3種類であったことを考えると、大きな進歩であったと考える。これらは多様な可能性を想定して複数の教材教具を作成したことが功を奏した結果であり、模索期としては望ましい結果であった。

　2点目は、用意した教材教具の数量の適切性である。仮に、用意した教材教具がすべて適合しなければ第1回実践の児童Oの活動はその時点で終わってしまい、児童にとっては能力を発揮できないばかりか、場合によっては苦痛を強いられる時間となってしまう。このことを考えると、本実践のように多くの可能性を想定し、多数の教材教具を用意しておくことは、衝動・不随意運動型の児童に対して有効であった。第1回実践では、先述の通り使用できなかった教材教具が4種類あった。このことは可能性を残した状態で授業を終えることができたとも言い換えることができる。

　このように、児童の実状と教員の役割を的確に、かつ構造的に把握しながら実践を行なえたことは、児童の類型に基づく実態階層・教員役割表を用いた効果であると考える。

3）題材開発の妥当性：多様な実態の児童生徒への適応可能性

　本題材は、仮説4のアクション・プランで示した、特別支援学校の重複障害学級における題材の条件である「児童生徒が直接触れることができる触覚的な材料を用いていること」、「材料の量の調整が容易であること」「微弱な力でも変形・操作できること」、「作品制作のバリエーションが豊富であること」と共に、「対象集団全員が概ね活動可能な内容であること」や「個別の実態に応じた改変が可能であること」も含んでいた。

　児童Oは、綿等の素材を直接触ることはできたが、それを色や形として作品化することが困難であった。しかし、本題材は多様な作品制作のバリエーションの考案が可能であったため、児童Oに対しては素材を入れる袋にスポンジを取り付け、そこに絵具を含ませることで教具を筆のように用い、作品を制作できた。また、本題材は障子紙に着色するという極めてシンプルな活動内容であったため、児童Oが教具を用いて障子紙の上で遊ぶ動きをそのまま色や形にすることができ、それがそのまま灯篭の模様となった。

　このように、上記で示す特別支援学校の重複障害学級における重度・重複障害児を対象とした題材の条件を整えることで、児童Oのような"ものに触ることが難し

い"児童に対しても造形活動が可能となった。このことから、本実践における題材開発の在り方には一定の妥当性が認められる。

4）教材教具作成手順の妥当性：教材教具による多様な活動のアフォード

　第3期アクション・リサーチでは、仮説5で示した通り、第2期アクション・リサーチの成果である興味関心に基づく4段階の作成手順で教材教具を作成した。その結果、作成した教材教具は児童の「両腕で挟む」、「引き込む」、「抱きよせる」といった活動をアフォードした。また、その他の単位時間においても、第3期アクション・リサーチで作成した教材教具は、「両腕を左右に動かす」、「顔をうずめる」、「両腕を上下交互に動かす」、「持ち上げる」といった活動をアフォードした。題材実践前の教材教具作成時に予測した児童Oのアフォーダンスの予測は、「両腕ではさみこみ形を変える」、「抱き寄せるようにして腕を前後に動かす」、「持ち上げる」、「掌で握る」であった。このように、教材教具作成時の予測は実践結果とほぼ一致する結果となった。つまり、仮説5の教材教具作成の4段階には一定の妥当性が認められる。このことは、作成した教材教具がどのような対象児童の活動をアフォードするのかという活動の想起を含めた教材教具作成の在り方の有効性を示すものであると考える。

②抽出場面O-2：偶発的発見と偶発的発見の応用
（第2回、第3回、第4回実践）

● ［背景］

　第3期アクション・リサーチの第2回実践からは、児童Oに対して縦50㎝×横30㎝のビニール袋を用い、外側には絵具を付けるためのスポンジを装着し、内側には各種素材を入れて提示した。第2回実践での、綿とスポンジを混合した素材を入れた教具を提示した時である。児童Oは両腕で教具を挟んだり、左側に持ち上げたり、綿をあごの辺りにあてたりして積極的に活動に取り組み、長時間継続して教具を動かして遊んだ（**図138**）。すると、ビニール袋から綿とスポンジが出てしまい、ビニール袋だけの状態になってしまった（**図139**）。しかし、児童Oはそのままビニール袋を持って抱きしめるように腕を動かして遊んでいた（**図140**）。このことについて、学習指導計画／評価表のM教諭による「新たな一面の発見」の欄には、「綿よりビニール袋のほうを抱えて喜んでいたので、そのような感触も好きなんだと気づいた」と記されていた。

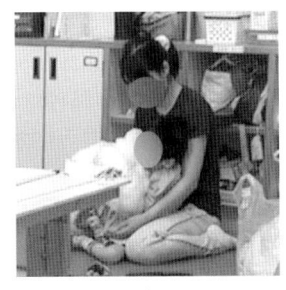 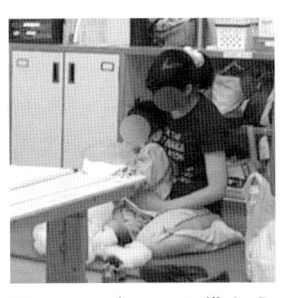 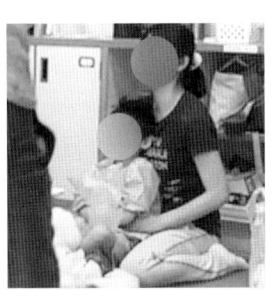

図138　スポンジ入りの　　図139　ビニール袋から　　図140　ビニール袋で遊ぶ
綿で遊ぶ　　　　　　　　綿が出る

　そこで、第3回実践ではビニール袋の中に、同じ種類のビニール袋を細く切った
ものを複数枚入れ、側面にスポンジを取り付けた教具（O-32）を作成し、使用した。

● ［抽出場面］
　第3回実践で、児童Oはビニール袋が大量に入った教具（O-32）が提示されると、
最初は嫌がって触ろうとしなかったが、もう一度渡すと両手で抱くようにして持っ
た。その後、教具を両手で抱えた状態で腕を上げ下ろしした後、大きな声を出しな
がら腕を動かし始めた（図141）。児童Oはまるでビニール袋のシャカシャカとした
触感と音を全身で楽しむように腕を前後に激しく動かし、その勢いで内側に入れて
いたビニール袋が外にあふれ出すほどだった（図142）。児童Oの様子に、M教諭も
笑顔で「すごい、大喜び！」ととても嬉しそうであった。

 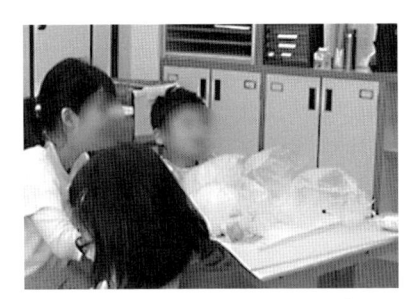

図141　ビニール袋で遊ぶ①　　　　　図142　ビニール袋で遊ぶ②

　このように、第3回実践ではビニール袋型教具に意欲的に取り組めたため、第4

回実践では"くしゃくしゃ染め"といわれる技法を用いて活動を行った。教具（O-34）で示す通り、児童Oが好きなビニール袋を重ねた教具の内側に、くしゃくしゃに丸めた障子紙を入れ、そこにピンク、オレンジ、黄色の絵の具を水で溶いたものを入れ、その状態で児童Oに提示した。すると、第3回実践同様、児童Oは**図143**のように、ビニール袋を持って上下、前後左右に動かしたり、持ち上げたり抱きしめたりした。その結果、**図144**のような美しい模様の作品が完成した。

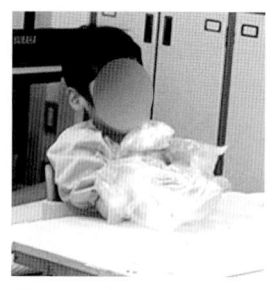

図143　ビニール袋で遊ぶ③

図144　完成作品

● ［第1次考察］

　上記の抽出場面で使用した教具は最初から計画したものではなく、活動の過程で児童Oの興味関心を見出し、それを活動の中に取り入れることで作成された。上記抽出場面の経緯を整理すると以下のようになる。

① 当初予測・想定していなかった児童Oの活動

② ①の活動に対するM教諭の着眼

③ M教諭（副担当教員）から筆者（主担当教員）への情報伝達

④ 筆者（主担当教員）の情報把握

⑤ 得た情報に基づく教材教具化、及び試行

　これら、副担当教員と主担当教員との連携に大きな役割を果たしていたのが学習指導計画／評価表と、第2期アクション・リサーチの成果で示した授業改善フローチャートに含まれる【偶発的発見】、【偶発的発見の応用】の概念、そして授業改善チェックリストであった。第3期アクション・リサーチで用いた学習指導計画／評価表にも、第1期、第2期アクション・リサーチ同様「新たな一面の発見」の項目を設け、担任教員への事前説明では、「新たな一面の発見」の項目に、これまで見られなかった児童の様子、及び授業改善に繋がる新たな発見を記載してもらうよう依頼した。その結果、M教諭は児童Oが意欲的に活動できる素材を発見し、上記のビニール袋を用いた教具による活動が実現した。仮に、従来行われている「個人目

標に基づく評価」のみを行うのであれば、今回の児童Oの活動は目標には掲げていないが故に児童を評価する際の観点とならず、そのまま見過ごされてしまった可能性もある。

　重度・重複障害児を対象とした造形活動を行う場合、特に児童Oのように実態階層が「無関心」の段階に位置づく児童生徒の場合、題材の初期段階では模索的に活動が行われる。つまり、対象児に何が適合するのか分からない状態で試行的に活動が行われる場合がほとんどである。そのため、わずかであっても適合した活動に気づくことが重要であり、1つの気づきが今後の授業での児童生徒のQOL向上に大きな影響を及ぼすことがある。また、副担当教員が気づくだけでは不十分で、それを次の活動に繋げるために主担当教員が連携し、気づいたことを次の単位時間の活動に反映させる即時的な改善が必要である。第3期アクション・リサーチでは、副担当教員の気づきから主担当教員への伝達、そして次回活動への反映までが滞りなく進み、結果として児童Oの“QOLが特に高まった状態”の活動の増加へと繋がった。

　このことから、第3期アクション・リサーチで設定した仮説7、仮説8の評価や授業運営の在り方、そして仮説9の授業改善の在り方には一定の妥当性が認められる。

⑵児童P

　児童Pでは、全4回の授業実践から4場面を抽出した。

①抽出場面P-1：実態階層・教員役割表が有効に機能し、適合する教
　　　　　　　　材教具の作成に繋がった場面（第1回実践）
②抽出場面P-2：実態階層・教員役割表における発達上の目標が達成
　　　　　　　　された場面（第3回実践）
③抽出場面P-3：授業改善フローチャートと授業改善チェックリスト
　　　　　　　　を用いた授業改善が有効に機能した場面（第3回、
　　　　　　　　第4回実践）
④抽出場面P-4：衝動・不随意運動型の児童に対する副担当教員の役
　　　　　　　　割を再認識できた場面（第2回、3回、4回実践）

　これら4場面を抽出した理由は、仮説、及びアクション・プランで示
した指導・支援の有効性を検証・再検討する場面として適していたため
である。
　まず、抽出場面P-1は、仮説2に基づき題材実施前に行った個別実態
把握表の作成と、仮説3で示した実態階層・教員役割表による児童の実
態階層の把握が有効に機能し、児童PのQOL向上のための適切な教材教
具の提供に繋がった場面である。抽出場面P-2は、仮説3の実態階層・
教員役割表で設定した発達上の目標が達成された場面であり、活動に対
する児童Pの質的変容が見られた重要な場面である。そして、抽出場面
P-3は仮説9の授業改善で用いた授業改善フローチャートと授業改善チェッ
クリストの使用が効果的であった場面である。最後に、抽出場面P-4は、
副担当教員が自らの専門性を発揮し、児童のQOL向上に積極的に関与
した場面である。最後の抽出場面P-4は仮説として厳密に設定していな
かった場面であったため、今後検討すべき課題として抽出した。

①抽出場面P-１：活動予想の妥当性（第１回実践）

● ［背景］

　事前の聞き取りで、児童Pは細長い形状のおもちゃを好むとのことであった。筆者による授業観察や休み時間中の観察でも、児童Pは低反発のバナナ型のおもちゃや、ホースに鈴のついた手作りのおもちゃを振って遊んでいた。また、遊びが現れる状況も特定の条件がある訳ではなく、どのような場面でも、おもちゃそのものに興味があるようだった。このように、児童Pの興味関心は明確であり、教員の役割は実態階層・教員役割表の「発見期」に位置づいていた。そのため、本実践では絵具で着色するための教具を児童Pが好きなおもちゃとほぼ同じ形状で再現した。具体的には、水道のホースや細長い形状のポリウレタン素材を用い、振った時の遠心力による抵抗感や握った際の触感、さらには振ると音が鳴る点も、児童Pが興味を有するおもちゃに近づけた。

　そこで、第１回実践では、教具（P-１〜10）まで10種類の教具を用意した。内訳として、教具（P-１〜５）の５種類は、「発見期」に該当する教具として位置づけ、児童Pが確実に興味関心を持ち、意欲的に活動を行なえることを目的として用意した。そして、残り５種類の教具（P-６〜10）は「展開期」に該当する教具として位置づけ、材料にガチャ玉やパッキン、マラカス、スポンジ等これまであまり用いられてこなかった材料を使用した教具を作成し、児童Pの興味関心をさらに広げられるよう試みた。

● ［抽出場面］

　児童Pの第１回実践では、表55で示した通り、用意した10種類の教具の内、５種類の教具（P-１、３、５、６、８）を単位時間内に使用できた。そして、使用した５種類の教具の内３種類の教具（P-１、３、８）で特に意欲的に活動でき、１種類（P-５）でまずまず意欲的に活動でき、そしてガチャ玉（単体）を使用した教具（P-６）は提示したが触ろうとしなかった。特に意欲的に活動できた３種類の教具では、教具を強く握り、腕を上下左右に力強く振って障子紙に着色する姿が見られた（図145、146、147）。

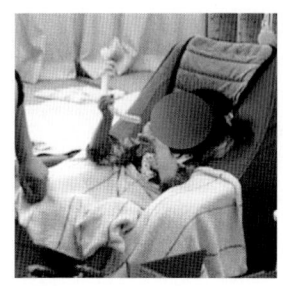

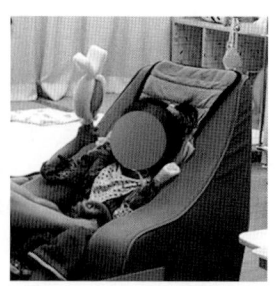

図145　P‑1で活動する　　図146　P‑3で活動する　　図147　P‑8で活動する

図148は第1回実践終了後の児童Pの作品である。用いた教具と着色された色の関係は以下の通りである。

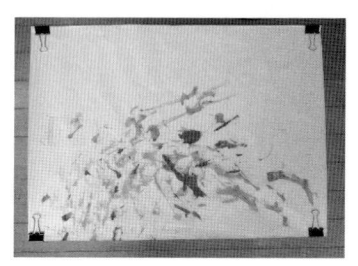

図148　第1回実践後の児童Pの作品

紫：P‑1【ホース（蛇腹）型教具】
青：P‑3【ホース（滑り止め）型教具】
緑：P‑5【ホース（安全スポンジ・鈴付）型教具】
オレンジ：P‑8【マラカス型教具】

　児童Pは特にP‑3の教具で積極的に活動したため、青色で多くの部分が塗られた。筆跡からも分かる通り、児童Pは上下左右に教具を振ったり力強く前後に動かしたりしたため、その動きがスピード感のある線を生み出し、前後に打ち付けた筆跡は力強く緊張感のある形態となった。

● ［第1次考察］
　児童Pに対しても、児童O同様、仮説2に基づく個別実態把握表への詳細な記載と仮説5に基づく教材教具作成の4段階が効果的であった。また、仮説3に基づく実態階層・教員役割表における児童Pの実態は「把持」や「操作・遊び」の段階に位置づき、興味関心の傾向が明確であったため、教材教具の形状を考案する過程では児童Pが好むおもちゃや遊びに含まれる要素である「棒状である、低反発の触感、振って遊べる、色が明快、音が鳴る」等を教材教具にそのまま反映できた。その結果、極めて高い頻度で適合する活動や教材教具を提示できた。
　他方、教員の役割はすでに実態階層・教員役割表の「発見期」に位置づいていたため、具体的な指導・支援は、次の2点に集約された。
　①　意欲的に活動できる現在の状況をより確かなものにすること。

②　適合している状態を基盤として「展開期」に該当する活動を試行的に実施し、児童の対象物への認識や興味関心を広げていくこと。

本実践において、第1回実践で使用した5種類の教具のうち、教具（P-1、3、5）は①に該当し、教具（P-6、8）は②に該当した。実践の結果、①に該当する3種類の教具は概ね適合し、試行的に使用した②に該当する教具のうち教具（P-8）は適合し、教具（P-6）は適合しなかった。この結果は、極めて妥当であったと考える。①に該当する教具は児童Pが意欲的に活動できる要素をそのまま取り入れており、適合する可能性が極めて高い。他方、②に該当する教材教具は試行的に使用するため、本時のように適合することもあればしない場合もある。このように、本実践では、ほぼ確実に適合する活動を基盤として、試行的に挑戦する活動を上乗せできる授業展開が可能であった。このことは、「実態階層・教員役割表」を活用し、作成する教材教具を構造的に位置づけ、一つひとつの教具の役割を確認しながら準備ができたためであると考える。

さらに、本実践のように「展開期」に位置づく試行的活動を実施できたことにはもう1つ利点がある。それは、適合する理由と共に適合しなかった理由も明らかにできる点である。今回用いたガチャ玉型教具は児童Pに適合せず、マラカス型教具は適合した。これらの違いが生じた理由は握り手の形状の違いであった。両者共、振ると音が鳴る点では共通するが、ガチャ玉型教具は握り手が球形であり、マラカス型教具は棒状であった。このことから、児童Pにとっては握り手の形状が重要な役割を果たしていることも予測できる。このように、「展開期」における教材教具の試行的な使用は結果が不適合であっても多様な発見をもたらし、次時の授業に繋がった。

以上のように、児童Pを対象とした実践においても仮説2の個別実態把握表、及び仮説3の実態階層・教員役割表の活用は造形活動におけるQOL向上に有効に機能した。

②抽出場面P-2：手元を見て活動した（第3回実践）

● ［背景］

仮説3の実態階層・教員役割表に基づく児童Pの発達上の目標は、「操作、遊び」の次の段階に位置づく「自らが操作したり遊んだりした結果に定位する」段階であった。そのため、教員の役割である「展開期」では、児童Pの教材教具への認識、そして活動そのものに対する自己認識を高めることを目指して活動設定や教材教具の作成を行った。

その結果、第3回実践では自らが着色することで画面が変化していく様子に注視

する場面が見られた。以下、その場面の詳細である。

● ［抽出場面］

　第3回実践を迎えても、児童Pが「自らが操作したり遊んだりした結果に定位する」段階には至っていなかった。これまでの実践で少し手元を見ることはあったものの、活動中確実に画面を注視することは無かった。さらに、第3回実践では、児童Pはそれほど積極的とはいえない活動内容であった。授業中盤には、教具を渡してもすぐに離してしまうことが続いた。

　やや沈滞しかけたムードの中、M教諭が、「画用紙を新しいのに代えてみませんか」と提案して下さった。児童Pのこれまでの活動で、画面は大量の色で埋め尽くされているような状態であった（**図149**）。もちろん作品としては魅力的になっていたが、児童Pにとっては自らの行為の結果（つまり着色できたこと）が見取りにくい状態になっていたことにM教諭が気づいての提案であった。そこで、新しい画用紙を画板に貼り、児童Pに提示した。

図149　画用紙を交換する直前の画面の状態

　すると、**図150**、**図151**、**図152**のように児童Pは自らが着色し、画面に色がついていく様子を注視し始めた。つまり、目標である“自らが塗った色や自らが教具を動かすことで着色されていく様子に注視する”活動が実現したのである。その後約2分間、自らが動かす教具の先端と画面が着色されていく様子を児童Pは見続けた。

 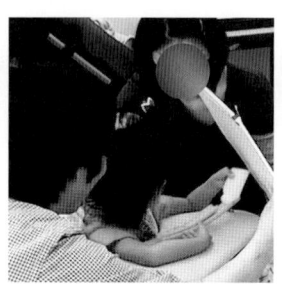 

図150　画面を見始める　　　**図151　着色を始める**　　　**図152　手元をよく見る**

　M教諭はこの日の学習指導計画／評価表の評価に、以下のように記載している。

・疲れがあり、授業のはじめは握る力が入りにくかったり、視線の定位が不安定だったりしたが、活動が進むうちに姿勢が前傾し、しっかり見ながら手を動か

すことができた。

・途中から机をつけることで体幹が安定し、教具の操作がしやすくなり、<u>手元も</u>
<u>しっかり意識することができた。</u>

（下線の挿入は筆者による）

● ［第1次考察］

　本実践では主担当教員、及び副担当教員が対象児童の発達上の目標を共通認識し、能力発揮のためにどのような活動を設定すべきかという指導・支援の在り方を明確化するための指標として実態階層・教員役割表を用いた。児童Pの発達上の目標は、「自らが操作したり遊んだりした結果に定位する」段階であり、児童Pの教材教具に対する認識、また、活動に対する自己認識を高め、自発的な活動の楽しさを実感してもらうことを目標とした。

　その結果、上記抽出場面の通り児童Pは自らが動かす教具を見ながら活動し、真っ白な画面が絵具で着色されていく様子を約2分間注視できた。このことから、本実践で設定した発達上の目標は決して的外れなものではなく、活動を重ねることで実現可能である妥当な目標であったといえる。このように、対象児童の発達面での実態を系統的、理論的に俯瞰し、教員が行うべき指導・支援を定めることができた実態階層・教員役割表は、実践を行う上で有用な指標であった。

③抽出場面P-2：微弱な修整がもたらす大きな効果
　　　　　　　　（第3回、第4回実践）

…………………………………………………………………………………

● ［背景］

　児童Pに対しては、第3回実践で教具（P-18）を使用した。しかし、持ち手が太すぎたこと、全体が長すぎたこと、そして重くなりすぎたことにより、児童が教具をうまく握れなかったり、動かそうとすると柄の部分が引っかかってしまったりして把持し続けることが難しく（**図153**）、短時間で手を離してしまうといったことが起こった（**図154**）。このことは、学習指導計画／評価表の「新たな一面の発見」の項目にも、M教諭が改善対象事項として、教具（P-18）は「もう少し短いほうが操作しやすかったかもしれない」と記載されている。

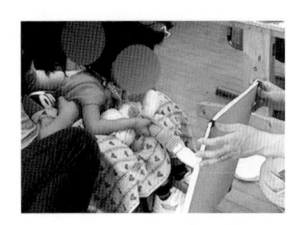

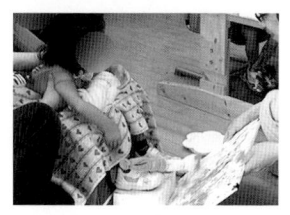

図153　ほとんど手が動かない　　　図154　教具から手を離してしまう

　これらの反省点を元に、**図155**の丸で示した部分を外してサイズダウンと軽量化を図り、1枚の滑り止めシートを丸めたものの先端にスポンジを取り付けただけの極めてシンプルな形状の教具（P-20）に改良した。

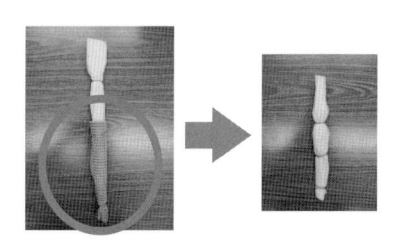

図155　児童Pの教具の修整

● ［抽出場面］
　改善後の第4回実践で児童Pは、修正した教具（P-20）を力強く前後に動かし、早いストロークで、画板に教具を打ち付けるように動かした（**図156**）。児童Pが腕を動かすたびに、「ドン、ドン、ドン」という画板の音が響き、黄緑色のスポンジの跡が連なるように着色された。

図156　打ち付けるように活動する　　　図157　右手に持ち替えて活動

その後、途中に何度か動きが止まることがあったり、ごく短時間手を離すことがあったが、教具を右手に持ち替えたり（**図157**）、再び左手に持ち替えたりしながら、合計7分弱、この教具を使って活動し続けた。学習指導計画／評価表の「新たな一面の発見」にも、「同じ教具を何度か持ち替えながら長く持ち続け、集中して活動できることに驚いた」と記されている。**図158**は、第4回実践前の児童Pの作品、そして**図159**は第4回実践終了後の児童Pの作品である。これを比べても、いかに第4回実践で児童Pが教具を用いて積極的に活動を行ったかが分かる。

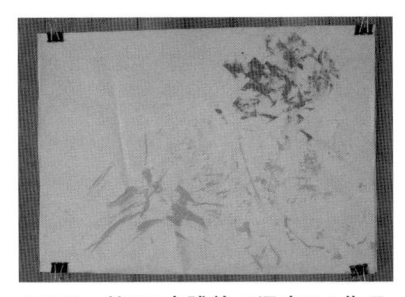 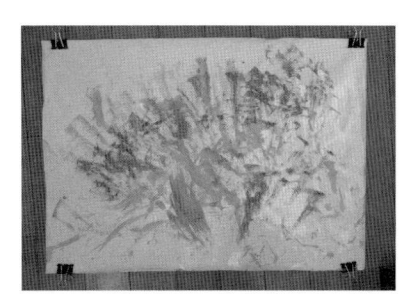

図158　第4回実践前の児童Pの作品　　図159　第4回実践後の児童Pの作品

● ［第1次考察］

　上記の場面では、極めて微細な修整しか行っていない。筆者が行ったことは、教具の一部分を取り外し、サイズダウンと軽量化を図っただけである。しかし、上記の結果で示す通り、微細な修整にもかかわらずその効果は大きく、児童の意欲的な活動を喚起し、長時間にわたる継続的な活動に繋がった。その結果、児童Pのダイナミックな動きをそのまま色や形として反映したような激しい作品となった。

　このような改善は、授業改善モデルのカテゴリーⅠ「改善のための判断」の【修正事項】、そして、カテゴリーⅡ「改善のための方策」の【制作方法の簡略化】に該当する。同様に、授業改善チェックリストでは、前者は観点5のチェック項目である「児童生徒が興味関心を有していた教材教具や活動の中で、部分的に修正が必要な個所はなかったか」に対する発見であり、後者は観点9のチェック項目である「児童生徒が今以上に容易に制作できる方法は無いか」に対する具体的な改善に該当する。

　本場面では、仮説9に基づく授業改善フローチャート、及び授業改善チェックリストを用いたわずかな修整が児童Pの意欲の向上や活動の促進、さらには能力発揮に繋がり、造形活動におけるQOL向上に有効に機能していた。

………………………………………………………………………………

④抽出場面P-4：副担当教員の役割（第２回、第３回、第４回実践）

● ［背景］

　衝動・不随意運動型の児童生徒を対象とした場合には、教材教具の質と量が問われ、主担当教員の役割が重要となることを第１期アクション・リサーチの成果で示した。しかし、第３期アクション・リサーチでは、副担当教員が果たす役割を多く見出すことができた。以下、その詳細である。

● ［抽出場面］

　本実践では、M教諭による活動姿勢の調整が頻繁に行われ、４回の実践で常に試行錯誤が行われた。例えば、第２回実践では児童Pの体幹を安定させ、腕を使った活動が行いやすいようにリラックスチェアーの側面にタオルが入れられ、授業時間中常に場所や入れる量が調整された（図160）。その他の授業でも第３回実践では、授業時間中のM教諭の発意により、図161のように急遽テーブルが取り付けられて体幹の安定が図られたり、図162のように活動中に頸部が腕で固定されたりするなど、児童Pの定位が起こりやすい姿勢も試みられた。さらに、第４回実践では、第３回実践での良好な結果を踏まえて手作りのテーブルがセッティングされた（図163）。

図160　タオルで体幹を安定させる

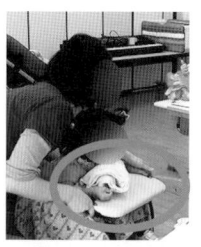

図161　テーブルを取り付ける

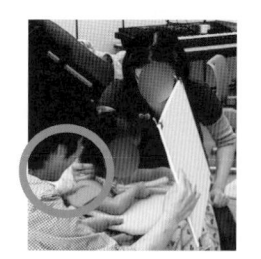

図162　頸部を固定する

図163　手作りのテーブル

　このように、児童が活動する基盤となる体調管理や活動姿勢、そして状況判断を副担当教員が適宜行っていたため、児童Pの意欲的、かつ能力が発揮される活動が実現した。

● ［第1次考察］
　上記抽出場面では、副担当教員による最も適した活動姿勢の追求と対象児の活動認識の向上を目指す支援が行われていた。これは、第2部カテゴリーⅠ「教材教具を介した支援」の【姿勢の検討】、【伝達方法の検討】に該当する副担当教員の支援である。
　第3期アクション・リサーチでは、児童Pが衝動・不随意運動型の児童であったため、副担当教員に対して事前打ち合わせで「児童生徒と教員との関わり」に関する内容には詳しく触れなかった。しかし、本実践では、副担当教員による改善が日常的に行われた。さらに特徴的であったのは、M教諭による支援が段階的に改善されていた点である。当初はタオルでの体幹の固定であったものが、仮のテーブルの使用、そして児童P用に特別に作成されたテーブルへと試行錯誤が繰り返され、最適な姿勢の実現が目指された。このように、主担当教員のみならず、副担当教員も独自に授業改善を重ね、双方の立場で可能な指導・支援を行うことにより、児童PのQOL向上に繋がった。
　以上のことを踏まえると、今後の課題として、類型ごとの主担当教員と副担当教員の役割の違いを再度調査・整理し、明示する必要があると考える。

第7節　仮説検証

　前節の実践結果に基づき、本節では仮説、及びアクション・プランで設定した指導・支援の有効性の検証を行う。仮説の枠組みは「実態把握」、「題材を介した児童生徒と教員との関わり」、「題材開発」、「授業運営」、「評価」、「授業の改善」の6種類である。以下、項目ごとに検証する。

1．実態把握：仮説1、仮説2
　第3期アクション・リサーチでは、第1期、第2期アクション・リサーチと同様、クラス内実態把握表、及び個別実態把握表を用いて実態把握を行った。また、仮説2に基づく第3期アクション・リサーチの新たな

試みとして、個別実態把握表には単に「○○できる」、「○○を好む」といった事項のみを記載するのではなく、これらの状態が現れる環境や条件を含めて把握・記載した。

その結果、抽出場面O-1で示した通り、教材教具作成時には用いる素材の"量"が児童Oの意欲向上に関与していることに着眼でき、児童Oが両手で抱きかかえられる量の素材を用いた４種類の教具が、児童Oの「把持」や「遊び」の活動に繋がった。このことは、児童Oが興味関心を持つ条件の把握により実現したものと考える。他方、児童Pの第１回実践では、児童Pが好きなおもちゃとほぼ同じ形状で再現した水道のホースやポリウレタン素材を用いた教具を作成した。実践の結果、抽出場面P-1の通り、５種類のうち４種類の教具が児童Pに適合した。

特に、第１回実践における活動内容や教材教具の適合状況は、事前の実態把握によるところが大きい。本実践の第１回実践で児童O、児童P共に適合する活動や教材教具が設定できたことは、第３期アクション・リサーチの実態把握の在り方が有効であったためであると考える。

２．題材を介した児童生徒と教員との関わり：仮説３

第３期アクション・リサーチでは、クラス内実態把握表による実態把握により、対象学級に在籍する児童２名がどちらも衝動・不随意運動型の児童であることが確認できたため、主担当教員が作成する教材教具の在り方が重要であることを確認できた。

そこで、第３期アクション・リサーチでは表54、表55で示した通り、児童Oに対して第１回実践では14種類、第２回実践では12種類、第３回実践では７種類、第４回実践では９種類の教材教具を用意した。また、児童Pに対しては第１回実践10種類、第２回実践11種類、第３回実践17種類、第４回実践16種類の教材教具を用意した。このように、第３期アクション・リサーチでは、主担当教員が多様な可能性を想定して豊富に教材教具を用意したことで"授業途中で活動が終わってしまう"、もしくは"手立てが尽きる"という状況は起こらなかった。単位時間内に使用しきれなかった教材教具は児童Oでは第１回実践４種類、第２回5

種類、第 3 回 1 種類、第 4 回 3 種類であった。他方児童Pでも第 1 回 4
種類、第 2 回 3 種類、第 3 回 7 種類、第 4 回12種類の教材教具を使用
できず、児童O、児童P共に意欲的に活動できる可能性のある手立てが
残った状態で授業を終えることができた。このような準備が可能であっ
たのは、仮説 3 に基づき、児童の類型を把握し、主担当教員と副担当教
員の役割を明確に認識できたためであると考える。役割に応じて各教員
がそれぞれの立場で必要な環境設定や支援方法を検討・準備できたこと
が本実践での児童のQOL向上に繋がったものと考える。

　また、児童生徒と教員との関わりを考える上で有効であったのは、実
態階層・教員役割表による発達面での目標設定ができたこと、そして、
それを教員集団で共有できたことである。例えば、児童Pは第 1 回実践、
第 2 回実践では教具を前後左右に振り、教具を握った時の感触や振った
時の抵抗感や鈴の音を楽しんでいる様子であった。しかし、第 3 回実践
では抽出場面P- 2 の通り、発達上の目標としていた、自らが塗った色や
自らが教具を動かすことで着色されていく様子への注視が約 2 分間見ら
れ、発達上の目標が達成された。この姿が現れるきっかけとなったのが、
抽出場面でも示したM教諭による画用紙交換の提案である。この提案の
背景には、色で埋め尽くされた画面では児童Pが自らの活動を認識しに
くいのではないかというM教諭の気づきがある。この気づきの背後には、
実態階層・教員役割表で確認した発達上の目標、つまり「操作すること
によって起こる変化への定位」が達成されることをM教諭が常に意識し
ていたためであると考える。このように、実態階層・教員役割表を用い、
教員による関わりにおける指導・支援の観点を明確化することは、指導
や支援が的確かつ有効に機能することに繋がった。

3 ．題材開発：仮説 4 、仮説 5

　今回開発した題材「きせかえ灯篭」は、多様な表現方法が可能であっ
た。抽出場面O- 1 でも示した通り、教材教具を入れるビニール袋の外
側にスポンジを取り付け、そこに絵具をしみ込ませることで、児童Oが
教材教具を持ち上げたり押したりねじったりする力動跡を色や形として

画面に定着させることができた。また、児童Pに対しては、抽出場面P-1やP-3で示した通り、児童Pが好きな楽器やホースの先端にスポンジを取り付けることで着色し、児童のたたきつける動きや前後左右に振る動きを色や形として画面に定着させることができた。このように、本題材は在籍する両児童が活動可能であり、なおかつ児童が得意とする活動を作品制作に繋げることができ、結果として児童の「QOLが特に高まった状態」の活動を実現できた。このことから、仮説4のアクション・プランで示した4つの条件である「児童生徒が直接触れることができる触覚的な材料を用いていること」、「材料の量の調整が容易であること」「微弱な力でも変形・操作できること」、「作品制作のバリエーションが豊富であること」を含んだ本題材は適切であったと考える。

　また、本題材では、仮説5に基づき以下の4段階の手順で教材教具を作成した。

1）児童生徒が興味関心を有する事物の発見

2）1）の事物に含まれる要素の抽出

3）2）の要素を反映させた教材教具の作成

4）3）で作成した教材教具がアフォードする活動の予測

　このように、第3期アクション・リサーチでは、教材教具作成の理論的裏付けを明確にしながら段階的に教材教具を考案・作成し、作成した教材教具が児童のどのような活動をアフォードするのかを予測することで、教材教具の有効性を事前に検証できた。つまり、本研究では、教材教具を作成し終えた時を終了とするのではなく、この教材教具であれば対象児童のどのような活動を促進するかという想像過程をアフォーダンスの予測として教材教具作成過程の最終段階に位置づけている。

　この想像過程が効果的であったのは、活動予測に時間的要素が加わった点である。活動予測への時間的要素の付加とは、教材教具作成段階で児童が一定時間把持できたり操作したり遊んだりする情景を想像することを意味する。つまり、教材教具作成過程では常に実態階層・教員役割表の「把持」や「遊び」の段階が必然的に目指されることとなり、継続的な活動の持続と、それを実現できる教材教具の作成が求められる。ア

フォーダンスの予測により、高い目標を設定できたことで、本実践では児童が意欲的に活動できる教材教具の作成に繋がった。第３回実践を終え、作成した教材教具がアフォードした児童O、児童Pの活動は以下の通りである。

児童O ：引き込む、抱き寄せる、引っ張る、顔をうずめる、両腕で挟む、両腕を前後に動かす、持ち上げる、握る、両腕でねじる、両腕を左右に動かす、発声する　（順不同：全11種類）

児童P ：教具を握る、教具を振る、教具を画板にあてる、前後に小刻みに振る、選択する、音を出す（鈴をならす）、音を出す（マラカスを振る）、教具を左右に動かす、投げる、上下に動かす、持ち替える、教具の先端を注視する、弧を描くように動かす、ゆらす、肘を曲げ伸ばしする、画板を持つ、手を離す、発声する、教具を画板に叩きつける、画面を注視する、両手で教具を持つ、右手で持って左手を動かす、教具をあごにあてる、振り回す　（順不同：全24種類）

　また、各児童が第３期アクション・リサーチの全活動において「QOLが特に高まった状態」が実現した場面は児童Oが12か所、児童Pは26か所あり、その際に用いた教材教具の継続使用時間の平均は、児童Oは102.75秒、児童Pは77.69秒であった。もちろんばらつきはあるが、両者共、適合した活動では、平均１分前後継続して活動できていた。

　このように、作成した教材教具は対象児童の意欲を高め、一定時間継続した活動を実現できたと共に多種多様な活動をアフォードできた。これらのことから、仮説４に基づく第３期アクション・リサーチの題材開発、そして仮説５に基づく教材教具作成の方法は児童の造形活動におけるQOL向上に有効であったと考える。

4．授業運営：仮説 6

　授業運営について、第 1 期、第 2 期アクション・リサーチでは、学習指導計画／評価表に個別の児童ごとに活動内容・支援方法、目標を記載すること、そして授業導入時に実演を交えた個別説明を行うことが効果的であることを実証した。そこで、第 3 期アクション・リサーチでは、第 1 期アクション・リサーチ仮説 6 を継続して設定し、実施した。また、第 3 期アクション・リサーチでは、副担当教員による"新たな一面の発見"そして、"授業改善の提案"を積極的に行い、学習指導計画／評価表に記載することで、主担当教員と副担当教員による双方向的な提案が為される協働型の授業運営を目指した。

　その結果、表53で示したように学習指導計画／評価表には多くの気付きと改善に関する提案の記載があった。その中には、抽出場面O-2で示したL教諭によるビニール袋に対する児童Oの興味関心への気付きや、抽出場面P-3のM教諭による教具を軽量化する修正への気付きと改善への提案が含まれ、このような気づきや提案が授業改善や教材教具の改善に繋がり、児童O、児童P双方の造形活動におけるQOL向上をもたらした。

　副担当教員は、担当する児童生徒との密接な関係の中で指導・支援を行う。それゆえ、主担当教員が見落としてしまう様々な事柄に気付くことができる。第 3 期アクション・リサーチでは、副担当教員による問題意識やアイデアが積極的に主担当教員（筆者）に提案され、改善に繋がった。このことから、学習指導計画／評価表を介して双方向的に情報伝達が行われ、副担当教員が積極的に指導・支援の提案を行う授業運営の在り方は有効であったと考える。

5．評価：仮説 7、仮説 8

　実践の結果、表53で示した通り、4 単位時間の授業でL教諭からは 6 種類、M教諭からは 4 種類の気づきと授業改善に関する提案が学習指導計画／評価表に記載された。その結果、同じく表53の右側の枠で示したようにそれらの提案が具体的な授業改善に繋がり、結果として児童の造形活動におけるQOL向上に繋がった。

　今回、仮説7、仮説8のアクション・プランで設定した評価方法は、次の2つの点で有効であったと考える。1点目は、評価の役割が「目標に基づく評価」「新たな一面の発見」、「評価を踏まえた改善策の提案」の3点として整理され、児童生徒のQOL向上に必要な内容に焦点化できた点である。2点目は学習指導計画／評価表を介在させることで、評価を踏まえた改善策の考案段階に副担当教員が積極的に関与できた点である。このことにより、対象児童のQOL向上に主担当教員と副担当教員が共に関与できる評価が実現した。

6. 授業改善：仮説9

　第3期アクション・リサーチでは、仮説9に基づき第2期アクション・リサーチで示した図110の授業改善モデルを授業改善の枠組みとして用いた。このモデルは、対象児童の興味関心に基づき、"うまくいっている所をさらに良くする"授業改善モデルであり、適合した活動を中心に継続、発展、修正する改善を中心とすることで徐々に活動内容や用いる教材教具をブラッシュアップする授業改善のモデルである。授業改善モデルに基づく授業改善の詳細は表54、表55に示している。

　第3期アクション・リサーチを終え、授業改善モデルに基づく継続的な改善の結果、図125、図126、表51、表52で示すQOL評価結果となった。具体的には、児童Oの単位時間に占める「QOLが特に高まった状態」の割合は第1回実践で23％、第2回実践で低下して6％、その後第3回実践で17％、第4回実践で26％となり、最後の授業がわずかではあるが全実践の中で最も高い割合となった。他方、児童Pは第1回実践23％、第2回実践18％、第3回実践28％、第4回実践44％となり、児童Pも第2回実践時に落ち込み、その後第3、4回実践で上昇し最後の授業での「QOLが特に高まった状態」の割合が最も高くなった。また、両者ともにQOL上昇と共に「QOLが低い状態」は減少した。このことは、本研究で示した授業改善モデルを使用することの一定の効果が認められる。

　また、第3期アクション・リサーチで用いた教材教具の改善では、同じく第2期アクション・リサーチの成果である図111の授業改善フロー

チャートに従い、表45の授業改善チェックリストを参照しながら改善を行った。その結果、抽出場面O-2や抽出場面P-2で示した通り、授業改善が有効に行われた。その他にも第３期アクション・リサーチでは、**表56**にまとめたように、多くの場面で授業改善フローチャートの２つのカテゴリーである「改善のための判断」と「改善のための方策」による枠組みが機能し、各カテゴリーに含まれる観点を適宜組み合わせることで、教材教具の発展的展開や問題解決等、多様な状況に対応できた。

表56　授業改善の具体例

番号	対象児	＜改善のための判断＞		＜改善のための方策＞と結果	
		観点	具体例	観点	具体例
1	児童O	【修正事項】	第2回実践では、ビニール袋の底部に着色用のスポンジを装着した。その結果、児童Oが活動を始めるとビニール袋が横倒しになることで底部に装着していたスポンジが側面に立ち上がってしまい、うまく着色できなかった。	【転換的発想】	スポンジをビニール袋の側面に取り付けた。改善の結果、ビニール袋が横倒しになると装着したスポンジが下側に位置するようになり、児童Oの意欲的な動きが色や形として反映され、色とりどりの模様として画面に定着した。
2	児童O	【削除検討事項】	第1回、第2回実践では、大量の素材を用いた教材教具だけではなく、少量・中量の素材を用いた教材教具にも定位し、リーチングできることを目標として活動を行った。しかし、それほど意欲的に活動できない場面がほとんどであった。	【活動目的の再検討】	第3回実践では少量・中量の教材教具を触ることを目標から削除した。つまり、少量・中量の教材教具を触ること以上に、教材教具に触れ、操作したり遊んだりして楽しむ活動に時間を使い、なおかつそのような経験を増やすことを優先すべきであると判断した。第3回実践から、児童Oが1つの教具で意欲的に活動できる時間は増加した。
3	児童P	【削除検討事項】	第1回実践では、児童Pに対して、絵具を選択する活動を加えていた。しかし、児童Pの主要な目標は、教具を振ったり教具で叩いたりして遊ぶことや、画面を注視することであったため、単位時間内の活動を整理する必要が生じた。	【活動目的の再検討】	第2回実践以降は絵具の選択を活動から外し、教具の操作、遊びを中心とした授業構成に変更した。そのため、第2回実践以降、絵具は溶いた状態で準備し、児童Pによる教材教具の選択後、児童が教具を把持したままM教諭がパレットをあてがい、スポンジに絵具をつけるという支援に変更した。その結果、児童Pの実質的な活動時間が増加すると共に、児童Pの活動リズムを崩さず、教材教具選択から塗る活動へと連続して展開できる活動が実現した。教具選択から塗る活動に至るまでの時間が短縮されたことで意欲と集中力の維持にも繋がった。

　このように、授業改善モデル、授業改善フローチャート、そして授業改善チェックリストは第3期アクション・リサーチにおいて有効に機能し、対象児童の造形活動におけるQOL向上に繋がった。このことから、仮説9、及びアクション・プランに基づく授業改善モデル、授業改善フローチャート、及び授業改善チェックリストの使用には一定の効果が認められる。

　ただし、児童O、児童Pは共に第2回実践で「QOLが特に高まった状態」が低下している。その要因として、児童Oに対しては第1回実践で素材に慣れることを目的とした活動から、第2回実践では作品制作に移行し、素材そのものの提示からスポンジを付けたビニール袋の中に素材を入れて提示したことへの変化が関与していると考えられる。また、児童Pに対しては、第1回実践で適合した教具の内2種類が第2回実践で適合しないという状況が発生した（表55、P-3とP-8）。このことは慣れや飽き、またその日の体調等が関与していると考えられる。このことはある程度致し方ないことであり、このように同一の教具を継続的に使用し続けることが児童Pに対しては適切ではないことを把握できた点を重視すべきであると考える。

第8節　成果と課題

第1項　成果

　本節では、検証結果を踏まえ、第3期アクション・リサーチの仮説、及びアクション・プランの中で、児童生徒のQOL向上に特に有効であった内容について考察する。

1．実態把握における体系的な情報整理と視覚化

　本研究では、造形活動での使用を目的としたクラス内実態把握表と実態階層・教員役割表を開発した。第3期アクション・リサーチでの検証結果を踏まえ、これらの指標の利点を2点挙げる。1点目は、造形活動実施上必要となる情報が整理して示されている点である。クラス内実態

把握表は、上半身の運動機能レベルとコミュニケーションレベルが座標で示されており、もう1つの指標である実態階層・教員役割表は、児童生徒の事物に対する認識・行動と各階層に応じた教員の役割が示されている。このように、重度・重複障害児を対象とした造形活動の活動領域や活動内容に応じて絞り込んだ情報を収集することにより、的確で無駄の無い実態把握と把握実態の活用が可能になった点が本指標の1点目の利点である。

　2点目の利点は、指標が視覚化されている点である。前者のクラス内実態把握表を視覚化する効果は以下の2点としてまとめられる。

- ・実態のマッピングと類型化による対象集団の概括的把握。
- ・複数の教員による短時間での情報共有や共通理解。

　クラス内実態把握表は、対象クラスに在籍する児童生徒の特性に基づく類型化により、児童生徒一人ひとりの概括的特性と集団内の相対的な実態の位置づけ、そして対象集団の全体像を視覚的に把握できる指標である。アクション・リサーチではこの指標の使用により、対象集団に対する教員の指導・支援の全体枠組みの設定が容易であった。例えば、第3期アクション・リサーチのように同一類型の児童で構成される集団であれば、当該類型単独の枠組みに基づく指導・支援が中心となり、他方、第1期、第2期アクション・リサーチのように異なる類型の児童が混在する集団であれば、各類型の特性に応じた指導・支援を同時に用意する必要がある。つまり、クラス内実態把握表では集団単位での実態の分散状況、そして、分散状況に応じた教員の役割の全体像を見取ることができた。さらに視覚的に示すことで、TTで行われることが多い特別支援学校の重複障害学級における複数の教員間の実態把握のズレを解消でき、児童の概括的実態と集団把握双方の共通理解が容易であった。

　次に、もう1つの指標である実態階層・教員役割表を視覚化する利点として以下の4点が挙げられる。

- ・児童生徒一人ひとりの発達上の実態（質的な差異）の認識。
- ・児童生徒の各階層と連動する教員の役割の把握。
- ・各階層の把握に伴う活動設定の背景や意図の明確化。

・複数の教員による短時間での情報共有や共通理解。

　この中で、３点目の「活動設定の背景や意図の明確化」とは、実態階層・教員役割表を作成することで、教員がどのような意図や背景で活動を設定しているのか、その目的を明確にできることを示している。例えば、第３期アクション・リサーチにおいて、対象児童に教材教具を作成する目的は、児童Oに対しては、意欲を喚起するため、もしくは児童Oが有する能力をアフォードする環境を設定することが目的であった。他方、児童Pに対しては、いかに教材教具や自らの活動に対する認識を高め、自発的な活動の楽しさを実感できるかということが目的であった。このように、実態階層・教員役割表は、一人ひとりの実態が全く異なる重度・重複障害児特有の複雑な実態把握の手続きや把握すべき情報を整理できると共に、児童生徒の類型や実態の階層に応じた的確な目標、活動内容、支援方法の設定、及び教員間の共通理解の促進に寄与できる指標であった。

　以上のことを踏まえ、クラス内実態把握表と実態階層・教員役割表は児童生徒の造形活動におけるQOL向上に繋がる教員の指導・支援に有効に機能する指標であったと考える。

２．実態の二層性モデルと授業改善

　実態把握において教員は、把握するタイミングにより、異なる２種類の実態を把握する必要がある。１つは題材実施前、もう１つは題材実施中である。ここでは、題材実施前に把握され、活用される実態を "確定的実態" と呼び、題材実施中に立ち現われ活用される実態を "変動的実態" と呼ぶ。確定的実態の中には、第２部カテゴリーⅣ「実態把握」で示した【外部情報の収集】と【実証的確認】によって得られた情報が含まれる。そして、変動的実態はリアルタイムで行なわれる【実証的確認】であり、確定的実態での【実証的確認】との相違点は、総括的に整理・検証された情報ではなく、今まさに起こった行為・行動を取り上げた実態である点である。"確定的" に対して "変動的" としたのは、各単位時間で現れる児童の行為・行動は不確定で以後継続して現れる場合もあ

れば、突発的に表れ、以後現れない場合もあるためである。なお、第1期アクション・リサーチではこの実態を「一回性の実態」と記している。

　第3期アクション・リサーチではこの2種類の実態の位置づけを認識することで、的確な活動設定が可能となった。これら2種類の実態を図示したものが**図164**である。

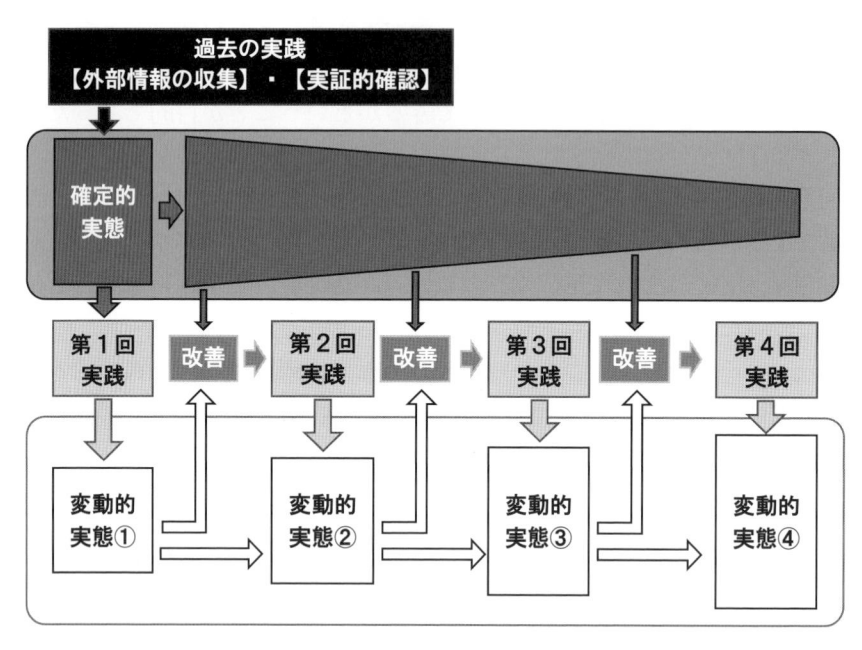

図164　実態の二層性モデル

　図164の特徴は、変動的実態の位置づけを明確化し、さらに重要視した点である。先行研究の多くでは、図164の確定的実態の把握と活用に重点が置かれ、1つの題材が終わるまで、把握した実態の訂正や加筆、そして新たに把握した実態に基づく活動内容の変更や修正が行われることはほとんど無く、それほど重要視されてこなかった。

　しかし、児童生徒の実態は活動を行うごとに変化し、題材初期に設定した活動がそのまま有効であり続けるとは限らない。特に重度・重複障

害児を対象とした場合には、事前の活動予測が困難であるため、常に批判的に活動内容や支援方法を省察・検証し、次回活動に向けて迅速な修正を行う必要がある。

　このことから、重度・重複障害児を対象とした造形活動における実態把握を2つの点で捉え直す必要があると考える。1点目は、これまでのように活動前に行われ、把握した時点で完結する実態把握のみならず、題材実施過程で継時的に更新され、変化する概念として実態把握を捉え直す必要性である。2点目は、実態把握を児童理解を主目的とした位置づけのみならず、授業で使用し、活用することを主眼とした実態把握へと捉え直す必要性である。

　特別支援学校の重複障害学級で行われる造形活動の困難点として、題材によって用いる材料や教材教具、そして活動内容が変化する点がある。造形活動では、繰り返し同じ活動を続けることはほとんど無く、描画や版画、立体等、用いる教材教具や使用技法が題材によって異なる。そのため、教員は題材が変わるごとに実態把握に基づく活動予測を行い、活動内容や支援方法を決定し、実施する必要がある。特に重度・重複障害児を対象とした場合には、活動予測そのものが困難であり、第3期アクション・リサーチでもそうであったように、各授業ごとに多くの変更、修整を余儀なくされた。このような状況において、変動的実態を題材実施過程に位置づけ、さらに変動的実態の主目的を活用として捉えることは授業改善に有効に機能した。また、改善過程で第2期アクション・リサーチで示した授業改善モデル、授業改善フローチャート、授業改善チェックリストを用いることは、第3期アクション・リサーチでの実証実践でも有効であった。

　以上のように、本研究では実態把握を種類の異なる2層で捉え、特に活動ごとに変化する児童生徒の変動的実態に着目し、その中から改善に活用できる情報を的確に抽出し、抽出した情報に基づく具体的な改善方策を体系的に示した。これらの枠組みを認識し、実行することで、重度・重複障害児の造形活動におけるQOL向上が実現するのではないかと考える。

3．アフォーダンスの予測による教材教具の作成

　第3期アクション・リサーチでは、表54、表55の通り、用意した多くの教材教具が対象児童に適合した。これらの結果をもたらした要因は、教材教具の位置づけにあると考える。通常、教材教具は制作する作品に応じて種類が選択される。例えば、絵を描く活動であれば筆、粘土を使用するのであればヘラ等である。これらはほとんど疑われることなく選択される。

　それに対し、本研究では第1期アクション・リサーチで児童生徒の活動をアフォードする教材教具の在り方を提案し、第3期アクション・リサーチで実証研究を行った。この取り組みの新規性は、教材教具を作品制作のための用具としてのみならず、児童生徒の活動を引き出すための用具として捉えた点にある。つまり、第3期アクション・リサーチでは児童が主体となって教材教具を使用するという視点と共に、教材教具を主体とし、作成した教材教具が児童生徒のどのような運動、動作、行為を引き出し、魅力を維持しながら継続的な活動を促進させていくかという視点で教材教具の役割を捉え直した。

　本研究における教材教具作成の原理は、本来主体となる児童生徒を一旦客体化し、周囲の環境を主体化することで用具等を含めた活動環境が有する価値を描出し、描出した価値と児童生徒の実態との適合可能性を検討することで、教材教具の形状や機能を検証・確定したことである。そこで、第3期アクション・リサーチでは教材教具が児童生徒のどのような活動を引き出すのかを予測する"アフォーダンスの予測"を教材教具の作成過程に加えた。

　その結果、第3期アクション・リサーチでは、抽出場面O-1や抽出場面P-1で示したように対象児童の実態と教材教具が合致し、児童の意欲的な活動と能力発揮に繋がった。今回の実践で使用した教材教具は、まず児童の興味関心を惹き、児童が操作することによって音が鳴ったり形状が変化したりする等、教材教具そのものの状態が変化し、変化したそのことがさらに児童の興味を惹くというサイクルを生み出していた。例えば、児童Oでは提示した素材（フェルト羊毛）そのものの魅力が児

童Oのリーチングに繋がり、次いで触った時の感触の良さが児童Oによる抱えたり腕を上下させたりする活動に繋がった。さらに、腕を動かすことで素材の形状が変化することが児童Oの活動への意欲をさらに高めていた。これらは、変化することも含めて教材教具が有する価値であり、児童が関わることによる教材教具の魅力の質的な変化が児童Oの活動への意欲の持続に繋がっていた。

　このように、教材教具が含む多様な価値と児童生徒の実態とが合致する状態を予測しながら教材教具を作成することは、児童生徒の造形活動におけるQOL向上に有効であった。すなわち、教材教具が対象児童生徒に対して"何をアフォードするのか"を予想することは、有効な指導・支援方策であったといえる。

第2項　課題

1．衝動・不随意運動型の児童生徒に対する副担当教員の役割の明確化

　教員の役割として、第3期アクション・リサーチでは、第1期、第2期アクション・リサーチの結果から、衝動・不随意運動型の児童生徒を対象とした教員の役割として、主に教材教具を作成する主担当教員の役割に重きを置き、実践を行った。しかし、抽出場面P-4でも示した通り、児童Pに対しては、副担当教員による姿勢の検討が児童の造形活動におけるQOL向上に大きく関わっていた。

　その他にも、例えば児童Oは連続して同じ活動を行うと覚醒状態が低下するため（**図165**）、担任教員は**図166**、**図167**で示す通り、椅子とマットでの座位姿勢を交互に変換することによって児童Oの覚醒を高めていた。

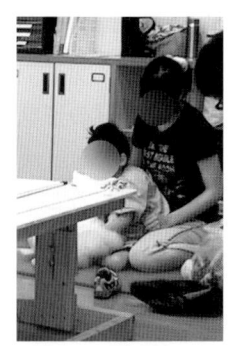

図165　覚醒が下がった状態　　　図166　移動の様子　　　図167　移動後の活動

　このように、児童が活動する基盤となる体調管理や活動姿勢、そして状況判断を副担当教員が適宜行ったため、児童O、児童Pの意欲的、かつ能力が発揮される活動が実現した。以上のことを踏まえると、今後の課題として、衝動・不随意運動型、静止・微弱運動型の類型ごとの主担当教員と副担当教員の役割の違いを再度調査し、明示する必要がある。

２．静止・微弱運動型の児童生徒を対象とした実証研究の必要性

　第3期アクション・リサーチでは、第1期、第2期アクション・リサーチの成果に基づいて生成した仮説を、特別支援学校の別の重複障害学級で実証した。実践・検証の結果、異なる重複障害学級でも在籍する児童2名のQOLを高める造形活動が実現した。しかし、第3期アクション・リサーチの対象学級には重度・重複障害児のもう一つの類型である、静止・微弱運動型の児童が在籍していなかった。そのため、静止・微弱運動型の重度・重複障害児に対して第1期、第2期アクション・リサーチの成果が適用可能であるかどうかを再度アクション・リサーチで検証する必要がある。

第Ⅹ章
総合考察

第 1 節　重度・重複障害児のQOLを高める造形活動の指導理論

　本研究の目的は、重度・重複障害児のQOLを高める造形活動の指導理論を構築することである。そのために、第 1 部では美術科教育、及び特別支援教育双方の先行研究を検討し、研究動向と課題を明らかにした。第 2 部では糸賀一雄、Vygotskyの思想を理論的枠組みとして、特別支援学校の重複障害学級でエスノメソドロジーによる質的研究を実施し、重度・重複障害児を対象とした造形活動の理論的構造を提示した。そして、第 3 部では第 2 部の理論的構造に基づき、重度・重複障害児のQOLを高める造形活動の指導仮説を設定し、 3 期のアクション・リサーチを実施することで指導仮説を検証した。

　これら、第 1 部、第 2 部、第 3 部の研究成果を総合し、本研究では「確定的実態の把握」、「題材開発」、「授業実践」、「評価」、「変動的実態の把握」「授業改善」の 6 項目で構成される重度・重複障害児のQOLを高める造形活動の指導理論を生成した（**表57、図168**）。

表57　重度・重複障害児のQOLを高める造形活動の指導理論

理論的枠組み	概略	関連する指標・モデル・カテゴリー
1.確定的実態の把握		・実態の二層性モデル（図164） ・第2部カテゴリーⅣ「実態把握」（図22）
1.1集団		
1.1.1 対象クラスの全体把握	・対象クラスに在籍する児童生徒全員の実態の分散状況と類型を確認する。	・クラス内実態把握表（図29、図113、　表22、表23）
1.2個別		
1.2.1 個別の児童生徒の興味関心の把握	・児童生徒一人ひとりの興味関心を把握する。その際に興味関心が表れる場面や状況も同時に把握する。	・個別実態把握表（表48、表49） ・教材教具作成の手順（表44）
1.2.2 個別の児童生徒の現存機能の把握	・児童生徒一人ひとりの現存機能を把握する。その際に現存機能が発揮される場面や状況も同時に把握する。	・個別実態把握表（表48、表49） ・QOL評価ルーブリック（図27、表18）
1.2.3 個別の児童生徒の意欲の表れの把握	・児童生徒一人ひとりの意欲の表れを、意欲が高い状態、普段の状態、意欲が低い状態の3種類で把握する。	・個別実態把握表（表48、表49） ・QOL評価ルーブリック（図27、表18）
1.2.4 個別の児童生徒の実態階層と教員役割の確認、及び目標設定	・児童生徒一人ひとりの類型に応じて実態の階層を確認し、発達上の目標を設定すると共に、実態の階層に応じた教員の役割を確認する。	・実態階層・教員役割表 　衝動・不随意運動型（図65） 　静止・微弱運動型（図66）
2.題材開発		
2.1集団		
2.1.1 実施題材の選定・開発	・重度・重複障害児の実態におおよそ適合した題材を選定・開発する。	・特別支援学校の重複障害学級における【既存題材の活用】の手順（図24） ・過去に実践された題材（pp.251-252、p.310、pp.383-384） ・第2部カテゴリーⅤ「題材開発」（図23）
2.2個別		
2.2.1 個別の教材教具の考案・作成	・以下の4段階で教材教具を考案・作成する。 　第1段階「興味関心の発見」 　第2段階「要素の抽出」 　第3段階「バリエーションの考案」 　第4段階「アフォーダンスの予測」	・個別実態把握表（表48、表49） ・教材教具作成の手順（表44）
	・類型の違いに応じた教材教具の準備 ＜静止・微弱運動型の児童生徒の場合＞ 「触覚的な材料」、「材料の量の調整が容易」、「微弱な力でも変形や操作が可能」、「温度調節が可能」、「匂いを加えることが可能」、「粘度調節が可能」等の特質を備えた教材教具が有効。 ＜衝動・不随意運動型の児童生徒の場合＞ 可能な限り数量を多く用意し、授業時間内にすべての手立てが尽きる状態を回避する。	・クラス内実態把握表（表48、表49） ・教材教具作成の手順（表44） ・題材「ターラスボンド」の特質と児童Bの活動の具体（表31） ・実態階層・教員役割表（図65、図66）
2.2.2 個別の目標、活動内容、支援方法の検討・確定	・児童生徒一人ひとりの活動内容、支援方法、目標を検討・確定し、学習指導計画／評価表に記載する。	・個別実態把握表（表48、表49） ・学習指導計画／評価表（図123） ・実態階層・教員役割表（図65、図66） ・第2部カテゴリーⅧ「主担当教員の役割」（図25）
3.授業実践		
3.1授業運営		
3.1.1 授業導入時の個別説明	・主担当教員は、児童生徒ごとに教材教具をまとめ、授業導入時に児童生徒と副担当教員の各ペアに対して学習指導計画／評価表に記載した活動内容、支援方法、目標を伝達する。	・学習指導計画／評価表（図123） ・実態階層・教員役割表（図65、図66）
3.1.2 副担当教員の役割の認識	・副担当教員は、《変換的伝達》を的確に行うと共に、授業における《副担当教員の主担当性》を認識し、指導・支援の方法を検討すると共に、《副担当教員の専門性》を発揮し、相乗的な授業の質の向上に努める。	・第2部カテゴリーⅦ「副担当教員の役割」（図25）
3.1.3 主担当教員の役割の認識	・主担当教員は、効果的な《間接的指導》を行う。	・第2部カテゴリーⅧ「主担当教員の役割」（図25）
3.1.4 教員集団の役割の認識	・教員集団は、日常的に行われる《人間関係の構築》を基盤とし、《適時対応》、《心的環境づくり》、《連係の促進》に留意する。	・第2部カテゴリーⅨ「教員集団の役割」（図25）

理論的枠組み	概略	関連する指標・モデル・カテゴリー
3.2 児童生徒と教員との関わり		
3.2.1 教材教具を介した支援	・教材教具を介した支援では、【健康・安全の優位性】を最重要視し、【進行優位的状況】が起こらないように≪能力発揮のための適応環境の設定≫を行う。	・第２部カテゴリーⅠ「教材教具を介した支援」（図13） ・実態階層・教員役割表（図65、図66）
3.2.2 コミュニケーション	・児童生徒とのコミュニケーションでは、【全生活的関わり】を基盤とし、【主体性の尊重】に留意する。活動中に行われるコミュニケーションでは、①【活動の意識化】②【表出・行動の言語化】③【確認】④【内省】をサイクルとし、児童生徒の状態を適時確認しながら進める。	・第２部カテゴリーⅡ「コミュニケーション」（図16） ・実態階層・教員役割表（図65、図66）
3.2.3 社会心理的環境づくり	・≪活動の社会化≫により児童生徒が主人公となる集団を形成し、児童生徒の≪情緒的安寧の保持≫に配慮すると共に、≪創造的枠組み≫により児童生徒の活動の価値づけを行う。	・第２部カテゴリーⅢ「社会心理的環境づくり」（図21） ・第２部カテゴリーⅨ「教員集団の役割」（図25）
4.評価		・第２部カテゴリーⅥ「評価」
4.1 探索的評価		
4.1.1 目標に基づく評価	・目標に基づき、［身体］、［伝達］、［意欲］、［共同］、［満足感］の観点を踏まえて到達度に関する評価を行う。	・重度・重複障害児の造形活動における　評価の観点（表15） ・実態階層・教員役割表（図65、図66）
4.1.2 積極的価値づけ	・設定した目標に対する評価と共に、活動の中から児童生徒の興味関心や運動・認知能力を積極的に見出し、評価する。	・学習指導計画／評価表（図123）
4.1.3 評価を踏まえた改善策の提案	・副担当教員が担当児童生徒の評価を行い、不適合が見られた場合、即座に改善策を講じ、学習指導計画／評価表を通して主担当教員に提案する。	・学習指導計画／評価表（図123） ・実態の二層性モデル（図164）
5.変動的実態の把握		・実態の二層性モデル（図164）
5.1 焦点化	・授業中に表れた、児童生徒が興味関心を持ち、意欲的に取り組めた活動内容や教材教具を即座に焦点化する。	・学習指導計画／評価表（図123） ・実態階層・教員役割表（図65、図66）
5.2 蓄積	・児童生徒が興味関心を持ち、意欲的に取り組めた活動内容や教材教具を記録、蓄積する。	・学習指導計画／評価表（図123）
6.授業改善		
6.1 改善のための判断		
6.1.1 継続的・発展的視点	・児童生徒が興味関心を有した活動内容や教材教具使用時の実態階層を見極め、偶発的事象も含めた興味関心事項、修正事項を抽出し、継続的、発展的な実施を検討する。	※すべての項目について ・実態の二層性モデル（図164） ・授業改善モデル（図110） ・授業改善フローチャート（図111） ・授業改善チェックリスト（表45）
6.1.2 削除検討的視点	・児童生徒が全く興味関心を持たなかった、また不快の情動を喚起した活動の中で、削除を検討する活動内容や教材教具を絞る。また、比較の対象等として残すことが有益である場合は継続して実施する。	
6.2 改善のための方策		
6.2.1 展開的改善	・児童生徒が興味関心を有した活動内容や教材教具をさらに発展・洗練・応用する改善を行う。	※すべての項目について ・実態の二層性モデル（図164） ・授業改善モデル（図110） ・授業改善フローチャート（図111） ・授業改善チェックリスト（表45）
6.2.2 修正的改善	・活動内容や教材教具の不適合に対し修正や調整による改善を行う。	
6.2.3 再構成的改善	・現行の活動内容や用いる技法を、通常とは異なる観点から再構成し、児童生徒の実態に適合させる改善を行う。	

※「授業改善」以後、同一次であれば「授業実践」に続く。活動内容が変わる場合は、「確定的実態の把握」と「変動的実態の把握」で把握した実態に基づき、「題材開発」を行う。

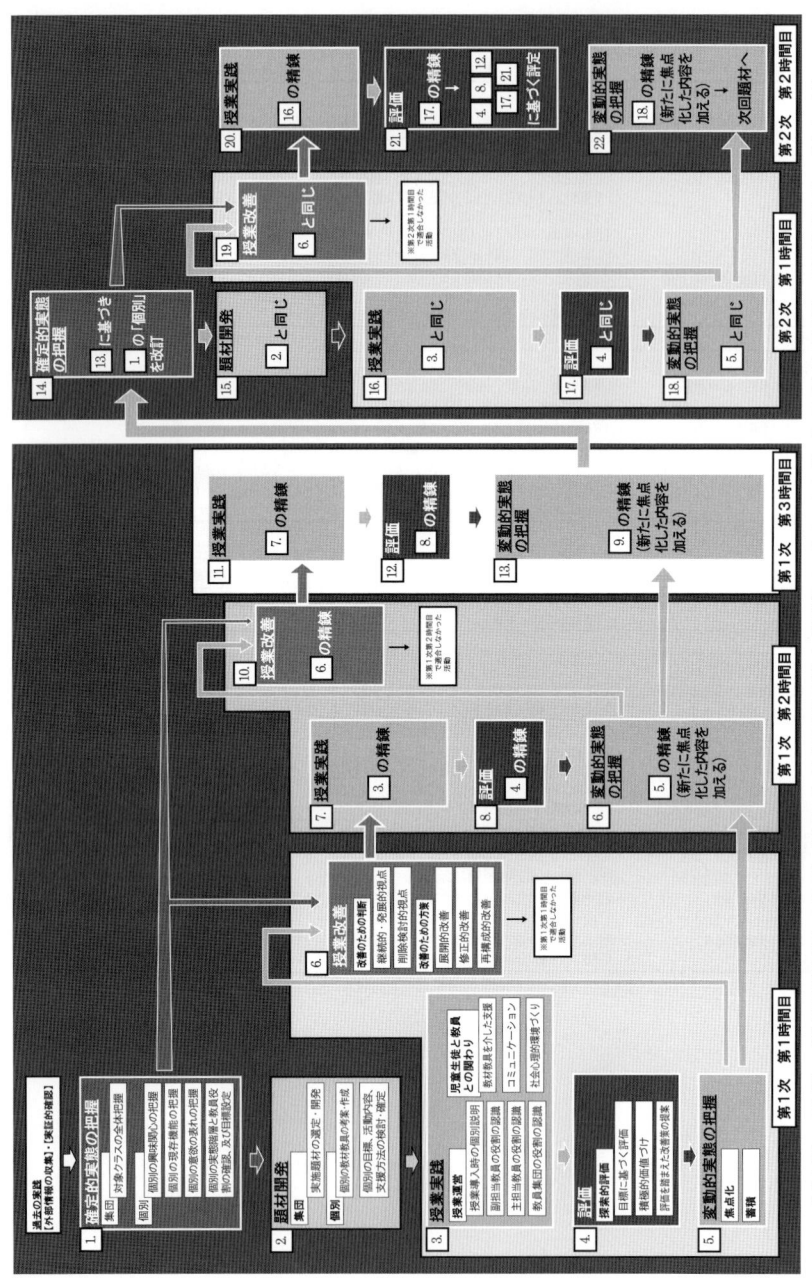

図168　重度・重複障害児のQOLを高める造形活動の指導モデル（2次全 5 単位時間の指導計画の場合※）

> ※図168は、2次全5単位時間（1次：3時間、2次：2時間）の指導モデルを示している。指導は、各項目に付された番号 1. ～ 22. の手順で実施する。同一次の活動の場合、第1次第1時間目と第2時間目、第3時間目の活動内容は同様であるため、モデルでは第2時間目、第3時間目の「授業実践」、「評価」、「変動的実態の把握」を「精錬」とし、前時の「評価」や「授業改善」を踏まえて改良した「授業実践」や「評価」、「変動的実態の把握」が行われることを示した。

　以下、指導理論を構成する6項目を概説する。なお、用いる記号は第2部と同じく、【】は生成した概念名を示し、≪≫は下位カテゴリー名を示している。

1．確定的実態の把握

　題材実施前には図164の実態の二層性モデルに基づき、「確定的実態の把握」を行う。確定的実態の把握とは、これまでの学校生活全般での観察や共同的活動から明らかになった信頼性、再現性の高い情報を収集、整理することである。「確定的実態の把握」では、児童生徒に関する【外部情報の収集】と【実証的確認】に基づき、造形活動に必要となる3種類の実態を把握することが有効である。1点目は、対象クラスに在籍する児童生徒全員の実態の分散状況と類型の把握であり、把握には「クラス内実態把握表」（図29、図113）を用いる。2点目は、個別の児童生徒の興味関心、現存機能、意欲の表れ方の把握であり、ここでは「個別実態把握表」（表48、表49）を用いる。3点目は造形活動に関わる発達的階層の把握であり、「実態階層・教員役割表」を用いる。ただし、「実態階層・教員役割表」は、児童生徒の類型に応じて用いる指標が異なり、衝動・不随意運動型の児童生徒では「実態階層・教員役割表（衝動・不随意運動型）」（図65）、静止・微弱運動型の児童生徒では「実態階層・教員役割表（静止・微弱運動型）」（図66）を用いる。このように、題材実施前には造形活動の実施に必要となる焦点化された情報の収集、整理が有効である。

2．題材開発

　1で把握した実態に基づき、題材開発を行う。重度・重複障害児を対象とした造形活動の題材開発とは、対象集団全員が概ね活動可能な題材の選定、もしくは開発、そして、個別の児童生徒の教材教具の考案・作成、そして個別の学習目標、活動内容、支援方法の考案・設定を行うことである。特別支援学校の重複障害学級で実践する題材では、第2部研究成果の図24で示す通り、過去に特別支援学校の重複障害学級で実施され、一定の有効性が確認、報告された題材を再施行することが有効である。また、重度・重複障害児を対象とした題材を新たに開発する際には、「児童生徒が直接触れることができる触覚的な材料を用いること」、「材料の量の調整が容易であること」「微弱な力でも変形・操作できること」、「作品制作のバリエーションが豊富であること」等の特質を含むことが有効である（表31）。そして、個別の教材教具作成時には、表44の教材教具作成手順である、①興味関心の発見、②要素の抽出、③バリエーションの考案、④アフォーダンスの予測の4段階で行うことが有効である。また、個別の学習目標、活動内容、支援方法を学習指導計画／評価表（図123）に明記することで、より円滑な授業運営が可能となる。

3．授業実践

　授業実践には、授業運営、及び児童生徒と教員との関わりの2つの内容が含まれ、教員はこれらを単位時間内に同時に留意する必要がある。

　1点目の授業運営とは主にTTによる教員間連携を指し、図25で示す授業実践時の主担当教員、副担当教員、教員集団の役割を各教員が認識し、授業を運営することである。主担当教員の役割には、題材開発で作成した学習指導計画／評価表に基づく授業導入時の個別説明、及び授業実践中に副担当教員を介して児童生徒の指導を行う≪間接的指導≫がある。副担当教員の役割には、個別の児童生徒の実態に応じて最適な伝達方法を検討する≪変換的伝達≫、≪副担当教員の主担当性≫の認識に基づく指導・支援方法の検討、そして、≪副担当教員の専門性≫の発揮による授業の質的向上への貢献がある。そして、教員集団の役割には、日

常的に行われる≪人間関係の構築≫を基盤とし、集団編成や人員の配分等、適宜最も適した指導体制づくりを行う≪適時対応≫、児童生徒の情緒的安寧の保持を目指す≪心的環境づくり≫、そして、児童生徒同士の繋がりや児童生徒と教員との繋がりを積極的につくり出す≪連係の促進≫が含まれる。これら、各教員の役割を認識、実行することが、児童生徒のQOL向上に繋がるものと考える。

　2点目の、造形活動における児童生徒と教員との関わりには、教材教具を介した支援（図13）、児童生徒と教員とのコミュニケーション（図16）、社会心理的環境づくり（図21）が含まれる。教材教具を介した支援とは、児童生徒の【健康・安全の優位性】を最重要視し、【進行優位的状況】が起こらないよう≪能力発揮のための適応環境の設定≫を行うことである。児童生徒と教員とのコミュニケーションとは、【全生活的関わり】を基盤とし、児童生徒の【主体性の尊重】に留意すること、そして、活動中に【活動の意識化】、【表出・行動の言語化】、【確認】、【内省】をサイクルとして児童生徒の状態を適宜確認しながら相互共創的に活動を行うことである。社会心理的環境づくりとは、≪活動の社会化≫により児童生徒中心の集団を形成すると共に児童生徒の≪情緒的安寧の保持≫に配慮し、≪創造的枠組み≫により児童生徒の活動の価値づけを行うことである。さらに、関わりでは児童生徒の類型によって留意点が異なり、静止・微弱運動型では副担当教員による濃密な支援が重視され、衝動・不随意運動型では主担当教員による教材教具の準備が重視される。

　授業運営、及び児童生徒と教員との関わりは授業時間内に同時に行われる。よって、これら2つの内容を分けて捉えるのではなく状況に応じて切り替えたり往還させたりしながら授業実践を行うことが肝要である。

4．評価

　本理論の「評価」は、3種類の目的で行われる。1点目は設定した目標に基づき、目標到達状況を確認するための評価、2点目は活動中に偶発的に表れる児童生徒の“新たな一面”を積極的に見取るための探索的

な評価、３点目は活動結果に基づく副担当教員の気づきや授業改善の提案を主担当教員に的確に伝え、それを次時の改善の手立てとするための指導内容・方法に関する評価である。これらは、学習指導計画／評価表（図123）に記載され、主担当教員と副担当教員との的確な情報共有のために活用される。このように、目標到達状況のみならず、目標として設定していなかった行為・行動や意欲の高まりを積極的に見出す評価や、教員の指導に関する評価を指標に組み込むことで、的確な状況把握や授業改善に繋がる評価が実現すると考える。

　また、本理論では造形活動における評価の観点として表15で示す［身体］、［伝達］、［意欲］、［共同］、［満足感］を挙げた。［身体］は、身体的能力の発揮、［伝達］は意思、感情、要求の伝達、［意欲］は活動への関心・意欲、［共同］は支援者との交流や協力、［満足感］は活動を楽しめたかどうかを問う観点である。これらの観点を参照し、多様なチャンネルから評価を行うことで、重度・重複障害児の特性に合致した評価が可能になると考える。

５．変動的実態の把握

　変動的実態の把握とは、図164の実態の二層性モデルで示した通り、授業実践中に現れた児童生徒の一回性の実態を評価し、次回活動に活用できる情報として焦点化し、蓄積することである。この項目は、先述の「評価」と連動して行われる。「評価」段階が複数の項目で構成された内容であるのに対し、変動的実態の把握は、当該題材における授業改善に直結する内容の焦点化と蓄積の過程として指導理論に位置づく。焦点化とは、特に授業中に表れた、児童生徒が興味関心を持ち、意欲的に取り組めた活動内容や教材教具に着目することであり、蓄積とは、児童生徒が興味関心を持ち、意欲的に取り組めた活動内容や教材教具を記録、累加することである。これらの焦点化と蓄積により、次項目で示す「授業改善」の精度が高まると考える。

６．授業改善

　授業改善は、図111の授業改善フローチャートで構造化した通り、「改善のための判断」と「改善のための方策」に分かれる。前者の改善のための判断には、継続的・発展的視点と削除検討的視点が含まれる。継続的・発展的視点とは、前項目の「変動的実態の把握」で焦点化した児童生徒の行為・行動の中でも特に意欲の高まりに着目し、何が児童生徒の意欲を高めていたのかを具体的に見定め、改善の方向性を検討、計画する段階として位置づく。他方、削除検討的視点とは、児童生徒が全く興味関心を示さなかった、また不快の情動を喚起した活動内容や教材教具の削除を検討する段階として位置づく。このように、限られた授業時間の中で最も有効な活動内容や支援方法を取捨選択し、児童生徒のQOL向上に繋がる改善方法を検討、計画することが、「改善のための判断」である。

　次に、改善のための方策は、継続的・発展的視点で検討した改善の計画を具体化する段階として位置づく。改善のための方策には、展開的改善、修正的改善、再構成的改善の３種類が含まれる。展開的改善は、児童生徒が興味関心を有した活動内容や教材教具をさらに発展・洗練・応用する改善、修正的改善は、活動内容や教材教具の不適合を修正・調整する改善、再構成的改善は、現行の活動内容や用いる技法を通常とは異なる観点から再構成し、児童生徒の実態に適合させる改善である。

　また、本研究では授業改善フローチャートで示す各段階に連動した授業改善チェックリスト（表45）を作成した。本研究のチェックリストは、改善の遂行状況の段階的確認と共に、児童生徒のQOL向上に繋がる省察や新たな活動展開を考案・創造することを目的としたリストである。これら、授業改善フローチャートと授業改善チェックリストを活用し、改善過程を構造的、段階的、創造的に捉えることが授業の漸次的改善に有効であると考える。

　以上が本研究の指導理論の枠組みと内容である。上記の通り、本研究の指導理論は６項目で構成されている。各項目は連動しており、共有部

447

分を含みながら順次各項目が展開する理論構造となっている。また、同一次の第２時間目では、第１時間目の「評価」や「授業改善」を踏まえ、改良・洗練した「授業運営」、「評価」、「変動的実態の把握」を行うこととしているように、本研究の指導理論は試行錯誤を繰り返しながら重度・重複障害児のQOL向上を目指す指導理論である。

第２節　本研究の成果

1．重度・重複障害児を対象とした造形活動の体系的指導可能性の提示

　これまでの重度・重複障害児を対象とした事例研究では、事例ゆえに個別性が重視され、一人ひとりの実態やニーズの違いに応じた実践研究が行われてきた。この在り方について、細渕（2003）は「事例研究の多くは事例自体の位置づけがあいまいで、研究の蓄積という視点がやや弱い。このため実におびただしい数の事例研究が行われてきたが、研究の到達点はあいまいである」[1]と批判し、一つの事例が他の重度・重複障害児に適用できない、また、研究成果が積み上がらないという個別性が孕む問題点を指摘した。

　それに対し、本研究では、表57、図168で示した通り、６項目で構成される重度・重複障害児のQOLを高める造形活動の指導理論を示した。このことにより、対象集団が変わっても一定の質を保ちながら指導を行うことが可能になり、加えて実践結果の蓄積、共有、再活用も可能になる。

　例えば、確定的実態の把握では対象児童生徒のコミュニケーションレベル、及び上半身の身体運動機能レベルを座標上にマッピングする「クラス内実態把握表」（図29、図113）を作成したことで、対象クラスに在籍する児童生徒全員の実態の概観が可能となった。また、重度・重複障害児を特性の違いにより静止・微弱運動型と衝動・不随意運動型に類型化したことで、これまで個別に捉えられていた重度・重複障害児を、類似するコミュニケーション的・身体的特性を持つまとまりとして把握できた。さらに、本研究では類型ごとに「実態階層・教員役割表」（図

65、図66）を開発し、造形活動における重度・重複障害児の発達的階層と各階層に連動した教員の指導上の留意点を示した。この、「クラス内実態把握表」と「実態階層・教員役割表」の2つの指標を開発したことは、同一類型に位置づく児童生徒に対する同一尺度を用いた実態把握を可能にし、体系的な実態把握とその時々の実態に基づく的確な指導、そして類型ごとの実践・研究成果の蓄積や応用を可能にするものと考える。

　また、重複障害学級で実施する造形活動の題材もこれまで体系的には示されておらず、個別の教員がクラスの実状に応じて考案することが中心であった。第2部研究成果の図24で示した通り、特別支援学校の重複障害学級で実践する題材には、まずクラスに在籍する児童生徒全員が概ね活動可能であること、そして在籍する児童生徒の個別の実態に応じた改変が可能であることの2つの条件を満たす必要があることを示した。そこで、本研究第1期、第2期アクション・リサーチでは過去に特別支援学校の重複障害学級で実施され、一定の有効性が確認・報告された題材を再施行することで、これらの題材の他集団への活用可能性を実証した。このことから、重度・重複障害児が概ね活動可能である造形活動の多様な題材が開発・周知されることで、教員は在籍する児童生徒の実態に合致した改変を中心とする題材開発が可能となり、特別支援学校の重複障害学級における造形活動の指導困難性の軽減が期待できる。

　以上のように、重度・重複障害児を対象とした造形活動の体系的指導可能性を示したことが本研究の1点目の成果である。

2．重度・重複障害児を対象とした造形活動場面の理論的構造の明示

　本研究第2部では、エスノメソドロジーによる質的研究により、重度・重複障害児の造形活動における児童生徒と教員との関わりや学習指導、そしてTTによる教員間の関わりの内実をカテゴリー化し、各カテゴリーに含まれる下位カテゴリーや概念を定義すると共にその構造を示した。本研究で用いたエスノメソドロジーは、「社会のメンバーがもつ、日常的な出来事やメンバー自身の組織的な企図をめぐる知識の体系的な研究」[2]で

ある。この、社会文化的構造や組織の構成員が持つ経験知や暗黙知は、非物質的・不可視的であり、概念化されなければ構成員のみが認識する断片的で個人的な知識となってしまう。その結果、当該分野と関わりを持たない人たちには認識できない知識として埋没してしまう。これまで、齋藤（2009）[3]、澤井（1988）[4]、Anderson（1992）[5]、Henley（1992）[6]で、重度・重複障害児を対象とした造形活動における児童生徒と教員との関わりや学習環境整備の重要性が指摘されていたが、そもそも造形活動中どのように児童生徒と教員とが関わっているのか、またどのように学習環境が整備されているのかは明確に示されてこなかった。そのため、造形活動の指導において教員は何に留意し、どのような指導を行えば有効であるのかを示すことができなかった。

　この状況に対し、本研究では対象となる集団が作り上げている社会文化的構造、そして集団が日常的に行う組織的企図を理論的構造化して示した。このことは、これまで明示されてこなかった特別支援学校の重複学級における重度・重複障害児を対象とした造形活動の明快な理解を促すと共に、モデル化した9種類のカテゴリーを用いた多様な観点からの研究アプローチを可能にするものと考える。この点が本研究の2点目の成果である。

3．重度・重複障害児の造形活動におけるQOL評価法の開発

　本研究の3点目の成果は、重度・重複障害児の造形活動で用いるQOL評価法を開発した点である。文献レビューにおいて、Sailorら（1988）[7]、Shalock（1994）[8]、Shalockら（2002）[9]、吉川（2008）[10]、Katjaら（2011）[11]が示した通り、これまでの重度・重複障害児のQOL評価では様々な方法が模索されながらも、実証性の問題や重度・重複障害児が有する重い知的障害ゆえの主観的なQOL評価の困難性により有効な評価方法が示されてこなかった。この状況に対し、本研究では重度・重複障害児を対象としたQOL、さらに、特別支援学校の重複障害学級で実施される造形活動におけるQOLを定義し、Lyons（2005）の「Life Satisfaction Matrix」[12]を活用したQOL評価ルーブリック（表18、図27）

の作成、そして、単位時間における活動単位ごとの授業トランスクリプ
ト化による対象児童のQOL評価の方法を開発した。そして、評価の妥
当性を担保するために評価者間の一致率を算出し、さらにHaroldら
（2003）[13]、Landisら（1977）[14]の重みづけκ係数を算出することで、一
致率の評価も行った。吉川（2008）は、「世界中のQOL研究者は、QOL
は捉えどころがなく多面的で測定上の問題が多いため、測定が複雑な
現象であることに同意している」[15]と述べている。この状況に対し、造
形活動に特化した指標ではあるが重度・重複障害児のQOL評価法を提
示したことは、本研究の成果であると考える。また、これまでのQOL
評価のようにチェックリストや活動観察ではなく、QOL評価ルーブリッ
クの各段階の合計時間、そして単位時間に占める各段階の割合を量化し
て示したことはこれまでなかった評価方法である。

　ただし、重度・重複障害児のQOL評価は、本研究でも児童生徒の活
動継続時間の測定や場面抽出、教員への質問紙調査等を評価材として用
いたように、質的、量的データを含むトライアンギュレーションによる
データ収集、及び分析が行われることが望ましい。

第3節　今後に向けた示唆

1．重度・重複障害児を対象とした造形活動の題材開発の促進

　本章第2節の研究成果を踏まえ、今後求められることとして、図24
で示した題材開発の1点目の条件である多様な実態の重度・重複障害児
が概ね活動可能な題材が多く開発されることが望まれる。仮に、この条
件を満たす題材が計画的、組織的に開発されれば、教員の役割は各題材
に基づき、自身が担当するクラスに在籍する重度・重複障害児の個別の
実態に応じた教材教具の作成や活動環境の設定に集中できる。このこと
は、特別支援学校の重複障害学級における造形活動の題材開発の困難性
を軽減し、児童生徒の実態に合致した活動の安定的な提供と重度・重複
障害児の造形活動におけるQOL向上に繋がることが期待できる。

　これまで、重度・重複障害児の教育は個別性が強調されてきたため、

ある児童生徒に対して行った教育活動を他の児童生徒に応用する視点が欠けていたのではないかと考える。また、造形活動の指導内容が体系的に示されてこなかったため、各学校の教員が児童の実態を出発点として題材を開発・実施していた。しかし、本研究で示した通り、造形活動においては指導の在り方を体系的に示せる部分と徹底した個別対応が必要な部分とが存在する。これらの違いを認識し、体系的に示せる部分は広く周知し、個別対応の部分はどのように個別対応を図ればよいのか、またどのような個別対応があるのかを示すことで重度・重複障害児の造形活動におけるQOL向上が期待できると考える。

2．触媒的支援の充実

　何らかの障害がある人達に対する支援には大きく分けて2つの方向性がある。1つは障害があるゆえに困難となる活動を補完、補助する支援、もう1つは、対象児・者が有する能力を最大限に発揮させるための支援である。ここでは、前者の支援を"補完的支援"と呼び、後者の支援を"触媒的支援"と呼ぶ。補完的支援とは、対象児・者が困難な認識や活動を教員（広くは関与者）が補ったり整備したりすることで、対象児・者が活動しやすい環境を整えることが目指される支援である。他方、触媒的支援とは、対象児・者が持つ能力に対し、支援を行うことでそれを増幅、振起、拡張、拡大させることが目指される支援である。この触媒的支援の中には関与者が対象児・者についてこれまで気づかなかった、もしくは明らかにできていなかった能力を探索するための支援も含まれる。

　これら2つの方向性の違いを生み出しているのは、教員（関与者）の対象児・者に対する着眼点の違いである。前者は、主に障害ゆえにできないこと、苦手なことといったマイナス面に着目した支援であり、後者は好きなこと、できることといったプラス面に着目した支援である。本研究では、第3部で示した通り児童生徒の「興味関心」と「現存機能」に焦点化した実態把握と把握実態の題材への反映を試み、題材実施過程では常に児童生徒の新たな一面の発見をめざす評価を行った。このこと

によって、児童生徒が意欲的、主体的に活動でき、彼らが有する、もしくはすでに有していたが明らかになっていなかった能力の発揮が認められた。

このことを可能にした1つの要因は、補完的支援と触媒的支援の2つの方向性のうち、触媒的支援を重視したためであると考える。造形活動では、本文でも述べた通り常に教員との共同制作を通して創造的、発展的に活動が行われる。造形活動では、制作する作品は到達目標として示されず、相互共創的な活動の痕跡、もしくは力動跡として位置づけられる。つまり、造形活動では、結果としての作品ではなく活動過程の在り様が重視され、重度・重複障害児の意欲の向上や能力発揮が期待されて実践が行われる。造形活動のこのような特性に立脚する時、支援が持つ触媒的な役割に着目することは有益であると考える。

これまで、重度・重複障害児に対する支援は"できないことをできるようにする"という問題解決的な意味内容で多くが捉えられてきたのではないだろうか。特に重度・重複障害児は、障害の重さゆえにできないことや困難な点が注目されがちである。それに対し本研究では、"今このようなことができているのであればさらにこんなこともできるのではないか"という発展的な意味内容で支援を捉えた。もちろん、健康の維持などに関わる配慮は必須であり、支援は補完的支援と触媒的支援の両輪で捉える必要がある。しかし、教育課程全般から造形活動の活動特性や果たせる役割を考えた場合、造形活動では重度・重複障害児一人ひとりが持つ可能性に着目し、それを増幅、振起、拡張、拡大させる創造的、発展的、開発的な支援を重視することが求められよう。

第 4 節　本研究の限界と今後の課題

　最後に、本研究の限界と課題を示す。

　まず、本研究の限界である。本研究では、重度・重複障害児のQOL
を高める造形活動の指導理論を提示し、対象児、もしくは対象集団が変
化しても対応し得る指導理論を提示した。しかし、学校で実施される実
践では、全く同じ条件は二度と無く、実施時期や対象集団が変われば児
童生徒の実態や取り巻く人的・物的環境は変化する。そのため、本理論
を用いた場合でも、実践対象に応じた微調整が必要となる。この点が、
本研究の限界である。

　次に、本研究の今後の課題を示す。本研究で残った課題には、年間指
導計画に関わる中長期の教育課程編成の問題がある。この点に関して、
一木（2012）は、「重複障害のある子どもの教育課程に焦点を当てた研
究はきわめて少なく、研究の必要性の提唱や教育内容の枠組みの提案に
止まり、実証に取り組む研究は皆無である」[1]と指摘している。特に、
特別支援学校における自立活動を主とした教育課程は、平成10年版
『養護学校学習指導要領』における教育課程編成の弾力化により、学校
独自の教育課程設計が許されており、一木は今後の課題として、SBCD
（School Based Curriculum Development）研究に研究機関が参画し、
重複障害のある子どもの教育課程を構築することの必要性を提唱してい
る[2]。この点に関して、本研究で示した研究成果は造形活動に特化した
範囲で適用可能な指導理論であり、年間指導計画の策定や他の授業科目
との関係や関連については示せていない。今後は、教育課程における造
形活動の位置づけや意義、役割の明確化、そして、中長期的な視野に立
つ指導計画の策定原理や方法に関する研究が必要であると考える。

註、及び参考・引用文献

序文

1）文部科学省（2009）『特別支援学校学習指導要領解説　総則等編（幼稚部・小学部・中学部）』、教育出版、p. 6
2）文部科学省（2015）『特別支援教育資料（平成26年度）第1部集計編』、http://www.mext.go.jp/component/a_menu/education/micro_detail/__icsFiles/afieldfile/2015/06/08/1358541_01.pdf
3）川住隆一、野崎義和（2011）「超重症児に対する教育の充実・発展に向けての研究課題　－全国調査を踏まえて－」『東北大学大学院教育学研究科研究年報』、59（2）、p.247
4）野崎義和、川住隆一（2012）「「超重症児」該当児童生徒の指導において特別支援学校教師が抱える困難さとその背景」『東北大学大学院教育学研究科研究年報』、60（2）、p.231
5）池田吏志、児玉真樹子、髙橋智子（2017）「特別支援学校における美術の実施実態に関する全国調査」『美術教育学』38、pp.45-60
　　　ただし、重複障害学級や訪問学級においては、教育課程上、教科の指導として図画工作、美術が実施される場合と、自立活動として造形的な活動が行われる場合がある。

第1部：先行研究の検討と研究目的

第1章　文献レビュー

1）文部科学省（2009）『特別支援学校学習指導要領解説　自立活動編』、海文堂出版、pp.19-20
2）国立特殊教育総合研究所（2005）『ICF（国際生活機能分類）活用の試み』、ジアース教育新社、p. 6
3）同上書、p.11
4）文部科学省（2009）、前掲書1）、p.20

第1節　美術科教育と特別支援教育の複合領域に関する研究の文献レビュー

1）国立国会図書館・国立情報学研究所、学術研究データベース・リポジトリ、博士論文書誌データベース、http://dbr.nii.ac.jp/infolib/meta_pub/CsvDefault.exe
2）ProQuest、http://www.umi.com/en-US/products/dissertations/individuals.shtml
3）齋藤ユリ（2008）『小集団における心理的援助技法としての造形表現活動：不登校・重複聴覚障害者に対するアプローチ』、大正大学博士論文、甲第52号

4）卓展正（2000）『知的障害者における美術教育：色彩表現教材の開発研究』、東京学芸大学博士論文、甲第18号

5）鄭梃甄 （2010）『自閉症児を対象とした美術教育指導法に関する実践的研究：日本と台湾における調査を基盤として』、東京芸術大学博士論文、甲第443号

6）Baer, B.(1981). An exploration of creative expression and relaxation as stress-resolving experiences: Some special implications for chronically ill and severely disabled populations. (Doctoral dissertation). Available from ProQuest Dissertations and Theses database. (UMI No. 8121765)

7）Bethards, C. M. (2003). Configuring a vision for art-making with students who have disabilities. (Doctoral dissertation). Available from ProQuest Dissertations and Theses database. (UMI No. 3114342)

8）解釈学とは、文献、さらには人間の精神活動のさまざまな所産を解釈するための技術と理論を扱う学問。初め、聖書の正しい理解の必要から発達し、今でも特に聖書の解釈のための学問の意味で用いられることがある。今日、解釈学的哲学をめぐって、真理と方法知、伝統と批判の関係が論議され、Ricoeurは批判的解釈学を企てている。Ricoeurは、自己と他者の対立を止揚する倫理的な自己の解釈学を完成し、自己性が独我論に陥るのを防ぐのは、他者性との出会いであるとしている。

9）小野文生（2002）「教育哲学における他者解釈の技法の機制について:レヴィナスとブーバーの比較を通して」『教育哲学研究 』、85、pp.59-75

10）関川悦雄（1994）「教育的関係：ブーバーの「包擁」の概念を中心に」『教育學雑誌』、28、pp.43-59

第2節　国内における重度・重複障害児の造形活動に関する研究の文献レビュー

1）川住隆一（1999）『生命活動の脆弱な重度・重複障害児への教育的対応に関する実践的研究』、風間書房、p. 5

2）鈴木清、加藤安雄編（1973）『講座　心身障害児の教育Ⅰ　心身障害児教育の歴史と現状』、明治図書出版、p.42

3）当時、「重度・重複障害児」の概念は示されていなかったため「重複障害児」と記した。

4）平野日出男、河添邦俊、戸崎敬子編（1984）『重複障害児の教育』、青木書店、p.24

5）同上書、p.44

6）教育美術振興会（1961）「特集　忘れられた子どもたち」『教育美術』、1961年10月号

7）文部科学省（1971）『今後における学校教育の総合的な拡充整備のための基本的施策について』、
http://www.mext.go.jp/b_menu/shingi/old_chukyo/old_chukyo_index/toushin/1309492.htm

8）同上書

9）久保庭信一（1978）「養護学校の義務制の実施を控えて」『特殊教育』、22、p. 2

10）藤原正人編、久里浜の教育同人会（1982）『重度・重複障害児の教育－久里浜養護学校の教育実践報告－』、光生館、p. 8

11）美術教育を進める会（1991）『人格の形成と美術教育③　障害児の美術教育』、あゆみ出版

12）教育美術振興会（1972）「特集「美術教育の役割」－我が国の特殊教育について」『教育美術』、1972年7月号

13）教育美術振興会（1973）「特集　障害児の心と表現」『教育美術』、1973年7月号

14）文部省（1975）『重度・重複障害児に対する学校教育の在り方について』

15）高橋晃（1974）「脳性マヒ児と美術教育」『東京教育大学附属桐が丘養護学校紀要』、10、pp.162-178

16）高橋晃（1975）「脳性まひ（（ママ））児と美術教育（Ⅱ）－描画行動の発達過程と指導上の問題とを中心にして－」『東京教育大学附属桐が丘養護学校紀要』、11、pp.124-136

17）高橋晃（1979）「脳性マヒ児と美術教育（Ⅲ）－描画行動の発達過程とその治療教育的役割の検討を中心にして－」『筑波大学附属桐が丘養護学校研究紀要』、15、pp.35-54

18）高橋晃（1980）「脳性マヒ児と美術教育（Ⅳ）－『教科』と『養護・訓練』とにおける学習の連続性－（その1）」『筑波大学附属桐が丘養護学校研究紀要』、16、pp.23-37

19）高橋晃（1981）「脳性マヒ児と美術教育（Ⅴ）－『教科』と『養護・訓練』における学習の連続性－（その2）」『筑波大学附属桐が丘養護学校研究紀要』、17、pp.30-45

20）田村一二（1974）『ちえおくれと歩く男』、柏樹社

21）平野ら（1984）、前掲書4）、p.90

22）美術教育を進める会（1991）、前掲書11）、p.52

23）教育美術振興会（1981）「特集　「障害児教育の可能性」－美術教育の視点から」『教育美術』、1981年6月号

24）美育文化協会（1983）「特集　障害児と美術教育」『美育文化』、1983年12月号

25）飯野順子編、小柳博靖（2005）「綺麗な作品よりも、いい体験を」『障害の重い子どもの授業づくり』、ジアース教育新社、pp.122-138

26）三木裕和、原田文孝（2009）『重症児の授業づくり』、クリエイツかもがわ

27）全国障害者問題研究会（2010）「特集　障害のある人の造形表現」『みんなのねがい』、2010年1月号

28）田村（1974）、前掲書20）

29）田村一二（1980）『この子らと共に』、雷鳥社

30）美術教育を進める会（1991）、前掲書11）

31）新見俊昌（2010）『子どもの発達と描く活動　保育・障がい児教育の現場へのメッセージ』、かもがわ出版

32）口分田政夫（2009）「障害者自立支援法下での重症心身障害児・肢体不自由児等の障害程度に関する客観的な評価指標の開発に関する研究」、『厚生労働省科学研究費補助金

報告書』、p.57

　　横地分類Ａ１~Ａ４とは、＜知能レベル＞は「言語理解不可」の段階、そして、＜移動機能レベル＞は「寝返り不可」、「寝返り可」、「座位保持可」、「室内移動可」までの段階である。

33）木代喜司（1993）「障害児の指導実践から美術教育の原点を考える－京都府の養護学校における重度重複障害児の美術指導から美術教育の根源的基礎を考察する－」『美術教育学』、14、pp.65-75

34）池田吏志（2012）「肢体不自由特別支援学校の美術－感触遊びの延長としての作品づくり」『大学美術教育学会誌』、（44）、pp.63-70

35）高橋（1974、1975、1979、1980、1981）、前掲書15）、16）、17）、18）、19）

36）竹田艶子（1997）「肢体不自由児における描画用具の一考察」『大学美術教育学会誌』、30、pp.317-326

37）前芝武史（2005）「肢体不自由養護学校における彫塑領域の教育実践と考察－筑波大学附属桐が丘養護学校本校高等部１年Ａコースでの実践を通して」『美術教育学』、26、pp.359-375

38）金山和彦（2000）「重度心身障害児の造形活動について　施設における陶芸指導の現状と課題からの考察」『美術教育』、（280）、pp.46-54

39）岸田由佳、大谷正人（2010）「特別支援教育におけるアートセラピー的アプローチの可能性」『三重大学教育学部研究紀要』、教育科学第61巻、pp.219-249

40）国立教育政策研究所、学習指導要領データベース、昭和54年版『盲学校、聾学校、及び養護学校学習指導要領』、
http://www.nier.go.jp/guideline/s54sej/chap5.htm

41）齋藤武博（2009）「「え？まだやるの？もう、授業はおわりなんですけど…」〜筋疾患の生徒の造形活動〜」『子どもと美術』、65、pp.58-61

42）澤井和美（1988）「花咲き山をつくろう」『子どもと美術』、17、pp.49-53

43）高橋晃（1976）「脳性まひ児の表現学習とその指導」『教育美術』、37、pp.23-34

44）齋藤武博（1999）「ふれる・さわる・つかむ〜障害を持った生徒の造形活動〜」『子どもと美術』、46、pp.38-43

45）蒔苗正樹（2009）「重度重複障害児の美術表現－感じること、気づくことを育てる－」『肢体不自由教育』、190、　pp.52-53

46）高橋（1976）、前掲書43）

47）木澤愛子（2010）「重度重複クラスの図工　草花で表現するフラワーアレンジメント」『みんなのねがい』、515、　pp.28-30

48）澤井（1988）、前掲書42）

49）齋藤武博（2003b）「オシャレな造形活動　肢体不自由児の造形活動の今」『教育美術』、738、pp.38-41

50）蒔苗（2009）、前掲書45）

51）茂木一司（2004）「平成15年度群馬大学教育学部フレンドシップ事業「あさひdeアー

　　ト」障害児のためのメディアアートワークショップ（平成15年12月 7 日、於群馬県立
　　あさひ養護学校、桐生市）」『教育美術』、743、pp.60-61
52）齋藤（1999）、前掲書44）
53）谷津真智子（2010）「お気に入りの動物を版画に」『子どもと美術』、66、pp.54-57
54）福田智恵（1998）「子どもたち、先生たちとしっかり手をつないで　お気に入りの道
　　具づくり」『子どもと美術』、43、pp.30-34
55）齋藤（2009）、前掲書41）
56）三木ら（2009）、前掲書26）
57）尾上真由美（1996）「くるくる回るねん土のお皿－障害の重い寝たきりの子にも活動
　　を－」『子どもと美術』、40、pp.56-59
58）木澤（2010）、前掲書47）
59）上原昌子（1988）「"ふれる、えがく"の意味をさぐる」『子どもと美術』、17、p.48
60）大竹真千英（1997）「重度重複障害児の美術教育　身近な素材を利用しての試み」
　　『肢体不自由教育』、131、pp.52-57
61）齋藤（1999）、前掲書44）
62）齋藤（2009）、前掲書41）
63）齋藤武博（2004）「その手がつかむもの　肢体不自由児の造形活動」『教育美術』、
　　742、pp.41-43
64）金山和彦（1996）「描画活動による重症心身障害者の行動変容について：活動介助
　　からの一考察　（抽出者 2 名の描画記録から）」『日本保育学会大会研究論文集』、49、
　　pp.462-463
65）齋藤武博（2003a）「P・ドライポイント2002」『教育美術』、732、pp.56-57
66）蒔苗正樹（2004）「表現することの原点に向かって」『教育美術』、745、pp.56-57
67）金山（1996）、前掲書64）
68）文部科学省（2009）『特別支援学校学習指導要領解説　自立活動編』、海文堂出版、
　　p.22
69）同上書、p.20

注 1 ）　　表 2 に記載された文献リスト
福島勲（1961）「生きるよろこびのささえに」『教育美術』、22（4）、p.10
江渡英之（1971）「小さくて大きなできごと－重症障害児の成長－」『美育文化』、21（11）、
　　pp.34-37
井上武美（1974）「手足の不自由な子どもたちから教えられた美術教育」『美育文化』、24
　　（12）、pp.17-23
江渡英之（1974）「養護学校と描画材」『美育文化』、24（7）、pp.35-38
高橋晃（1974）「重度・重複障害児教育の実践－随伴障害の顕著な脳性まひ児の造形活動
　　とその指導－」『季刊・特殊教育』、3 、pp.27-36
高橋晃（1976）「脳性まひ児の表現学習とその指導」『教育美術』、37、pp.23-34

鳥居みち（1980）「新聞紙で作ろう」『障害児の「えがく・つくる」教育の理論と実践』、美術教育を進める会障害児分科会、pp.37-49

山中啓三（1980）「向日ヶ丘の「えがく・つくる」のとりくみ」『障害児の「えがく・つくる」教育の理論と実践』、美術教育を進める会障害児分科会、pp.50-52

松浦妙子（1980）「石こうで、すきな形づくり」『障害児の「えがく・つくる」教育の理論と実践』、美術教育を進める会障害児分科会、pp.53-55

糸日谷敬一（1980）「小麦粉の「おもち」作り」『障害児の「えがく・つくる」教育の理論と実践』、美術教育を進める会障害児分科会、pp.56-58

鳥居みち（1981）「新聞紙で作ろう」『障害児の「えがく・つくる」教育の理論と実践』、美術教育を進める会障害児分科会、pp.37-49

玉野良雄（1983）「キラキラ星園での特殊な造形指導」『美育文化』、33（12）、pp.28-31

上原昌子（1988）「"ふれる、えがく"の意味をさぐる」『子どもと美術』、17、p.48

澤井和美（1988）「花咲き山をつくろう」『子どもと美術』、17、pp.49-53

齋藤武博（1994）「つれづれぐさ－トランスクリプション」『子どもと美術』、36、pp.64-65

尾上真由美（1996）「くるくる回るねん土のお皿－障害の重い寝たきりの子にも活動を－」『子どもと美術』、40、pp.56-59

杉山勲（1996）「うつる驚き　うつす喜び　"スチレン版画"」『教育美術』、647、pp.47-48

金山和彦（1996）「描画活動による重症心身障害者の行動変容について：活動介助からの一考察　（抽出者2名の描画記録から）」『日本保育学会大会研究論文集』、49、pp.462-463

大竹真千英（1997）「重度重複障害児の美術教育　身近な素材を利用しての試み」『肢体不自由教育』、131、pp.52-57

福田智恵（1998）「子どもたち、先生たちとしっかり手をつないで　お気に入りの道具づくり」『子どもと美術』、43、pp.30-34

齋藤武博（1999）「ふれる・さわる・つかむ～障害を持った生徒の造形活動～」『子どもと美術』、46、pp.38-43

近藤康太（2003）「表現の喜びを目指して」『教育美術』、735、pp.54-55

齋藤武博（2003a）「P・ドライポイント2002」『教育美術』、732、pp.56-57

齋藤武博（2003b）「オシャレな造形活動　肢体不自由児の造形活動の今」『教育美術』、738、pp.38-41

蒔苗正樹（2004）「表現することの原点に向かって」『教育美術』、745、pp.56-57

齋藤武博（2004）「その手がつかむもの　肢体不自由児の造形活動」『教育美術』、742、pp.41-43

茂木一司（2004）「平成15年度群馬大学教育学部フレンドシップ事業「あさひdeアート」障害児のためのメディアアートワークショップ（平成15年12月7日、於群馬県立あさひ養護学校、桐生市）」『教育美術』、743、pp.60-61

池田吏志（2006）「肢体不自由養護学校における美術－生徒の実態を基盤とした拡大的手法による教材作り－」『教育美術』、770、pp.40-57

齋藤武博（2008）「肢体不自由児の造形活動～医療的ケアを絡めた授業の姿～」『子どもと美術』、46、pp.57-59

吉川あゆみ（2009）「遊びから学びへ～『しゃぼんだま』の活動を通して」『子どもと美術』、65、pp.62-65

齋藤武博（2009）「「え？まだやるの？もう、授業はおわりなんですけど…」～筋疾患の生徒の造形活動～」『子どもと美術』、65、pp.58-61

蒔苗正樹（2009）「重度重複障害児の美術表現－感じること、気づくことを育てる－」『肢体不自由教育』、190、pp.52-53

三木裕和、原田文孝（2009）『重症児の授業づくり』、クリエイツかもがわ

木澤愛子（2010）「重度重複クラスの図工　草花で表現するフラワーアレンジメント」『みんなのねがい』、515、pp.28-30

谷津真智子（2010）「お気に入りの動物を版画に」『子どもと美術』、66、pp.54-57

第3節　海外における重度・重複障害児の造形活動に関する研究の文献レビュー

1）American Psychiatric Association. (2013). Diagnostic and statistical Manual of mental disorders fifth edition: DSM-5 TM. Washington, DC: American Psychiatric Publishing., p.33

2）Ibid., p.34

3）Ibid., p.34

4）Nakken, H. & Vlaskamp, C. (2007). A need for a taxonomy for profound intellectual and multiple disabilities. Journal of Policy and Practice in Intellectual Disabilities, 4（2）, pp.83-87

5）Elina, K. K., Raija, A. P. (2009). Teaching methods and curriculum models used in Finland in the education of students diagnosed with having severe/profound intellectual disabilities. British Journal of Learning Disabilities, 38, pp.175-179

6）コンプリヘンシブ・スクールとは、同一地域内のすべての児童，生徒が就学する単一体系の学校。形式的機会均等だけでなく、教育目的や能力格差による学校の種別化、分類をしないのが重要な特色。教育課程は基本的に共通課程で、生徒の個別的必要を満たすため中等学校では多くの選択科目を用意し個別指導を強化するなどの工夫をする。そもそも、イギリスでは社会階層に応じたモダン（modern）、テクニカル（technical）、グラマー（grammar）という3種類の中等学校が存在した。1944年（バトラー法）によりそれらの中等学校を統合するコンプリヘンシブ・スクールが設定された。この学校が各国に影響を与えて総合制学校が設置されるようになった。
ブリタニカ国際大百科事典、「コンプリヘンシブ・スクール」より。

7）Annette, V. D. P. & Carila, V. (2009). The content of support of persons with profound intellectual and multiple disabilities: an analysis of the number and content of goals in the education programs. Journal of Applied Research in Intellectual Disabilities, 22, pp.391-394

8) Ibid., p.393

9) Vlaskamp, C., Hiemstra, S. J. & Wiersma, L. A. (2007). Becoming aware of what you know or need to know or need to know; gathering client and context characteristics in day service for person with profound intellectual and multiple disabilities. Journal of policy and practice in intellectual disabilities, 4, p.97

10) Annette, V. D. P. & Carila, V. (2011). Day services for people with profound intellectual and multiple disabilities: An analysis of thematically organized activities. Journal of Policy and Practice in Intellectual Disabilities, 8 (1), pp.10-17

11) Blandy, D. (1993). Community-based lifelong learning in art for adults with mental retardation: A rationale, conceptual foundation, and supportive environments. Studies in Art Education, 34 (3), pp.167-75

12) Margaret, T. (2005). Access and support in the development of a visual language: Arts education and disabled students. International Journal of Art & Design Education, 24 (3), pp.325-333

13) Graham, C. Y. (2008). Autonomy of artistic expression for adult learners with disabilities. International Journal of Art & Design Education, 27 (2), pp.116-123

14) Julia, K. (1998). Ice age art, autism, and vision: How we see/How we draw. Studies in Art Education, 39 (2), pp.117-131

15) Sondra, B. G. (1975). An art-based remediation program for children with learning disabilities. Studies in Art Education, 17 (1), pp.55-67

16) Edith, D. C. (1982). A visual arts program for enhancement of the body image. Journal of Learning Disabilities, 15 (7), pp.399-405

17) McPhail, J. C., Pierson, J. M. & Goodman, J. (2004). Creating partnerships for complex learning: The dynamics of an interest-based apprenticeship in the art of sculpture. Curriculum Inquiry, 34 (4), pp.463-493

18) Walker, B. C. (1980). The relative effects of painting and gross-motor activities on the intrinsic locus-of-control of hyperactivity in learning disabled elementary school pupils. Studies in Art Education, 21 (2), pp.13-21

19) Blandy, D. (1991). Conceptions of disability: Toward a sociopolitical orientation to disability for art education. Studies in Art Education, 32 (3), pp.131-44

20) Derby, J. (2011). Disability studies and art education. Studies in Art Education, 52 (2), pp.94-111

21) Jennifer, E. (2007). Just looking and staring back: Challenging ableism through disability performance art. Studies in Art Education, 49 (1), pp. 7-22

22）Doris, M.G. (1994). Students with disabilities in the art classroom: How prepared are we? Studies in Art Education, 36（1）, pp.44-56

23）Michelle, K. & Karen, K. B. (2013). Including Difference: A Communitarian Approach to Art Education in the Least Restrictive Environment. Reston, VA: The National Art Education Association

24）Jan, M. (2008). The art of inclusion. Canadian Review of Art Education, 35, pp.75-98

25）Ho, K. (2010). Mural painting as inclusive art learning experience. Teaching Artist Journal, 8（2）pp.67-76

26）Common Core State Standards: CCSS（各州共通基礎スタンダード）は、州教育長協議会（Council of Chief State School Officers: CCSSO）と全米州知事会（National Governors Association Center for Best Practices: NGA Center）の協働により作成された英語と数学の共通スタンダードであり、48の州と2つの準州とワシントン D.C.の知事及び州教育長を含めた州の指導者によって開始された州主導の取組である。共通基礎スタンダードは、児童生徒がグローバル競争に負けないようにする助けとなるものとされ、①共通到達目標（College and career readiness standards）と②K-12 スタンダードの2つのカテゴリーからなり、明確な到達目標が設定されている。

Common Core State Standard Initiative web page http://www.corestandards.org/
岡邑衛、上田勝江、新谷龍太朗（2014）「アメリカにおける共通コア州スタンダーズに対する学校の反応と課題 －ニューヨーク州の小・中・高等学校でのフィールドワークをもとに－」『大阪大学教育学年報』、19、pp.97-110

27）Alice, W. (2014). Reaching higher? The impact of the common core state standards on the visual arts, poverty, and disabilities. Arts Education Policy Review, 115（2）, pp.52-61

28）Ryan, M. H. (2014). Intersections between school reform, the arts, and special education: The children left behind. Arts Education Policy Review, 115（2）, pp.35-38

29）Alice, H. & Kelly, F. (2014). "It's not easy being green"：Charter schools, the arts, and students with diverse needs. Arts Education Policy Review, 115（2）, pp.44-51

30）VSA（very special art）は、1974年、国際NPO「National Committee - Arts for the Handicapped」として、障害を持つ人々に芸術と教育の機会を提供し、芸術へのアクセスを高めるために、ジャン・ケネディ・スミス大使によって設立された。そして、1985年には「Very Special Arts」、そして2010年には「VSA」に名称変更し、2011年にはThe John F. Kennedy Center for the Performing Artsのアクセシビリティ部門に編入されている。また、2013年からは、年に一度、「VSA Intersections: Arts and Special Education Conference」が開催され、芸術と特別支援教育の交点に位置する

463

研究や実践の交流が行われている。VSAは現在、52の国際関係機関と全国の関連機関とのネットワークを持ち、世界中の障がいのある青少年や大人のための芸術教育プログラムを提供している。

John F Kennedy Center for Performance Arts

http://www.kennedy-center.org/education/vsa/

31）アーツ・インテグレーション（Arts Integration：芸術統合）とは、「芸術形式を通した生徒自身による構築的かつ実演的理解による指導のアプローチである。生徒は創造的過程に従事する中で芸術の形式と他の教科領域とを接続し、双方の進化的な目標に出会う」とされている。つまり、芸術を中心として他教科の学習内容を統合する学習カリキュラムである。

32）Sharon, M. M. & Lynne, B. S. (2014). Examining the intersection of arts education and special education. Arts Education Policy Review, 115 (2), pp.39-43

33）Mason, C. Y. & Steedly, K. S. (2006a). Lessons and rubrics for arts integration. TEACHING Exceptional Children Plus, 3 (1)

34）Mason, C. Y. & Steedly, K. M. (2006b). Rubrics and an arts integration community of practice. TEACHING Exceptional Children, 39 (1), pp.36-43

35）Corbett, D., Wilson, B., & Morse, D. (2002). The Arts are on "R" Too. Jackson, MI: Mississippi ARTS Commission.

36）Lynne B. S & Sean L. (2010). "Defining arts integration" The John F. Kennedy Center for the Performing Arts.

37）Alida, A. (2014). Arts Integration and Special Education. New York, NY: Rautledge.

38）Andra, L. N. & Anne, M. J. (Eds.). (1999). Issues and Approaches to Art for Students with Special Needs. Reston, VA: National Art Education Association

39）Beverly, L. G., Doris, M. G. ed. (2006). Reaching and Teaching: Students with Special Needs through Art. Reston, VA: National Art Education Association

40）Frances, E. A. (1992). Art for All the Children: Approaches to Art Therapy for Children with Disabilities. Springfield, IL: Charles C Thomas Publisher,

41）David, R. H. (1992). Exceptional Children: Exceptional Art Teaching Art to Special Needs. Worcester, MA: Davis Publications, Inc.

42）Doris, G. (1999). A Way In: Strategies for Art Instruction for Students with Special Needs. In Andra L. N. & Anne, M. J. (Ed.). Issues and Approaches to Art for Students with Special Needs. (pp.17-33.). Reston, VA: The National Art Education Association, p.25

43）Gloria, P. R. (1999). Curricular issues: The visual arts and students with disabilities. In Andra, L. N. & Anne, M. J. (Ed.) Issues and Approaches to Art for Students with Special Needs. (pp.42-54.). Reston, VA: The National Art

Education Association
44）Susan, D. L. (2006). Student with physical disabilities. In Beverly, L. G. & Doris, M. G. (Ed.) Reaching and Teaching: Students with Special Needs through Art. (pp.107-126.). Reston, VA: National Art Education Association
45）Ibid., p.107
46）Ibid., p.125
47）David R. H. (1992). op. cit., p.48
48）Ibid., p.49
49）Ibid., p.49
50）Frances E. A. (1992). op. cit., p.15
51）Ibid., p.15
52）Ibid., p.15

第4節　特別支援教育分野における重度・重複障害児を対象とした関わりに関する文献レビュー

1）中田基昭（1982）『重症心身障害児の教育方法研究：現障害に基づく経験構造の解明』、東京大学博士論文、甲第5950号
2）片桐和雄（1992）『重症心身障害児における定位反射系活動の発生と発達に関する生理心理学的縦断研究：脳幹、皮質誘発電位および心拍指標にもとづく聴性反応の多水準的・多要因的検討』、東北大学博士論文、乙第5907号
3）進一鷹（1993）『重度・重複障害児の発達援助技法の開発』、九州大学博士論文、乙第5887号
4）川住隆一（1998）『生命活動の脆弱な重度・重複障害児への教育的対応に関する実践的研究』、東北大学博士論文、乙第7382号
5）大平壇（1999）『重症心身障害者の療育的指導に利用される「ゆらし」の効果に関する実験的研究』、筑波大学博士論文、甲第1993号
6）細渕富夫（1999）『重症心身障害児における定位・探索行動の発達に関する教育実践的研究』、東北大学博士論文、乙第7646号
7）小林保子（2000）『重症心身障害児のQOL（命の輝き）を支援する教育健康学的研究：生命の基本機能の表現とその成長に視点をおいて』、東京学芸大学博士論文、甲第19号
8）寺田信一（2001）『重症心身障害児・者の視覚認知活動に関する生理心理学的研究』、東北大学博士論文、乙第7994号
9）金恵理（2002）『重度・重複障害児の教育に関する現象学的研究：重度・重複障害児における経験様式の意味理解を通して』、広島大学博士論文、甲第4740号
10）雲井未歓（2002）『重症心身障害児・者のコミュニケーション援助に関する発達生理心理学的研究：期待反応に基づく初期記号獲得過程の検討』、東京学芸大学博士論文、甲第32号
11）遠藤司（2002）『重障児の身体と世界：現象学に基づく根源的生の解明』、東京大学

博士論文、乙第15369号

12）北島善夫（2006）『重症心身障害児・者における期待反応の発達と援助に関する生理心理学的研究』、東京学芸大学博士論文、乙第31号

13）岡澤慎一（2007）『重度・重複障害者の環境との相互交渉の発生・拡大に関する実践的研究』、東北大学博士論文、甲第11291号

14）渡邉流理也（2007）『重症心身障害児の初期コミュニケーションの支援に関する生理心理学的研究』、東京学芸大学博士論文、甲第104号

15）任龍在（2011）『重度・重複障害教育における教師の職能成長に関する研究』、筑波大学博士論文、甲第5885号

16）笹原未来（2012）『重度・重複障害児（者）の探索行動の促進に関する実践的研究』、東北大学博士論文、甲第14332号

17）高橋眞琴（2012）『重度・重複障がいのある人と地域住民との関係形成の促進に関する研究』、神戸大学博士論文、甲第5562号

18）野崎義和（2014）『教育における超重症児の状態像の理解方略に関する研究－特別支援学校における指導の特徴と課題を踏まえて－』、東北大学博士論文、甲第15539号

19）生理心理学的指標とは、パルスオキシメーターやMRI、そして、近年では近赤外線分光法等を利用し、心拍や脳波の変化を縦断的に測定し、かかわりに対する変化により定位反応や期待反応を読み取り、関わりの妥当性や効果を検証する研究である。

20）細渕富夫（1996）「重度・重複障害児のコミュニケーション研究をめぐる諸問題　乳児研究からのアプローチ」『障害者問題研究』、23（4）、pp.307-314

21）柳本雄次、坂本茂、竹内聖子、神田晴江（1989）「重度・重複障害児の非言語コミュニケーションに関する研究－情動的コミュニケーションの特徴と指導による変化－」『養護・訓練研究』、2、p.33

22）鯨岡峻（1997）『原初的コミュニケーションの諸相』、ミネルヴァ書房

23）竹田契一、里見恵子（1994）『インリアル・アプローチ』、日本文化科学社

24）The Deafblind International (2005). History of DbI. Reviewed January 5, 2016, from
http://www.deafblindinternational.org/

25）大沼剛彦（2008）「重度重複障害児との原初的コミュニケーションの図り方を探る」『特別支援教育長期研修員報告書2008年度』、pp.140-146

26）関原彩子（2008）「重度重複障害児の音楽療法的視点を取り入れた音楽科の指導－原初的コミュニケーションとしての音楽に注目した「振り返りの対象」としてのカリキュラム作りについて－」『学校音楽教育研究：日本学校音楽教育実践学会紀要』、12、pp.86-87

27）坂口しおり（1994）「重度重複障害児へのコミュニケーション指導の試み－インリアル分析の複数担任指導への応用－」『特殊教育学研究』、31（5）、pp.55-61

28）吉川知夫（2002）「重度・重複学級における「あそび」の授業づくり－インリアルによるコミュニケーション分析を用いて」『肢体不自由教育』、156、pp.19-24

29）原由香（2002）：「重度・重複障害児に対するINREAL・アプローチについて－大人側のセンシティビティの向上を中心にした取り組み－」『INREAL研究』、11、pp.44-51

30）土谷良巳（2011）「欧州における先天性盲ろうの子どもとの共創コミュニケーションアプローチ」『上越教育大学特別支援教育実践研究センター紀要』、17、pp. 1 -11

31）岡澤慎一（2012）「超重症児への教育的対応に関する研究動向」『特殊教育学研究』、50（2）、pp.205-214

32）菅井裕行、笹原未来、岡澤慎一、中村保和、土谷良巳（2012）「重度・重複障害教育における共創コミュニケーションの課題と展望」『日本教育心理学会総会発表論文集』、54、pp.912-913

33）宮武宏治（1990）「Ecological Psychologyの視点から考察した重度・重複障害児のための教育課題の設定」『特殊教育学研究』、28（2）、pp.43-55

34）ecological psychologyの視点では、重度・重複障害児の行動はその特定の場から独立した行動や能力として捉えるよりも、場によって支えられ、意味づけられている行動として理解し、具体的に展開されている場を座標にしてその行動の意味や変化の方法性を捉えるべきであるとする。それゆえ、重度・重複障害児の教育目標は単に子どもの目標というより、場全体の目標であり、子どものみならず構成員の相方に課題を設定することを要求する立場を取る。

35）中山健、湯本真咲、今中博章、小曾根和子、久光倫、神山悦子、平山純子、前川久男、藤田和弘（1997）「重度重複障害児のコミュニケーション能力の評価－バンデュークプログラムの適用－」『心身障害学研究』、21、pp. 21-35

36）バンデュークプログラムは、前言語期にある重度・重複障害児のためのコミュニケーション指導プログラムであり、このプログラムの特徴は、子どもが示す動作やシグナル、身振り等どのような行動レパートリーであってもコミュニケーション手段として利用しようとする点にある。また、このプログラムはコミュニケーション能力を評価する部分とその評価結果に基づく指導手続きの部分で構成されており、評価と指導が直結したプログラムでもある。

37）鯨岡峻（1990）「コミュニケーションの成立過程における大人の役割－乳児－母親および障害児－関与者のあいだにみられる原初的コミュニケーション関係の構造－」『島根大学教育学部紀要（人文・社会科学)』、24（1）、pp.47-60

38）鯨岡（1997）、前掲22)

39）鯨岡峻（1998）「関係発達論と原初的コミュニケーション」『乳幼児医学・心理学研究』、7（1）、pp.11-25

40）鯨岡峻（2000）『養護学校は、いま』、ミネルヴァ書房

41）鯨岡（1997）、前掲22)、p.163

42）鯨岡（1998）、前掲39)、p.19

43）鯨岡（1990）、前掲書37)pp.47-48

44）同上書、p.50

45) 鯨岡（1997）、前掲書22）、p.87

46) 同上書、p.103

47) 鯨岡（1998）、前掲書39）、p.14

48) 鯨岡（1990）、前掲書37）、p.49

49) 鯨岡（1998）、前掲書39）、p.23

50) J. Pawlyn & S. Carnaby著、中川栄二、小林巌監訳（2011）『最重度知的障害および重複障害の理解と対応』診断と治療社、p.39

51) 細渕（1996）、前掲書20）、p.313

52) 大沼（2008）、前掲書25）

53) 関原（2008）、前掲書26）

54) 片岡杏子（2009）「スクリブル活動における子どもの原初的表現：情動の共有から、表象を介した対話へ」『教育美術』、807、pp.25-37

55) 笠原広一（2012）「芸術教育におけるコミュニケーション研究の試論：感性的コミュニケーションの視点から」『美術教育学』、33、pp.159-173

56) 竹田契一、里見恵子（1994）『インリアル・アプローチ』、日本文化科学社、p.3

57) 同上書、p.13

58) 同上書、p.7

59) 同上書、p.7

60) 同上書、p.9

61) 同上書、p.10

62) 同上書、p.13

63) 坂口しおり（1994）「重度重複障害児へのコミュニケーション指導の試み－インリアル分析の複数担任指導への応用－」『特殊教育学研究』、31（5）、pp.55-61

64) 吉川知夫（2002）「重度・重複学級における「あそび」の授業づくり－インリアルによるコミュニケーション分析を用いて」『肢体不自由教育』、156、pp.19-24

65) 原由香（2002）「重度・重複障害児に対するINREAL・アプローチについて－大人側のセンシティビティの向上を中心にした取り組み－」、『INREAL研究』、11、pp.44-52

66) 関根一美（2012）「特別支援教育 重度・重複障害のある生徒のコミュニケーション能力の向上に関する一考察：複数の支援者によるアセスメントとインリアル・アプローチの取組から」『上越教育大学学校教育実践研究センター教育実践研究』、22、pp.285-290

67) The Deafblind International（2005）、前掲書24）

68) 土谷良巳（2011）「欧州における先天性盲ろうの子どもとの共創コミュニケーションアプローチ」『上越教育大学特別支援教育実践研究センター紀要』、17、p.10

69) 同上書、p.1

70) 同上書、p.3

71) 同上書、p.3

72) 同上書、p.3

73）岡澤慎一（2012）「超重症児への教育的対応に関する研究動向」『特殊教育学研究』、50（2）、p.210

74）同上書、p.211

75）土谷良巳（2006）「重症心身障害児・者とのコミュニケーション」『発達障害研究』、28、pp.238-247

76）北島善夫（2006）「重症心身障害児のコミュニケーション指導の視点」『障害者問題研究』、33（4）、pp.283-290

77）高木尚（2006）「重症児のコミュニケーションと指導」『障害者問題研究』、33（4）、pp.296-301

78）細渕富夫（2008）「重症児教育（療育）実践の動向と課題」『障害者問題研究』、36（3）、pp.172-179

79）土谷（2006）、前掲書75）、p.243

80）同上書、p.244

81）同上書、pp.241-243

82）北島（2006）、前掲書76）、p.283

83）同上書、p.283

84）高木（2006）、前掲書77）、p.299

85）細渕（2008）、前掲書78）、p.175

86）大西祐二、小林芳文（2000）「肢体不自由養護学校の授業における教師と重度重複障害児との関連性：小集団での授業実践を通して」『横浜国立大学教育人間科学部教育実践研究指導センター紀要』、16、pp.47-65

87）前田泰弘、小林倫代（2000）「重度・重複障害児との授業場面におけるコミュニケーション構造－教師発話の語用分析からの検討－」『国立特殊教育総合研究所研究紀要』、27、pp.11-21

88）川間弘子、川間健之介（2001）「重度・重複障害児の個別指導における教師の視点カテゴリーの作成」『山口大学教育学部研究論叢』、51（3）、pp.137-145

89）川間弘子、川間健之介（2003）「重度・重複障害児の個別指導における教師の視点の変化」『山口大学教育学部研究論叢』、52（3）、pp.27-34

90）宮武宏治、高原望（1985）「重度・重複障害と教師の相互関係の研究（Ⅰ）－ある事例にみられる質的変化の考察－」『京都教育大学紀要』、66、pp.11-32

91）宮武宏治、高原望（1991）「重度・重複障害児と教師の相互関係の変容過程の分析」『特殊教育学研究』、29（2）、pp.53-67

92）坂本茂、平田聖子、野方由美子、柳本雄次（1993）「重度・重複障害児のコミュニケーション活動に関する研究－子どもの微笑み・笑顔を引き出す題材の検討－」『筑波大学養護・訓練研究』、6、pp.9-15

93）坂本茂、清水聡、花村裕子、柳本雄次（1998）「重度・重複障害児のコミュニケーション活動に関する研究－感覚運動あそびやふれあいあそびにおける一事例の行事の行動特徴について－」『筑波大学養護・訓練研究』、11、pp.57-64

94）姉崎弘（1997）「VTRを用いた重度・重複障害児の授業評価方法に関する一考察－特殊教育諸学校初任者の研修プログラムに適用して－」『特殊教育学研究』、34（5）、pp.37-43

95）笹原未来、川住隆一（2007）「医療的ケアを要し自発的運動が困難な重度・重複障害者へのコミュニケーション支援」『教育ネットワークセンター年報2007』、pp.69-82

96）芳野正昭、村上大樹（2007）「重度・重複障碍児・者とのコミュニケーションにおける教師の「読み誤り」に関する検討」『佐賀大学文化教育学部研究論文集』、11（2）、pp.31-38

97）柳本雄次、坂本茂、竹内聖子、神田晴江（1989）「重度・重複障害児の非言語コミュニケーションに関する研究－情動的コミュニケーションの特徴と指導による変化－」『養護・訓練研究』、2、pp.33-40

98）柳本雄次、坂本茂、竹内聖子、神田晴江（1990）「重度・重複障害児の非言語コミュニケーションに関する研究（2）－コミュニケーション活動の特徴と指導による変化－」『養護・訓練研究』、3、pp.55-64

99）岡田奈緒、是永かな子（2010）「肢体不自由特別支援学校における重度・重複障害児に対するコミュニケーション指導の研究」『高知大学教育学部研究報告』、70、pp.71-88

100）堀越秀範、北島喜夫（1991）「一重度・重複障害幼児における事物操作習得とその際のおとなとのコミュニケーション－「ひろがり」をもつ操作の習得のために－」『障害者問題研究』、67、pp.283-291

101）中山晶世、小林重雄（2000）「重度・重複障害幼児の自発的行動に及ぼす音楽の影響」『特殊教育学研究』、37（5）、pp.69-77

102）片桐和雄（1993）「重度重複障害児の発達生理心理学の課題」『特殊教育学研究』、31（3）、p.57

103）岡澤（2012）、前掲書73）、p.209

104）細渕富夫、大江啓賢（2004）「重症心身障害児（者）の療育研究における成果と課題」『特殊教育学研究』、42（3）、p.246

105）北島善夫（2009）『重症心身障害児・者における期待反応の発達と援助』、風間書房、p.134

106）同上書、p.183

107）笹原（2012）、前掲書16）

108）細渕ら（2004）、前掲書104）、p.246

109）任龍在、池田彩乃、安藤隆男（2009）「肢体不自由教育と病弱教育における重度・重複障害教育の研究動向と課題－日本特殊教育学会発表論文集に着目して」『筑波大学特別支援教育研究』、4、p.22

110）岡澤（2012）、前掲書73）、pp.209-210

111）同上書、p.210

112）同上書、p.210

113）細渕富夫（2003）『重症心身障害児における定位・探索行動の形成』、風間書房、

p.52

114）同上書、p.53

115）松田直（2010）「重度・重複障害児における実践研究のこれまでとこれから：係わり手のあり方の省察を視点として（教育講演2　日本特殊教育学会第47回大会公開・教育講演報告）」『特殊教育学研究』、47（5）、p.325

116）同上書、p.325

117）野崎義和、川住隆一（2012）「「超重症児」該当児童生徒の指導において特別支援学校教師が抱える困難さとその背景」『東北大学大学院教育学研究科研究年報』、60（2）、p.231

第5節　重度・重複障害児のQOLに関する研究の文献レビュー

1）A.S. Schreiner監修、守本とも子、星野政明編集（2009）『新・QOLを高める専門看護、介護を考える』、中央法規、p.97

2）進一鷹、宮部修一（2001）「共生の視点からみた重症心身障害児・者のQOLとその支援」『熊大教育実践研究』、18、p.15

3）新開義則、郷間英世（2006）「知的障害と肢体不自由を併せ持つ学齢障害児のQOL評価に関する研究」『奈良教育大学教育実践総合センター研究紀要』、15、p.47

4）世界保健機関憲章前文、公益社団法人日本WHO協会HP、http://www.japan-who.or.jp/commodity/kensyo.html

5）同上書、p.148

6）A.S. Schreiner（2009）、前掲書1）、p.97

7）漆崎一朗監修（2001）『新QOL調査と評価の手引き　調査と解析の実際とベッドサイドの生かし方』、メディカルレビュー社、p.11

8）郷間英世、伊丹直美（2005）「微笑行動を手がかりとした重症心身障害児のQOL評価に関する検討」『奈良教育大学教育実践総合センター研究紀要』、14、p.29

9）藤岡一郎（2000）『重症児のQOL－「医療的ケア」ガイド』、クリエイツかもがわ、p.1

10）郷間英世、伊丹直美、小谷裕美、牛尾禮子、佐藤典子（2001）「重症心身障害児・者のQOL評価の試み－子どもを亡くした親へのインタビューによる検討－」『日本保健医療行動科学会年報』、16、pp.211-224

11）厚生省官房障害保健福祉部（1999）『障害者・児施設のサービス共通評価基準』、http://www.keieikyo.gr.jp/data/old/d125.pdf

12）加藤敬子（2000）「重症児のQOLを高めるための教育実践」『鳥取大学地域科学部教育実践研究指導センター研究年報』、10、pp.19-24

13）村上美奈子（2004）「重度・重複障害のQOLと肢体不自由養護学校における実践－「特別支援教育」への移行と重度・重複障害児の教育保障に関して－」『東京大学大学院教育学研究科紀要』、44、pp.65-72

14）郷間ら（2005）、前掲書8）

15) 新開ら（2006）、前掲書3）

16) 村上（2004）、前掲書13）、p.66

17) 坂野幸恵（2005）「ADLとQOL」清水貞夫、藤本文明編集代表『キーワードブック障害児教育：特別支援教育時代の基礎知識』、クリエイツかもがわ、pp.228-229

18) Sailor, W., Gee, K., Goetz, L., & Graham, N. (1988). Progress in educating students with the most severe disabilities: Is there any?. Journal of the Association for Persons with Severe Handicaps, 13, pp.87-99

19) R.L.Schalock著，三谷嘉明，岩崎正子訳（1994）『知的障害・発達障害を持つ人のQOL』、医歯薬出版株式会社、p.258

20) Schalock, R. L. & Verdugo, M. A. (2002). Handbook on Quality of Life for Human Service Practitioners. Washington, DC: American Association on Mental Retardation.

21) 吉川明守、宮崎隆穂（2008）「重度・重複障害者におけるQOL評価法の検討」『新潟青陵大学短期大学部研究報告』、38、pp.148-149

22) P. Katja、M. Bea著、鈴木恵太訳（2011）「生活の質：最重度知的・重複障害児（者）」Pawly. J、Carnaby. S編、中川栄二、小林巌監訳『最重度知的障害および重複障害の理解と対応』、診療と治療社、p.23

23) 吉川ら（2008）、前掲書21）、pp.148-149

24) 漆崎（2001）、前掲書7）、p.11

25) 例えば、河原央好、奥山宏臣、窪田昭男、岡田正（2005）「腹腔鏡下噴門形成術は重症心身障害児のQOLの向上につながるか？（第16回日本小児外科QOL研究会）」『日本小児外科学会雑誌』、41（7）、p.1001や風間理郎、仁尾正記、佐野信行、大井龍司（2007）「重症心身障害児に対する喉頭気管分離術の検討」『日本小児外科学会誌』、43（1）、pp.7-12の研究

26) 例えば、末光茂、土岐覚（1997）「重症心身障害児施設におけるQOLに関する研究－「施設評価チェックリスト」の試用経験から」『川崎医療福祉学会誌』、7（1）、pp.59-66や元田美幸、藤田継道、成田滋（2002）「重症心身障害児施設における利用者と介助者のコミュニケーション－セルフモニタリングチェック紙の効果－」『特殊教育学研究』、40（4）、pp.389-399の研究

27) 郷間ら（2005）、前掲書8）、pp.29-35

28) 新開ら（2006）、前掲書3）、pp.47-52

29) 漆崎（2001）、前掲書7）

30) 福本安甫、江草安彦、関谷真（1999）「Quality of Lifeの評価構造に関する一考察」『川崎医療福祉学会誌』、9（2）、pp.183-190

31) 末光茂、土岐覚（2000）「成人重症心身障害者のQOLに関する研究－HughesらのQOL、評価項目を使用して－」『川崎医療福祉学会誌』、10、pp.1-8

32) 同上書

33) 岩谷力、飛松好子（2005）『障害と活動の測定・評価ハンドブック－機能からQOL

まで』、南江堂、p.135

34）同上書、pp.138-140

35）同上書、pp.143-144

36）石原陽子（2001）「QOLの測定・評価と今後の課題」『QOL　その概念から応用まで（漆崎一朗、栗原稔監修）』、シュプリンガー・フェアクラーク東京

37）古屋健、三谷嘉明（2005）「知的障害を持つ人のQOL」『名古屋女子大学紀要（人文・社会編）』、51、p.133

38）郷間ら（2005）、前掲書8）、p.29

39）末光茂、土岐覚（1997）「重症心身障害児施設におけるQOLに関する研究－「施設評価チェックリスト」の試用経験から」『川崎医療福祉学会誌』、7（1）、pp.59-66

40）元田美幸、藤田継道、成田滋（2002）「重症心身障害児施設における利用者と介助者のコミュニケーション－セルフモニタリングチェック紙の効果－」『特殊教育学研究』、40（4）、pp.389-399

41）石原（2001）、前掲書36）、p.453

42）S. Levine（1996）「健康、病気、QOLの意義」『QOL　その概念から応用まで（漆崎一郎、栗原稔監修）』、シュプリンガー・フェアクラーク東京、p.12

43）M. Bullinger（1996）「QOL尺度の国際的な妥当性の検証－特にドイツに関連したものについて」『QOL　その概念から応用まで（漆崎一郎、栗原稔監修）』、シュプリンガー・フェアクラーク東京、p.34

44）吉川ら（2008）、前掲書21）、p.150

45）末光ら（2000）、前掲書31）、p.1

46）郷間ら（2005）、前掲書8）、p.29

47）末光ら（2000）、前掲書31）

48）鳥越哲夫、土岐覚、末光茂（2001）「成人重症心身障害者のQOLに関する研究（2）－QOL評価項目を作成して」『川崎医療福祉学会誌』、11、NO.1　、p.26

49）郷間ら（2005）、前掲書8）、pp.30-31

50）吉川ら（2008）、前掲書21）、p.151

51）同上書、p.151

52）古屋ら（2005）、前掲書37）、p.135

53）吉川ら（2008）、前掲書21）、p.152

54）Metza, L.S., Swensen, A.R., & Flood, E.M.（2004）. Assessment of healthrelated quality of life in children: A review of conceptual methodological, and regulatory issues. Value in Health, 7, pp.79-92

55）末光ら（2000）、前掲書31）、pp.4-5

56）末光ら（1997）、前掲書39）、p.64

57）元田ら（2002）、前掲書40）

58）同上書、p.389

第II章　本研究の目的

第1節　問題の所在と研究目的

1）竹内まり子（2010）「特別支援教育を巡る近年の動向」『調査と情報－ISSUE BRIEF－』、684、国立国会図書館、p. 6

第2節　用語の定義

1）松原隆三・宮崎直男（1985）『重度障害児の指導』、福村出版、p. 9

それ以前は知的障害の度合いにより、「重度の精神薄弱児」さらにそれ以前には「白痴」と称していた。「白痴」とは言語をほとんど有せず、自他の意思の交換及び環境への適応が困難であって、衣食上絶えず保護を必要とし、成人になっても全く自立困難と考えられるもの（知能指数（IQ）による分類を参考とすれば、25ないし20以下のもの）と定義し、教育措置においては就学免除を考慮するとしている。

2）姉崎弘（2007）『重度・重複障害児の教育　第2版』、大学教育出版、p.21

3）文部省（1975）『重度・重複障害児に対する学校教育の在り方について』

4）大沼直樹（2002）『重度・重複障害児の興味の開発法』、明治図書、p.23

5）文部科学省（2017）『特別支援学校小学部・中学部学習指導要領』、p.20

6）昭和44年法律第29号『公立義務教育諸学校の学級編成及び教職員の定数に関する法律の一部を改正する法律』

7）総務省、電子政府の総合窓口e-Gov、『公立義務教育諸学校の学級編制及び教職員定数の標準に関する法律施行令』
http://law.e-gov.go.jp/cgi-bin/idxselect.cgi?IDX_OPT=4&H_NAME=&H_NAME_YOMI=%82%a0&H_NO_GENGO=H&H_NO_YEAR=&H_NO_TYPE=2&H_NO_NO=&H_FILE_NAME=S33SE202&H_RYAKU=1&H_CTG=26&H_YOMI_GUN=1&H_CTG_GUN=1

8）遠藤司（2006）『重障児の身体と世界』、風間書房、p. 8

9）総務省、電子政府の総合窓口e-Gov、『児童福祉法』
http://law.e-gov.go.jp/cgi-bin/idxselect.cgi?IDX_OPT=&H_NAME=%8e%99%93%b6%95%9f%8e%83%96%40&H_NAME_YOMI=%82%a0 &H_NO_GENGO=H&H_NO_YEAR=&H_NO_TYPE=2 &H_NO_NO=&H_FILE_NAME=S22HO164&H_RYAKU=1&H_CTG=1&H_YOMI_GUN=1&H_CTG_GUN=1

10）同上書

11）鈴木康之、舟橋満寿子、長博雪、許斐博史、志倉圭子（1995）「いわゆる"超重度障害児"の実態調査－東京都地区、1993年度調査から－」『脳と発達』、27（1）、pp.58-60

12）鯨岡峻は「碍」を用いている。

13）大阪府では2008年から表記を「障がい」に統一した。

14）文部省（1975）、前掲書3）、p.8

15）同上書、pp.10-11

16）北島善夫（2009）『重症心身障害児・者における期待反応の発達と援助』、風間書房、p.8

17）姉崎（2007）、前掲書2）、p.21

18）北島（2009）、前掲書16）、pp.8-9

19）遠藤（2006）、前掲書8）、p.8

20）大島一良（1971）「重症心身障害の基本的問題」『公衆衛生』、35、p.650

21）口分田政夫（2009）「障害者自立支援法下での重症心身障害児・肢体不自由児等の障害程度に関する客観的な評価指標の開発に関する研究」『厚生労働省科学研究費補助金報告書』、p.57

22）藤岡一郎（2000）『重症児のQOL－「医療的ケア」ガイド』、クリエイツかもがわ、p.40

23）文部科学省（2017）、前掲書5）、p.20

24）柳本雄次（2002）「肢体不自由児（者）の理解と指導」『ノーマライゼーション時代における障害学（石部元雄・柳本雄次編著）』、福村出版、p.93

25）文部科学省（2017）、前掲書5）、pp.157-158

26）同上書、pp.157-158

27）岩田誠（1987）『脳とコミュニケーション』、朝倉書店、pp.123-124

28）徳永豊（2009）『重度・重複障害児の対人相互交渉における共同注意－コミュニケーション行動の基盤について』慶應義塾大学出版会、p.7

29）松田直（1997）「障害の重い子どもの教育とコミュニケーション－子どもの意思の表出と係わり手のあり方－」『重複障害児の意思表出と教育環境に関する研究』、C-31、pp.8-9

30）鯨岡峻（1990）「コミュニケーションの成立過程における大人の役割－乳児－母親および障害児－関与者のあいだにみられる原初的コミュニケーション関係の構造－」『島根大学教育学部紀要（人文・社会科学）』、24（1）、p.50

31）芳野正昭、村上大樹（2007）「重度・重複障碍児・者とのコミュニケーションにおける教師の「読み誤り」に関する検討」『佐賀大学文化教育学部研究論文集』、11（2）、pp.31-38

32）堀越秀範、北島喜夫（1991）「一重度・重複障害幼児における事物操作習得とその際の大人とのコミュニケーション－「ひろがり」をもつ操作の習得のために－」『障害者問題研究』、67、p.283

33）鯨岡峻（2000）『養護学校は、いま』、ミネルヴァ書房、p.25

34）徳永（2009）、前掲書28）、pp.19-20

35）新開義則、郷間英世（2006）「知的障害と肢体不自由を併せ持つ学齢障害児のQOL評価に関する研究」『奈良教育大学教育実践総合センター研究紀要』、15、p.47

36）A.S. Schreiner監修、守本とも子、星野政明編集（2009）『新・QOLを高める専門看

護、介護を考える』、中央法規、p.96

37）吉川明守、宮崎隆穂（2008）「重度・重複障害者におけるQOL評価法の検討」『新潟青陵大学短期大学部研究報告』、38、p.148

38）同上書、p.149

39）厚生省官房障害保健福祉部（1999）「障害者・児施設のサービス共通評価基準」、http://www.keieikyo.gr.jp/data/old/d125.pdf

40）藤岡一郎（2000）『重症児のQOL－「医療的ケア」ガイド』、クリエイツかもがわ、p.1

41）村上美奈子（2004）「重度・重複障害児のQOLと肢体不自由養護学校における実践－「特別支援教育」への移行と重度・重複障害児の教育保障に関して－」『東京大学大学院教育学研究科紀要』、44、p.66

42）漆崎一朗監修（2001）『新QOL調査と評価の手引き　調査と解析の実際とベッドサイドの生かし方』、メディカルレビュー社、p.12

43）中川美穂、小枝達也（2004）「重症心身障害児の医療的ケアとQOLに関する研究」『地域学論集（鳥取大学地域学部紀要）』、1（1）、p.76

44）坂野幸江（2005）「ADLとQOL」『キーワードブック　障害児教育（清水貞夫、藤本文朗編）』、クリエイツかもがわ、p.229

45）古屋健、三谷嘉明（2005）「知的障害を持つ人のQOL」『名古屋女子大学紀要（人文・社会編）』、51、pp.129-130や吉川ら（2008）、前掲書、p148に同様の記述がある。

46）古屋ら（2005）、前掲書45）、p.130

第2部：重度・重複障害児を対象とした造形活動の理論的構造

第III章　理論的枠組みとリサーチ・クエスチョン

第1節　理論的枠組み

1 ）糸賀一雄（2009）『糸賀一雄の最後の講義－愛と共感の教育』、中川書店、p.87

2 ）洪浄淑、松矢勝宏、中村満紀男（2001）「糸賀一雄の「共感」思想に関する考察」『心身障害学研究』、25、p.77

3 ）糸賀（2009）、前掲書 1 ）、p.41

4 ）洪ら（2001）、前掲書 2 ）、p.77

5 ）糸賀（2009）、前掲書 1 ）、p.41

6 ）同上書、p.90-91

7 ）糸賀一雄（1955）「精神薄弱児と美術教育」『美術手帖』、95臨時増刊、p.64

8 ）同上書、p.64

9 ）同上書、p.64

10）同上書、p.64

11）奈良峰博・星野常夫（2007）「知的障害養護学校における図画工作・美術の歴史に関する研究－施設における造形表現活動との比較による－」『文教大学教育学部　教育学部紀要』、41、p.13

12）同上書、p.12

13）田村一二（1974）『ちえおくれと歩く男』、柏樹社、p.107

14）同上書、p.110

15）奈良ら（2007）、前掲書11）、p.13

16）田村一二（1980）『この子らと共に』、雷鳥社、pp78-79

17）田村（1974）、前掲書13）、p.110

18）同上書、p.104

19）L. S. Vygotsky著、柴田義松、宮坂琇子訳（2006）『障害児発達・教育論集』、新読書社、p. 1

20）同上書、p. 1

21）同上書、p. 2

22）柴田義松（2006）『ヴィゴツキー入門』、子どもの未来社、p.173

23）同上書、pp.173-174

24）L. S. Vygotsky（2006）、前掲書19）、p.173

25）ヴィゴツキーは高次の精神機能には 2 つの段階があることを示している。 1 つ目は集団的活動・社会的活動に起因する精神間機能、もう 1 つは個人的活動に起因する精神内機能である。この文脈における高次の精神活動とは、精神間機能を土台とした活動を示している。

26）L. S. Vygotsky著（2006）、前掲書19）、p.2

27）同上書、p.176

28）同上書、p.164

29）同上書、p.200

30）同上書、p.200

31）同上書、p.271

32）同上書、p.271

33）同上書、p.193

34）同上書、p.194

35）同上書、p.194

36）同上書、pp.194-195

第Ⅳ章　研究デザイン

第1節　第2部で用いる研究方法

1）U. Flick著、小田博志監訳（2011）『質的研究入門　＜人間の科学＞のための方法論』、春秋社、p.627

2）S. B. Merriam著、堀薫夫、久保真人、成島美弥訳（2004）『質的調査法入門−教育における調査法とケース・スタディー−』、ミネルヴァ書房、p.8

3）木下康仁（2007）『ライブ講義M-GTA　実践的質的研究法　修正版グラウンデッド・セオリー・アプローチのすべて』、弘文堂、p.123

4）同上書、p.123

5）西條剛央（2007）『ライブ講義　質的研究とは何か　SCQRMベーシック編』、新曜社、p.17

6）T. A. Schwandt著、伊藤勇、徳川直人、内田健訳（2009）『質的研究用語事典』、北大路書房、p.19

7）H. Garfinkel著、山田富秋、好井裕明、山崎敬一編訳（1987）『エスノメソドロジー　社会学的思考の解体』、せりか書房、p.19

8）同上書、p.16

9）U. Flick（2011）、前掲書1）、p.72

10）T. A. Schwandt（2009）、前掲書6）、p.19

11）同上書、p.19

12）戈木クレイグヒル滋子（2006）『グラウンデッド・セオリー・アプローチ』、新曜社、pp.126-130

13）S. B. Merriam（2004）、前掲書2）、p.8

第2節　データ収集の方法

1 ）木下康仁（2007）『ライブ講義M-GTA　実践的質的研究法　修正版グラウンデッド・セオリー・アプローチのすべて』、弘文堂、p.40

2 ）同上書、p.36

3 ）口分田政夫（2009）「障害者自立支援法下での重症心身障害児・肢体不自由児等の障害程度に関する客観的な評価指標の開発に関する研究」『厚生労働省科学研究費補助金報告書』、p.57

4 ）松浦均、西口利文編（2008）『心理学基礎演習Vol. 3　観察法・調査的面接法の進め方』、ナカニシヤ出版、pp.50-78

第3節　データ分析の方法

1 ）佐藤郁哉（2008）『質的データ分析法　原理・方法・実践』、新曜社

2 ）同上書

3 ）M-GTA：Modified Grounded Theory Approach（木下が提唱する修正版グラウンデッド・セオリー・アプローチの略）　木下康仁（2007）『ライブ講義M-GTA　実践的質的研究法　修正版グラウンデッド・セオリー・アプローチのすべて』、弘文堂

4 ）同上書、p.185

5 ）川喜田二郎（1967）『発想法』中央公論社、pp.151-194

6 ）佐藤（2008）、前掲書 1 ）、pp.112-113

7 ）同上書、pp.112-113

8 ）木下（2007）、前掲書 3 ）、p.258

9 ）川喜田（1967）、前掲書 5 ）

10）佐藤（2008）、前掲書 1 ）、pp.112-113

第4節　妥当性と信頼性

1 ）記録ノートについて、2012年 3 月26日に担任教員に提示し、A特別支援学校は2012年 6 月19日に、B特別支援学校は2012年 6 月23日に回収し、指摘があった箇所の修正、変更、削除を行った。

第Ⅴ章　結果と考察

第1節　造形活動における児童生徒と教員との関わり

1 ）T. A. Schwandt著、伊藤勇他監訳（2009）『質的研究用語事典』北大路書房、p.51

2 ）鯨岡峻（2006）『ひとがひとをわかるということ　間主観性と相互主体性』、ミネルヴァ書房、p.122

3 ）齋藤武博（1999）「ふれる・さわる・つかむ〜障害を持った生徒の造形活動〜」『子どもと美術』、46、p.38

4）金山和彦（1996）「描画活動による重症心身障害者の行動変容について　活動介助からの一考察　（抽出者2名の描画記録から）」『日本保育学会大会研究論文集』、49、pp.462-463

5）池田吏志（2006）「肢体不自由養護学校における美術－生徒の実態を基盤とした拡大的手法による教材作り－」『教育美術』、770、p.56

6）『新潮　世界美術辞典』、1985、新潮社、p.252

7）蒔苗正樹（2009）「重度重複障害児の美術表現－感じること、気づくことを育てる－」『肢体不自由教育』、190、p.52

8）齋藤武博（2003b）「オシャレな造形活動　肢体不自由児の造形活動の今」『教育美術』、738、p.41

9）L. S. Vygotsky著、柴田義松他訳（2006）『障害児発達・教育論集』、新読書社、p.164

10）同上書、p.200

11）澤井和美（1988）「花咲き山をつくろう」『子どもと美術』、17、p.49

12）M. Nind著、池田吉史他訳（2011）「最重度知的・重複障害児（者）の情緒的安寧を促す－「集中的な交互作用」による包括的アプローチ」『最重度知的障害および重複障害の理解と対応』、診断と治療社、p.57

13）同上書、p.59

14）同上書、p.58

15）同上書、p.58

16）小林芳文、上原則子編著（1992）『重度重複障害児（者）の感覚運動指導①基礎・応用編』、コレール社、p.21

第2節　造形活動における学習指導

1）T. A. Schwandt著、伊藤勇他監訳（2009）『質的研究用語事典』、北大路書房、p.51

2）大竹真千英（1997）「重度重複障害児の美術教育　身近な素材を利用しての試み」『肢体不自由教育』、131、p.52

3）知的障害者用に開発された、手話を簡略にしたサイン。

4）高橋晃（1974）「重度・重複障害児教育の実践－随伴障害の顕著な脳性まひ児の造形活動とその指導－」『季刊－特殊教育』、3、pp.28-29、31

5）池田吏志（2006）「肢体不自由養護学校における美術－生徒の実態を基盤とした拡大的手法による教材作り－」『教育美術』、770、p.44

6）高橋（1974）、前掲書4）、p.36

7）藤岡一郎（2000）『重症児のQOL－「医療的ケア」ガイド』、クリエイツかもがわ、p.40

8）尾上真由美（1996）「くるくる回るねん土のお皿－障害の重い寝たきりの子にも活動を－」『子どもと美術』、40、p.57

9）L. S. Vygotsky著、柴田義松、宮坂琇子訳（2006）『障害児発達・教育論集』、新読書社、p.194

10) 金山 和彦（2000）「重症心身障害児の造形活動について　施設における陶芸指導の現状と課題からの考察」『美術教育』、280、p.47

11) 池田（2006）、前掲書５）、pp.47-49

12) 蒔苗正樹（2004）「表現することの原点に向かって」『美術教育』、745、p.57

13) 尾上（1996）、前掲書８）、p.59

14) 大竹（1997）、前掲書２）、p.53

15) 高橋（1974）、前掲書４）、p.30

16) AACとは、Augmentative and Alternative Communicationの略で、「補助・代替コミュニケーション」や「拡大・代替コミュニケーション」と訳される。ASHA（America Speech Language-Hearing Association）の定義によると、「AACとは重度の表出障害を持つ人々の機能、形態障害（Impairment）や能力障害（Disability）を保証する臨床活動の領域を指す。AACは多面的アプローチであるべきで、個人のすべてのコミュニケーション能力を活用する。それには、現存する発声、あるいは会話機能、ジェスチャー、サイン、エイドを使ったコミュニケーションが含まれる。」安藤忠（1998）「AACの概念」『子どものためのAAC入門－文字盤からコンピューターへ』、共同医書出版

17) 池田（2006）、前掲書５）、pp.40-57

18) 福田智恵（1998）「子どもたち、先生たちとしっかり手をつないで　お気に入りの道具づくり」『子どもと美術』、43、pp.31-32

19) 岸田由佳、大谷正人（2010）「特別支援教育におけるアートセラピー的アプローチの可能性」『三重大学教育学部研究紀要』、教育科学第61巻、pp.219-249

20) 同上書、p.232

21) 近藤康太（2003）「表現の喜びを目指して」『教育美術』、735、pp.54-55

22) 池田吏志（2012）「肢体不自由特別支援学校の美術－感触遊びの延長としての作品づくり－」『大学美術教育学会誌』、44、pp.63-70

23) 齋藤武博（2003b）「オシャレな造形活動　肢体不自由児の造形活動の今」『教育美術』、738、pp.38-41

24) 池田（2006）、前掲書５）、pp.40-57

25) 福田（1998）、前掲書18）、pp.31-32

26) 木代喜司（1993）「障害児の指導実践から美術教育の原点を考える　京都府の養護学校における重度重複障害児の美術指導から美術教育の根源的基礎を考察する」『美術科教育学会誌』、14、p.74

27) 澤井和美（1988）「花咲き山をつくろう」『子どもと美術』、17、p.50

28) 同上書、p.50

29) 齋藤武博（1999）「ふれる・さわる・つかむ～障害を持った生徒の造形活動～」『子どもと美術』、46、pp.38-43

30) 蒔苗正樹（2009）「重度重複障害児の美術表現－感じること、気づくことを育てる－」『肢体不自由教育』、190、 p.53

第3節　造形活動のティーム・ティーチングにおける教員間の関わり

1) T. A. Schwandt著、伊藤勇他監訳（2009）『質的研究用語事典』、北大路書房、p.51

2) 齋藤武博（2003a）「Ｐ・ドライポイント2002」『教育美術』、732、p.56

3) 高橋晃（1974）「重度・重複障害児教育の実践－随伴障害の顕著な脳性まひ児の造形
活動とその指導－」『季刊－特殊教育』、3、p.28

4) Stewart, B. S. (2000). Parenting, wellbeing, health and disease. In Buchanan,
A. & Hudson, B. (Ed.). Promoting Children's Emotional Well-being. Oxford
University Press. p.30

注1)　　表16に記載された文献リスト

渡辺徹（1981）「精神薄弱養護学校における教授組織について：ティーム・ティーチング
をめぐる諸問題」『宮城教育大学紀要』、16、pp.147-160

飯田貞雄（1986）「養護学校におけるチーム・ティーチングの一断面　実践資料分析を通
して」『山梨大學教育學部研究報告　第一分冊　人文社会科学系』、37、pp.131-136

上松武（1996）「チームティーチングにおける指導記録と評価の工夫」『肢体不自由教育』、
増刊126号、pp.51-58

太田正己（1998）「授業者集団の意思決定へ影響を与える授業批評の条件　養護学校にお
けるティーム・ティーチングによる授業」『京都教育大学教育実践研究年報』、14、pp.
215-227

根市正彦、中川修一、佐藤美紀、渡辺政治、安藤隆男（2000）「肢体不自由養護学校の集
団授業における記述記録のわかりやすさの検討（実践研究特集号）」『特殊教育学研究』、
37（5）、pp.27-34

八巻尚子（2004）「授業における教員間の連携－補助担当教員の役割に焦点を当てて－」
『肢体不自由教育』、164、pp.26-31

長沼俊夫（2005a）「チームティーチングによる授業づくり（1）現状と課題」『肢体不自
由教育』、170、pp.42-45

森屋洋子（2007）「マネージメントサイクルを機能させるチーム・ティーチングでの授
業づくり　（特集 学校のチーム力を高める）」『肢体不自由教育』、180、pp. 40-45

長谷川裕己、渡辺明広（2008）「特別支援学校（知的障害）におけるティーム・ティーチ
ングによる授業改善の試み：「ティーム・ティーチングでの指導・支援の内容」表を
活用した授業実践を通して」『静岡大学教育実践総合センター紀要 』、15、pp. 83-92

高野美由紀、有働眞理子（2010）「特別支援学校のティーム・ティーチングにみられるイ
ンターラクション」『兵庫教育大学研究紀要』、36、pp.53-60

安藤隆男、尾崎至、高橋雄一、丹野傑史、中川修一、渡辺政治、太田　正己（2010）「障
害児教育における教師の成長とティーム・ティーチングⅤ：授業者間の学び合いに着目
して（自主シンポジウム15、日本特殊教育学会第47回大会シンポジウム報告）」『特殊
教育学研究』、47（5）、pp.359-360

第3部：
重度・重複障害児のQOLを高める造形活動の指導理論

第Ⅵ章　重度・重複障害児を対象とした造形活動におけるQOL評価法の開発

第1節　重度重複障害児を対象としたQOL評価の課題

1 ）Keith, K. D. (1996). Measuring quality of life across cultures: Issues and challenges. In Schalock, R. L. (Ed.). Quality of Life, Vol. Ⅰ：Conceptualization and Measurement. Washington, DC: American Association on Mental Retardation.

2 ）Goode, D. (1997). Quality of life as international disability policy: Implications for international research. In Schalock, R. L. (Ed.). Quality of life, vol. Ⅱ：Application to persons with disabilities. Washington, DC: American Association on Mental Retardation.

3 ）Schalock, R. L., Brown, I., Brown, R., Cummins, R. A., Felce, D., Matikka, L., Keith, K. D., & Parmentaer, T. (2002). Conceptualization and measurement, and application of quality of life for people with intellectual disabilities: Report of an international panel or experts. Mental Retardation, 40 （6）, pp.457-470

4 ）P. Katja、M.Bea著、鈴木恵太訳（2011）「生活の質：最重度知的・重複障害児（者）」Pawly. J、Carnaby. S編、中川栄二、小林巌監訳『最重度知的障害および重複障害の理解と対応』、診療と治療社、p.17

第2節　第3部で用いるQOL評価の方法

1 ）P. Katja、M.Bea著、鈴木恵太訳（2011）「生活の質：最重度知的・重複障害児（者）」『最重度知的障害および重複障害の理解と対応』、診療と治療社、p.17

2 ）Lyons, G. (2005). The life satisfaction matrix: An instrument and procedure for assessing the subjective quality of life of individuals with profound multiple disabilities. Journal of Intellectual Disability Research, 49 (10), pp.766-769

3 ）Katjaら（2011）、前掲書1 ）、p.17

4 ）Clurman, B. (1987). Fighting for education rights: Severely disabled children can benefit from education. The Exceptional Parent, 17 （4）, pp.48-56

5 ）Harold, L. K. & Polansky, M. (2003). Measurement of observer agreement. Radiology 2003, 228, pp.303-308

6 ）Landis, J. R. & Koch, G. G. (1977). The measurement of observer agreement for categorical date. Biometrics, 33, pp.159-174

第Ⅶ章　第1期アクション・リサーチ

第3節　仮説とアクション・プラン

1）大村清（2004）「難病主治医の立場から」『小児看護』、27（9）、pp.1249-1253
2）細渕富夫、清水貞夫（1989）「重度・重複障害児のコミュニケーション活動の指導内容・方法と発達連関」『長野大学紀要』、10（3）、p.16.
3）Coupe, j., Barton, L., Barber, M., Collins, L., Levy, D. & Murphy, D. (1985). Affective communication assessment. Manchester, UK: Manchester Education Committee.

第5節　分析方法

1）Green, J. C., Caracelli, V. J., & Graham, W. F. (1989). Toward a conceptual framework for mixed-method evaluation designs. Educational Evaluation and Policy Analysis, 11（3）, pp.255-274
2）J. W. Creswell著、操華子、森岡崇訳（2007）『研究デザイン－質的・量的・そしてミックス法－』、日本看護協会出版会、p.240
3）両者合計抽出時間は約15分であるが、一つの活動のまとまりの時間が児童Aに比べて児童Bが長いため、児童Bの項目数が少なくなっている。
4）Harold, L. K. & Polansky, M. (2003). Measurement of observer agreement. Radiology 2003, 228, pp.303-308
5）Landism, J. R. & Koch, G. G. (1977). The measurement of observer agreement for categorical date. Biometrics, 33, pp.159-174
6）鯨岡峻（2005）『エピソード記述入門　実践と質的研究のために』、東京大学出版会
7）同上書では〈背景〉、〈エピソード〉、〈第1次メタ観察〉、〈第2次メタ観察〉の順で記載されている。

第7節　仮説検証

1）子どもがしていることに母親が間髪を入れずに抑揚のあるかけ声を掛けることによって子どもがしていることに注釈を加えること。谷川僚輔、川間健之介（2003）「自閉症児の動作訓練におけるVocal Markerの有効性の検討」『山口大学教育学部研究論叢』、53（3）, pp.47-56
2）子どもの声やことばをそのまま真似て返すこと。
3）子どもの位置に（大人が）わが身を重ね、わが身の「ここ」を子どもの「そこ」とすり替え、いわば（大人が）「子どもになって」子どもの「そこ」を生きること。鯨岡峻（2006）『ひとがひとをわかるということ　間主観性と相互主体性』、ミネルヴァ書房

第8節　考察
1）J. J. Gibson著、佐々木正人、古山宣洋、三嶋博之監訳（2011）『生態学的知覚システム　感性をとらえなおす』、東京大学出版会
2）勝井三雄、田中一光、向井周太郎監修（2009）『現代デザイン事典』、平凡社
3）中島義明監修、『LOGO VISTA　電子辞書シリーズ、心理学辞典（CD-ROM版）』、有斐閣、「アフォーダンス」を検索
4）同上書
5）同上書
6）同上書

第Ⅷ章　第2期アクション・リサーチ

第3節　仮説とアクション・プラン
1）齋藤武博（2004）「その手がつかむもの　肢体不自由児の造形活動」『教育美術』、742 、pp.41-43

第5節　分析方法
1）J. W. Creswell著、操華子、森岡崇訳（2007）『研究デザイン－質的・量的・そしてミックス法－』、日本看護協会出版会、p.240
2）木下康仁（2007）『ライブ講義M-GTA　実践的質的研究法　修正版グラウンデッド・セオリー・アプローチのすべて』、弘文堂
3）Harold, L. K. & Polansky, M. (2003). Measurement of observer agreement. Radiology 2003, 228, pp.303-308
4）Landism, J. R. & Koch, G. G. (1977). The measurement of observer agreement for categorical date. Biometrics, 33, pp.159-174

第8節　授業改善モデル、授業改善フローチャート、授業改善チェックリストの作成
1）元田美幸、藤田継道、成田滋（2002）「重症心身障害児施設における利用者と介助者のコミュニケーション－セルフモニタリングチェック紙の効果－」『特殊教育学研究』、40（4）、pp.389-399

第Ⅸ章　第3期アクション・リサーチ

第5節　分析方法
1）J. W. Creswell著、操華子、森岡崇訳（2007）『研究デザイン－質的・量的・そしてミックス法－』、日本看護協会出版会、p.240
2）Harold, L. K. & Polansky, M. (2003). Measurement of observer agreement.

Radiology 2003, 228, pp.303-308

3）Landism, J. R. & Koch, G. G. (1977). The measurement of observer agreement for categorical date. Biometrics, 33, pp.159-174

4）鯨岡峻（2005）『エピソード記述入門　実践と質的研究のために』、東京大学出版会

5）同上書では〈背景〉、〈エピソード〉、〈第1次メタ観察〉、〈第2次メタ観察〉の順で記載されている。

第Ⅹ章　総合考察

第2節　本研究の成果

1）細渕富夫（2003）『重症心身障害児における定位・探索行動の形成』、風間書房、p.52

2）H. Garfinkel著、山田富秋、好井裕明、山崎敬一編訳（1987）「エスノメソドロジー命名の由来」『エスノメソドロジー　社会学的思考の解体』、せりか書房、p.19

3）齋藤武博（2009）「「え？まだやるの？もう、授業はおわりなんですけど…」〜筋疾患の生徒の造形活動〜」『子どもと美術』、65、pp.58-61

4）澤井和美（1988）「花咲き山をつくろう」『子どもと美術』、17、pp.49-53

5）Frances, E. A. (1992). Art for All the Children: Approaches to Art Therapy for Children with Disabilities. Springfield, IL: Charles C Thomas Publisher.

6）David R. H. (1992). Exceptional Children: Exceptional Art Teaching Art to Special Needs. Worcester, MA: Davis Publications, Inc.

7）Sailor, W., Gee, K., Goetz, L., & Graham, N. (1988). Progress in educating students with the most severe disabilities: Is there any?. Journal of the Association for Persons with Severe Handicaps, 13, pp.87-99.

8）R.L.Schalock著，三谷嘉明，岩崎正子訳（1994）『知的障害・発達障害を持つ人のQOL』、医歯薬出版株式会社、p.258

9）Shalock, R. L. & Verdugo, M. A. (2002). Handbook on Quality of Life for Human Service Practitioners. Washington, DC: American Association on Mental Retardation.

10）吉川明守、宮崎隆穂（2008）「重度・重複障害者におけるQOL評価法の検討」『新潟青陵大学短期大学部研究報告』、38、pp.148-149

11）Katja, P 、Bea, M著、鈴木恵太訳（2011）「生活の質：最重度知的・重複障害児（者）」Pawlyn. J、Carnaby. S編、中川栄二、小林巌監訳『最重度知的障害および重複障害の理解と対応』、診療と治療社、p.23

12）Lyons, G. (2005). The life satisfaction matrix: An instrument and procedure for assessing the subjective quality of life of individuals with profound multiple disabilities. Journal of Intellectual Disability Research, 49 (10), pp.766-769

13）Harold, L. K. & Polansky, M. (2003). Measurement of observer agreement. Radiology 2003, 228, pp.303-308

14）Landis, J. R. & Koch, G. G.（1977）. The measurement of observer agreement for categorical date. Biometrics, 33, pp.159-174

15）吉川ら（2008）、前掲書10）、pp.148-149

第4節　本研究の成果と課題

1 ）一木薫（2012）「重複障害教育におけるカリキュラム研究の到達点と課題」『特殊教育学研究』、50（1 ）、p.80

2 ）同上書、p.82

図版出典

図3　口分田政夫（2009）「障害者自立支援法下での重症心身障害児・肢体不自由児等の障害程度に関する客観的な評価指標の開発に関する研究」『厚生労働省科学研究費補助金報告書』、p.57

図4　Annette, V. D. P., & Carila, V. (2009). The content of support of persons with profound intellectual and multiple disabilities: An analysis of the number and content of goals in the education programs. Journal of Applied Research in Intellectual Disabilities, 22, p.393

図5　鯨岡峻（2000）『養護学校は、いま』、ミネルヴァ書房、p.20

図6　鯨岡峻（2006）『ひとがひとをわかるということ　間主観性と相互主体性』、ミネルヴァ書房、p.122

図7　野崎義和、川住隆一（2012）「「超重症児」該当児童生徒の指導において特別支援学校教師が抱える困難さとその背景」『東北大学大学院教育学研究科研究年報』、60（2）、p.231

図8　文部省（1975）『重度・重複障害児に対する学校教育の在り方について』、pp.10-11

図9　大島一良（1971）「重症心身障害の基本的問題」、『公衆衛生』、35、pp.648-655

図10　柳本雄次（2002）「6章　肢体不自由児（者）の理解と指導」『ノーマライゼーション時代における障害学』、福村出版、p.93

図11　徳永豊（2009）『重度・重複障害児の対人相互交渉における共同注意－コミュニケーション行動の基盤について』、慶應義塾大学出版会、p.20

図12　同上書、p.114

図26　Lyons, G. (2005). The life satisfaction matrix: An instrument and procedure for assessing the subjective quality of life of individuals with profound multiple disabilities. Journal of Intellectual Disability Research, 49 (10), p.768

図39　J. W. Creswell著、操華子、森岡崇訳（2007）『研究デザイン－質的・量的・そしてミックス法－』、日本看護協会出版会、p.240

表4　Nakken, H., & Vlaskamp, C. (2007). A need for a taxonomy for profound intellectual and multiple disabilities. Journal of Policy and Practice in Intellectual Disabilities, 4（2）, p.84

表5　竹田契一、里見恵子（1994）『インリアル・アプローチ』、日本文化科学社、p.15

表7　岩谷力、飛松好子（2005）『障害と活動の測定・評価ハンドブック－機能からQOLまで』、南江堂、p.135

表13　木下康仁（2007）『ライブ講義M-GTA　実践的質的研究法　修正版グラウンデッド・セオリー・アプローチのすべて』、弘文堂、p.185

初出一覧

本書は、以下の論文の内容を基にしている。各論文の初出と該当箇所は次の通りである。

第1部

池田吏志（2012）「重度・重複障害児の造形活動に関する研究動向と課題」『広島大学大学院教育学研究科紀要第一部』、61、pp.87-96　（第Ⅰ章第2節）

池田吏志（2014a）「重度・重複障害児のQOL評価に関する文献レビュー」『広島大学大学院教育学研究科紀要第一部』、63、pp.59-66　（第Ⅰ章第5節）

池田吏志（2015a）「重度・重複障害児を対象とした関わりに関する教育研究の動向と課題」『広島大学大学院教育学研究科紀要第一部』、64、pp.29-38　（第Ⅰ章第4節）

第2部

池田吏志（2013a）「重度・重複障害児の造形活動の指導原理・方法に関する質的研究－児童生徒と教員との関わりに焦点をあてた理論的モデルの生成－」『美術教育学』、34、pp.61-73（第11回美術教育学賞奨励賞受賞：美術科教育学会）　（第Ⅴ章第1節）

池田吏志（2013b）「重度・重複障害児の造形活動の指導原理・方法に関する質的研究（Ⅱ）－実態把握、題材開発、評価に関する実践知の理論化へ向けて－」『大学美術教育学会』、45、pp.23-31　（第Ⅴ章第2節）

池田吏志（2014b）「重度・重複障害児の造形活動の指導原理・方法に関する質的研究（Ⅲ）－ティーム・ティーチングにおける各教員の役割の理論化に向けて－」『美術教育学』、35、pp.93-106　（第Ⅴ章第3節）

第3部

池田吏志（2015b）「重度・重複障害児の造形活動のアクション・リサーチ－衝動不随意運動型の児童生徒のQOL向上を目指して－」『美術教育学』、36、pp.13-26（第13回美術教育学賞受賞：美術科教育学会）　（第Ⅶ章）

池田吏志（2016）「重度・重複障害児の造形活動のアクション・リサーチⅡ－造形活動におけるQOL向上のための授業改善の方策－」『美術教育学』、37、pp.61-74　（第Ⅷ章）

池田吏志（2017a）「重度・重複障害児のQOL を高める造形活動の指導理論構築に向けた実証的研究」『美術教育学研究』、49、pp.33-40　（第Ⅸ章、第Ⅹ章）

池田吏志（2017b）「重度・重複障害児の造形活動における意欲と能力発揮を基軸としたQOL評価法の開発」『広島大学大学院教育学研究科附属特別支援教育実践センター研究紀要』、15、pp. 1 -10　（第Ⅵ章）

謝辞

　博士論文を出版するにあたり、これまでお世話になった多くの方々に改めて感謝の気持ちを申し上げたい。

　そもそも、私が博士論文を執筆することは、ハイキング経験しかない登山ビギナーが、装備もそこそこに峻険たる7000m級の山にアタックすることに近かった。この無謀な試みをサポートして下さったのが、広島大学大学院教育学研究科教授の中村和世先生である。先生には、論文の構想段階からデータ収集、分析方法から校正段階まで、まさに研究を進めていくための最適な道標を示していただいた。また、先生には何度も丁寧な添削をしていただいた。先生の本質的で鋭い質問はそのまま論文の抽象度と理論の高度化に繋がるものであった。先生には、データと誠実に向き合う事、自分自身が分からないことをそのままにして曖昧な記述をしないこと、そして、研究が個人のものではなく学術分野の発展や、広く公共の利益に資することを目指すこと等、今後研究を行う上での礎となることを多く教わった。

　広島大学大学院教育学研究科名誉教授柴一実先生には、主査として研究の構想段階、計画審査段階、予備審査段階で精確なるご示唆をいただいた。構想段階では、本論文のアウトラインと進むべき方向をご教示いただき、計画審査段階では論旨を一貫させるための論文構成の在り方をご指導いただいた。その結果、計画審査段階でA4用紙500頁あった論文が約400頁となり、必要な内容の凝縮に繋がった。また、予備審査段階では本論文の学界への学術的貢献をさらに高めるためのご示唆をいただいた。最後の最後まで妥協せず、補完的資料の提示や用語の再検討を通して完成度の高まりを追究される先生のご指導は、研究に対する先生の姿勢そのものであると感じられ、研究の厳しさと責任を目の当たりにする思いだった。

　広島大学大学院教育学研究科教授伊藤圭子先生には、副査として研究の初期段階で本研究が向かうべき方向性についてご示唆をいただいた。また、先生には計画審査で第3期アクション・リサーチ実施の契機とな

るご助言をいただいた。再度のアクション・リサーチを行うことで、研究成果の妥当性の向上と今後の研究課題の明確化に繋がった。また、研究に行き詰まった時には先生が執筆され、出版された博士論文を拝見し、大学教員として働きながら論文を書き上げてこられたことに勇気づけられ、励まされた。

広島大学大学院教育学研究科教授若松昭彦先生には、副査として特別支援教育の見地からご指導をいただいた。先生からは、特別支援教育分野にとっての成果の新規性の観点、また、特別支援教育で用いられる研究方法の観点からご助言をいただいた。このことは、再度研究方法を見直すことや、成果の示し方、またどのような成果の産出を目指すのかを再検討するきっかけとなった。

広島大学大学院教育学研究科准教授竹林地毅先生には、公私共にたいへんお世話になった。今回の研究では、特別支援学校をご紹介いただき、フィールドワークやアクション・リサーチを行うための道筋を作っていただいた。先生にご紹介いただいたおかげで、多くの学校に快くご協力いただけた。また、研究の進捗状況を温かく見守り、励ましていただけたことがとても心強かった。

広島大学大学院教育学研究科名誉教授、現比治山大学こども教育学部教授若元澄男先生には、お忙しい中、乱筆乱文の第1稿をご確認いただいた。先生には、研究が誰のために役立つものなのか、子どもに対して何を目指した研究なのかという根本的なご指摘をいただき、再度研究の根幹を考え直きっかけとなった。

元広島大学大学院教育学研究科教授、現大和大学教授の落合俊郎先生には、重度・重複障害児の教育における評価方法について、専門的な見地から様々なご助言をいただいた。研究室に伺い、貴重な資料を拝見し、重度・重複障害児教育の草創期のお話も伺った。

元三重大学教授の浜本昌宏先生には、「美術教育を進める会」をご紹介いただいた。また、同会の森田清子先生には、『子どもと美術』の創刊号から現在までのバックナンバーをお譲りいただいた。本誌には、美術教育界の中でも先駆的な取り組みとして行われた重度・重複障害児の

造形活動の実践事例が数多く掲載され、先行研究を検討する上で貴重な資料となった。また、同会事務局の中村将裕先生、福家省造先生には、研究会への参加を通してたいへんお世話になった。また、重度・重複障害児を対象にした造形活動実践の第一人者である齋藤武博先生からは、多くの優れた実践題材をご紹介いただいた。

実践研究では、A特別支援学校で2011年度から2015年度まで5年間にわたってご協力をいただいた。研究を進めていく上では、笠野保子校長先生に厚篤なるご支援をいただいた。研究開始時には先生方に対してご協力を呼び掛けていただいたり、記録ノートや研究論文の内容をご確認いただいたりと、研究期間を通して幾度となく続くお願いに終始丁寧にご対応いただいた。また、後任の立石均校長先生にも論文の内容を御確認いただき、たいへんお世話になった。

そして、参与観察をさせていただいたA特別支援学校中学部、高等部、そしてB特別支援学校小学部の子どもたちと先生方、さらに、アクション・リサーチを共にさせていただいたA特別支援学校小学部3年1組、小学部1年2組の子ども達と保護者の方々にも深く感謝したい。まさに、本研究はA特別支援学校、B特別支援学校の子どもたち、先生方、そして保護者の方々のご協力なしには成立しなかった。また、インタビューにおいて、特別支援教育に長く携わる先生方にお話しいただく内容は魅力的で多くの示唆を含み、理論化の段階での新たなアイデアや思考の深まりに繋がった。

本書の刊行に際しては、飛び込みでのお願いにも関わらずお話を聞いていただき、出版の協力をいただいた（株）ジアース教育新社代表取締役社長加藤勝博氏、そして科学研究費補助金の申請や採択後の煩雑な手続き等をご担当いただき、出版に向けた手続きをスムーズに進めて下さった同社の木村雅彦氏にもお礼申し上げる。

最後に、連日続く遅い帰宅、土日、祝日も関係なくパソコンの前に向かう私を温かく見守り、健康管理、そして私が仕事や研究に集中できる環境を整えてくれた妻、そして家族に感謝する。

索引

重度・重複障害児の造形活動

―QOLを高める指導理論―

平成30年2月19日　初版第1刷発行

- ■著　者　池田　吏志
- ■発行者　加藤　勝博
- ■発行所　株式会社 ジアース教育新社

　〒101-0054　東京都千代田区神田錦町1-23 宗保第2ビル
　TEL 03-5282-7183　FAX 03-5282-7892
　E-mail：info@kyoikushinsha.co.jp
　URL：http://www.kyoikushinsha.co.jp

DTP・印刷・製本　　株式会社 創新社
表紙カバーデザイン　土屋図形 株式会社
○定価はカバーに表示してあります。
○乱丁・落丁はお取り替えいたします。（禁無断転載）
Printed in Japan
ISBN978-4-86371-451-9